L'ALLEMAGNE
AUX TUILERIES

758 — Paris. — Imprimerie Cusset et C°, 26, rue Racine.

L'ALLEMAGNE
AUX TUILERIES

DE 1850 A 1870

COLLECTION DE DOCUMENTS

TIRÉS DU CABINET DE L'EMPEREUR.

RECUEILLIS ET ANALYSÉS

PAR

HENRI BORDIER

Bibliothécaire honoraire à la Bibliothèque nationale

PARIS
LIBRAIRIE DE L. BEAUVAIS
25, QUAI VOLTAIRE, 25
1872

PRÉFACE

—

La collection de faits divers que le présent volume offre au lecteur, dans l'ordre alphabétique, est un fragment du dialogue engagé aujourd'hui entre la France et l'Allemagne.

C'est un document de l'histoire contemporaine qu'un Français soucieux de sa Patrie et fils dévoué de cette Mère trop belle et trop généreuse, n'est pas libre de laisser sous le boisseau. Si l'on en croyait les diplomates allemands, le sentiment du droit serait « complétement « éteint en France, même dans les cercles où l'on cher- « che de préférence des amis de l'ordre politique et de « la justice, » tandis qu'un très-haut « degré d'éduca- « tion morale, ainsi que le sentiment de droit et d'hon-

« neur, sont particuliers au peuple allemand (1). » Ce sont là deux assertions. Mais quiconque ouvrira le livre que voici, où l'on a seulement laissé les Allemands parler et se peindre eux-mêmes, sera bien forcé de reconnaître que jusque dans les cercles les plus élevés de l'Allemagne, le sentiment de la dignité est absent, non pas éteint, et remplacé par une servilité naïve, compagne obligée des mœurs féodales.

Ce volume de preuves à l'appui est résulté des circonstances suivantes :

La Commission nommée à Paris, peu de jours après le 4 septembre 1870, par le Gouvernement de la défense nationale, pour publier un choix des papiers trouvés au palais des Tuileries, délégua, au mois de novembre, un de ses membres auxiliaires, pour l'examen et l'analyse des lettres émanées de ces mêmes Allemands qui alors entouraient la capitale de la France, et l'affamaient. Ce travail dura pendant le reste du siége et même au delà. Grâce à l'autorisation que le rédacteur de cette analyse avait reçue d'emporter les pièces chez lui afin de faire hâte, une bonne partie de cette correspondance a été sauvée de l'incendie des Tuileries et pourra être versée dans un établissement public, en compagnie des autres épaves du désastre, lorsque la Commission qui les détient encore en aura terminé l'inventaire. La sincérité de nos extraits ne sera donc pas dépourvue de moyens de con-

(1) Dépêche adressée de Berlin au ministre de Prusse à Paris, le 7 décembre 1871, et terminée par les mots : *Signé Bismark.*

trôle. Quant à la publicité que nous leur donnons aujourd'hui, elle est fondée sur le mandat qui nous fut confié durant le siége, et qu'il nous tient à cœur d'exécuter. La paix conclue ne peut contraindre à étouffer l'histoire.

On s'est plaint, dans certains journaux, des publications faites par la Commission ou par divers de ses membres, et l'on a vivement attaqué la convenance et la légalité de ces communications. Une lettre, a-t-on dit, n'appartient qu'à celui auquel elle est adressée et lui-même n'a le droit de la publier qu'avec l'assentiment de celui qui l'a écrite. Tel est le principe en matière civile ; mais il est sujet à des exceptions, et la politique est une grande exception. Même en matière purement civile, le droit de propriété d'un individu ne s'efface-t-il pas devant les exigences de l'utilité commune? Ou encore, lorsqu'un gérant disparaît laissant ses affaires à vau-l'eau, ses créanciers n'ont-ils pas le droit de faire ouvrir sa caisse et de scruter sa correspondance? Or ici, l'assemblée des créanciers était la France entière ayant droit, et ayant soif de connaître jusqu'aux menus détails de la banqueroute. L'immense affaire dont il s'agit n'avait-elle pas d'ailleurs le caractère criminel plutôt que commercial ou civil? Quant à l'argument tiré de la convenance et fondé sur les respects dûs à la vie privée, à ce fameux mur derrière lequel la vie privée pourrait tout se permettre, tant pis pour ceux qui réclament le bénéfice d'une des maximes les plus délétères que la fausse morale ait inventées. Si donc aucun scrupule ne nous semble devoir arrêter la publication donnée aux documents français tirés du cabinet impérial (1), on comprendra que nous nous dispensions de toute excuse pour ce qui concerne les Allemands.

Le nombre de ces épistolaires germaniques avec lesquels le lecteur va faire ou va renouveler connaissance, et qui écrivent de tous les coins de leur pays pour demander un écu, pour solliciter une faveur, pour mendier au moins un regard, s'arrête au chiffre d'un peu moins de deux mille. Mais gardez-vous bien, lecteur, de croire que ce soit là le tout.

Nous déclarons notre Dossier déplorablement incomplet, et voici comment il en est ainsi :

D'abord le dépouillement des papiers trouvés aux Tuileries n'a pas été achevé. Tous les jours on découvrait encore des lettres allemandes quand la Commune, puis l'Incendie survinrent.

De plus, deux cartons pleins, où ces pièces nouvelles étaient placées au fur et à mesure qu'on les rencontrait, ont péri dans les flammes avant que leur contenu pût être analysé : ce sont encore 200 articles environ qui nous sont ravis.

En troisième lieu, l'amas de dossiers conservés dans les cartons du cabinet des Tuileries ne comprenait pas toutes les suppliques envoyées, mais celles seulement que le maître ou son secrétaire de confiance avaient jugé

---

(1) La liste de ce qui en a été publié jusqu'ici se trouve plus loin, pag. xv.

bon d'y remettre pour être gardées. Les dossiers conservés en fournissent eux-mêmes la preuve en se référant (1) à des pièces qu'ils citent et qu'on n'a point vues.

En outre, les lettres lors même qu'elles arrivaient au cabinet et qu'elles y étaient régulièrement enregistrées, n'y étaient pas irrévocablement gardées. Un certain nombre de nos articles sont marqués d'une étoile; cela veut dire qu'ils sont tirés non pas des dossiers, mais d'un journal de correspondance où le cabinet inscrivait les lettres à mesure qu'elles lui étaient remises. Nous n'avons eu de ce journal que deux volumes ou registres comprenant depuis les premiers mois de 1853 jusqu'aux derniers de 1861. Or pendant l'espace de ces huit ou neuf années le journal fournit l'indication de 638 dossiers dont il n'y a pas d'autre trace; si donc nous avions eu le journal des onze autres années, nous eussions compté probablement 900 articles de plus. Ajoutons de suite, par parenthèse, que ces indications du journal étant excessivement sommaires et d'une écriture très-courante, nos articles étoilés peuvent contenir quelques méprises, surtout dans l'orthographe des noms.

De plus encore, le cabinet recevait l'ordre, sur beaucoup de requêtes, de renvoyer l'affaire au Ministre qu'elle concernait, en sorte que nous avons eu souvent la trace de l'envoi, sans les pièces.

De plus aussi, après quelques années d'Empire les sup-

---

(1) Voy. n⁰ˢ 39, 76, 102 etc.

pliques de tout genre, venant soit de l'Allemagne, soit d'autres contrées, devinrent comme une marée tellement montante que défense fut faite de recevoir aux Tuileries toute missive de l'étranger à l'adresse de l'empereur qui ne fût acheminée par l'intermédiaire d'une ambassade. Le courant au lieu d'affluer directement au Cabinet se porta dès lors au Ministère des affaires étrangères et aux chancelleries qui en dépendent; il y subissait un premier triage ne laissant passer que les demandes réputées sérieuses. Une quantité de pièces qui fussent rentrées dans notre sujet se trouve donc probablement encore au fond de ces nombreux dépôts. Nous n'avons pas essayé de les y chercher, le faible lot qui nous a été dévolu suffisant à la moralité qu'on en doit tirer.

De nous-même enfin nous avons supprimé des catégories entières d'individus dont les noms n'eussent pas été sans quelque droit de figurer sur ce Livre d'or : par exemple la plupart des solliciteurs, bien allemands aujourd'hui, qui avaient autrefois servi dans les armées du premier empire ou récemment dans la légion étrangère; par exemple aussi les innombrables Allemands reçus aux fêtes du palais des Tuileries ou aux divertissements du palais de Compiègne; nous nous sommes également privé d'un curieux groupe de lettres excentriques dont le style nous a paru dénoncer chez leurs auteurs une incontestable insanité d'esprit.

Ainsi réduite et mutilée par tant de lacunes et d'exclusions, notre liste amaigrie offre du moins les avantages d'une véritable sélection. Elle présente au public, à de rares exceptions près, de vrais clients de la France, dans le sens antique du mot, c'est-à-dire de vrais suppliants, modestement postés à la grille des Tuileries, les deux mains tendues.

On ne dira pas que ce soit par droit de réciprocité, car on ne nous montrera pas beaucoup de Français écrivant du fond de leurs provinces à S. M. le roi de Prusse pour lui conter leurs petites affaires et solliciter tout au moins son auguste attention. On ne dira pas non plus que nous ayons chargé les couleurs, puisque nos analyses sont écrites de la manière la plus concise, sans aucune réflexion quelconque et laissent les gens parler tout seuls (1). Mais on se récriera peut-être sur ce que nous comptons des commerçants ou industriels qui offrent leur marchandise, des ingénieurs ou inventeurs qui apportent leur concours pour les grands travaux militaires ou civils, des médecins qui donnent gratuitement le fruit de leur expérience, des savants qui font présent de leurs ouvrages. En effet nous soupçonnons l'admirateur enthousiaste et l'érudit plein de désintéressement, qui vont se prosternant devant les Puissances, de ne porer une offrande à la divinité qu'en espérant les justes retours d'une pluie bienfaisante. Bien des exemples en

---

(1) Nous avons toujours cherché à citer le texte même, surtout des lettres qui écrites en français ne laissent pas de place à l'interprétation. Quand elles sont en allemand, nous l'avons souvent indiqué par quelques mots allemands cités entre parenthèses. Les analyses, très-bien faites, que les employés du cabinet rédigeaient pour chaque pièce, nous ont beaucoup servi.

font foi (1). Le plus vertueux hommage est un jalon posé, et le reste n'est qu'affaire de temps. Ajoutons une observation tout objective : — Que la science, au lieu de constituer purement le plus noble état de l'esprit humain, tienne un peu du végétal qui réclame les rayons dorés du soleil pour croître et fructifier, cela peut s'expliquer sans doute ; mais le fait scientifiquement inexplicable, ce sont ces végétaux étirant leurs denticules crochus vers le soleil d'un autre hémisphère.

La meilleure excuse que les honorables correspondants puissent faire valoir est que dans leur pensée, les vœux et les hommages s'adressaient non pas à la France, mais précisément à l'ennemi de la France, à celui qui la tenait sous ses pieds (2) pendant que ses compagnons, et beaucoup d'étrangers avec eux à ce qu'il paraît, vidaient les poches de la malheureuse. Car il est vrai de dire que les Allemands n'étaient pas seuls à la curée. L'obséquiosité italienne, par exemple, tenait à peu près autant de place dans les cartons du cabinet des Tuileries que l'âpreté germanique ; mais du moins les Italiens traitent-ils les Bonapartes de compatriotes. C'est aussi en qualité de compa-

(1) Nous en donnons d'évidents ci-après aux n°ˢ 9, 13, 148, 169, 225, 276....., etc.

(2) L'abondance des félicitations adressées d'Allemagne à l'empereur sur son mariage, sur la naissance de son fils, sur l'attentat d'Orsini etc., comparée au nombre restreint des félicitations sur le coup d'Etat donnerait à penser que ces dernières ont été en partie supprimées par les auteurs ou complices de l'acte. Déjà, en 1852 ou 53, le feu avait pris à ces archives compromettantes, lorsqu'elles étaient à l'Elysée. Cependant il en reste assez (Voy. la Table des matières au mot *Coup*) pour constater l'enthousiasme et la jubilation qu'une politique infamante inspirait en Allemagne.

triotes..... du château d'Arenenberg, que les Suisses, les bons Suisses allemands surtout, ne cédaient leur part à personne. Les Polonais ont naturellement de grands besoins. L'Autriche n'est pas riche. Les Anglais même et les Américains ne sont pas les derniers à capter la faveur impériale, mais avec une nuance à eux particulière. Ils ne demandent pas beaucoup d'argent et jamais de décoration; ce qu'ils veulent avec passion, les femmes au premier rang, ce sont des *Relics*: une ligne autographe sinon une lettre entière, une signature de l'auguste main, une photographie de l'auguste visage, un objet quel qu'il soit qui sera désormais pour eux, et pour elles, la plus précieuse, la plus pieuse des *Remembrances*.

Notons un contraste : celui de la dignité espagnole. Nous ignorons ce que l'on eût trouvé dans les archives de l'impératrice, il n'en était rien resté aux Tuileries; mais au cabinet de l'empereur (d'où dépendait spécialement le Bureau des dons et secours), à côté des demandes d'Allemands ou autres, qui foisonnaient à milliers, figuraient aussi des suppliques d'Espagne, et nous protestons avec joie, avec consolation, n'en avoir pas rencontré plus de vingt-cinq à trente.

On pourra dire enfin que notre galerie fait honneur à plusieurs de ceux qui s'y trouvent. Nous en sommes d'accord; il s'en rencontre bien une ou deux douzaines : ce sont des exceptions que nous nous plaisons à reconnaître et qui nous dispensent de démontrer ce que nous disions en commençant, à savoir que ce volume est un document historique. Il est formé des pièces qui nous ont passé sous les yeux, sans distinction de bon ou de mauvais, et sans parti pris de dénigrement contre l'Allemagne.

Trop heureux sommes-nous d'offrir impartialement à la science et d'avoir préparé aux philosophes, pour l'étude du caractère allemand, une abondante moisson d'éléments *psychologiques*.

Liste des principales publications tirées jusqu'á ce jour des papiers trouvés aux Tuileries le 4 septembre 1870

PUBLICATION OFFICIELLE.

PAPIERS ET CORRESPONDANCE DE LA FAMILLE IMPÉRIALE TROUVÉS AUX TUILERIES. Paris, imprimerie nationale, 1870. Librairie L. Beauvais. (1 vol. in-8º de 500 pages, comprenant 16 livraisons et une table alphabétique. Plus les livraisons 17 à 25 (286 pages) du second volume. — Publication de la Commission nommée à cet effet par le gouvernement de la défense nationale.

Ce recueil a été réimprimé plusieurs fois : d'abord, pendant le siége, par la plupart des journaux de Paris, au fur et à mesure de l'apparition de chaque fascicule, puis par deux éditeurs différents. Il a été reproduit aussi et contrefait, intégralement ou par fragments, en Belgique, en Suisse et dans d'autres pays étrangers.

ARTICLES ET SÉRIES PUBLIÉS PAR DIFFERENTS JOURNAUX.

RAPPORT SUR LES PAPIERS ET DOCUMENTS de toute sorte dont s'est servi l'auteur de L'HISTOIRE DE CÉSAR; par Jules Soury; inséré au *Journal officiel* du 11 novembre 1870.

LA SITUATION DU CLERGÉ CATHOLIQUE EN 1857, article publié par L. Aug. Martin dans les *Débats* du 24 décembre 1870.

LA GALERIE DES PÉTITIONNAIRES. Articles publiés dans le journal *le Moniteur universel* des 30 décembre 1870 et jours suivants.

QUESTION DE L'UNITÉ ITALIENNE. Article de L. Aug. Martin, dans *la Vérité* du 4 ou 5 janvier 1871.

LES GENS DE L'EMPIRE, dans *le Rappel* des 3, 4 janvier et 13 février 1871. (Joignez-y un état des services du général Chanzy, trouvé aux Tuileries et publié le 21 mars 1871, aussitôt que fut connue l'arrestation du général.)

L'INSTITUT JUGÉ PAR L'EMPIRE. Articles publiés dans divers journaux, notamment dans *le Temps* du 6 janvier 1871.

LES DÉPÊCHES PLÉBISCITAIRES; dans *le Temps* du 18 janvier 1871.

NOS PETITS PAPIERS; série d'articles publiés dans le journal *la Cloche*, du 15 février 1871 et jours suivants.

PAPIERS DES TUILERIES INÉDITS. QUELQUES LETTRES (relatives à M. Cl. Duvernois). Articles publiés par Robert Halt, dans *le Mot d'ordre* des 20, 23 et 27 février 1871.

LE DOSSIER DU NORD. DOCUMENTS INÉDITS. Série qui parut d'abord dans *le Progrès du Nord*, à la fin de février 1871, et a été réimprimé à Lille en brochure in-8" (57 pages).

Les derniers télégrammes de l'Empire; articles publiés dans le journal *le Siècle* des 19 juin 1871 et jours suivants; réimprimés en brochure in-8° (36 pages), à la librairie L. Beauvais.

La chambre bleue, nouvelle, par Prosper Mérimée; publiée dans *l'Indépendance belge* (le dernier numéro est du 7 septembre 1871).

L'expédition du Mexique; deux articles publiés par Léopold Pannier dans le journal *le Temps* des 12 et 13 septembre 1871.

Napoléon III et la Belgique. Le dossier Lessines. Série d'abord publiée par *l'Indépendance belge* (novembre 1872), puis réimprimée à Paris (in-8°, chez Ghio).

Le clergé sous Napoléon III; série de 14 articles (non encore terminée) publiés par Louis Aug. Martin dans le journal protestant *la Renaissance*, en 1871 et 1872.

RECUEILS DE PIÈCES DIVERSES.

L'empire, les Bonaparte et la Cour; documents nouveaux sur l'histoire du premier et du second Empire, d'après les papiers impériaux inédits; publié avec des notes par Jules Claretie. Paris, Dentu, 1871. 1 vol. in-12 de 280 pages.

Papiers sauvés des Tuileries; suite à la correspondance de la famille impériale, publiés par Robert Halt. Paris, Dentu, 1871. 1 vol. in-8° de 292 pages.

Complément de toutes les éditions françaises et belges des papiers et correspondance de la famille impériale; papiers secrets brûlés dans l'incendie des Tuileries. Paris, Lachaud, 1871. 1 vol. In-8° de 244 pages.

L'ALLEMAGNE

AUX TUILERIES

1

Abenheimer (Gustav) à Heidelberg, inventeur d'une écriture universelle ; il renouvelle une demande d'audience qu'il a déjà faite dans le but d'avoir l'honneur d'expliquer son système à l'empereur qui, assure-t-il, en sera très-satisfait, à cause des avantages qu'on en peut tirer pour la politique (oct. 1862).

2

Abry (Ludwig) à Helmstedt, Brunswick ; son père nommé d'*Aubry* étant, dit-il, un émigré français, il peut « se compter « pour à moitié français lui-même ; » il n'y a donc « rien « d'extraordinaire à ce que le sang français qui est en lui « s'adresse à la grandeur d'âme de Sa Majesté. » Il se trouve dans de grands embarras d'argent par suite de la guerre d'Italie qui a interrompu l'exploitation d'une mine de charbon dans laquelle il a des actions dont une maison de Brunswick lui a offert 80,000 thalers. Il demande que l'empereur les lui achète afin de le mettre en état de faire honneur à ses engagements (11 déc. 1863).

3

Adam (Mme A.) cantatrice à Francfort; conseils politiques à l'empereur en langage mystique accompagné de chiffres maçonniques (juin 1869).

4

Adams (Rudolph) peintre d'histoire, Muhling (Ad.), Kruger (Ludw.) et autres habitants de Berlin offrent à l'empereur des Français un presse-papier formé de débris de bombes recueillis dans la guerre du Danemark (5 mai 1864). — Cette démarche donne lieu à la correspondance suivante :

« L'ambassadeur de France en Prusse à M. Mocquard,
« secrétaire de l'empereur :

« ..... J'ai l'honneur de vous transmettre une lettre adressée
« à l'Empereur par les membres d'un comité qui s'est orga-
« nisé à Berlin pour venir en aide aux blessés de la guerre
« du Schleswig. Les signataires de cette lettre, touchés des
« félicitations envoyées par S. M. au roi de Prusse à l'occa-
« sion de la prise des positions de Düppel, désireraient offrir
« à l'Empereur un presse-papier formé de débris de bombes
« et de grenades ramassés sur les hauteurs enlevées à l'en-
« nemi. Ce comité de secours se compose de personnes bien
« placées dans la bourgeoisie de la ville de Berlin, et ses
« membres attacheraient beaucoup de prix à ce que S. M.
« daignât accepter l'envoi qu'ils sollicitent la permission de
« lui faire. Je viens vous demander, M. le sénateur, de vou-
« loir bien mettre sous les yeux de l'Empereur l'expression
« du vœu contenu dans la lettre ci-jointe, et je vous serais
« reconnaissant de me transmettre les ordres de S. M. que je
« serais heureux de voir accepter l'hommage du comité ber-
« linois... » (9 mai. *« Talleyrand. »*

« *Réponse* : M. l'Ambassadeur, je me suis empressé de
« soumettre à l'Empereur…, etc. — Sa Majesté, vous le savez,
« est toujours disposée à participer aux œuvres dont le but
« est de secourir le malheur, mais celle dont il s'agit, en ce
« qui concerne les personnes étrangères voulant y concourir,
« prend une signification politique. Or, d'après le principe
« de neutralité que l'Empereur s'est fait une loi d'observer
« dans la question Dano-Allemande, il ne lui semble pas per-
« mis de recevoir un objet de l'acceptation duquel on pourrait
« induire une préférence marquée. Voilà, M. l'Ambassadeur,
« ce que S. M. m'a chargé d'avoir l'honneur d'exprimer à
« V. E. en l'invitant à faire comprendre aux membres du
« comité le véritable motif d'un refus commandé par les cir-
« constances et Elle vous prie d'être auprès d'eux l'interprète
« de ses regrets » (18 mai).

5*

Adler, à Vienne, offre son invention d'une cuisine militaire portative (4 nov. 1859).

6

Adler (Maximilien) né à Nüdarsebach (Bavière), demeurant à Paris; rappelle une demande de secours qu'il a déjà faite (18 déc. 1863).

7*

Ahn (D') à Hambourg; adresse une demande à l'empereur pour obtenir le remboursement en argent d'assignats (1) qu'il possède (20 fév. 1858).

(1) Les assignats ont été liquidés et annulés en 1797. C'est la réponse faite invariablement par le cabinet aux nombreux solliciteurs du genre de celui-ci.

8

Ahrens (Plato), dessinateur et graveur à Hildburghausen, fils d'un professeur d'Augsbourg qui avait donné à Louis-Napoléon des leçons de mathématiques; il désire créer un établissement où il pourrait utiliser ses connaissances et son activité, en même temps qu'assurer l'avenir de sa famille, et sollicite un prêt de 8,000 fr. (nov. 1869).

9*

Akassegger, à Ausmarkt; fait hommage à l'empereur d'un portrait de Napoléon gagné au tir (5 mars 1853).—Demande un petit emploi ou un petit crédit sur un banquier (6 avr. 1853).

10

Alberti, pasteur à Kremkau, près Bismark, Saxe prussienne; propose un remède pour la vessie : le raifort qui croît dans les marécages de son pays. Simple conseil. (13 août 1869.)

11

Allgeier (Joseph) et trente-deux autres Badois arrivés comme colons à Sidi-Lhassen en Algérie, avec la promesse qu'un village leur serait affecté, couchent sous la tente depuis le mois de mars et leurs faibles ressources s'épuisent. Ils supplient l'empereur de leur faire accorder des moyens d'existence jusqu'à ce qu'ils aient obtenu une récolte, et une avance pour construire une habitation (29 juillet 1854). — « Leur faire envoyer 1,000 francs » (Biarritz, 18 août 1854).

12

ALTEN (Comtesse von), voyez GROTE (Comtesse von).

13

ALTFAHRT (Anton) à Schattau, Autriche ; Sa Majesté Impériale exaucerait ses vœux les plus chers si Elle daignait accepter la dédicace d'un album de musique qu'il a composé en souvenir de la paix de Villa-Franca (30 juin 1860). — Rappelle (mai 1867) son hommage et demande la croix. — M. de Grammont, ambassadeur à Vienne, pense qu'on pourrait lui envoyer une médaille d'argent d'une valeur approximative de deux cents francs avec le nom du pétitionnaire gravé sur une des faces, ainsi qu'à M. LINZBAUER, architecte, auteur d'une demande semblable (29 mai).

L'empereur envoie à chacun une médaille d'or (de cent francs) et fait informer l'ambassadeur que les médailles accordées désormais seront : 1° en bronze ; 2° en argent (valeur de 20 fr.) ; 3° en or, petit module (cent francs) ; 4° en or, grand module (trois cents francs). — A. Altfahrt adresse une polka de sa composition au chef du cabinet (18 déc. 1868). — Le 1er juin 1870, il sollicite l'autorisation de porter sa médaille d'or au bout d'un ruban.

14

ALTMANN (Mme Amélie) à Ofen, Autriche (1) ; se trouvant dans le besoin, elle offre pour le prince impérial une montre provenant de Napoléon Ier (4 sept. 1865).

---

(1) Le nombre des Allemands d'Autriche figurant dans ce recueil est restreint, et bien au-dessous de ce qu'il aurait pu être. Nous avons cru devoir porter de préférence l'attention du lecteur sur les gens de la Confédération du Nord.

15*

Amman, à Nuremberg, demande un secours (13 avr. 1856).

16*

Amthor et Blau (Les docteurs) à Langenberg, proposent un remède contre le choléra (24 juill. 1854).

17

Amthor (Le docteur F.), directeur de l'Ecole de commerce à Gera, principauté de Reuss; offre ses félicitations à l'empereur à l'occasion de l'attentat du 14 janv. 1858.

18

Amthor (Le docteur Ed.) et les libraires Issleib et Rietzchell, à Gera, principauté de Reuss; offrent l'ouvrage intitulé *Atlas populaire* et sollicitent la protection impériale pour son adoption en France (1867-1869).

19

Anders (Albert-Aug.) receveur de l'argent des chaussées à Ebersbach (Saxe), ancien zouave; offre de guérir l'empereur si on veut lui donner le moyen d'aller à Paris (sept. 1869).

20

Andree, lieutenant dans l'artillerie prussienne, envoie ses félicitations à l'empereur sur le brillant résultat du plébiscite (Télégramme, 15 mai 1870, Hanovre.)

21

Anhalt (Un citoyen (1) du duché d'), informe l'empereur qu'une maison de librairie de Londres vient de faire paraître *Les amours de Napoléon III*, livre infâme dont il s'efforcera, pour sa part, d'entraver la circulation en Allemagne. Il serait heureux de recevoir un accusé de réception de sa lettre (1864). — Le même appelle l'attention de l'empereur sur le *Charivari* de Berlin (le *Kladeradatsch*) qui ne cesse de prendre Leurs Majestés pour objet de ses railleries. Il signale également le duc d'Anhalt pour avoir interdit à un de ses sujets de porter la croix d'honneur (1865).

22

Anstatt (Josepha), Bavaroise, obtient de l'empereur un don de 50 florins pendant le voyage de Salzbourg (1867).

23

Apitzsch (R.) éditeur à Leipzig, sollicite un abonnement à son journal : *Le cheval de cavalerie* (fév. 1870).

24*

Appel (Ulrich), à Schwedt-sur-l'Oder, « Félicitations et cætera (2) ; » 3 fév. 1853.

25*

Appelt, à Neustadt, demande un secours (12 juin 1856).

---

(1) Il donne ses noms, adresse et qualité, que nous taisons.
(2) La mention est telle sur le registre.

26*

Apprechs, à Ueberner, Westphalie; offre une composition d'amorces pour le fusil à aiguille (1ᵉʳ oct. 1864).

27

Armbruster, fabricant à Cologne, propose à l'empereur un nouveau système d'hélice pour la marine (1857).

27 bis.

Arnim (d'), voyez Blumenthal.

28

Arnold, à Brême, fait hommage à l'empereur de sa : *Biographie de l'Empereur* (7 août 1858).

29

Arnold (Johann), à Endenich près Bonn, expose que né à Mourenhofen, village qui devint français (départ. de Rhin-et-Moselle) il a servi pendant une partie des guerres du premier Empire (1); il raconte ses campagnes et se plaint de n'avoir pas reçu le certificat de son « juste congé. » Il termine en disant que ses fatigues ne l'ont pas empêché d'atteindre l'âge de 74 ans, et qu'il s'est proposé, avec sa femme, d'inviter leurs Majestés l'Empereur et l'Impératrice, à honorer

---

(1) Les Allemands qui sollicitent assistance pour avoir été soldats au service de la France sous le premier empire forment une série aussi nombreuse à elle seule que tous les autres solliciteurs ensemble. Nous les avons presque tous omis. Celui-ci, et quelques autres qui suivront, sont des exceptions.

glorifier de leurs hautes présences son mariage de cinquantaine, fixé au 15 novembre prochain (6 nov. 1864).

30

ARRENBERG (August), à Berlin, écrit au prince impérial qu'il est né en la même année que lui, qu'il a été baptisé le même mois, qu'il va faire sa première communion, et que ses parents sont trop pauvres pour lui donner des habits de fête. « Mais en outre, il me reste encore au cœur, ajoute-t-il,
« un souhait auquel je tiens extrêmement; je prie V. A. I.
« de ne point l'appeler vanité : c'est d'être possesseur d'une
« petite montre. Ici, dans notre nord protestant, je ne puis
« pas compter sur la réalisation du vœu de mon cœur et
« j'ose donc respectueusement adresser mon intime prière à
« V. A. I. dont la bonté est connue de tous. O Prince Impé-
« rial! combien, si vous exaucez ma prière, je m'abstiendrai
« de vous importuner jamais! combien je prierai notre bon
« Père qui est au ciel de répandre ses chaudes bénédictions
« (*seinen heissen Segen*) sur V. A. I. et sur vos illustres pa-
« rents! » (Berlin, 5 mai 1870.) La lettre est appuyée par un certificat de l'ecclésiastique qui doit donner la communion, Oscar Scholtz, chapelain de S\ :sup:`t`-Hedwig de Berlin, qui déclare Aug. Arrenberg un « brave garçon » et sa famille pauvre ; il pense que cela suffira pour ouvrir les mains bienfaisantes (*um die wohlthätigen Hände zu öffnen*). — « Rien à faire. »

30 *bis*.

ARUZ, voyez CLODIUS.

31

ARZTE (Theodor) marchand d'antiquités à Kipsenberg, Bavière (et à Vichy) sollicite le titre de fournisseur de l'empereur (1864).

32

Asmus, receveur des contributions à Diepholtz, Hanovre; demande que l'empereur fasse ce qui serait le plus grand bonheur de sa famille et de lui, en daignant être le parrain du fils qui lui est né le 15 du mois passé (23 juin 1863). — *Refus*, fondé sur le grand nombre de demandes semblables.

33

Astein, à Munich; demande un secours (1862).

34*

Audeilzschky (A.) à Leipsick; fait hommage d'un livre ayant appartenu à Napoléon Ier (20 juin 1853).

35

Auer (Louis-Max d'), chapelain de S. Salvator près Gmund, Würtemberg; adresse à l'empereur une pièce de vers à l'occasion de l'attentat du 14 janvier et ajoute que lors de son voyage à Stuttgard, S. M. ayant conquis les sympathies de tout le pays, les sentiments exprimés par l'auteur dans ses vers sont partagés par tous les habitants de la Souabe (20 janv. 1858).

36*

Auernheimer, à Ratisbonne; offre une boîte de cuirs à rasoirs devant figurer à l'exposition universelle, plus un manuscrit de Lavater (25 janv. 1855).

37*

Augsbourg. Quatre habitants de cette ville sollicitent un secours pour se rendre en Algérie (17 déc. 1854).

38

Augsbourg (La Gazette d'), offre à l'empereur des notes de von Schluss sur le prince Eugène (21 fév. 1857).

39

Augsbourg. Le secrétaire Herrmann, et Schmidt trésorier, de l'association de secours fondée dans cette ville en faveur des écrivains, remercient l'empereur des 300 francs qu'il a envoyés et dont l'association n'a cru pouvoir mieux le remercier qu'en l'inscrivant solennellement comme membre honoraire. Si elle le conserve à ce titre, elle ne peut manquer de devenir une véritable ressource pour les écrivains malheureux, leurs veuves et leurs orphelins (9 août 1864). — Renouvellement de la demande des 300 francs chacune des années suivantes.

40

Augsbourg. Les trois directeurs de l'association Stichania, à Augsbourg, ayant acquis le petit théâtre que la reine Hortense avait fait établir dans son hôtel d'Augsbourg, ce théâtre est devenu une précieuse relique pour la ville, mais il a besoin de réparations ; avant de les commencer, les directeurs ont cru devoir en informer l'empereur et lui demander ses instructions (sans date).

41

Augustein, à Francfort-sur-Mein ; propose à l'empereur un remède contre la pierre (août 1869).

42

Augustine (Sœur), religieuse dominicaine au couvent Santa-Maria à Niederwickbach près Landshut, Bavière ; réclame une réponse à la supplique adressée par elle à l'impératrice pour obtenir un secours en faveur de son couvent (fév. 1865).

43

Baader (S.), maître de poste à Tüttlingen, Würtemberg; fait hommage à l'empereur d'une pièce de vers allemands composée sur la naissance du prince impérial (21 fév. 1857).

44

Bachmaier (Anton), négociant à Passau, Bavière; sollicite le privilége d'un nouveau mode d'emprunt ou de loterie au capital de 200 millions (lettres et projets, mai 1859, fév. 1860). — Envoie deux actions du Loyd (valeur 2,500 fr.) et demande à les consacrer à une fondation pécuniaire en l'honneur du Prince Impérial pour l'intérêt de la dynastie Napoléonienne (6 déc. 1861). — *Refusé* et renvoyé les deux actions (23 déc. 1861). — Le désir de voir les grandes créations du Souverain qui gouverne la France l'amène dans la capitale et il examinera avec admiration les magnifiques ouvrages que la France doit au génie de l'Empereur (21 fév. 1863). — « Des millions d'hommes de toutes les parties de toutes les « zônes du monde sont défendus par le sceptre puissant de « V. M. qui partout étend sa protection. Dans ma confiance « en la bienveillance impériale je viens déposer aux pieds « de V. M....., etc. » Il offre en ces termes un exemplaire de son ouvrage intitulé *La Pasigraphie* (Munich, 9 fév. 1869). — Voyez Stephanus.

45*

Bachmann (Élise) à Leipsick; demande la permission de dédier à l'empereur un morceau de musique intitulé « Marche de la reine Hortense » (juin 1853).

46

Bachmann, à Chemnitz, Saxe; insiste pour qu'on veuille bien accepter un paquet adressé par lui à l'empereur et qu'on lui avait renvoyé (20 avril 1858).

47

Backe (Nicolaus), à Suttgart; offre un nouveau fusil se chargeant par la culasse. Il désirerait le soumettre à l'empereur si on lui rembourse les frais de voyage et si on lui assure un brevet d'invention (3 sept. 1867). — « L'auteur ne donne aucune description de son arme et il est impossible sans l'avoir expérimentée, de lui assurer une rémunération. » (Note du comité d'artillerie, signée *Lebœuf*, 12 oct. 1867.)

48

Backhaus, F. Bernstorff, Blumberg et vingt-sept autres réfugiés hanovriens adressent leurs compliments à l'empereur pour le jour de sa fête : « Quand nous serons revenus
« dans notre patrie, nous n'oublierons jamais et nous procla-
« merons hautement la noble hospitalité de la France et la
« haute sollicitude de V. M. pour toutes les nobles infor-
« tunes » (Alençon, 15 août 1869).

49

Baden (Michael), à Sinzenich près Zülpich, provinces rhénanes, militaire du premier empire, pensionné comme invalide. Il annonce à l'empereur qu'au 15 août prochain il célébrera son mariage de la cinquantaine, et il exprime ses vœux pour la fête de S. M. (22 juill. 1864).

50

Baden (Guillaume prince de). Lettre de remerciement pour l'envoi qui lui a été fait d'un exemplaire de la vie de César. « Que V. M., dit-il, daigne me permettre de regarder son ou-« vrage, dont Elle vient de m'honorer, comme un gage des « sentiments de bienveillance qu'Elle renferme dans Son cœur « pour toute l'humanité, et comme preuve d'affection dont Elle « fait jouir celui qui est fier d'en avoir été l'objet » (août 1865). — Voy. *Papiers des Tuileries*, t. II, n° XXXIV.

51

Baden. Programme des honneurs qui seront rendus à S. A. R. le Prince Régent du Grand Duché de Bade (Frédéric-Guillaume-Louis) à son arrivée en France (Calais, Nancy, etc.) pendant son séjour et à son départ. (Quatre pages in-4° imp. et signées : Le grand maître des cérémonies *Cambacérès*, 19 juin 1856).

52

Bader (Joannes), curé-président de Unterrieden (Bavière), adresse à l'empereur (2 avril 1856) ses vœux au sujet de la naissance du prince impérial, sous cette forme savante qui contient la date 1856 :

Vt IMperator LVDoVICVs napoLeon fILlVsqVe VIVant, VaLeantqVe, petIt.

53

Bader (Johann), voyez Weber.

54*

Baehl (Mathieu), à Grafenstaden, demande un secours (mars 1853).

55

Baker (J.-N.), voyez Gessner (Math.).

56

Baer (Ludwig), commissionnaire à Darmstadt; embarrassé dans ses affaires, il sollicite de l'empereur un prêt de 2,200 florins qu'il remboursera en 8 ans (14 octobre 1864). — *Refus.* — Malgré le refus qu'il a essuyé, il insiste pour obtenir un secours afin de pouvoir au moins désintéresser ses créanciers et obtenir un délai (22 octobre 1864). — Lettre de vœux et compliments à l'occasion de la nouvelle année (janv. 1865).

57

Baermann (Wilhelm), rentier à Breslau, écrit à l'empereur pour lui indiquer les graines de rosiers sauvages, grillées et prises en infusion, comme remède contre la maladie de la pierre; il offre d'en envoyer s'il ne s'en trouvait pas à Paris (1er sept. 1867). — Renouvelle l'indication de son remède et engage vivement l'empereur ainsi que le prince impérial, à en prendre soir et matin (sept. 1869).

58*

Balckow, à Francfort-s.-Oder, demande le remboursement d'un assignat de 2,000 livres (3 janv. 1854).

59

Balde (Ernst), à Vienne, offre à l'empereur un exemplaire d'une gravure représentant les exploits de l'armée autrichienne, dans la dernière guerre contre le Danemark; il fait observer que cet exemplaire de luxe lui a coûté 5 ducats (août 1864.)

60

BALDEN, à Neubourg, Bavière; demande un secours (1862).

61

BALLESTREM (le comte Alphons von), lieutenant au troisième régiment de dragons prussiens, étant devenu par hasard possesseur d'un livre imprimé en 1665 (*topographia Galliæ*, par Martin Zeiller, 1 vol. (1) in-fol.), lequel contient la représentation et même la description des villes, forteresses, églises, châteaux, etc. de la France, tels qu'ils étaient en 1654, et convaincu que l'empereur trouverait de l'intérêt, à considérer « cet ancien tableau de son empire, » se permet de le déposer aux pieds de Sa Majesté (*zu Füssen zu legen*); Lublinitz en Silésie, 2 mars 1868. — *Accepté* et remercié par l'envoi de la vie de César en grand format.

62

BALLIEN (Th.), professeur et auteur à Brandenburg-sur-H. expose que sa famille jouissait jadis d'un privilége créé par un ancêtre de sa femme, Caspar Cruziger, au XVI° siècle; privilége qui consistait en ce que les fils pouvaient faire gratuitement leurs études à l'Université de Wittemberg, et les filles devaient recevoir 300 thalers de dot à leur mariage. Cette prérogative ayant été détruite lors de la formation du royaume de Westphalie, le solliciteur s'adresse au gouvernement français pour obtenir une indemnité (17 avril 1850). — *Refus*.

(1) La collection topographique de Zeiller doit compter dix vol. pour être complète.

63

Banius, à Ratisbonne, adresse à l'empereur une demande de secours (27 mai 1857).

64

Bans (Mme C.), née Kertell, à Wiesbaden ; considérations adressées à l'empereur sur la nécessité pour lui de réunir les églises chrétiennes (5 fév. 1865).

65*

Barbaran, à Vienne, demande un secours (21 sept. 1859).

66*

Bart (Aloïs), à Ueberlingen, grand-duché de Bade, demande un secours (1er mars 1853).

67

Bartels, à Lunebourg, Hanovre ; propose une invention nouvelle pour ferrer les chevaux à glace (8 déc. 1854) ; demande le payement de ses frais de voyage (18 avr. 1855).

68*

Bartels (Wilh), à Nikolaiken, Prusse ; adresse à l'empereur un plan financier (mai 1862) ; demande la restitution de son plan qui n'a pas été agréé (1863).

69

Barthelme, à Sluttenheim, grand-duché de Bade ; offre ses

vœux à l'occasion de la nouvelle année (janv. 1853). — *Idem*, 1ᵉʳ janv. 1854.

70

BAUDUIN (M.) chirurgien et accoucheur à Cologne; adresse à l'empereur une série d'ordonnances, et voudrait que S. M. put régler sa manière de vivre d'après les prescriptions qu'il envoie.

71

BAUER (Le docteur Max), président de la société d'agriculture de Mansfelds, à Adendorf près Gerbstädt, Saxe; offre à l'empereur un ouvrage relatif à l'agriculture (août 1869).

72

BAUMANN-HOSCH, demande à servir d'agent pour faciliter l'émigration allemande en Afrique (août 1865).

73*

BAUMGART, à Beitsch, Prusse; offre ses vœux de nouvelle année (1ᵉʳ janv. 1856).

74*

BAUMGARTEN, à Breslau, sollicite le remboursement d'assignats (12 avril 1856).

75*

BAUMWARTH (Augusta), à Sigmaringen, demande un portrait de l'empereur (27 fév. 1853).

76

Baurath (Edw.) à Leipzig, rappelle à l'empereur la demande qu'il lui a précédemment adressée d'un prêt de 50,000 francs sans intérêts ou du payement d'une somme annuelle de 20,000 francs, pour aider le pétitionnaire à fonder un recueil périodique de chansons religieuses. N'ayant pas reçu de réponse, il réitère sa demande en la réduisant à un prêt de 20,000 francs à 4 pour 100 d'intérêts ou à une somme annuelle de 16 à 1,800 francs, afin de pouvoir acheter une imprimerie et mettre son projet à exécution (juillet 1868). — Il renouvelle la demande qu'il avait faite « pour être en état de sacrifier à la poésie religieuse, » et écrit au chef du cabinet : « Monsieur, je demande : est-ce possible que l'Em-
« pereur, pour la chose du Seigneur n'a point une somme de
« 16 à 1,800 francs par an ?... » (nov. 1868).

77*

Bautemer, à Mayence, demande un secours (18 nov 1857).

78

Bavière (Le baron Pergler, ministre de) à Paris, au grand chambellan : « Monsieur le duc, le gouvernement du roi at-
« tacherait du prix à être fixé, avec les détails que la ma-
« tière comporte, sur la question de savoir à quelles catégo-
« ries d'employés et de fonctionnaires français, de l'ordre
« civil ainsi que de l'ordre militaire, et de leurs épouses,
« s'étend, à la cour impériale de France, le droit d'être admis
« à la cour; et notamment quelles sont les règles qui ré-
« gissent et limitent encore au point de vue des catégories,
« les invitations aux fêtes de la cour » (2 avril 1867). —

Rappel de la même demande (13 juill. 1867). — Liste des catégories d'invités aux fêtes de la cour.

79

Bayer (G.), Bavarois, obtient de l'empereur un don de 40 florins pendant le voyage de Salzbourg (1867).

80

Becher (Guillelmus), docteur en philosophie, à Dresde, offre son *Histoire et description de la résidence, autrefois chapelle de Moritzbourg*. « Quia hoc temporis momento legatus « suæ majestatis Dresdæ non adest, coactus sum, Tibi, Cæ- « sar invictissime ! hunc librum hac via immediate transmit- « tere » (22 fév. 1869).

81*

Beck (Ulrich), à Sunniswald, propose un remède universel (25 fév. 1853).

82*

Beck, à Wald, demande « la protection » de l'empereur pour son fils qui est le filleul de S. M. (13 janv. 1857).—Remercie des 500 francs qui lui ont été envoyés pour son fils (28 mars 1857).

83*

Beck, le filleul de l'empereur, sollicite un secours (Bâle, 18 juin 1860).

84

Beck (J.), curé de Stolpe près Angermunde, Prusse ; trop pauvre pour acheter la vie de César, il prie l'empereur de vouloir bien lui en donner un exemplaire. La lettre est en latin : « Scripsi autem has literas sermone usus latino quo proba- « rem romanarum rerum me non prorsus esse ignarum » (mars 1865).

85*

Beck (Le docteur), médecin principal militaire du grand-duché de Bade offre, par l'entremise du baron Larrey, un traité de chirurgie d'armée (juin 1867).

86

Beck-Veixelbaum (Mme), à Augsbourg, sollicite l'empereur de lui fournir les moyens de réaliser son désir qui serait de venir à Paris, de voir leurs Majestés, de visiter la Malmaison et de déposer des fleurs sur le tombeau de Napoléon Ier (janv. 1868).

87

Becker (Joh.), instituteur à Gonnesweiler, principauté de Birkenfeld ; adresse un opuscule (in-8° de 34 p.) intitulé : « Lutte entre le matérialisme et le christianisme pour l'en- « seignement » (30 mars 1870).

88*

Beckers, à Cologne, soumet un projet d'assurances agricoles (31 déc. 1857).

89

Beckmann (Albert), à Paris (1); sollicite un don de l'impératrice pour sa province (environs d'Osnabrück) récemment annexée à la Prusse et dans laquelle règnent le typhus et la famine. Les dames d'Osnabrück l'ont chargé de demander à S. M. un lot qui, dit-il, centuplera l'importance et le rapport d'une loterie qu'elles organisent (2 mars 1868). — Exprime (au Dr Conneau) la vive gratitude du roi et de la reine de Hanovre pour la bonne grâce avec laquelle le docteur (directeur des dons et secours) s'est occupé de la loterie d'Osnabrück, lui demande un entretien et lui adresse nne brochure intitulée : *Quel est le véritable ennemi de l'Allemagne?* brochure dont l'auteur, le conseiller intime Klopp, formule pour la première fois nettement cette vérité : Ce n'est pas la France c'est la Prusse qui est le véritable ennemi de l'Allemagne (23 sept. 1868).

90

Behrens (G.-A.) à Berlin, propose des améliorations pour la construction des machines à vapeur de la marine (17 août 1864).

90 *bis.*

Behrens (Adolph) à Berlin, président de la fondation nationale *Frédéric-Guillaume-Victoria* société de bienfaisance destinée à favoriser par une dotation le mariage entre jeunes gens; présente ses vœux de nouvelle année, et dépose aux pieds de l'empereur le rapport fait à la quatrième assemblée de la société, pour laquelle il sollicite les faveurs de S. M.

---

(1) Les deux lettres analysées ici ont été publiées intégralement dans les *Papiers sauvés des Tuileries*, par R. Halt; Paris, Dentu, 1871, in-8°.

(1ᵉʳ janv. 1862.) — Communication semblable le 1ᵉʳ janvier 1863. — Adresse le sermon prononcé par le prédicateur, docteur Landsberger, le jour anniversaire de la fête du roi de Prusse (13 avril 1865). — Transmet le récit du banquet offert aux vétérans prussiens par l'œuvre dont il est président, à l'occasion de l'anniversaire du mariage du roi, ainsi que l'adresse envoyée à M. de Bismark, à propos de l'insulte que ce ministre a reçue à la chambre des députés (10 juill. 1865). — Envoie le texte des toasts portés par lui au roi de Prusse, à l'armée et au comte de Bismark, lors de la rentrée des troupes prussiennes victorieuses après la campagne de 1866 (3 décembre 1866.) — Félicitations, vœux et actions de grâce à l'occasion de l'attentat (11 juin 1867).

91

BEHRNAUER (Le docteur) à Dresde; sollicite la souscription de l'empereur à cent exemplaires de son album photographique oriental (1867).

92

BEINE (Franz), maître serrurier, à Minden; propose de soigner l'empereur pour sa maladie. Si l'on n'a pas confiance en lui, il se trouverait aisément quelque personne atteinte de la même maladie, sur laquelle on pourrait expérimenter. Donne une théorie de la goutte et des rhumatismes (20 sept. 1869).

93

BELGARD (M.), à Berlin; demande à plusieurs reprises que l'empereur accepte la biographie et le portrait qu'il a faits de Meyerbeer (1868 et 1869).

94

Bentz, à Postdam ; sollicite un secours (14 mars 1856).

95

Beran (Samuel), teneur de livres à Boskowitz, en Moravie ; il a appris avec chagrin l'indisposition de S. M. I. et se permet de lui recommander divers remèdes en exprimant le vœu « que le Dieu de bonté conserve encore le grand empereur « durant de longues années de bonheur et de paix. Amen. » — Suit une liste de six remèdes différents dont voici le dernier : « Faire calciner une dent de cheval, la préparer « avec soin et en boire, dans de l'eau chaude, ce qui peut « tenir sur la pointe d'un couteau (*und in warmem Wasser* « *eine Messerspitze trinken*). »

96

Berg (Le docteur Julius) et l'administrateur von Griscelwitz, directeurs des bains de Kœnigsdorff-Iastrzemb, Prusse : « Sire, notre intime conviction, notre ferme confiance dans « les vertus salutaires de la source minérale de Kœnigsdorff, « particulièrement contre les affections scrofuleuses, nous « engage à déposer aux pieds de V. M. un échantillon de « l'eau mère de la source..... Nous osons exprimer le désir « que S. A. I. le fils bien-aimé de V. M. veuille bien se sou- « mettre au traitement curatif de cette source..... » (12 juin 1867). — *Classer* (1).

97

Berg (Le docteur), allemand établi à Dublin ; écrit à l'em-

---

(1) Ce mot *classer* signifie que le dossier prendra place à son ordre dans les cartons du cabinet et qu'il n'en sera plus question.

pereur pour lui indiquer un remède contre les rhumatismes (1869).

98*

Berge (Friedrich), à Stuttgart; demande un secours pour continuer des recherches scientifiques (9 fév. 1853).

99

Berge (Mme de), veuve d'un capitaine saxon de cuirassiers de la garde, fille du général saxon de Berge qui commandait un des régiments restés fidèles au drapeau de la France, et recommandée par le ministère de la guerre (de Saxe), demande un secours ou une pension (Dresde, 1854).

100

Bergemann (Fr.-Wilh.), conseiller de la chancellerie royale de Prusse et chevalier de l'ordre de Hohenzollern, transmet une croix de la Légion d'honneur qu'il aurait reçue de la main d'un officier d'état-major du général Régnier, qu'il trouva mourant le 24 août 1813, sur le champ de bataille à deux milles de Berlin qu'il habite, et demande s'il n'aurait pas le droit de porter cette croix (Berlin, 14 mars 1865).

101

Berger (Heinrich), marchand à Stuttgart; sollicite de l'empereur un prêt de 30,000 francs pour venir en aide à son commerce et s'engage à rembourser cette somme dans deux ans (24 oct. 1865). — *Refus.*

102

Bergk (Fr. Wilh.), à Aix-la-Chapelle; sollicite de nouveau

pour obtenir de l'empereur l'autorisation d'exercer en France l'homœopathie jointe à l'électro-magnétisme.

103*

BERGMANN, à Sorgau; propose un remède contre le choléra (juill. 1854).

104*

BERLYN, à Freudenberg; hommage de poésies (10 nov. 1857).

105*

BERNDT, à Vienne; offre un tableau (22 juin 1856).

106

BERNHARDT (Le docteur Theodor) professeur à Bonn : offre à l'empereur le 1er volume de son *Histoire des Empereurs romains* (1867). — Remercié par l'envoi de la *Vie de César*.

107

BERNSTORFF (F.), voyez n° 48.

108

BERTH (Gaspard), peintre à Darmstadt; écrit à l'empereur pour le prier de prendre quarante billets de sa loterie pour un portrait du grand-duc de Hesse, Ludwig III (22 mars 1860). — *Refus*.

109*

BERTHOLD à Breslau; demande l'autorisation d'offrir une dédicace à l'empereur (1er mars 1858).

110

Bertsche (Fr.-Jos.), instituteur à Röhrenbach, grand-duché de Bade; ruiné par un incendie qui a détruit sa maison, laquelle n'était pas assurée, il est dans l'obligation de vendre divers objets et propose à l'empereur l'acquisition d'un piano qui se trouvait au château d'Arenenberg à l'époque où S. M. l'habitait (fév. 1863).

111*

Beth, à Cologne; offre un tableau calligraphique (1ᵉʳ juill. 1855).

112

B..... (Edw.), docteur en droit, se réclame de Maurice de Haber pour demander l'autorisation et le moyen de faire parvenir au Prince les communications qu'il jugerait utile de lui écrire; il le prie « d'être convaincu qu'il ne prend cette liberté que par dévouement à la cause du Prince, à son auguste personne et à ses tendances aussi pures qu'éclairées » (30 oct. 1852). — Le même, propriétaire ou agent d'une gazette allemande écrit que : Si le gouvernement français a l'intention de se servir, à l'exemple des autres cabinets, du *Journal de ...* pour faire connaître à l'étranger sa politique intérieure, ces communications seraient accueillies avec empressement et discrétion. Il est convaincu que la Russie tentera contre l'Autriche ce qu'elle a tenté contre la Turquie. L'Autriche est pleinement engagée dans la question d'Orient; son attitude hostile est sérieuse : elle est exposée à toute la rancune du gouvernement russe. En cas de guerre il serait bon, dans l'intérêt de la France, que ses vues politiques, témoignant de la sincérité de l'alliance des puissances occidentales et de l'Autriche, eussent pour organe un journal consacré à exposer la ligne politique des divers États de l'Europe au point de vue de l'intérêt allemand (29 juill. 1854).

113

Beust (La baronne Eugénie de). Lettre de 10 pages in-4°, dans laquelle elle sollicite de l'empereur un emprunt de 160,000 florins (environ 340,000 fr.) pour venir au secours de ses parents (Wildschütz en Autriche, 31 juill. 1865). — *Refus.*

114

Biallablotzki, à Göttingue. « Sire, j'ose soumettre à V. M.
« la continuation de ma correspondance sur l'idée d'un Con-
« grès scientifique universel. Il y a déjà beaucoup d'années que
« le Ministre de l'Instruction publique m'a répondu : « *Con-*
« *tinuez de prêcher cette belle idée et après que vous aurez*
« *eu un bon succès chez les académiciens d'Allemagne, on*
« *consultera ici les membres des cinq Académies pour rece-*
« *voir les étrangers distingués d'une manière digne de l'hos-*
« *pitalité française.* » Cette réponse bienveillante m'a prouvé
« que mon idée n'était pas encore comprise. Aussi j'ai voulu
« prouver par mes écrits, envoyés de temps en temps en
« France, qu'au lieu d'assembler seulement les membres des
« corps scientifiques qui ont eu depuis longtemps les meil-
« leures occasions pour faire connaître leurs pensées, on de-
« vrait plutôt produire dans un congrès vraiment universel
« les pensées flottantes des investigateurs encore inconnus.
« Convoquer les membres des corps scientifiques pour appor-
« ter une masse indigeste de mémoires, c'est une des stériles
« niaiseries académiques soldées par l'État, mais qu'on pour-
« rait utiliser en cherchant le lien commun entre ces *mem-*
« *bra disjecta* des connaissances humaines... » (8 févr. 1865).
— Autre lettre dans laquelle le même savant développe son plan avec une verve remarquable (21 avr. 1865). — *Classer.*

115

Bicking (Le docteur Franz), à Berlin; offre à l'empereur son drame « Caton et César, » pour lequel il s'est inspiré de l'histoire de Jules César par Napoléon. Il y a joint une pièce de vers « Napoléon III, » où il glorifie les paroles de Sa Majesté « l'Empire c'est la paix » (avr. 1866). — *Refus.*

116

Bicleck (Ed.), artiste en gymnastique et premier dresseur de chiens, à Vienne; demande l'autorisation de paraître devant LL. MM. et le prince impérial avec un chien savant qu'il aurait déjà produit devant plusieurs souverains (1864). — *Refus.*

117

Bielefeld (George), à Groslehnun, près Göttingue; conseille à l'empereur, pour sa maladie dont il a été informé par les journaux allemands, des infusions d'une plante qui croît dans son pays (déc. 1869).

118

Bieler (Louis), à Altstadt-Waldenburg en Saxe; demande à renvoyer la médaille de Sainte-Hélène qui appartenait à son père il y a deux ans et à recevoir un secours en échange (mars 1869). — *Refus* et renvoi de sa médaille.

119

Bier (G.) sous-officier dans les pionniers de la landwehr prussienne, à Berlin; adresse à l'empereur ses félicitations sur l'insuccès de l'attentat du 14 janvier (18 janv. 1858).

120

Biermann (Le docteur Æ.); recommande à l'empereur le docteur Stilling senior, à Cassel, comme étant « à présent la « première autorité dans la spécialité des maladies génito- « urinaires en Europe » (août 1869.)

121

Billerbeck (Leo Maximilian), à Dortmund en Westphalie; adresse une pièce de deux cent vingt-quatre vers enthousiastes, en allemand, intitulée « Napoléon Ier le Grand à son neveu Louis Napoléon III » (août 1869).

122

Birckenstadt, docteur en droit, à Berlin; propose à l'empereur l'acquisition d'immeubles situés dans les principales rues de Berlin (1869).

123

Bischof (C. J. F.), médecin à Juenack, Mecklenbourg-Schwerin; recommande à l'empereur un remède contre les rhumatismes et la rétention d'urine (9 sept. 1869).

124

Bisle (J.) à Munich, demande un secours (26 avr. 1854).

125

Bismarck (Mme von), veuve d'un ancien officier allemand au service de la France; sollicite un secours : — « Sire! La

« veuve d'un ancien officier de votre glorieux oncle Napo-
« léon le Grand ose se prosterner aux pieds du trône de V. M.
« pour y déposer un petit ouvrage contenant la biographie
« de son mari, décédé subitement à l'âge de soixante-dix ans
« par un coup d'apoplexie qui l'a frappé au milieu d'un
« voyage en chemin de fer et qui l'a laissée dans un cruel
« dénuement. La haute réputation d'humanité et de grâce
« infinie que répand V. M. autour d'Elle, la fait espérer
« qu'Elle daignera accepter cet hommage rendu aux mânes
« du grand Empereur, l'idole de son mari défunt. Lorsqu'en
« 1805 le prince régnant d'Issenburg, colonel au service de la
« France organisa, des prisonniers de guerre autrichiens, un
« régiment d'infanterie pour le service de la France, son
« mari oubliant qu'il était sujet prussien, sollicita du service
« auprès du maréchal Berthier qui le renvoya au prince d'Is-
« senburg, lequel le fit premier lieutenant du 3ᵉ régiment
« d'étrangers pour le service de la France, avec la promesse
« qu'il serait nommé capitaine au bout de quatre semaines.
« Après la paix de Tilsit, lorsque l'Empereur établit le
« royaume de Westphalie, il devint sujet du roi Jérôme et
« eut le bonheur d'assister à son entrée solennelle dans la
« ville de Cassel.

« Son mari, qui par des malheurs inouis a perdu toute sa
« fortune, qui à l'âge de 70 ans, aveugle, se trouva dans
« un dénûment complet et se vit réduit à dicter sa biographie
« pour avoir de quoi vivre, avait toujours manifesté le désir
« de la dédier à Sa Majesté Impériale. S. M. le roi de Prusse
« a également daigné accepter le susdit ouvrage et la pauvre
« veuve, sans nul moyen d'existence, sans pension, ose es-
« pérer que S. M. I. ne repoussera pas la prière de la plus
« infortunée des femmes. Elle formera des vœux pour la
« conservation des jours précieux de S. M. et de sa glorieuse
« famille et adressera au ciel les prières les plus ferventes
« qui soient jamais sorties du cœur d'un être humain et a

« l'honneur de signer, de V. M. I. la plus humble et obéis-
« sante servante : MINNA DE BISMARCK. » (Rue de Schrosdorf,
n° 4, à Magdebourg, le 14 juill. 1856.) — *Rien. Classer.*

126

BITTMANN (E.), à Manheim, grand-duché de Bade; demande
un secours à l'empereur pour se livrer à l'étude des sciences
(fév. 1870).

127

BLANCK (Louis), Würtembergeois; obtient de l'empereur un
don de 30 florins pendant le voyage à Salzbourg (1867).

128

BLANKENBURG (Heinrich), lieutenant-colonel dans l'armée
prussienne; offre à l'empereur un article publié par lui dans
la Revue Allemande *Unsere Zeit* (Leipzig, *Brockhaus*),
sous ce titre « Les principes politiques de Napoléon III et la
constitution de 1852. » — « Sire, je prie très-humblement
« V. M. I. de vouloir bien, dans l'essai ci-joint, reconnaître
« l'expression de l'admiration sincère pour le monarque su-
« blime (*erhabenen Monarchen*) auquel a réussi l'œuvre de
« donner à la France une constitution qui porte en soi toutes
« les garanties de la durée... » (Breslau, 15 janv. 1870).
— *Accusé réception.*

129

BLAU (Le docteur); voyez n° 16.

130*

BLOCK, à Lessen, Prusse; offre de faire connaître un épisode inconnu de l'an 1807, relatif à Napoléon Ier et à un attentat (9 juin 1858).

131

Bluhm (Adonis), à Berlin ; sollicite la grâce de son père (1), soldat en France, au régiment étranger, condamné à mort (1865).

132

Blumberg, voy. Backhaus.

133

Blume (J.-A.), éditeur du *Journal des théâtres* de Munich ; adresse à l'empereur quelques numéros de son journal, avec l'espoir d'obtenir l'ordre de continuer cet envoi. Il compte sur la bienveillance de S. M. pour oser solliciter, en outre, un secours de 600 francs afin de donner un nouvel essor à ses affaires et d'exercer ainsi une heureuse influence sur le sort de sa famille (mars 1863).

134

Blumenthal (La comtesse von) née d'Arnim ; demande une audience à l'empereur pour lui parler de sa famille qui a l'honneur d'être bien connue, depuis longtemps, du prince Jérôme. « ...Ce que j'ai à vous communiquer je ne puis le dire
« qu'à V. M. même. Je viens de Prusse tout exprès pour cette
« raison et je dois partir dès que vous m'aurez accordé cette
« grâce » (Paris, rue du Bouloi, hôtel de Suède ; le 30 sept. 1856).

---

(1) Nous omettons un certain nombre de requêtes semblables adressées par des pères ou mères pour leurs enfants.

135

Bodenhausen (La baronne de) à Augsbourg; sollicite la libération de son fils (1) engagé dans la légion étrangère (1854).

136

Boeck (Fr. Ferd. L. von), lieutenant hanovrien, fils d'un capitaine ayant servi sous Napoléon Ier; sollicite un exemplaire de l'*Histoire de César* (mars 1865). Il joint à sa demande les certificats originaux des services de son père.

137*

Boeckel, à Ludwigshafen, Baden; offre un nouveau système de construction navale (6 oct. 1856).

138*

Boeckh, à Nordlingen; demande un secours (22 juill. 1857).

139

Boehm (L. von), à Bunzlau, en Silésie; recommande à l'empereur pour sa maladie que les journaux lui ont apprise, l'emploi d'infusion de feuilles de baies de ronces (sept. 1869). — *Classer.*

140*

Boehmer, à Cologne; fait hommage d'une pièce de vers (25 sept. 1857).

---

(1) Nous omettons aussi les nombreuses demandes de ce genre.

141

Boehner (Louis), compositeur, organiste et pianiste à Gotha; rappelle qu'au mois de mars 1853 il envoya une symphonie composée par lui pour le mariage de l'empereur; il offre d'en adresser une copie si le premier envoi a été égaré. Pauvre artiste malgré 50 ans de travaux, la fortune n'a jamais pu lui sourire; il est dans l'indigence et espère que S. M. daignera lui accorder un secours (mars 1854); — remercie des 100 francs qui lui ont été envoyés et adresse la seconde partie de sa symphonie (10 juill.).

142

Boehner (Joseph), lieutenant en retraite à Magdebourg; écrit à l'empereur pour le féliciter de l'insuccès de l'attentat du 14 janvier (17 janv. 1858).

143

Bohr, professeur à l'académie des Beaux-Arts de Dresde; demande l'autorisation d'offrir à l'empereur son ouvrage intitulé *Le cercle dynamique*, lequel, au dire de l'ambassadeur de France, aurait un grand retentissement dans le monde savant de l'Allemagne (sept. 1866).

144

Boehringer (J. F.), docteur en philosophie; offre à l'empereur une pièce de vers imprimée qu'il lui a dédiée comme témoignage des sentiments de reconnaissance dont sont animés envers S. M. la plupart des Allemands qui vivent en France (Paris, 5 janv. 1865).

145

Boelsche (Monsieur), « conseiller intime de légation de S. A. le duc régnant de Brunswick, a été délégué à l'exposition universelle comme commissaire spécial et a fait partie du jury international pour la 46e classe. M. Leplay l'avait proposé en première ligne à deux reprises pour être décoré de l'Ordre Impérial de la Légion d'Honneur. Par suite de regrettables confusions avec les propositions du commissariat prussien, M. Boelsche a été privé de cette distinction à laquelle il attachait le plus haut prix. Il la sollicite des bontés de l'empereur et affirme que son souverain qui l'honore de sa confiance serait sensible à la bienveillance dont S. M. daignera le rendre l'objet » (1867).

146

Boetticher (Paul), docteur en philosophie, éditeur de textes syriaques, à Halle, Prusse; écrit au Président de la République française : « Monseigneur, le principe hautement
« prononcé et suivi toujours par le gouvernement de V. A. I.
« que la religion seule puisse maintenir et régénérer l'état
« et la société moderne, me donne une espèce de droit à vous
« adresser un ouvrage que je viens de livrer au public :
« *Hymns of the catholic church of England.* Je crois bien
« digne d'intérêt de rechercher les traces, même les plus
« faibles, que l'église catholique a laissées dans l'Angleterre
« protestante, où à présent elle semble gagner de nouvelles
« forces. Mais c'est outre cela un sentiment de gratitude qui
« m'engage à vous faire hommage de mon livre. J'ai, par
« l'intercession du ministre des affaires étrangères, obtenu
« la permission de faire usage des manuscrits coptes de la
« bibliothèque nationale de Paris, transmise à moi avec la
« libéralité si propre à la France et sans laquelle il m'aurait

« été impossible d'achever mon édition critique des épîtres
« du Nouveau Testament en langue copte. Vous êtes l'élu re-
« présentant du peuple français et je vous prie, Monseigneur,
« comme tel de vouloir bien accepter la dédicace du premier
« volume de mon ouvrage à la perfection duquel les manus-
« crits de la bibliothèque nationale de France ont si vaillam-
« ment contribué.

« ..... Mais, Monseigneur, j'ai une demande à faire à V. A.
« que le neveu du Grand Napoléon — j'en suis presque sûr —
« ne me refusera pas. Le baron Theodor de Neuhof, roi de la
« Corse est mon grand-oncle ; j'en peux faire preuve : et je
« vous supplie, Monseigneur, comme vous devez avoir pour
« cette île un intérêt particulier et en êtes à présent le ma-
« gistrat suprême, de me donner la permission formelle de
« porter les insignes de l'ordre de la libération fondé par
« mon grand-oncle et héréditaire en sa famille. Votre A. I.
« conçoit qu'est-ce que c'est que d'avoir un parent illustre :
« mon oncle a développé un héroïsme et une énergie digne
« d'un meilleur sort et le ministre anglais Walpole a dit de
« lui, « *that his claims to the kingdom were as great as any*
« *monarch's in modern Europe.* » Si faire se peut, je prie V.
« A. I. de ne traiter pas cette affaire en public. En attendant
« avec impatience s'il plaira à V. M. I. de me donner une
« réponse favorable, j'ai l'honneur d'être, etc. » (Halle,
2 janv. 1851).

Le même, mais se nommant alors du nom de sa mère, Paul de Lagarde, professeur à Schleusingen, Prusse ; sollicite l'intervention de l'empereur pour obtenir de la grande bibliothèque de Paris le prêt et l'envoi à Schleusingen de tous les manuscrits du Pentateuque grec à l'exception de ceux écrits en lettres onciales, non pas l'un après l'autre mais tous à la fois (6 nov. 1867). — *Refus*, pour le maintien du règlement qui défend d'exposer une série entière à des dangers de toute nature et de sacrifier aux besoins d'un seul les convenances de tous.

147*

Boll, à Donaueschingen, grand-duché de Bade; demande un secours (14 août 1853).

148

Bolzau (Louis) et Cie, fabricants de pipes en écume de mer, à Lemgo, Lippe-Detmold; récompensés par leur gouvernement pour leur envoi à l'exposition de Londres, ils offrent en présent à l'empereur un brûle-cigare de leur fabrication (janv. 1865). — *Accepté* et remerciés. — Rappellent leur précédent cadeau, ajoutent qu'ils ont fait des spéculations hasardées et prient S. M. de demander pour eux au sultan de Turquie quelques caisses d'écume de mer brute (*nämlich den Sultan zu bitten mir Armen einige Kisten rohen Meerschaums durch Eu. K. M. allergnädigste fürsprechen zu schenken*) (25 juill. 1867). — Refus du secrétaire de soumettre la demande à l'empereur (9 août). — Rappellent l'envoi de leur brûle-cigare en écume de mer et ayant fait de mauvaises affaires, sollicitent un secours (21 déc. 1868). — *Classer*.

149

Bonnell (Le docteur), bibliothécaire de l'Université à Berlin; fait hommage à l'empereur de son dernier ouvrage sur l'origine des Carlovingiens (1865).

150

Borch (Léopold, baron de) ayant vendu ses biens en Prusse et s'étant fait recevoir français il y a quinze ans, adresse un document historique relatif à l'illustration de ses ancêtres et demande à reprendre en France le titre de comte qu'ils portaient au xiie siècle (1866). — *Classer.*

151

Borchardt (F. A.), commerçant à Berlin; victime de nombreuses vicissitudes il aurait besoin, pour une entreprise qu'il a en vue, d'une somme de 1,250 francs; il demande à l'empereur de vouloir bien la lui prêter pour deux ans. Lettre de 7 pages (16 juin 1864).

152

Borchardt (W.), sculpteur; il désire se rendre à Rome mais il manque de moyens pour faire ce voyage et sollicite un secours. Il joint une liste de personnes qui ont souscrit en sa faveur : Meyerbeer, le prince de Metternich, etc. (16 janv. 1864).

153

Borkhardt (André), à Wallenkirch; demande un secours (10 fév. 1853).

154

Borcke (E. von), lieutenant d'infanterie à Hanau, Hesse; offre à l'empereur un instrument qu'il a imaginé pour mesurer la distance quelconque où l'ennemi se trouve (1863).

155

Bornfeld (Wilh.), à Barmen, Prusse, dépose aux pieds de l'empereur, du plus grand prince de son temps, un livre de poésies intitulé : *Pain quotidien pour l'esprit et le cœur* (24 nov. 1864).

156*

Boschau, à Vienne; propose son invention d'un projectile creux (2 fév. 1860).

157

Bossany (Louis); ayant lu dans les journaux que l'empereur est souffrant, il lui conseille de prendre des bains de pieds, froids, avant de se coucher (Riskrona, 5 oct. 1869). — *Classer*.

158

Boessl (Anna), veuve d'un vétérinaire, à Bernbeuren, Bavière; annonce l'envoi d'objets ayant appartenu à Napoléon Ier, un livre et un étui oubliés par ce souverain chez un pasteur de village, et laisse entrevoir qu'un secours pour elle serait le bienvenu (juin 1869).

159*

Bottcher, forgeron à Brandebourg, Prusse; offre un appareil pour arrêter les chevaux emportés (17 mai 1853).

160

Boettcher (Willh.), professeur de musique à Berlin; la lecture de l'excellent ouvrage de l'empereur lui ayant inspiré l'idée d'une marche intitulée *Jules César*, il demande l'autorisation de la lui dédier et si S. M. le désire, il arrangera cette composition pour les régiments de l'armée française de manière à ce qu'elle fasse le plus brillant effet (juin 1865). — *Refus par mesure générale*.

161

Bracklon (Adolphe), à Holstein; renouvelle une demande d'audience pour soumettre à l'empereur un nouveau procédé relatif à la mesure des distances (1868).

162

Bralmann, à Hambourg, à M. Conti : « ... Je prends la li-
« berté de vous envoyer, ci-joint, deux pierres météores que
« j'ai l'honneur de déposer aux pieds de S. M. qui n'aura
« qu'à les porter dans la poche de son gilet ou de son pan-
« talon, sans les quitter ; après quelques semaines S. M. en
« éprouvera les bienfaits. Je serais le plus heureux des hommes
« si S. M. daigne s'en servir, car ce n'est que par leur effica-
« cité que j'ose me permettre de vous les envoyer. Ayant
« souffert plusieurs années sans obtenir de guérison, je reçus
« ce trésor ; et depuis deux ans qu'elles ne me quittent pas
« je n'ai pas ressenti une seule douleur rhumatismale (20 sept.
« 1869). » — *Remercier au nom de S. M.*

163*

Brand (Gottlieb), à Gotha, remercie des 500 fr. qui lui ont été envoyés (30 juin 1854).

164*

Brander (G.), à Ebnath ; demande un secours (30 juin 1855).

165*

Brandl, à Würtzbourg ; hommage d'une marche dédiée à l'empereur (30 sept. 1854).

166

Brandt (J. H.), commissaire priseur, à Halle; envoie à l'empereur une ordonnance de son médecin à laquelle il attribue sa guérison de la maladie de la pierre et il espère que S. M. en éprouvera les mêmes effets salutaires (sept. 1869).

167

Brannegger (J. G.), agent d'affaires à Munich; offre de communiquer un traitement médical dont l'inventeur existe encore et qui consiste principalement dans l'emploi de certaines herbes pour purifier le sang. Dévoué à son roi, il n'en est pas moins désireux de contribuer à l'affermissement de la santé de l'empereur et il ferait volontiers, d'ailleurs, cette communication sans aucune réclamation pour frais de voyage ou autres (juill. 1864).

168*

Braumuller (Gustave), à Dusseldorf; envoie une pièce de vers à l'impératrice (janv. 1855); — hommage en vers et demande d'un secours (janv. 1856).

169

Braun (le chevalier Carl Johann), rédacteur du *Haus-und-Familienbuch*, à Vienne; offre à l'empereur son roman historique : Napoléon II (4 juill. 1860); — *remerciements.* — Fait appel à la munificence de l'empereur (18 oct. 1860). — Renouvelle sa demande par l'intermédiaire de M. Fried. Hebbel, « un des plus grands poëtes de notre temps » (1er nov. 1860). — Rappelle son précédent envoi et comme récompense de ses travaux littéraires dont l'un (Faust) a été apprécié par la

Revue des Deux-Mondes, sollicite la croix de la Légion d'honneur (22 juin 1864). — Offre une pièce de vers : *Der Genius der Menschheit* (8 juill. 1864). — Offre de nouveau l'hommage de son dévouement et serait heureux si S. M. le trouvait digne d'enseigner l'allemand au prince impérial en initiant celui-ci à la littérature allemande (12 août 1864). — Envoie un manuscrit original intitulé « L'étoile de la France » et demande, si l'empereur y donne son approbation, qu'on le publie en français ; il ajoute la prière qu'on lui fournisse les moyens de venir s'établir en France (mars 1865). — Offre sa brochure « L'impérialisme et l'idée du congrès » (sept. 1865). — *Classer*. — Adresse à l'empereur son traité « Du goût ou de la connaissance du Beau » au sujet duquel le grand critique, Menzel, a dit que sa définition du Beau était « la plus remarquable qui eût été donnée depuis Aristote » (30 déc. 1865).

170

Braunecker (le baron Otto von) au chef du Cabinet : « Mon-
« sieur ! Depuis six mois à Paris pour faire mes études dans
« la littérature française, — à l'usage des traductions drama-
« tiques, — j'ai profité de la glorieuse naissance du Prince
« Impérial Napoléon Eugène, en faisant un poëme sur cet
« événement heureux dont tout le monde est agréablement
« touché. Sachant que tous mes compatriotes partageront ces
« vifs sentiments, que j'ai toujours ressentis pour ce nom
« glorieux, et surtout pour la grandeur de S. M. l'Empereur
« Louis-Napoléon, je vous prie, Monsieur, de me vouloir bien
« accorder une audience à laquelle je me permettrai de vous
« présenter mes vœux sincères, composés dans un air de ber-
« ceau et je vous prie, Monsieur, de les vouloir bien mettre
« sous les yeux de l'Empereur. » — Joint une pièce de vers imprimée sous le titre de « *Wiegenlied* » (*Berceuse*) 28 mars 1856. — *Refus poli*.

171

Braun et Söhne, fabricants d'acier fondu à Schöndorf, Autriche ; envoient à l'empereur une cuirasse en acier d'argent, une visière-blindage pour les canons se chargeant par la culasse et différents détails sur leur fabrication, désirant vivement les commandes du gouvernement français (1864-1866).

172

Brauns (Carl), à Berlin ; offre à l'empereur une composition musicale intitulée « Marche de la Paix » (9 juin 1867).

173*

Breit, à Nüremberg ; demande un secours (18 mars 1856).

174

Brenner, à Nüremberg ; demande un secours (14 août 1854).

175

Brenner, à Mannheim, grand-duché de Bade ; demande un secours (déc. 1863).

176

Brillich (Albertine), à Kaschau ; écrit à l'impératrice : « Ayant appris que le grand et sublime monarque est souf- « frant d'un mal qui résiste aux moyens ordinaires, ... elle a « été saisie de compassion » et conseille deux bains aromatisés par-jour (sept. 1869).

177

Brkitz (Georg), à Vienne ; réclame une somme avancée par lui à la princesse Darnika Cawilowa, sur une pension accordée par l'empereur (janv. 1868).

178

Brócke (C. J.), chimiste à Cologne ; propose à l'empereur des remèdes qui le soulageront infailliblement et offre de venir lui-même diriger le traitement moyennant une subvention de 200 francs pour ses frais de voyage (sept. 1869).

179*

Brockhusen (Von), à Berlin ; offre à l'empereur un couteau à fruit (1852) ; — s'informe de la réponse faite à son présent (5 fév. 1854) ; — s'informe derechef (1er mai 1855).

180

Bröll, curé de Grosshausen, Bavière, condisciple de l'empereur « et souvent honoré de ses bienfaits » ; écrit : « Monsieur
« le président, très-cher ami, aujourd'hui 23 ans se sont
« écoulés depuis le 20 septembre 1826, où au milieu des
« plus vives assurances d'une sainte et intime amitié, nous
« nous séparâmes à Arenenberg avec la résolution de devenir
« des hommes utiles à l'humanité. Ce que nous nous pro-
« mîmes alors dans ce moment solennel, avec l'enthousiasme
« de la jeunesse, nous l'avons réalisé par des efforts constants
« et par la grâce d'en haut : vous êtes devenu président de la
« France, et moi prêtre, curé ! Bien que nous soyons fort
« éloignés l'un de l'autre, nos cœurs sont pourtant réunis, et
« soyez-en assuré, chaque jour en accomplissant le saint sa-
« crifice de la messe devant les autels, j'ai pensé à vous et à

« feu votre mère, et cela pendant plus de 19 ans, depuis
« que je suis prêtre. Ah! que votre mère aurait éprouvé de
« joie, si elle avait pu voir le jour de votre délivrance; mais
« les tristes événements de votre vie ont brisé bien avant le
« temps le cœur de cette noble princesse! Paix et bénédiction
« à ses cendres vénérées!

« Lors de votre avénement au pouvoir, j'aurais dû vous
« offrir mes félicitations; mais j'ai prié seulement pour vous
« avec plus de zèle, et je vous ai recommandé d'une manière
« plus pressante à Dieu dans le saint sacrifice de la messe,
« afin que Dieu le tout-puissant qui a veillé sur nous et qui
« vous a dirigé avec tant de bonté, vous remplisse de sa sa-
« gesse et que vous puissiez gouverner, de longues années,
« heureux et en santé, pour la gloire et le bien de la France.
« Puisse l'éternelle bonté du ciel vous conserver encore long-
« temps pour le salut de la France, vous protéger contre tout
« orage, vous faire jouir désormais du bonheur et répandre
« sur vous à profusion l'abondance de sa grâce. Puisse la
« force du Très-Haut être avec toutes vos paroles et toutes
« vos actions. Oui, très-cher prince, c'était et c'est encore ma
« prière, et certainement vous-même désirez que le tout-
« puissant veuille bien l'exaucer! Je crois fermement que
« vous serez bientôt roi, sinon Empereur de France, et dans
« ce pays on le croit aussi généralement; je le souhaite pour
« vous de tout mon cœur, et je désire qu'il s'y joigne un
« bonheur durable. Tenez, cela pourrait bien se réaliser ce
« que vous me disiez souvent en plaisantant, à Arenenberg :
« Bröll, si tu deviens ecclésiastique, tu seras mon confesseur,
« Non! loin de moi la pensée d'oser prétendre à une pareille
« place. Je ne désire et ne demande absolument rien, si ce
« n'est que vous me jugiez toujours digne de votre souvenir.

« Je suis avec les sentiments les plus reconnaissants, pour
« toute ma vie, votre très-dévoué ami,

« Jos. Ant. Bröll, curé.

« *P. S.* Votre lettre datée de Rome du 20 mars 1827 m'est
« parvenue à Münich ainsi que la lettre de recommandation
« adressée au chevalier de Planat, qui m'a rendu alors de
« très-bons offices auprès de Mme la duchesse de Leuchtem-
« berg. J'ai encore votre chère lettre que je conserve comme
« un précieux souvenir. M. Lepas se porte bien et M. Jean de
« Pris aussi. Puis-je vous prier d'écouter les détails suivants :
« — Dans les années 1826 et 1827, j'ai étudié la théologie,
« en 1827, 28 et 29 à Dilingen et le 29 janvier 1830 je fus
« ordonné prêtre; je fus ensuite chapelain pendant 6 ans,
« puis vicaire pendant 18 mois, et maintenant depuis déjà
« 12 ans je suis curé de village, dans la Haute-Bavière, à
« 6 lieues d'Augsbourg et à 14 de Munich. De tous nos an-
« ciens camarades de classe à Augsbourg plusieurs sont de-
« venus ecclésiastiques, plusieurs jurisconsultes et médecins,
« mais le plus grand nombre est mort. Le seul comte Gra-
« venreuth est dans mon voisinage, mais il est complétement
« sourd et il a en outre très-mauvaise vue. Il n'est marié
« que depuis quelques années et il n'a pas encore d'enfants.
« Vous excuserez la liberté que j'ai prise de vous écrire cette
« longue lettre. Pour être plus sûr que vous la recevrez, je
« vous l'enverrai par l'ambassade de France à Munich. Oserais-
« je vous prier de me faire le plaisir de me donner une es-
« quisse de votre vie, cela me serait infiniment agréable. Car
« nous avons passé autrefois tant de moments ensemble à
« Augsbourg et à Arenenberg, où nous animions à table et
« *inter pocula*, par des conversations intimes et tous les
« plaisirs de la jeunesse, les heures les plus heureuses assu-
« rément de ma vie; aussi serais-je très-curieux d'apprendre
« en abrégé les événements les plus importants de votre
« existence. Portez-vous toujours bien, et recevez encore une
« fois mes vives protestations de dévouement. »

Réponse : « Monsieur, Le Président de la République vou-
« lait vous écrire lui-même; il vous aurait exprimé combien

« vos sentiments le touchent. Les affaires l'en empêchent sans
« cesse et il me charge de lui servir d'interprète. Il n'a ou-
« blié, croyez-le, Monsieur, ni les élans dévoués de votre jeu-
« nesse, ni vos entretiens, ni vos inspirations prophétiques,
« et les nouveaux témoignages de votre attachement ont
« donné un nouveau prix à ces vieux souvenirs.

« Parmi les graves sollicitudes du rang où la Providence
« l'a placé, il pensera avec plaisir qu'un ami vertueux et fi-
« dèle prie tous les jours pour lui aux pieds des autels; ne
« doutez point à votre tour, Monsieur, dans votre pieuse re-
« traite et de sa reconnaissance affectueuse et de son désir de
« vous voir heureux (1). » — *Se procurer une notice* biographique et la lui adresser. (Voy. Thumb).

181

Brueck (R.) et L. Schleg, à Meissen, Saxe; proposent à l'empereur un nouveau système de canon remarquable par sa légèreté (avril 1864).

182*

Baückener, à Rosswein, Saxe; demande que l'empereur lui rembourse des assignats qu'il possède (12 avril 1857).

183

Brüggemann (A.), fabricant d'extrait de malt à Ibberbüren, Westphalie. Exprime son admiration pour le génie de Napo-

---

(1) La minute, couverte de corrections, se terminait ainsi d'abord; mais cette dernière phrase n'étant probablement pas assez moqueuse pour les souvenirs un peu ambitieux du curé, fut biffée et remplacée par celle-ci : « La prière d'un homme consacré comme vous à la
« retraite et aux bonnes œuvres ne peut que lui porter bonheur. Ne
« doutez pas de la sincérité de ses vœux pour le vôtre. »

léon et prend la liberté de lui conseiller de retirer ses troupes de Rome.

184

Brunck (Fried.), lieutenant prussien, à Hynau, Silésie; fait hommage à l'empereur de son opuscule intitulé « Trois mois comme prisonnier de guerre en Autriche, pendant l'été de 1866 » (6 juin 1867).

185*

Brunckow, à Berlin; adresse à l'empereur le modèle d'un monument (?), 24 juin 1858.

186*

Bruning (J. H.), à Cleverns, Oldenbourg; propose un moteur à mouvement perpétuel (24 août 1853).

187 et 188

Bruno (Ant. et Franz), Bavarois, obtiennent de l'empereur un don de 5o florins pendant le voyage de Salzbourg, 1867.

189

Brunswick (Le duc de), nombreuses lettres de compliment. — « Sire, j'ai attendu la fête de V. M. pour lui annoncer que
« je suis à La Haye, où je regrette bien Paris, dont le séjour
« m'a été rendu impossible par l'injustice des juges. C'est donc
« malheureusement de l'exil que j'élève la voix pour appeler
« sur la personne et le règne de V. M. les bénédictions du
« ciel. Daignez, Sire, agréer mes respectueux hommages »
(15 août 1867). — « Sire, je viens encore exprimer à V. M.

« mes vœux les plus sincères et les plus ardents pour que
« Dieu accorde à V. M. une longue vie et une santé parfaite,
« la puissance et la gloire toujours croissante. Personne ne
« sait mieux que moi apprécier le génie, le courage et la sa-
« gesse de V. M. qui ont fait de vous, Sire, l'arbitre du monde
« connu. Veuillez agréer, Sire, mes hommages respectueux,
« etc..., etc...» (1ᵉʳ janv. 1867).

190

BUCHELER (Le docteur), à Düsseldorf; demande la protection de l'empereur pour un établissement d'enfants pauvres (janv. 1853).

191

BUCHLER (Et. Fried.), traducteur, à Nüremberg; adresse deux requêtes relatives au consulat de Bavière « qu'il semble désireux d'obtenir » (1864 et 1865).

192*

BUCKLERS, à Kempen, Prusse; demande le remboursement d'assignats qu'il possède (12 juill. 1859).

193

BUDÆUS, à Wollin en Poméranie, Prusse; demande un secours (fév. 1864).

194*

BUGLER (Caroline), à Schleissheim; demande un secours (4 mars 1853).

195*

Buegler (G.), à Wagenhausen, demande un secours (16 sept. 1854).

196

Buehler (H.), lithographe à Ludwigsburg, Würtemberg; offre à l'empereur un plan de la ville de Ludwigsburg et sollicite un secours; il joint à sa lettre une lettre officielle prouvant que l'empereur de Russie lui a fait donner, pour ce plan, 50 florins (1867). — *Refus.*

197

Buhse (Fried. Wilh. Dan.), conseiller honoraire de Hesse-Cassel; soumet à l'empereur un mémoire traitant « du développement de l'Europe sur le champ politique, social et ecclésiastique par le moyen de la diplomatie; » écrit terminé par une série d'«Oracles» dont le dernier annonce qu'en 1866 Louis Napoléon sera l'homme le plus célèbre de l'Europe (Cassel, 28 mars 1864). — Communications politiques accompagnées d'une brochure imprimée, sous le titre : « Mémoires d'un fonctionnaire de la Hesse électorale » (janv. 1865). — Le même offre pour le prince impérial sa « Grammaire internationale allemande pour le français, l'anglais, l'italien et l'espagnol; » il propose en outre un remède pour la santé de S. A. (mai 1867). — Le même envoie à l'empereur l'indication d'un remède contre les maladies de vessie (sept. 1869).

198

Bulach, Bavarois; obtient de l'empereur un don de 30 florins pendant le voyage à Salzbourg (1867).

199

Bulow (Hans von), maître de chapelle du roi de Bavière, élève et gendre de l'abbé Listz, demande l'autorisation de dédier à l'empereur une ouverture et marche à grand orchestre du « Jules César » de Shakspeare (15 mai 1867).

200

Bundschuh (Le) ou Société du soulier de paysan s'attachant avec des cordes. Le comité de cette société résidant à ..... et parlant au nom d'une « grande partie du peuple allemand, » sollicite l'intervention de l'empereur contre la brutale oppression de la Prusse. Il demande particulièrement que le Schleswig-Holstein et le Lauenbourg ne soient pas séparés (1865).

201

Bunger (Wilh.), docteur en philosophie, et ingénieur géographe, à Dresde; expose à l'empereur que, très-exercé dans l'art de la Géostéréoplastie (plans en relief), il pourrait dresser le plan stéréoplastique de l'isthme de Panama qu'il viendrait ensuite exposer à Paris, pour y démontrer la possibilité du percement de cet isthme et pour concourir à une œuvre qui serait fertile en grands résultats; il y joint le compte détaillé des frais qui s'élèveraient à 7,500 francs et sollicite un secours, en cas de refus, pour retourner en Allemagne (16 mars 1863).—*Refus* de l'une et l'autre requête.—N'ayant pas réussi auprès de l'empereur, ni à Londres, le docteur Bunger a commencé « sous l'aide de Dieu et la bienfaisance de personnes charitables, un grandiose ouvrage dont l'exposition publique pouvait lui fournir les frais de son retour chez lui. La représentation publique sera intitulée :

« Le moderne Paris en 1875, stéréoplastiquement ou
« en haut relief exécuté au 1/1080, comme il sera devenu et
« se présentera avec tous les projets achevés de changements,
« élargissements et améliorations, *sous le glorieux règne de*
« 25 *ans* de Sa Majesté l'Empereur Napoléon III.

« La 12ᵉ partie de cet artifice aussi difficile que bien coû-
« teux est en exécution et contiendra *les quartiers entre le*
« *boulevard du Mont-Parnasse et la rue de Rivoli avec la*
« *Seine et ses isles entre les ponts d'Austerlitz et de l'Alma.* »

« ..... C'est par cette exposition partielle qui aurait lieu au bout du mois prochain que je puis seulement gagner les moyens à l'exécution des autres onze parties du grand ouvrage dont l'ensemble, présenté dans les autres villes, y servira sûrement à affirmer partout la gloire que c'est Paris qui est la plus belle ville de tout le monde. » Il s'adresse donc encore à la munificence impériale pour obtenir un peu d'aide (21 sept. 1863). — *Classer.*

202*

Burger, à Worms; demande une place de professeur de langue et de littérature allemandes (28 janv. 1854).

203*

Burgheim, à Hambourg; envoie à l'empereur un talisman (28 janv. 1853).

204

Burckhardt (Le colonel von), commandant le 4ᵉ régiment d'infanterie von Miller, à Ulm; informe S. A. I. (le prince Napoléon Jérôme?) que ce régiment possède un grand album dans lequel est la collection complète des portraits de tous les officiers qui y servent ou y ont servi, et que comme il a l'honneur de pouvoir compter S. A. I. parmi eux (*hat die Ehre auch Eure kaiserliche Hoheit unter die Offiziere rechnen zu können*), il demande humblement sa photographie (4 mai 1870).

205

BURKHARDT (Karl Gottf.), tailleur et magnétiseur à Freiberg en Saxe; offre ses services pour la santé de S. M. (sept. 1869).

206*

BURKLE, à Sielzfall (?); demande un secours (17 avr. 1857).

207*

BUSCH (G.), à Dresde; demande le portrait de l'empereur (30 janv. 1853); — adresse une pièce de vers (9 mars 1854).

208

BUSCH (Ioh.), ouvrier d'artillerie, à Dresde; adresse pour l'impératrice un opuscule religieux intitulé *La parole du Verbe* et une pièce de vers *Le royaume de Dieu* (oct. 1863). — Le même sollicite la souscription de l'empereur pour faciliter la publication de son ouvrage sur *La constitution du soleil et des sept planètes* (sept. 1864).

209

BUSCH (Gust. Adolf.), agent de la fabrique Jordan et Timaeus, à Dresde, demande l'autorisation d'offrir au prince impérial, à l'occasion du centenaire de Napoléon Ier, un carnet orné du portrait en ivoire du premier empereur, encadré de fil d'ar-

gent, où se lisent les noms d'Austerlitz, Iéna, Wagram, etc...
(2 mai 1869).

210

Buschmann (Le professeur Edw.), à Berlin ; offre 8 volumes de ses œuvres à l'empereur. « Sire, V. M. I. voudra daigner permettre à un vétéran dans l'étude des *langues du Mexique* et de l'Amérique en général, ainsi que de celles du *Grand Océan* et de l'Asie, de faire hommage à V. M. de ses ouvrages sur cette matière. Celui qui porte le titre « Vestiges de la langue Aztèque dans le Mexique septentrional et plus loin, » a été couronné du prix Volney par l'Académie des Inscriptions. L'autre est la première partie d'une grammaire des langues de Sonora, province devenue récemment célèbre par les armes françaises ; dans ces langues j'ai découvert l'élément aztèque. L'ouvrage sur les *noms aztèques* trace la langue aztèque vers le sud jusqu'à Nicaragua. Un autre traite la grande souche septentrionale des langues *Athapasques*, qui s'étend depuis le 30° degré de latitude dans le Mexique jusque vers la mer Glaciale. »

« Le sceptre de V. M. s'étend aussi au *Grand Océan* et à la *Polynésie*. Elle voudra donc me permettre d'ajouter : mes compléments de l'ouvrage de Guillaume de *Humboldt* sur ces langues (intitulé « langue Kawi »), lequel j'ai achevé et publié après sa mort, c'est-à-dire le tome II (traitant la langue de Madagascar et d'autres) et le tome III (contenant ma « grammaire comparée des langues polynésiennes et malaies »). Puis un livre que j'ai écrit en langue française (en 1843, au moment où la France prit possession des îles Marquises) sur « la langue des îles *Marquises* et la langue *Taïtienne.* » M. l'amiral Mackau a reçu avec bonté cet ouvrage par l'entremise du baron Alexandre de Humboldt. »

« J'ai désiré depuis longtemps pouvoir mettre ces ouvrages aux pieds de V. M. I. comme fondateur et protecteur de l'*Empire*

Mexicain, et de lui exprimer mon admiration de tout ce qu'Elle a fait pour la régénération et le bonheur de ce pays que j'ai visité en 1827 et 1828. Aujourd'hui, la consolidation de la grande œuvre commencée par V. M. est dévolue à S. M. l'Empereur Maximilien ; mais voyant le puissant bras de V. M. I. élevé de nouveau pour la protection du nouvel Empire Franco-Atlantique, j'ai cru pouvoir me permettre de solliciter la grâce de V. M. *d'accepter les ouvrages* que j'ose déposer à ses pieds, et d'accorder ainsi son auguste protection aux études linguistiques d'une nation amie et voisine. Je suis, Sire, avec la plus profonde soumission, de V. M. I. le plus humble et le plus soumis serviteur » (Berlin, 20 juill. 1865). — Le professeur BUSCHMANN, nommé officier de la Légion d'honneur, offre à l'empereur le manuscrit du « *Cosmos de Humboldt* » sur lequel s'est faite l'impression de cet ouvrage, manuscrit de la main du professeur BUSCHMANN, mais dont toutes les pages portent des annotations et corrections de la main de l'auteur (janv. 1866). — *Accepté*. L'empereur fait transmettre « l'expression de tous ses remerciements » et fait déposer l'ouvrage à la grande bibliothèque de Paris.

211

BUTTLAR (Le baron de), à Festenberg, près Breslau, fils d'un préfet du palais du roi de Westphalie. Dénué de toute fortune et chargé de famille, il sollicite un secours (14 janv. 1855).

212

BUTTLAR (Henriette de), née de Bosse, à Meiningen (Saxe); fait hommage à l'empereur de son livre *Le roi Jérôme et sa famille*, non parce que ce livre « se rattache par son contenu à l'illustre maison des Napoléonides, » mais parce qu'il « contient les souvenirs intimes d'une longue vie guerrière et domestique passée au service de feu S. M. le roi Jérôme, prince de Montfort » (13 oct. 1869). — *Remerciements.*

213

Bux (Fanny), à Olmütz ; écrit à l'empereur pour lui indiquer la formule d'un remède contre la goutte (juill. 1870).

214

Byerle, Bavarois, obtient de l'empereur un don de 30 florins pendant le voyage à Salzbourg (1867).

215*

Carl, à Bruchweiler (Bavière), adresse à l'empereur la recette d'un remède contre la gale (28 déc. 1856).

216 et 217

Carle (J.-F.-C.) et Johns (H.-E.), à Hambourg, renouvellent une demande qu'ils ont déjà faite pour soumettre à l'empereur un nouveau fusil à aiguille. « N'ayant pas, jusqu'à présent, offert notre fusil à un autre gouvernement et guidé par le désir de l'offrir le premier à V. M. I., en outre l'opinion favorable que le fusil a trouvé de la part de plusieurs généraux impériaux..., vu l'incertitude de la situation politique, il pourrait être nécessaire et convenable que V. M. I. voudrait bientôt nous honorer d'une réponse... » (16 juin 1866).

218

Carlowitz (De), à Ortrand, Prusse ; son père, sujet saxon, ayant été ruiné à la suite de la bataille de Bautzen (1812), il fait appel à la munificence impériale. Très-vivement recom-

— 58 —

mandé par le prince de Lynar, conseiller de légation à l'ambassade de Prusse à Paris, qui s'intéresse personnellement au succès de cette requête (mai 1870). — Remercie de 500 francs reçus (10 juin 1870).

219

Carus (Le docteur C.-G.), premier médecin ordinaire du roi de Saxe, demande la faveur d'offrir un exemplaire d'un grand ouvrage sur l'anatomie et sollicite la croix de la Légion d'honneur que Napoléon Ier lui avait promise la veille de la bataille de Leipzig (18 févr. 1854).

220

Caspar (F.-Xav.), à Waldsee, Würtemberg; sollicite une audience (mars 1868). — *Refus.* — Sollicite de nouveau une audience secrète pour révéler à l'empereur les moyens d'exercer une grande action politique (27 oct. 1868). — *Refus* en date du 23 janvier 1869. — Insiste pour communiquer verbalement à S. M. les moyens de prévenir les dangers politiques du moment (mars 1869). — *Classer.* — Écrit une lettre de considérations politiques et de conseils pour la santé de l'empereur (nov. 1869).

221

Cederholm (Edw.), lieutenant prussien en retraite, à Berlin; adresse à l'empereur une lettre de félicitations et une pièce de vers à l'occasion du mariage (février 1853). — *Id.* à l'occasion de la naissance du prince impérial, « le fils de France » (*zur allerhöchsten Geburt des K. Kronprinzen, des Sohnes von Frankreich*). Berlin, 1er mai 1856.

222

Christian (Franz), directeur d'une école publique à Zlabings en Moravie; demande à dédier au prince impérial une carte généalogique, chronologique et statistique de l'Autriche (nov. 1867). — *Refus* faute d'avis préalable. — Renvoie de nouveau sa carte et ajoute qu'il désirerait obtenir quelques lignes de la main de S. A. le prince impérial, qui seraient pour sa famille un monument précieux (oct. 1868).

223

Christiani (Maurice), à Baumgarten en Silésie, sujet prussien; demande le remboursement d'assignats qu'il envoie, ou du moins un secours pour l'aider dans sa pénible position (juin 1864).

224*

Chilaer, à Weiskirchen, Hesse; offre une lettre de Bonaparte premier consul (28 sept. 1858).

225

Clar (Albert), à Berlin. Après avoir longuement parlé de son amour pour la France à laquelle le rattachent des liens de famille, et de son dévouement respectueux pour la personne de l'empereur, il raconte que se trouvant dans une brasserie, il vit deux individus se communiquer en riant des gravures offensantes pour le gouvernement impérial. Il s'approcha, acheta chèrement les gravures, voire même les cuivres, et fit détruire ceux-ci par un chaudronnier. Il demande la permission d'adresser les gravures à l'empereur comme un témoignage de son zèle pour l'honneur de la France (26 nov. 1864). —

Remercié (9 déc. 1861). — Il a reçu le 9 décembre précédent les remerciements qui lui ont été adressés au nom de S. M. pour l'envoi qu'il a fait de caricatures qu'il avait achetées, malgré son peu de fortune, afin d'en empêcher la publication ; il demande aujourd'hui avec instance qu'on se souvienne de lui et se recommande à S. M. (sans rien préciser), 10 déc. 1862. — Insiste en disant que sa démarche a été inspirée par le sentiment qu'il a pour le trône français, et que ce qui le réjouirait serait de recevoir une réponse de S. M. dans laquelle il aperçoive qu'Elle a été sensible à cette preuve de dévouement. Il joint à sa lettre son portrait photographié (7 déc. 1864).

226

Clar (W.), éditeur à Breslau ; envoie pour être offert à l'empereur deux ouvrages de M. de Moller : *Preuszisches Stadtrecht* (droits des cités en Prusse) et *Landgemeinden u. Gutsherrschaften nach Preuszischem Recht* (Droits des villages et de leurs seigneurs en Prusse). « Je ne doute pas que S. M. « qui a pris tant d'intérêt pour le principe de la décentra- « lisation, voudra bien sacrifier un moment d'attention pour « ces deux livres sur le « *Selfgovernment* » des cités et des « villages en Prusse » (31 août 1865).

227

Clarus, sénateur de la ville de Francfort-sur-le-Mein ; propose d'ajouter à l'institution des caisses d'épargne un système de collectes hebdomadaires faites à domicile, système qui a produit à Francfort de bons résultats (28 juill. 1856). — Le directeur général de la caisse des dépôts et consignations, consulté par ordre de l'empereur, répond : « Ce mémoire de M. Clarus contient des idées et des faits dignes d'attention et l'on peut y trouver le germe d'une amélioration utile dans l'intérêt des classes pauvres et laborieuses ; mais ce progrès n'est pas de la nature de ceux qui demandent pour se réaliser l'initiative du gouvernement dont le rôle ne peut que se borner à seconder et à régulariser, par les mesures développées dans la note, les résultats d'un appel à l'opinion publique et au concours des bons citoyens. Il est regrettable qu'il n'existe pas, pour diriger et féconder l'institution des caisses d'épargne, une commission supérieure semblable à celles qui ont été instituées pour les sociétés de secours mutuels et pour la caisse des retraites de la vieillesse. »

228*

Clauer, à Morschheim (Bavière) ; propose un nouveau canon et demande pour son invention 60,000 florins (27 juin 1855).

229

Clemens, capitaine d'artillerie prussien ; adresse à S. A. R. le Prince président une croix de la Légion d'honneur que le hasard a mise entre ses mains, en le priant de vouloir bien l'accepter et d'en disposer comme il le jugera convenable (31 juill. 1852). — *Répondu* que S. A. apprécie son intention et lui renvoie la croix dont il est devenu possesseur en lui faisant ses remercîments.

230

Clodius (Mathilde), née Aruz, à Paris ; offre ses services pour apprendre au prince impérial l'allemand ou la musique (juin 1864).

231

Cohausen (A. de), major du génie au service du roi de

Prusse, à Francfort-s.-M. ; remercie l'empereur de la croix de la Légion d'honneur qui lui a été accordée pour ses recherches sur J. César. « Permettez, Sire, l'expression de ces sentiments d'admiration et de vénération qui se sont imprimés si profondément dans mon cœur... » (17 avr. 1865).

232

Cohn (Meyer), à Berlin ; adresse une tasse, portant le nom de Napoléon Ier, qui vient d'être mise en vente à Berlin au profit d'une œuvre charitable. Cet objet, qui a fait partie du service de campagne de Napoléon, est tombé à Waterloo entre les mains des Prussiens. Il désire en faire accepter l'hommage à S. M. comme témoignage de sa haute admiration pour l'auguste souverain qui continue les glorieuses traditions de Napoléon Ier (24 juin 1865). — *Accepté et remercié.*

233

Cohn (D.), à Berlin ; envoie à l'empereur deux cruches d'un onguent qui guérit d'une manière infaillible les douleurs rhumatismales et dont il a éprouvé l'efficacité pendant ses voyages en Afrique (août 1869).

234

Cöllen (Franz-Arnold), à Berlin, demande l'autorisation d'offrir à l'empereur ses « Fleurs sauvages, » poésies (sept. 1858). — Le même, à Bonn (Prusse-Rhénane) ; offre son livre, *Reisen und Dichtungen* (Voyages et Poésies), fruit de plusieurs années passées en Orient. « Puisse l'historien de J. César, l'écrivain illustre et plein de génie, réjouir l'humble auteur de ce petit écrit en l'acceptant avec bienveillance » (19 mars 1865).

235

Cölln (Wilhelm von), lieutenant au régiment des grenadiers de la garde, à Berlin; se conformant aux dernières volontés de son père, ancien officier du premier empire, il transmet à S. M. la croix de la Légion d'honneur que Napoléon Ier avait accordée à son père à la suite du combat de Willeika en 1812 (18 mars 1866). — Réponse du cabinet : «... S. M. n'a pu se résoudre à vous priver d'une relique qui doit vous être bien précieuse. Elle me charge de vous la renvoyer en vous priant de la garder en souvenir des services rendus à la France par le chef de votre famille » (25 mai 1866). — De retour de la campagne de Sadowa, le lieutenant von Cölln remercie du renvoi qui lui a été fait et ajoute : « Mais comme il n'est pas permis à nous autres Prussiens de mettre une telle décoration sans la permission de notre Roi, j'ai l'honneur de vous prier de m'envoyer un certificat que je puisse présenter au gouvernement afin d'acquérir ladite permission » (15 oct. 1866). — *Classer.* — Lettre jointe, de la chancellerie de la Légion d'honneur : « M. de Cölln est fils d'un ancien officier nommé chevalier en 1824. Il n'est pas d'usage en France de réclamer aux familles les décorations dont les étrangers, membres de l'ordre, étaient titulaires; cette observation a été faite à M. de Cölln par notre ambassadeur, et c'est seulement sur l'insistance mise par cet officier à vouloir se conformer aux dernières volontés de son père que M. Benedetti a fait à la grande chancellerie le renvoi des objets dont il s'agit » (19 avr. 1866).

236

Cologne. L'empereur fait écrire au premier bourgmestre de cette ville qu'il est impossible d'accéder à sa demande d'un exemplaire de l'*Imitation de J.-C.* exécutée par l'imprimerie impériale, tous les exemplaires en ayant été distribués (1858).

237

Confeld (F. P.), à Mayence, « docteur en médecine et en philosophie, directeur des thermes romains, membre honoraire de l'Académie des sciences à Francfort-sur-Mein, médaille d'or de 1re classe pour les sciences et les arts de S. M. I. R. l'Empereur d'Autriche, de S. A. R. le duc de Nassau, S. A. R. le duc Maximilien de Bavière et de plusieurs récompenses militaires; » offre à l'empereur un opuscule de sa composition sur les bains des Romains. « Si V. M. I. comme pro« tecteur le plus magnanime de la science et des arts et « comme ami de l'antiquité classique, voulait daigner ajouter « la moindre attention à ce traité, ce serait pour le soussigné « la plus haute récompense de son zèle » (août 1864).

237 *bis.*

Copernic (Maison de), voy. Hesselbein.

238

Coremanz (Le docteur), à Elsene; deux lettres de conseils politiques (oct. et nov. 1869).

239

Cornelius (Mme), à Berlin; « Sire, l'admiration donne du « courage. Depuis que les grands intérêts de l'humanité oc« cupent mon esprit et mon cœur, je vois en vous le héros de « la civilisation. J'ai depuis longtemps songé comment je « pourrais vous exprimer ma vénération. Maintenant j'ai pris

« la résolution de vous présenter, sire, ma comédie intitulée
« *Goethe en Italie* qui a eu récemment sur plusieurs théâtres
« allemands du premier rang un succès brillant, et que j'ai
« moi-même traduite en français pour lui ouvrir les théâtres
« français. Daignez, sire, accepter cet hommage d'une femme
« allemande qui est heureuse de pouvoir vous exprimer son
« admiration » (sans date).

240

Costa (E. Heinrich), maire de Laybach, en Autriche; adresse, pour être mis sous les yeux de l'empereur, deux articles qu'il a publiés dans le journal de Laybach sur « la vie de J. César » (mai 1865).

241*

Cotta, à Hambourg; demande un secours (23 fév. 1859).

242*

Cranz, à Esslingen; demande un secours (26 sept. 1857).

243*

Crust, à Halle; se présente à l'empereur comme médecin spécialiste pour le diabète (25 août 1864).

244*

Custer, à Ingoldstadt, Bavière; demande une souscription (13 mai 1857).

245

Cybulz (Ignaz), major d'artillerie, ancien professeur de

l'empereur d'Autriche et gouverneur des archiducs; sollicite l'autorisation de faire hommage à l'empereur de deux ouvrages dont il est l'auteur, relatifs à l'étude de la topographie (août 1865). — *Refus poli.*

246*

Cyrus, à Trauenstein, Bavière; demande un secours (25 sept. 1857).

247

Czihall (Franz), à Vienne; envoie une dissertation sur les propriétés médicinales des plantes (sept. 1869).

248

C, et W., deux inventeurs anonymes, demeurant à Cologne; offrent à l'empereur leur invention d'une matière fulminante pour les fusils à aiguille et sollicitent une réponse par l'intermédiaire du journal de Cologne (juin 1866).

249*

Dacher, à Harrisberg; offre ses vœux pour l'empereur (1er janv. 1856).

250

Dahr (Mlle Wally), à Coblentz; ayant brodé une étole pour le couvent des dames dominicaines de Nancy, elle a lieu de craindre que cet ouvrage ne soit retenu à la douane et prie l'empereur d'intervenir pour en autoriser l'entrée (1864).

251

Dallmann (A.), à Greifenhagen, Prusse ; sollicite l'autorisation de dédier un ouvrage à l'empereur (14 juill. 1856). — Adresse sa dédicace (1ᵉʳ sept.).

252

Damian (Josef), avocat à Vienne, écrit au chef du cabinet :
« Le 18 février 1866 mourut à Vienne le sieur Fr. Kolb, valet
« de chambre de S. A. I. le duc de Reichstadt, Roi de Rome,
« et dans la succession du défunt se trouva, encore bien
« conservée, la robe de chambre turque du duc de Reichstadt,
« que ce dernier avait portée jusqu'à son décès et ensuite
« donnée en souvenir audit valet de chambre. Cette pièce de
« vêtement a été conservée par le Sʳ Fr. Kolb comme une
« relique très-précieuse. Par un heureux hasard je me trouve
« maintenant en possession de cette précieuse relique et je
« serais aussi heureux qu'honoré si j'osais en faire cadeau à
« S. M. l'Empereur de France pour empêcher ainsi qu'elle ne
« tombe un jour dans des mains indignes..... Quoique les
« affaires d'antiquité ne soient pas de mon ressort, je me crois
« néanmoins obligé à sauver de la perte ce souvenir d'un
« personnage qui restera toujours du plus grand intérêt pour
« l'histoire de France » (19 oct. 1866). — *Remerciment et refus.*

253

Dannenberg (G.), Ebeling, Fischer, Koch, Schlegel et cinq autres, tous bourgeois de Stettin (Prusse) ; adressent leurs félicitations à l'occasion de la naissance du prince impérial.
« La joyeuse nouvelle qui émeut aujourd'hui le monde, cette
« nouvelle que la Providence a fait présent d'un fils à V. M.

« à la France d'un héritier du trône, nous fournit l'occasion de
« déposer aux pieds de V. M. nos vœux les plus respectueux
« pour Votre bonheur » (juin 1856).

254*

DANNHORN (J. M), à Sparnek (Bavière) ; sollicite de l'empereur une indemnité pour son moulin brûlé pendant la guerre, en 1806 (7 octobre 1853). — Renouvelle sa demande (21 juin 1854, 29 déc. 1854, 26 mai 1855).

255

DARAPSKY, capitaine d'artillerie, à Cassel ; propose à l'empereur un télescope pour canon (juin 1864). — *Renvoyé* au ministre de la guerre.

256

DAUBRAWA (Le docteur Ferd.), à Olmütz, Autriche, membre de la commission chargée d'élaborer une pharmacopée allemande ; il présente à l'empereur le livre *Pharmacopæa Germanix*, résultant des travaux de cette commission, en faisant remarquer que l'extension constante des relations commerciales réclame de plus en plus l'emploi d'une pharmacopée internationale, avec un système uniforme de poids et mesures pharmaceutiques (nov. 1865).

257

DAUMLING, Bavarois ; obtient de l'empereur un don de 50 florins pendant le voyage à Salzbourg (1867).

258

Debring (Le docteur Georg), à Fallersleben, Hanovre. « Sire, V. M. daignera excuser si j'ose m'approcher de V. M. « pour mettre devant ses yeux une demande en très-humble « dévotion. Si V. M. souhaite d'acquérir un grand âge et être « guérie d'arthritis (*la goutte*), le soussigné est probablement « l'unique en Europe qui possède l'arcane dont la science « promet le grand âge et la guérison d'arthritis ou de chaque « autre maladie guérissable. Le prix des arcanes est de « 500 napoléons d'or. Pour ce prix je m'offre notifier à V. M. « les arcanes et en propre personne, comme médecin du « corps, servir V. M. jusqu'à la guérison. Au cas d'accepta- « tion j'attends l'envoi du prix fixé et l'ordre d'apparaître « devant V. M. pour notifier les arcanes et guérir V. M. Je « persévère en la plus grande dévotion à V. M. » (16 déc. 1864).

259*

Deegen à Koestritz, principauté de Reuss; propose à l'empereur une nouvelle espèce de pomme de terre (10 mars 1857).

260*

Deichmann, à Francfort-s.-M.; demande un secours (25 mars 1853).

261

Delius (Edward), traducteur juré et ancien membre de l'Assemblée civique à Brême :

« Sire, c'est sous les auspices de S. M. l'Impératrice, dont « j'ai eu l'honneur de connaître la famille à Granada en

« 1827, que j'ose offrir ma réponse à Renan, du point évan-
« gélique, en y ajoutant une découverte qui changera entiè-
« rement notre interprétation de l'Évangile. Cette découverte
« est celle des astronomes de nos jours qui nous prouve in-
« contestablement que le soleil est le monde où nous allons,
« ou pour mieux dire où nous serons reproduits selon le
« degré de perfection que nous avons acquis sur la terre... »
Il offre sa brochure à l'empereur pour « répandre le bonheur
de l'humanité, » et aussi pour imiter S. M. en faisant bénéficier quelque œuvre de charité du produit de la vente
(6 fév. 1865). — *Classer.*

262*

DEMHARTER, organiste à Augsbourg ; rappelle à l'empereur
qu'il lui a donné des leçons de musique et lui envoie ses félicitations (8 mars 1853).

263*

DEMPF (Martin), chirurgien à Krumbach, Souabe ; soumet
à l'empereur plusieurs projets médicaux, fruit de ses trente
années d'expérience et qu'il considère comme « un évangile
scientifique. » Il désire que son système soit examiné, et son
expérience est d'ailleurs la seule fortune qu'il possède (mars
1864). — *Classer.*

264

DEMUTH (Ch. F.), à Brunn en Moravie ; expose à « monseigneur » le chef de cabinet que directeur du cadastre des
terres de la Moravie, document d'une haute importance et
dont l'origine remonte à l'année 1348, il en a écrit l'historique sous le titre : *Geschichte der Landtafel Maehrens*, et
s'est décidé à « adresser à l'ambassade de France à Vienne

« la très-humble prière de daigner le favoriser du grand
« bonheur d'oser espérer que cet ouvrage trouve accès dans
« la bibliothèque impériale de S. M. Napoléon III » (mai
1857).

265*

Denecke (Ferdinand), à Dantzick; hommage en vers pour célébrer le 2 décembre 1851 (2 déc. 1853).

266*

Dengler (Caroline), à Carlsruhe; propose de faire « une
« révélation » à l'empereur (11 mai 1854).

267

Dennstedt, lieutenant de police et lieutenant au 20ᵉ régiment de la landwehr, à Berlin ; offre à l'empereur le commencement d'un ouvrage en 7 volumes intitulé : *Dictionnaire de police prussien*. « Sire ! grâce à la sagesse de l'ad-
« mirable gouvernement de V. M., la France, dont les insti-
« tutions peuvent servir de modèle à tous les États civilisés,
« occupe une place hors ligne parmi les pays de l'Europe...
« Votre Majesté a exprimé pour ma patrie les sentiments les
« plus bienveillants ; j'ose donc me flatter de l'espérance
« qu'un ouvrage contenant un recueil complet de toutes les
« lois, ordonnances... Cette espérance, jointe à l'approbation
« que mon travail a trouvée en Prusse et à l'étranger, les
« distinctions dont des princes augustes ont daigné m'hono-
« rer, m'encouragent à adresser à V. M. l'humble prière de
« daigner accueillir mon ouvrage avec bienveillance »
(Berlin, 26 déc. 1861). — Le même, devenu capitaine de
police (juil. 1867); demande l'autorisation d'offrir la suite de
son Lexicon de la police de Prusse. L'empereur a daigné ac-

cepter le commencement de cet ouvrage. « Cette haute dis-
« tinction, ainsi que beaucoup de décorations d'autres princes
« européens, m'ont donné le courage et la force de continuer
« et d'étendre mon Lexicon. Le désir de connaître plus am-
« plement les institutions de l'État créées par V. M. m'ont
« conduit à la capitale de la France, et j'ai ramassé un riche
« trésor de nouvelles expériences. Je voudrais donner une
« expression aux sentiments de ma reconnaissance et poser
« aux marches du trône sublime de V. M. la continuation de
« mon ouvrage. » — *Accepté et remercié.*

268

Derichsweiler (Hermann), docteur en philosophie à Munster, en Westphalie ; auteur d'une *Histoire des Bourguignons jusqu'à leur incorporation dans le royaume des Franks*, et encouragé par l'accueil favorable que son livre a reçu de la critique allemande, il ose offrir un exemplaire à l'empereur.

« Majesté ! ajoute-t-il : merveilles de la vaillance, brillantes
« victoires, triomphes diplomatiques se sont vus et se verront
« toujours, mais la sagesse magnanime et créatrice (*hochher-*
« *zige schöpferische Erkennen*) qui appartient à V. M. aussi
« bien comme profit et héritage de famille que comme noble
« conquête d'une vie profondément agitée, cette sagesse qui
« ne voulait pas voir dans l'existence de quelques-uns, pas
« plus que dans celle des peuples pris individuellement, un
« jeu du hasard et des circonstances, mais voulait la consti-
« tuer d'après des points de vue grandioses et idéaux et qui
« affermissait dans la pratique, en la conformant à la hau-
« teur de sa grande position, la loi qui existe à l'état de
« rêve au milieu des masses et des peuples, — cette sagesse
« restera de V. M. l'unique et incontestable gloire... » (12 juill. 1864).

269

Dethleff, photographe à Rostock ; sollicite la souscription de l'empereur pour la reproduction photographique de l'œuvre de Reinecke de Vos (Lübeck, 1498), dont il n'existe plus qu'un exemplaire (nov. 1868).

270*

Detteln, à Laibach (Autriche) ; demande un secours (24 avr. 1858).

271*

Deutgen, à Düren ; demande un secours (15 sept. 1855).

272

Deutsch (Maurice), médecin ; demande l'autorisation d'offrir à l'empereur un ouvrage qu'il vient de publier en allemand et français sur les bienfaits du règne de S. M., sous ce titre : *Visions d'un prophète du testament napoléonien.*

« Sire, le soussigné après avoir, en deux langues, ajouté
« une note harmonieuse au concert de l'opinion publique de
« la France et de l'Europe, ambitionne l'honneur de pouvoir
« prouver à V. M., par un acte personnel, combien, dans la
« conscience des Peuples, leur cause s'est identifiée avec
« celle du glorieux fondateur de Sa Dynastie, comme aussi
« avec celle de son grand successeur, dont les hauts faits
« dans les choses de la Paix et de la Guerre, à cause du
« caractère permanent de leurs résultats immédiats ou loin-
« tains, sont encore incomparablement plus féconds pour le
« Genre Humain et sans exemple dans les annales de l'His-
« toire des Princes et des Peuples... » (nov. 1863). — *Accepté et remercié.*

273

Deutsch (Moritz), éditeur et journaliste à Vienne ; fait hommage à l'empereur d'un album des cérémonies du couronnement de l'empereur d'Autriche (1868). — *Accordé une médaille d'or.*

274

Develey (J. C.), à Munich; offre à l'empereur, au prix de 3,000 francs, deux portraits ayant jadis appartenu à la reine Hortense, l'un de Mme la princesse de Rohan, l'autre de Mlle Savary (juin 1864). — Le chargé d'affaires de France à Munich écrit que les portraits seraient chèrement payés au tiers de cette somme.

275

Dewald (Mathias), à Coblentz ; inventeur d'un nouveau style d'architecture fondé sur l'emploi de l'ellipse, il pense que la première application de sa découverte doit être consacrée à la construction d'une église du Saint-Sépulcre à Jérusalem, et demande la permission d'en envoyer les plans et dessins à l'empereur, ne réclamant que le remboursement des frais d'envoi. Il demande en même temps à l'empereur s'il peut prendre en France un brevet pour un appareil servant à tracer l'arc d'ellipse et autres figures (mars 1865).

276

Dibelins (Mme), à Dresde ; vint en 1850, âgée de 88 ans, de Saxe à Paris, pour voir Louis-Napoléon ; Sa Majesté daigna lui accorder alors une audience. Aujourd'hui, dans une position nécessiteuse, elle La supplie de lui accorder une pension (mars 1854).

277*

Dibinger, à Heiligenberg; demande un secours (16 mai 1853).

278

Diehl (L'adjudant Louis-Charles), né à Augsbourg en 1823, d'un ancien officier de la garde impériale et filleul de l'empereur; il demande, de Londres, un secours pour passer en Amérique (déc. 1856). — Reçoit 500 francs (janv. 1857).

279

Dienheim (Le comte de) propose diverses inventions de guerre (1870). — *Refus.*

280*

Diergard (Le baron de), à Hambourg; offre à l'empereur des autographes du roi de Prusse, de Napoléon Ier, etc. (11 et 12 août 1861).

281*

Dietfurt (La baronne de), à Sigmarigen; sollicite un emploi au château d'Arenenberg pour son mari (29 nov. 1856). — Sollicite une pension ou un emploi pour son mari (5 mars 1858).

282*

Dietlein (Wilh.), tisserand à Weipenstadt (Bavière); demande un secours (janv. 1853).

283*

Dietrich (J.), à Munich ; demande un secours (13 févr. 1853).

284*

Dietrich (Ch. Ad.), à Krems, Holstein ; demande un secours (16 juin 1853).

285

Diez-Felwinger (Le docteur Wilhelm), « auteur historique « et poëte-rédacteur, membre de sociétés littéraires et posses- « seur d'une décoration pour le mérite des sciences et des « arts, » à Munich ; offre à l'empereur un exemplaire d'un recueil périodique publié par lui, de reproductions d'autographes et de souvenirs historiques concernant Napoléon Ier, Napoléon II, Napoléon III et Napoléon IV ; il demande l'autorisation de faire imprimer ceux de ces souvenirs qui sont restés entre ses mains pour en faire la dédicace au Prince impérial ; il demande, de plus, une subvention nécessaire à l'impression de cet ouvrage ; enfin il sollicite une récompense honorifique pour son dévouement à la famille impériale ou une place dans la bibliothèque de S. M., ne pouvant, malgré ses services et sa bonne conduite, trouver d'emploi dans son pays (sept. 1863). — *Quadruple refus*.

286*

Diezelsky, à Wrietzen, Prusse ; demande à entrer au service de la France (21 févr. 1857).

287

Dingler (A. H.), à Bettersroth; adresse une pièce de vers en demandant un secours (14 janv, 1853).

288*

Dippel (Amélie), à Borchen (Prusse); demande un secours (21 janv. 1853). — Renouvelle sa demande (10 et 20 févr., 4 avr., 17 mai 1853).

289*

Diringer, à Calsruhe; demande un secours (20 sept. 1857).

290*

Dittman (Ch.), à Ludwigstadt, Bavière, offre un procédé pour tanner en 18 heures (28 mai 1855).

291

Dobrigkeit (Rudolf), apothicaire à Borzymen, Prusse; sollicite le remboursement d'un paquet d'assignats qu'il envoie, et expose à l'empereur que ce remboursement le tirerait d'une situation pénible (juin 1867). — *Répondu* que les assignats n'ont plus cours depuis la liquidation qui en a eu lieu en 1797, aux termes de la loi, et qu'on lui renvoie ses titres qui sont aujourd'hui sans nulle valeur.

292

Dodelbauer, chirurgien-major au 2ᵉ régiment d'artillerie, à Würzbourg, Bavière; adresse à l'empereur ses vives félicitations comme ancien condisciple à Augsbourg, et ses vœux (23 déc. 1852).

293*

Doebbel (veuve), à Magdebourg; demande un secours (6 janv. 1857).

294

Doederlein (Georg), marchand à Nüremberg, ayant l'intention d'organiser un train de plaisir de Nüremberg à Paris, sollicite de l'empereur, pour ses compagnons de voyage et pour lui, une dispense de passe-ports et autres formalités (6 sept. 1864). — Remercie de la dispense accordée et ajoute :

« Sire,... veuillez me permettre, comme dernière grâce,
« d'offrir, à mon arrivée à Paris, quelques-uns de nos renom-
« més pains d'épice à Son Altesse le prince impérial. En at-
« tendant, Sire, que vous fassiez de moi, par l'accomplisse-
« ment de cette dernière prière, le plus heureux des mortels,
« j'ai l'honneur d'être... » (15 sept.).

295

Doering (Le docteur Henri), professeur à Iéna ; reçoit de l'empereur une somme de 600 francs (13 oct. 1853). Il écrit au chef du cabinet :

« Monsieur, j'ai eu l'honneur de recevoir la somme de
« 600 francs comme témoignage de la générosité de S. M. I.
« Excusez, Monsieur, le retardement de ma réponse. Votre
« lettre étant arrivée à Iéna pendant mon absence, j'étais
« hors de lieu de vous annoncer plus tôt la réception de la
« traite. Le présent que S. M. m'a fait la grâce d'ajouter à
« votre lettre, présent unique que jamais aucun monarque
« n'aurait pu à moi faire, a touché et frappé tour à tour tous

« les ressorts de mon âme. Recevez, Monsieur, etc. » (Iéna 31 oct. 1853).

296

Döring (Ferd.) et Ce, à Klein-Wittenberg, Prusse; inventeur d'une liqueur stomachique contre le choléra, les douleurs abdominales et la fièvre, il en adresse une bouteille à l'empereur pour qu'elle soit mise à l'épreuve (19 juil. 1863). — *Refus* de la bouteille et renvoi à l'Académie des sciences. — Döring écrit de nouveau à l'empereur pour rappeler sa requête et s'informer du résultat de l'examen qu'on a dû faire de sa bouteille (12 nov. 1863). — *Classer.*

297*

Doersch (L.), armurier à Luxembourg; propose un fusil se chargeant par la culasse (10 janv. 1855). Ayant eu l'occasion de voir les pistolets dont l'empereur a fait présent au général de Wedel et sachant l'intérêt que prend S. M. à tout ce qui peut améliorer les armes à feu, il vient lui offrir un nouveau fusil de son invention. Employé durant longues années à la manufacture prussienne de fusils à aiguille de Sœmmerda, il a été à même de reconnaître les nombreux défauts de cette arme et il a cherché à y remédier en la combinant avec le système français de Thouvenin. Il a été constaté qu'à une distance de mille pas son fusil a toujours atteint 25 fois sur 100, un but de 4 pieds de haut sur 6 de large, et que la balle, à cette distance, a toujours traversé une planche de chêne de 2 pouces d'épaisseur. Malgré ces résultats le général de Wedel n'a pu obtenir l'adoption de cette arme dans les États prussiens. La Confédération Germanique a seule consenti à son adoption dans les forteresses fédérales, mais en petit nombre. Il préfère offrir son invention à l'empereur (janv. 1855). — *Refus* motivé sur la multitude des offres de ce genre.

298

Doersch-Baumgarten, à Suhl, Prusse; propose un nouveau fusil à aiguille (12 juin 1860).

299*

Dolberg (Louis), à Schwérin, fait hommage d'une pièce de poésie (31 mars 1853).

300

Dommerque, à Ahrweiler; recommande, pour la santé de l'empereur, le vin d'Ahr (nov. 1869).

301

Dorner (Charles Chr. G.), juge royal à Rosenheim, Bavière; offre à l'empereur un opuscule sur cette question de droit : « Qui est le propriétaire des biens de l'Église? » (nov. 1867). — *Classer.*

302*

Dott (George), à Hofranckenheim ; demande un secours (1853).

303

Dregen (Arnold), employé de chemin de fer à Stettin, Prusse; père de famille dans la gêne et venant d'avoir un nouvel enfant, il sollicite de l'empereur un secours (27 janv. 1869). — *Refus.*

304*

Dreher (G.), à Kronau, grand-duché de Bade; ancien préposé de la douane de Constance, demande un secours (18 janv. 1854).

305

Dreher (M.), maire de Crelingen, Würtemberg; lettre de félicitation sur la naissance du prince impérial (21 mars 1856).

306*

Dreifus, à Schmieheim, grand-duché de Bade; demande un secours (20 mars 1856).

307

Drentwett (G.), graveur à Augsbourg; inspiré par la présence de Napoléon III à Augsbourg, il a gravé une belle médaille d'or représentant d'un côté le gymnase de cette ville et de l'autre l'inscription latine qui en décore le portail. Il l'adresse à M. le comte de Fleury, adjudant général, en écrivant : « Puisque je suis venu à Salzbourg spécialement
« pour présenter cette médaille à S. M., je vous prie civile-
« ment, Monsieur, de faire parvenir mon œuvre à S. M. par
« votre bénigne médiation, ajoutant qu'il ne sera pas accom-
« pagné d'aucune supplication. Espérant être favorisé d'une
« bonne réponse, je suis, etc.... » (août 1867). — *Envoi* d'une médaille à l'effigie de l'empereur, en échange.

308

Dresel (Max), à Nieder-Barkausen, en Westphalie; prie

l'empereur de vouloir bien accepter un autographe du duc de Reichstadt (un devoir d'italien), souvenir précieux que sa famille possède depuis longtemps (nov. 1864). — *Remerciement et refus.*

309

DRESSEL (Albert), philologue. « Ce savant philologue allemand avait adressé il y a deux ans une note indiquant quelques sources peu connues qui pouvaient être consultées pour la vie de César. La réponse lui promettait des travaux sur ce sujet, et il se tient encore à la disposition de l'empereur. Aujourd'hui M. Dressel, presque entièrement aveugle, père de trois jeunes enfants, se trouve dans une gêne cruelle. L'ambassadeur de France (duc de Cadore) demande que l'empereur se fasse rendre compte de l'importance des publications de ce savant afin qu'un secours lui soit accordé » (juin 1863).

310*

DRINNENBERG, à Francfort; fait hommage de la dédicace d'une marche militaire (22 déc. 1855).

311

DROUET, maître de chapelle de S. A. le duc de Saxe-Cobourg-Gotha, chevalier de son ordre, sollicite la croix de la Légion d'honneur. Attaché dans sa jeunesse à la personne du roi Louis, il travailla avec la reine Hortense et nota sous la direction de S. M. l'air de « Partant pour la Syrie; » en 1810 il fut attaché à la chapelle de l'empereur qui lui promit la croix lorsqu'il serait plus âgé. Sa fidélité à la mémoire de l'empereur résista aux propositions qui lui furent faites sous la Restauration (sept. 1852). — *Renvoyé au ministère des affaires étrangères*

312

Drouven (Jakob), distillateur à Coblentz; a fait cadeau de ses produits admis à l'exposition, pour l'armée d'Orient. Il sollicite le titre de : Fournisseur de l'Empereur des Français pour le punch d'arrak et de rhum (janv. 1856).

313

Dub (Le docteur Julius), à Berlin; demande la permission d'offrir à l'empereur son livre : *De l'emploi de l'électro-magnétisme* (1865). — *Refus* avec regret.

314

Dubner (Fried.). Une pension de 1,800 francs lui est accordée au nom de l'empereur, le 22 mai 1866. — A M. Conti : « Monsieur, je désire avec impatience avoir l'honneur de vous voir et de vous présenter les hommages d'un cœur profondément et éternellement reconnaissant. Vous avez eu la noble générosité de plaider et de plaider chaleureusement la cause d'un inconnu qui n'avait jamais écouté que ses goûts de λαθή βιώσας. Veuillez, monsieur, lui permettre de vous dire oralement qu'il doit à votre magnanime intérêt ce qu'il regarde comme la plus belle et la plus honorable récompense de ce qu'il s'est efforcé de faire pour se rendre utile à sa chère patrie d'adoption. Je désirerais aussi, monsieur, savoir si dans le temps actuel il est convenable de demander un moment d'audience à S. M. l'empereur... (5 juin 1866).

315*

Dudek; offre son invention d'un bateau sous-marin (Vienne, 3 sept, 1859). — Renouvelle son offre (Berlin, 17 sept. 1859).

316*

Dummel (Albert), à Stockach ; vœux et félicitations (26 avril 1853).

317*

Dummler, à Spire ; hommage (13 août 1855).

318

Dussel (Adolf), à Paris ; depuis le court séjour qu'il vient de faire en France, le besoin de son cœur ne lui laisse ni repos ni trêve qu'il n'ait exprimé ses sentiments, et il adresse à l'empereur une pièce de vers allemands intitulée : *La plus belle fleur de France*, dont voici le sens :

Français ! — Un grand bonheur vous est advenu. — Un bonheur d'un haut prix inestimable ! — Nul autre peuple n'en a de tel ici-bas ; — C'est un présent que le ciel vous réservait.

De lointains pays le voilà venu ; — Fier, il s'est vaillamment frayé le sentier ; — C'est une Étoile-de-bonheur, une lumière — Plus lumineuse que le diamant.

Suivez cette étoile dans tous les chemins, — Sans hésiter, toujours plus loin, encore, en avant ! — Du ciel sur vous elle attire la bénédiction — Et vous garantit un port assuré.

De cet astre dois-je maintenant vous apprendre le nom ? — C'est le couple souverain assis sur le trône de France. — Longtemps puisse-t-il vivre encore ! *Amen.* — Vive Eugénie et Napoléon !

Note du cabinet : « *Les vers sont très-bien.* » (Janv. 1858.)

319

Eberle (Christine), à Heidelsheim, se recommande comme ancienne cuisinière du comte de Douglas et demande un secours (23 mars 1855). — *Idem* (26 avril 1855). — *Idem* (20 août 1857).

320

Ebers (Gust.), libraire à Magdebourg; fait hommage à l'empereur d'une brochure de l'ingénieur G. Woelckers, qu'il vient de publier sous le titre de : *Appréciation de la machine d'air chaud du capitaine Ericsson* (avr. 1854). — *Accepté avec plaisir et remercié.*

321

Eckelmann (Emil), Schoch (Oscar), Trautmann (Kurt) et Trebsdorf (Otto), habitants de Bæhringen en Saxe, adressent à l'empereur une lettre de félicitation sur l'insuccès de l'attentat du 14 janvier (19 janv. 1858).

322

Eckey (Wilhelm), à Dortmund, en Westphalie; recommande à l'empereur pour sa santé un remède, *medicamentum gratia probatum*, dont il peut attendre les meilleurs effets (sept. 1869).

323*

Eckhardt, à Berkersheim; offre ses vœux pour l'empereur (1er déc. 1855).

324

Eckhardt, Bavarois; obtient de l'empereur un don de 60 florins pendant le voyage à Salzbourg (1867).

325

Eckhardt, à Hambourg; indique un remède pour la santé de l'empereur (mars 1867).

326

Eckhart (Le docteur), médecin militaire du roi de Bavière ; fait hommage d'un volume renfermant la collection des ordonnances sanitaires de l'armée bavaroise (1855).

327*

Edelmann, à Berlin ; propose un instrument de son invention pour mesurer les distances (21 mars 1860).

328

Eger (R. G.), marchand à Neu-Stettin, en Prusse ; offre à l'empereur comme pouvant être de quelque intérêt, deux épées qu'il possède et qui datent du premier Empire : l'une est une épée d'honneur qui avait été décernée à un chirurgien en 1813 ; l'autre aurait appartenu au général Pouveneil, gouverneur de Stettin à la même époque (fév. 1865). — *Refus avec remerciement.*

329

Egeria ; conseils politiques donnés, sous le voile de ce pseudonyme, par une Allemande à l'empereur. « Votre Majesté ! « c'est avec le plus grand intérêt que je suis les événements « qui se passent en France. Entre tous les partisans de V. M., « je tiens Persigny pour le plus sage. Il appartient à V. M. « de puiser, dans le renouvellement d'un plébiscite, une « force, etc..... » (déc. 1869). — *Classer.*

330

Eggmann (Ferd.), à Ravensbourg, Würtemberg ; auteur de plusieurs ouvrages historiques et décoré par le roi de Würtemberg de la médaille d'or pour les sciences et arts, sollicite l'autorisation d'offrir à l'empereur son nouvel ouvrage : l'*Histoire des Guelfes* (1866).

331

Egon (Charles), prince de Furstemberg; fait hommage à l'empereur d'un catalogue des manuscrits de sa bibliothèque de Donaueschingen (avr. 1865). — *Remerciements.*

332*

Ehatt (L.), à Darmstadt; envoie une polka dédiée à l'armée française (22 avr. 1854); — envoie « La prise de Sébastopol, » marche militaire (8 déc. 1855).

333*

Ehrle, à Sipplingen, grand-duché de Bade; demande un secours (16 mars 1854).

334

Ehrlich (Le docteur), de Berlin; propose à l'empereur de le guérir de ses rhumatismes à l'aide d'un traitement qui a pour objet la régénération du sang (nov. 1866).

335

Eichholz (Le docteur Charles), à Wiesbaden, Nassau; écrit à l'empereur du 24 décembre 1864 au 22 avril 1870, une vingtaine de lettres pour affirmer son dévouement à la dynastie, pour rappeler qu'il l'a servie pendant longtemps par ses écrits ou ses paroles et pour solliciter une récompense. Une seule de ces lettres est en français : « Sire, si j'ose m'adresser encore

« une fois directement à V. M., c'est parce que je n'ai confiance
« qu'en Elle et que je ne peux pas croire V. M. si cruelle et si
« ingrate que d'oublier les services honorables et libres d'un
« homme dévoué et fidèle ou de le forcer de faire valoir ses
« services par des autres moyens ou dans un autre chemin. Sire,
« je supplie donc très-humblement V. M. de trouver bon que
« je la fasse souvenir de moi et qu'en même temps je lui dise
« encore une autre fois que je l'ai servie plus que trente et un ans
« avec assez de zèle et des sacrifices pour mériter quelques
« grâces dans ce moment. Permettez-moi, Sire, en considé-
« ration de tous mes services, de répéter ce que j'ai humble-
« ment supplié déjà sept fois en deux mois et d'espérer en
« votre bonté et en votre générosité. Je mérite, Sire, votre
« bonté parce que j'ai en dehors un titre particulier autant
« que le plus reconnaissant de tous ceux que V. M. a comblés
« de grâces : c'est un zèle, un respect et une admiration in-
« finis pour sa personne. Et je suis en même temps le plus
« âgé, l'aîné de vos fidèles. Je compte aussi sur votre sagesse
« et je supplie votre indulgence pour toute faute et manque.
« Sire, je suis avec tous les respects imaginables..., etc. »
(18 fév. 1869). — *Répondu* à toutes ces lettres par le mot
Classer. — Le même offre à l'empereur de le guérir de ses
rhumatismes à l'aide d'un remède de son invention qu'il fera
connaître si on lui écrit de venir (août 1869).

336

EICK (A.), secrétaire de la Société des antiquaires du Rhin,
à Mechernick, Prusse ; adresse un exemplaire à l'empereur,
un à l'impératrice et un au prince impérial de l'écrit qu'il
vient de publier : « L'aqueduc Romain d'Eifel jusqu'à Cologne. » Il ajoute : « Peut-être pourrait-il paraître étrange
« qu'un non-sujet de S. M. (*dass ein Nichtunterthan Seiner*
« *M. einen solchen Schritt wagt*) se permette une telle dé-

« marche; mais j'espère que ma haute considération pour la
« maison impériale et mon désir de rendre service à l'émi-
« nent investigateur de l'antiquité romaine, me serviront
« d'excuse » (août 1867). — *Remercier.*

337

Eiffe, à Paris; sollicite une audience (22 juill. 1859).

338

Eisenberg (J.); fait hommage à l'empereur de l'ouvrage du baron Eisenberg, son grand-père, intitulé : *le Manège moderne*, publié à Londres en 1727. « Si S. M. daigne accepter, daignera-t-elle signer la réponse? » (1854). — S. M. accepte et fait répondre par le sous-chef du cabinet.

339

Eisendecher (Le baron F. de), ancien diplomate et ancien officier wurtembergeois, frère d'un ministre de la Diète germanique; après avoir rappelé qu'il a eu l'honneur d'être admis à Arenenberg dans le cercle intime du prince, sollicite sa naturalisation en France et la faveur de servir S. M. dans une position quelconque (Chamounix, juin 1865). — La demande de naturalisation est envoyée au ministre de la justice. — Le baron d'Eisendecher renouvelle sa demande d'être attaché à l'empereur (Angleterre, 6 janv. 1870). — *Répondu* que sa requête ne fait pas assez connaître la grâce qu'il sollicite (19 janv.). — « Sire, V. M. I. a eu la grâce de me per-
« mettre de lui préciser exactement de quelle manière sa
« bienveillance pourrait s'exercer à mon égard. J'ose donc
« prendre la liberté, Sire, de vous exprimer avant tout le
« désir de passer le reste de ma vie à Paris. Tous mes vœux

« seraient comblés si V. M. I. m'accordant la grande faveur
« d'une position auprès de son Auguste Personne, daignait
« m'aider à réaliser ce désir. Malheureusement je ne suis pas
« assez riche pour m'établir à Paris qui est fort cher, habitué
« comme je le suis à vivre dans le meilleur monde. C'est
« pourquoi j'ose supplier V. M. I. de m'attacher à son ser-
« vice. Je vous suis dévoué depuis si longtemps! et le désir
« de vous servir et de vous prouver mon inaltérable dévoue-
« ment n'a jamais été plus avant dans mon cœur » (20 janv.
1870).

340

Eissbrückner (Christin), à Giestemünde, Hanovre; offre à l'empereur diverses améliorations qu'il a inventées pour l'emploi des cartouches dans les armes à aiguille, principalement contre l'humidité (1864). — *Refus.*

341

Eissenhardt (J. A.), à Mannheim; adresse à l'empereur un projet pour l'extinction de la dette publique (déc. 1866).

342*

Elis (F.), à Kausen, Prusse; hommage de poésies (12 déc. 1853).

343

Elmpt (Marianne, Baronne von), à Dusseldorf; adresse une ode allemande au prince impérial (30 nov. 1863). — *Refus* d'en accepter la dédicace.

344

Elsner, journaliste à Stuttgart ; a eu l'honneur, il y a plus de douze ans, d'offrir au prince Louis l'expression de ses sentiments quand il quitta la Suisse, et depuis lors, son attachement, sa reconnaissance, l'ont suivi partout. « Vous êtes, « Prince, ce qu'a été votre illustre Père adoptif au commence- « ment de ce siècle, mais vous êtes en même temps le Napo- « léon de la paix, de la civilisation, le bouclier de l'ordre que « les nations menacées de l'anarchie regardent avec espoir « et confiance. » Il ajoute que comme journaliste il a toujours soutenu la cause du président dans la *Chronique al-* « *lemande*, organe du roi de Würtemberg, dont il est le serviteur fidèle. Ce digne monarque apprécie hautement les qualités du prince-président ; il reconnaît que son petit navire est attaché par les liens les plus forts au grand vaisseau de la France et qu'il lui importe surtout que la France entre dans le port de l'ordre et de la tranquillité... (18 avr. 1850).

345

Elssner (Gotthold), à Lobau, Saxe ; offre à l'empereur son ouvrage sur les *Principaux arbres de l'Allemagne au point de vue du feuillage et du dessin* (1867). — *Accusé réception.*

346

Elze (Christian), à Berlin, inventeur de procédés qui triplent, dit-il, les produits de l'agriculture ; ayant pris la résolution de quitter l'Allemagne pour explorer l'Afrique, demande une audience afin d'expliquer ses projets à l'empereur (oct. 1862).

347*

Engel (F. G.), à Bochum, Prusse; envoie une pièce de vers en l'honneur du maréchal Saint-Arnaud (15 oct. 1854). —Félicitations, en vers, à l'occasion de l'attentat du 14 janvier (24 janv. 1858).

348*

Engel (L.), à Merzig, Prusse ; envoie des vers de son père sur Napoléon Ier (22 mai 1854); — demande une réponse (15 juin).

349

Engelhardt (Wilhelm), sculpteur, à Hanovre; demande la permission de déposer aux pieds « du plus éminent protecteur des beaux-arts, » l'empereur, la série photographiée des figures allégoriques de la mythologie scandinave qu'il a composées d'après l'Edda pour la frise du château de Marienbourg, près Hanovre (nov. 1864). — *Refus* par mesure générale.

350

Enger (Maximilien), docteur en philosophie, à Cologne, arabisant, éditeur de Mawerdi; adresse à l'empereur une pièce de vers latins : *Napoleoni tertio invicto Gallorum imperatori* avec une demande d'emploi. « Sire, c'est à V. M. I.
« que j'ose présenter ce peu de vers qu'une vraie admiration
« et mon dévouement sincère m'ont inspirés. Toujours je
« vous ai regardé comme le véritable régénérateur de la
« société européenne ; et depuis que vous êtes avenu sur le
« trône, mon pressentiment s'est vu confirmé. Ensuite des
« événements de l'année passée l'on saurait à peine douter
« que les provinces rhénanes n'aient rien à espérer de notre

« gouvernement actuel ; et je m'estimerais heureux si V. M. I.
« daignait m'accorder dans ses vastes États une place soit à
« une bibliothèque, soit à un établissement d'instruction,
« même en Algérie... » (14 janv. 1867). — *Classer.*

351

Epp (F.), à Dürkheim, Bavière; demande à être employé en France comme médecin militaire (25 mai 1854).

352*

Erdin, à Kippenheim, Baden ; demande un secours (15 déc. 1857).

353*

Erdmann (Fried.), à Niedersteinbach ; demande un secours (25 fév. 1853).

354

Erfurth (Madame von), veuve du premier lieutenant Von Erfurth, à Rostock, duché de Mecklenbourg-Schwerin. — Elle écrit à l'empereur que veuve d'un officier et vivant au milieu de relations brillantes (*und lebt in brillianten Vermögensverhältnissen*) elle désire se marier avec un écrivain, Alexandre Hirschfeld, homme parfaitement honorable (*ein unbescholtener mann*), mais que la famille d'elle refuse son consentement parce que le fiancé n'est pas noble (*der verlobte kein adliger ist*). Elle demande donc que S. M. veuille bien élever son fiancé à l'état de noblesse, souhait dont l'accomplissement n'est pas possible dans son propre pays (8 juin 1864). — *Classer.*

355

Ertel (Alb. Wil.), cordonnier, à Bonn; recommande à l'empereur pour la maladie de la vessie les gouttes de Harlem et lui demande le secret « *Bitte um Discretion* » (sept. 1869).

356

Esmach (Le docteur F.) à Kiel; fait hommage à l'empereur de son opuscule : *Le premier appareil sur le champ de bataille* (mai 1869). — *Accusé réception.*

357

Essellen, conseiller prussien, à Hamm; fait hommage à l'empereur d'un opuscule ayant pour but de fixer près de Cologne la position des ponts construits sur le Rhin par César (14 mai 1864). — Le même rappelle avoir envoyé un opuscule sur les ponts jetés par César sur le Rhin et adresse une notice sur la découverte d'un camp romain près des rives de l'Ayger, dans l'arrondissement de Grammerslach (14 déc. 1864).

358

Essen (Petnum, baron von), chef de bataillon au régiment d'infanterie prussienne du prince d'Isembourg en 1807. Son brevet et sa croix de la Légion d'honneur sont envoyés à l'empereur par Ottilée von Buttlar, petite-fille du titulaire, qui sollicite de l'empereur un secours (Kœnigsberg, nov. 1866).

359

Essenwein (A.), directeur du musée national germanique à Nüremberg; expose à l'empereur que cet établissement a pour but de réunir les documents de toute espèce qui intéressent l'histoire de l'Allemagne et il demande, en conséquence, que S. M. veuille bien lui faire obtenir notamment : 1° un catalogue des manuscrits allemands ou latins d'origine allemande ou d'origine franco-germanique existant dans les bibliothèques publiques de la France; 2° un catalogue des documents français relatifs à l'Allemagne ou traitant des rapports entre l'Allemagne et la France antérieurement à 1650, etc., et si ce n'était pas trop demander, 3° quelques reproductions des objets d'art d'origine allemande conservés dans les musées français, etc. (déc. 1866).

360*

Esser (Reiner), à Nievenheim, Prusse; demande le remboursement d'assignats qu'il possède (9 janv. 1854).

361

Eugl (Em.), contrôleur des douanes, à Ziegenhals, Prusse; propose à l'empereur un nouveau procédé pour la fabrication des amorces du fusil à aiguille, procédé analogue à celui dont la Prusse a le secret; il demande le prix qu'on donnerait de cette découverte (juin 1864). — *Refus.*

362

Ewich (Le docteur), à Cologne; ayant appris que l'empereur est souffrant, il écrit pour lui faire offre d'eaux minérales dont il garantit l'efficacité. Il joindrait à cet envoi son manuel : *la Balnéologie rationnelle* (août 1866). — *Classer.*

363

Eyffenhardt, docteur en philosophie, à Berlin; sachant

que les savants de l'Allemagne attendent avec impatience l'histoire de César, il envoie, pour être soumis à l'empereur, un petit traité qu'il a composé sur quelques points de cette histoire (janv. 1863). — *Remerciements.*

364

Eyffert (Adam), à Nüremberg; sollicite la grâce de son fils, soldat en France, au 1er régiment étranger, condamné à deux ans de prison et trois ans de travaux publics (1863).

365

Eysell (Le docteur G. Er.), professeur au gymnase de Rinteln, Hesse-Cassel; avec l'autorisation de l'empereur, il lui fait hommage de son *Histoire de Jeanne d'Arc*. En célébrant cette héroïne, il a célébré le peuple français et il espère que son livre ne sera pas indigne de l'approbation du « glorieux représentant de la nation française que couronne non-seulement le diadème de la souveraineté, mais aussi le laurier de l'écrivain » (3 déc. 1864). — *Accepté* avec remerciement et envoyé, l'année suivante, un exemplaire de l'*Histoire de J. César.*

366*

Faber, à Dambach, Bavière; demande un secours (6 avril 1858).

367

Fabro (C.), apothicaire à Lippstadt, Prusse; offre un portefeuille de cuir et un essuie-main marqué N., trouvés dans la voiture de Napoléon 1er après Waterloo (sept. 1852). — *Refus* avec remerciement.

368

Faege (veuve Anna), à Mannheim; fille du colonel de Waldmann, militaire de l'Empire, elle sollicite un secours (1863).

369

Faenkel (Julius), propriétaire de mines de houille en Bavière; propose à l'empereur l'acquisition d'un certain nombre d'actions de ses mines (1868). — *Refus.*

370

Fahne, juge de paix à Fahnenbourg, Prusse ; adresse un travail manuscrit sur les antiquités du district de Dusseldorff : « ... Je ne pourrais terminer cette lettre qu'en sollicitant V. M. de vouloir bien accepter mes très-sincères et plus vifs souhaits pour le bien-être de votre personne. Je crois qu'il est essentiel pour le monde civilisé. Une conviction qui est le fruit de 62 ans de vie » (2 juin 1866).— Il dépose aux pieds de l'empereur deux cartes contenant la fin de son travail sur le *Limes imperii romani Germaniæ secundæ*. « Puissent l'autorité et l'influence de V. M. être encore longtemps préservées, au bien de l'humanité; moi, j'en suis rempli de gratitude et d'inébranlable dévouement » (déc. 1869).

371*

Falkenberg (La dame C.), à Cologne ; se dit fille de Napoléon Ier et adresse ses vœux pour Napoléon III (14 juill. 1855).

372

Farina (La maison J. Marie), à Cologne ; sollicite le titre de : Fournisseur de L L M. M. — *Accordé.*

373*

Fasbender (A.), à Kirchherten, près Cologne; envoie une biographie de la reine Hortense (janv. 1853). — Demande qu'on lui accuse réception de la biographie qu'il a envoyée (24 avril).

374*

Fatler, à Magdebourg; sollicite un secours (16 avril 1861).

375

Faust, à Ludwigshafen, Baden; propose un système de son invention pour la navigation aérienne (21 août 1861).

376

Feddersen (J. F.), à Hanovre; ne réussissant pas à son gré dans ses affaires, demande à devenir sujet de S. M. et à obtenir en France un emploi quelconque; il a trente-quatre ans, une bonne santé, et ne redoute aucun genre de travail (1863). — *Classer*.

377*

Fery, à Bensheim, Hesse; lettre de félicitations à l'empereur pour la nouvelle année (23 déc. 1858).

378*

Fetter, à Esslingen; demande un secours (21 nov. 1858).

379*

Feuerlin (Rosalie), à Schlotheim, principauté de Schwarzbourg; demande un secours (10 fév. 1853). — *Idem*, 27 août 1853.

380

Fiedler (Louis), à Kattowitz, Prusse; s'étant laissé engager dans de fâcheuses spéculations sur les grains, par suite des événements de Pologne, il sollicite de l'empereur une valeur ayant cours en échange d'un assignat de 1,000 francs qu'il lui envoie (nov. 1863). — *Refus.*

381

Filser (Georg), curé de Mauern, Bavière, ancien condisciple de l'empereur au gymnase d'Augsbourg; lui fait hommage d'une pièce de vers en son honneur, imprimée dans le *Courrier d'Augsbourg* (Augsburger Postzeitung, 4 déc. 1852) et une autre pièce manuscrite intitulée : *Napoléon IV, roi d'Algérie* (30 mars 1856).

382

Finck (Anna), Bavaroise; obtient de l'empereur un don de 30 florins pendant le voyage à Salzbourg (1867).

383

Fink (Gottlob); chargé de vendre la maison, à Augsbourg, où l'empereur a passé la première partie de sa jeunesse et qui appartenait au comte de Fugger-Kirchberg, il en fait l'offre (au prix de 70,000 francs), avant de chercher d'autres acquéreurs (juil. 1856). — *Refus.*

384*

Firmenich (Le docteur Johann-Mathias), professeur royal à

Berlin, chevalier de l'Aigle rouge, etc.; offre un *Recueil des dialectes allemands* (avril 1854). — Adresse ses remerciements pour la souscription prise par l'empereur à dix exemplaires de son ouvrage sur les dialectes allemands intitulé : *Les voix populaires de la Germanie*. «... Je me permets donc avec le respect le plus profond d'adresser l'humble demande à V. M. I. de vouloir bien consentir que je citerai le nom de V. M. dans l'ouvrage parmi les autres protecteurs souverains et illustres de « Germaniens Völkerstimmen, » qui sont S. M. le roi de Prusse, S. M. l'empereur d'Autriche et S. M. le roi de Bavière. C'est au troisième volume, dans la préface, que j'ai déjà éclairci le service immense que V. M. a rendu aux sciences en ordonnant l'édition du *Recueil général des poésies populaires de la France*, une œuvre nationale qui restera en effet un monument glorieux pour V. M. et pour la France dans tous les siècles. Par le recueil de ces richesses populaires que le temps aurait emportées, V. M. a favorisé les recherches les plus vastes dans le sol de la littérature, de l'histoire et des langues de l'Europe, car nul doute que les autres nations européennes suivront ces traces scientifiques de l'Allemagne et de la France. Que V. M. I. daigne accepter les remerciements des sciences, lesquels les contemporains inscrivent dans les annales pour les générations à venir en vous glorifiant... » (12 nov. 1855). — Fait hommage de son troisième volume (nov. 1864). — *Remercier avec soin.*

385

Fischer, fabricant d'armes à Berlin ; demande la permission d'offrir à S. A. le prince impérial un fusil à aiguille se chargeant par la culasse, nouveau système de l'armée prussienne, dont l'excellence est incontestée après les preuves fournies dans la guerre actuelle contre le Danemarck (mai 1864). — *Accepté.*

386

Fischer (Alex. Const.), à Leipzig ; son intime confiance dans le noble cœur de Sa Majesté Impériale l'entraîne à exprimer une idée qui le pénètre depuis longtemps et qu'il doit accepter comme une inspiration, comme une réponse du Tout-Puissant à son ardente prière. Il raconte longuement à l'empereur sa vie longue et studieuse, ses vains efforts pour gagner son pain par le travail de l'esprit et nourrir ses vieux parents. « Quand me prosternant à genoux devant le Seigneur
« je répandais toute ma douleur en chaudes supplications,
« toujours ma pensée se reportait sur la magnanimité de
« V. M., pensée qui pénétrait mon cœur d'un nouvel espoir et
« le ranimait. Elle domine toute mon âme, je ne puis plus
« m'y soustraire et tout en demandant force et courage au
« Dieu de Charité, j'entreprends cette démarche hardie de
« me jeter aux pieds de V. M. I. Sire ! Je désire étudier la
« médecine... » Il demande à l'empereur un secours annuel pour étudier la médecine pendant 4 ans et conclut en ces termes : « Rempli d'une profonde confiance, j'attends avec
« espoir la décision bienveillante d'où mon sort dépend, de
« la même puissante main vers laquelle toutes les nations
« tournent leurs regards d'espérance et d'où l'Europe attend
« (*und Europa seine Gestaltung erwartet*) sa constitution
« définitive » (5 janv. 1864). — *Refus* avec regrets.

387

Fischer (Carl), à Strehla sur l'Elbe, Saxe. « Sire, je m'approche du trône avec une prière que V. M. ne refusera certainement pas d'exaucer. Je suis père de famille, de huit enfants, auxquels je dois comme père fournir la subsistance sans reculer devant aucune peine pour remplir joyeusement ce saint devoir que le bon Dieu m'a imposé. Or le désir s'est éveillé en moi et mes trois fils de posséder l'excellent ouvrage « *Julius César* » si savamment élaboré par V. M., et les moyens me manquant pour me le procurer à cause de la stricte économie à laquelle m'oblige ma nombreuse famille, je voudrais prier humblement V. M. d'avoir la bonté de me le faire envoyer. Je puis en outre me faire honneur de cette observation (*Ich schmeichle mir zu bemerken*) que mon grand-père, le baron de Salis, était le lieutenant feld-maréchal qui défendit la forteresse d'Ypres et fut obligé de capituler le 17 juin 1794 et aussi que j'ai un fils qui est né dans le mois de mars 1856... (25 mars 1865).

388

FISCHER (Wilhelm), officier de cavalerie, au cloître de Lichtenthal, à Baden-Baden; adresse à l'empereur dans l'intérêt de sa santé, une croix sympathique, relique précieuse qu'il suffit de porter sur soi pendant trois jours et de prendre chaque jour, le matin, dans ses deux mains en prononçant avec recueillement trois *pater noster*, pour être guéri (oct. 1866). — *Classer.* — Il réclame le renvoi de sa relique (23 oct. et 28 nov.). — Il fait hommage au prince impérial de son « Manuel pour le marché aux chevaux (*für den Pferdemarkt*), » dramolet arrangé en dialogues (juil. 1867). — *Note du cabinet* : « L'auteur a eu la pensée de faire, sous forme dramatique, une *école* de l'acheteur de chevaux. Son dramolet, qui n'a aucune valeur littéraire, n'offre sous le rapport technique que des banalités. C'est sans doute le fruit des loisirs d'un ancien lieutenant de cavalerie désœuvré dans sa retraite et incapable de s'occuper utilement...... Il semble désintéressé; au moins il ne demande rien explicitement. » — Ayant le désir de faire imprimer et vendre son manuel au profit des soldats français et pontificaux blessés dans les derniers combats en Italie, l'auteur demande l'autorisation de le faire précéder d'une dédicace à Son Altesse (déc. 1867). —

Refus avec regrets. — Ayant appris la langue française depuis ses dernières lettres à l'empereur, il ose lui écrire qu'il a « inventé l'idée d'une arme pour la grosse cavalerie, *la lance « à feu*, qui doit restituer à la cavalerie l'ancienne valeur « pour les opérations de la campagne, vis-à-vis des amélio- « rations qu'on a fait pour les armes à feu de l'infanterie et « de l'artillerie » (3 août 1868). — *Classer*.

389*

Fixher, à Klappstein, Prusse; sollicite un prêt d'argent (29 oct. 1858).

390

Flammhorst, poëte, voyez Rochholtz.

391*

Flan (J.), à Hambourg; poésie sur le mariage de l'empereur (30 janv. 1853).

392*

Flecken, à Aix-la-Chapelle; offre une invention pour les télégraphes (15 nov. 1856).

393

Flecken (Ant. Jos. Hub. Nicol.), maître de langue allemande, à Cologne; fait hommage d'une pièce de vers sur la naissance de l'empereur et d'une autre pièce intitulée *Bénédiction de la France*, sur la naissance du prince impérial; cette dernière pièce a été imprimée à ses frais dans le journal de Cologne (28 mars 1856) et lui a valu des lettres de félicitations de presque toutes les parties du monde (août 1853).

— *Remercié.* — Le même envoie de nouvelles poésies, plus une liste d'inventions utiles dont il est l'auteur, mais pour lesquelles un brevet prussien ne sert de rien. Ce sont : 1° Appareil télégraphique pour annoncer les inondations ; 2° Pompe pour fournir instantanément de l'eau claire et potable aux soldats ; 3° Appareil de chauffage économique pour les casernes, hôpitaux, etc.; 4° Appareil pour prévenir les accidents en coupant les courroies des machines (mars 1864). — Il demande si l'empereur a reçu « un volume manuscrit relié en or, » contenant de nouvelles poésies de lui, qu'il est prêt à faire imprimer si S. M. l'ordonne, mais il aurait besoin seulement pour cela de quelques mille francs (sept. 1864). — *Refus* avec remerciement.

394

FLEISCHBAUER (Emil), mécanicien à Tambach, près Gotha ; écrit à l'empereur, le 2 avril 1856, pour exprimer la joie de ce qu'il se reconnaît être né le même jour que le prince impérial et il joint à sa lettre une expédition authentique de son acte de naissance en date du 16 mars 1831.

395

FLIESS (Wilhelm), sollicite à plusieurs reprises une audience pour exposer à l'empereur deux projets dont l'un appliqué à la ville de Paris produirait un revenu de 500,000 fr. par an et pourrait être étendu aux grandes villes de France (juill. 1869).

396

FLUHR (Joseph), à Börrstadt, Bavière ; lettre à l'empereur contenant le récit de visions prophétiques dont il est favorisé, celle-ci entre autres : « A la fin d'octobre 1869, il était à

l'église et l'on chantait quand il entendit une voix dire :
« Quelle heure est-il? — Une autre voix répondit : 5 heures
de l'après-midi; — et la première voix dit : L'empereur Napoléon est mort. » — *Classer.*

397*

Fobbe (G.) à Linz ; a envoyé des vers pour l'empereur ;
il demande une réponse (15 janv. 1853).

398

Foerch (L'abbé), voy. Griessmayer.

599

Folk, à Aix-la-Chapelle ; écrit à l'empereur afin de lui recommander, pour la goutte, les eaux de Burtscheid, près Aix-la-Chapelle (sept. 1864). — *Classer.*

400*

Formstecher, à Offenbach, Bavière ; propose à l'empereur un système de langue universelle (sept. 1856).

401*

Forneiss (veuve), à Neuburg ; demande un secours
(30 janv. 1855).

402*

Forster (A.), à Passau ; sollicite un emploi dans les
finances (13 juin 1853).

403

Forster (Charles de), journaliste à Berlin ; sollicite la croix de la légion d'honneur (1849 et 1850).

404*

Forster, à Thiengen, Baden ; demande un secours (28 fév. 1860).

405

Förster (Joh.), à Williamsbourg ; envoie une longue série d'extraits des journaux allemands concernant la maladie de l'empereur et y joint diverses indications de remèdes (oct. 1869).

406

Franesc (Frid.), sommelier à l'Hôtel-Royal de Dresde ; adresse à l'empereur une ordonnance pour sa santé, dont les nouvelles qu'il a lues dans les journaux l'ont profondément affligé (sept. 1869).

407

Franck (Heinr.), à Würzbourg, Bavière ; très-pauvre diable dit-il (*ganz armer Schlucker*), ayant fait des études au gymnase d'Augsbourg, il éprouve la plus vive sympathie pour le gouvernement impérial français. Il y a, en Allemagne, quelques vues fausses sur ce point, « mais je les condamne.....
« car je pense uniquement comme un Français et je sacrifie-
« rais tous les jours ma vie en combattant pour le bon
« droit, pour une sainte chose, pour V. Majesté Impériale.
« Jour et nuit, toute l'Allemagne s'occupe fanatiquement de
« V. M. I. N'aurai-je point mérité, comme étant le plus grand

« fanatique de V. M. quarante francs d'or ? V. M. serait-elle
« assez bonne pour me faire envoyer une somme de 40 francs
« par un de MM. ses adjudants à mon adresse, ici, en récom-
« pense de mes sympathies !... » (31 janv. 1864).—*Classer.*

408

Franck (J. J.), à Mannheim, grand-duché de Bade ; expose à l'empereur qu'il a été onze ans négociant en denrées coloniales à Bordeaux, que là il s'est associé avec un Prussien (Fréd. Ch. Aug. Stahl) qui l'a conduit à la ruine par sa mauvaise gestion, et qu'aujourd'hui S. M. est le seul espoir qui lui reste. Se fondant sur ce qu'il « n'a pas été un membre inutile du commerce français, » il adresse à l'empereur la prière de lui faire trouver une somme de 60 à 75 mille francs en commandite, qu'il remboursera en huit ou dix ans, à moins que « S. M. ne veuille pousser la bonté au point de l'avancer elle-même !!.. » (sept. 1863).

409*

Fredere, à Munich ; fait hommage à l'empereur d'ouvrages religieux (9 avril 1857).

410

Fresez (Mme), veuve d'un professeur de dessin et de peinture à l'Athénée du grand-duché du Luxembourg ; fait hommage d'un exemplaire de l'album de son mari, album que de son vivant il désirait offrir « au plus grand des monarques » (avril 1867). — *Remercié* par l'envoi d'une médaille d'or.

411*

Frick (J.), à Carlsruhe ; hommage d'une marche en musique (30 mai 1854).

412

Frick (Jacob), Würtembergeois; obtient de l'empereur un don de 40 florins pendant le voyage à Salzbourg (1867).

413

Fricker (Kaspar), officier du génie, à Munich ; offre un appareil à fabriquer les projectiles pour les armes à feu portatives, particulièrement pour les carabines Minié, appareil qui en dix heures fournit 36,000 projectiles (1864).

414

Friedberg (Le docteur Herm.), chef d'une clinique chirurgicale à Berlin, lauréat de l'académie de médecine de Paris, pour son ouvrage « Pathologie et Thérapeutique de la paralysie musculaire »; offre cet ouvrage à l'empereur. « Venant de publier la 2ᵉ édition de ce livre je souhaiterais d'en rendre hommage à S. M. l'Empereur qui veut bien que la France encourage les savants étrangers » (déc. 1862). — *Remercié*.

415*

Friedel (Heinrich) à Ranzenthal, Bavière; reçoit un secours de 50 francs (sept. 1858).

416

Friederich (Joseph), propriétaire à München ; écrit à l'empereur qu'il a eu des révélations divines, et qu'encouragé par la certitude d'avoir entendu la pure vérité, convaincu d'ailleurs que S. M. en est le puissant propagateur, il vient lui faire hommage d'un volume contenant : 1° Les révélations des esprits saints dans l'année 1855 par la main de Marie Kahl-

HAMMER ; 2° les révélations de l'archange Raphaël en 1855 par la bouche de Crescentia WOLFF; plus deux volumes d'explication des deux écrits qui précèdent (avril 1857). — *Refus par mesure générale.*

417

FRIEDLAENDER (Jos.) et Ad. MORITZ, à Breslau, en Silésie; demandent la permission de faire fonctionner devant l'empereur une machine à battre et une à teiller les lins, dont ils sont les inventeurs (1862). — *Renvoyés au ministre.*

418*

FRIEDLAND, à Osterburg; sollicite le remboursement d'un assignat de 1,000 francs (28 août 1855); — sollicite un secours (28 nov. 1855).

419

FRIEDLAND (Le chevalier von), conservateur des Musées à Vienne; ami de la veuve de Henri HEINE, il offre au gouvernement français, par l'intermédiaire du duc de Grammont, ambassadeur, divers papiers de Heine. « Le paquet, dit l'ambassadeur, renferme un manuscrit inédit intitulé : *Napoléon III*, qui paraîtrait être composé dans un mauvais esprit, puis soixante-sept poëmes contre le roi de Prusse, enfin une grande quantité de correspondances entre Heine et MM. Thiers, Guizot, Michel Chevalier, Michelet, la princesse Belgiojoso, Mignet, etc. Il est à croire que tout cela est écrit avec des sentiments hostiles contre le gouvernement de l'empereur. » On en demande 30,000 francs (18 fév. 1868).

420*

FRIEDMANN (Fried. M.), à Munich; envoie diverses pièces

— 110 —

de vers et un tableau calligraphique (7 mai 1853) ; — sollicite un secours (28 juin 1853).

421

Friedrich, conseiller municipal de Stettin, en Prusse ; offre à l'empereur un pistolet (28 juill. 1856). — Il demande une audience pour présenter à l'empereur une carabine perfectionnée, de son invention (fév. 1858); — sollicite l'empereur de lui acheter son brevet (30 nov. 1858) ; — sollicite un secours (8 mars 1859).

422

Friedrich (Louise de), veuve d'un conseiller intime du gouvernement badois ; demande la permission d'offrir à l'empereur une bague ovale, garnie de six diamants, ayant appartenu, suivant l'orfèvre, à Napoléon Ier, qui « la portait au cou « avec un portrait de Madame son épouse Joséphine, lequel « y était attaché de manière que cette bague servait d'anse. » La permission désirée serait pour elle qui, comme feu son mari, a pris de tout temps un vif intérêt au sort de « l'illustre « famille des Napoléonides, » une condescendance princière inappréciable (Fribourg-en-Brisgau, juill. 1867). — *Refus* avec remercîments.

423

Friedrich (Wilh.), marchand, commandant de la garde communale à Chemnitz, en Saxe ; adresse à l'empereur le double d'une ordonnance pour sa santé (août 1869).

424

Friedrichs (Le docteur), à Sternberg, Mecklembourg ; apprenant par les journaux que le choléra sévit de nouveau parmi les troupes en Crimée, il adresse une recette dont il a fait l'application lui-même en 1850 et dont il a obtenu les meilleurs résultats (juin 1855). — Il demande à connaître le résultat des expériences qu'on a dû faire sur ses prescriptions (oct. 1855). — *Répondu* que la plupart des médicaments qu'il emploie sont déjà mis en usage dans les épidémies, et que leur efficacité ne présente rien de particulier qui ne soit déjà connu (nov. 1855).

425

Frielinghaus (Mme A.), près Witten, Westphalie; écrit à l'empereur que son frère ayant compromis leur fortune pour sauver un ami, et son beau-frère, le curé Richter, ne pouvant trouver un prix suffisant des mines métalliques dont il est propriétaire et dont elle envoie à S. M. le plan et la description, elle fait appel à la munificence impériale pour être secourue dans cette pénible situation (janv. 1866). — ***Refus*** avec regrets.

426

Fritsche (Emilie), à Leipzig; recommande à l'empereur un remède qui a guéri son mari d'une maladie de vessie, et espère qu'il aura le même effet salutaire sur S. M. (sept. 1869).

427*

Fritschy (G.), à Eichstadt, Bavière; demande un secours (14 janv. 1853).

428

Fritzsche (Friedrich), tisserand à Neustadt, Saxe; expose à l'empereur que, resté seul par la mort de ses parents, il voudrait se marier et a fait choix d'une vertueuse jeune fille qui a de l'amour pour lui ; mais dans sa situation modeste, il implore la bienveillance de S. M.; il demande particulièrement des objets de toilette dont S. M. I. Madame Eugénie ne ferait plus usage, sa fiancée étant toute heureuse quand elle peut se montrer bien habillée. A sa lettre, il joint un portrait de lui en photographie (juin 1863). — *Classer.*

429

Fromme (Carl), voy. Gilltvhausen.

430

Fröreich (veuve von), à Wickrath, Prusse ; expose à l'empereur la prétention qu'elle a d'être l'héritière du maréchal Molitor et demande à profiter de la succession que le maréchal a laissée à ses parents dont plusieurs se trouvent dénués de ressources ; elle est au nombre de ces derniers (mai 1864). — *Un secours* lui est accordé le 17 sept.

431*

Fuchs (Peter), à Herbitzeim, Bavière ; demande un secours (23 fév. 1853).

432

Fuchs (Julius), à Berlin ; offre à l'empereur un hymne qu'il a composé pour le 150e anniversaire de la fête du corps des Cadets et dont le roi de Prusse a bien voulu accepter la dédicace (janv. 1868). — *Accepté* et remercié.

433

Fugger de Nordendorf (la comtesse), à Nymphemsburg et à Nüremberg, en Bavière ; rappelle à l'empereur le temps où elle était admise aux soirées de S. M. la reine Hortense, et où elle avait « l'honneur de danser avec l'auguste neveu du grand empereur. » Elle lui adresse l'hommage de ses vœux et de ses félicitations : « Sire, la Providence a été juste envers V. M. en accomplissant les vœux de la nation française. La dynastie légale est rétablie...., etc. » Enfin elle expose que la mort de son père ne lui ayant laissé, sur son héritage féodal, qu'une part insuffisante, elle vit, sur le retour de l'âge, dans les privations de l'isolement et de la pauvreté. Plusieurs demandes de secours (1853 et 1854). — Nouvelles demandes (12 déc. 1857, fév. 1858).

434*

Fürst (Philippine), à Engen, près Constance ; demande un secours (28 fév. 1853).

434 bis.

Fürstemberg (prince de) ; voy. Egon.

435

Gablentz (Le baron de), membre de la chambre des députés de Prusse ; soumet à l'empereur un projet de société ayant pour but l'établissement, dans les différents quartiers de Paris, de kiosques où l'on débiterait en été, à un prix fort modéré, des boissons gazeuses glacées. Des établissements de ce genre fonctionnent à Dresde et à Berlin, et font plus, pour la moralisation du peuple en l'éloignant du cabaret, que les efforts et les sermons des sociétés de tempérance (nov. 1863). — Recommandé par le baron de Seebach. — Renvoyé au préfet de la Seine.

436*

Gaddum, à Cologne; fait l'offre à l'empereur d'un ouvrage pris à Saint-Cloud en 1815 (28 nov. 1856).

437

G......, fils d'un ancien major de l'empire et maître de langues à Darmstadt; envoie à l'empereur un numéro d'un journal hebdomadaire publié à Berlin et qui attaque la famille impériale. Ce journal serait vu avec faveur par le roi de Prusse. — Il signale le capitaine hessois Gerlach comme tout dévoué aux Napoléons (8 juin 1856).

438

Gahn, curé à Tangermünde, Prusse; offre à l'empereur, qu'il considère comme le bienfaiteur de la France et de l'Europe, une brochure d'actualité politique : *Que fera l'empereur Napoléon?* dans laquelle il conseille l'alliance de la France avec la Prusse (13 juill. 1866).

439

Gallenkamp (Emil), à Duisbourg, Prusse; sollicite l'appui de l'empereur pour l'emploi d'un procédé par lequel il facilite aux classes pauvres le moyen d'utiliser le jus de viande de Liebig (1869).

440*

Gauthe, à Cologne; offre à l'empereur un écrit sur l'expérience du pendule, par M. Foucault (3 janv. 1853).

441*

Gartner (Lucie), à Carlsruhe; demande un secours (12 mai 1853).

442

Gantier (Le capitaine Fr.), à Mannheim; écrit à l'empereur que les nombreuses marques de bienveillance qu'il en a reçues depuis longues années, l'engagent à lui faire connaître sa fâcheuse position. Chargé de famille, victime de circonstances malheureuses et débiteur de 4,000 francs qu'il est incapable de rembourser, il fait appel à la munificence de S. M. (fév. 1854). — *Refus.*

443*

Gebbard (Joseph), à Hagnau, grand-duché de Bade; demande un secours (25 avr. 1853): — *idem* (29 juin 1853).

444

Geeger (J.), géomètre à Neuwedell, Prusse; propose à l'empereur un remède contre les rhumatismes, consistant en frictions faites avec de l'huile de pétrole (sept. 1869).

445*

Geiger (Philippe), à Niedersteinach, Bavière; félicitations à l'empereur sur son mariage (fév. 1853).

446

Geiger, Bavarois; obtient de l'empereur un don de 30 florins pendant le voyage à Salzbourg (1867).

447

Geiger (Maximilien), à Fraunstein, Bavière, facteur d'orgues; adresse ses remercîments pour un secours qu'il a reçu (1868). — Devenu sourd, il sollicite de l'empereur un nouveau secours pour aller à Munich, où il pourrait être guéri (sept. 1869). — *Refus*. Le secrétaire du cabinet n'a pu s'empêcher de mettre en note : « Qu'il s'adresse à la légation de son pays! il est dans son pays!! »

448*

Geis (M.), à Augsbourg; félicitations au sujet de l'attentat du 28 avril (6 mai 1855); — félicitations au sujet de l'attentat du 14 janvier (21 janv. 1858); — félicitations du nouvel an (31 déc. 1858).

449*

Gensch (Guill. A.), chapelier à Berlin; soumet à l'empereur un nouveau képi qu'il a inventé, en feutre avec couvre-nuque et imperméable, que le roi de Prusse a honoré de son approbation (1865). Ayant obtenu de l'empereur une commande de 100 képis, suivie d'un contre-ordre presque immédiat, il a reçu 100 francs pour prix de deux képis seulement, qu'il avait fournis comme modèles. Or, se trouvant dans une situation gênée, il demande que S. M. veuille bien, par grâce, lui accorder le prix des 100 képis qui n'ont pas été fournis, c'est-à-dire une somme de 325 thalers (1866). — *Classer*.

450

Genth (Le docteur Ad.), médecin aux eaux de Schwalbach,

Nassau ; remercie pour la croix de la légion d'honneur. « Je
« me sens excessivement honoré, dit-il, d'être reçu dans une
« société dont les membres représentent les hommes les plus
« distingués de la France. » (1864).

451

Geran (Franz), candidat de théologie, de la confession d'Augsbourg, à Sildemow (Mecklembourg-Schwerin) ; expose à l'empereur qu'il croit appartenir à l'ancienne famille de la Guiche de Saint-Géran, dont son père et son frère portent le nom et il demande à l'empereur de lui restituer le rang et les titres dont jouissait jadis cette famille (9 mars 1864).

452

Gerhardt (Adolf von), à Iéna, grand-duché de Weimar ; offre à l'empereur un petit livre contenant l'exposé d'une nouvelle méthode curative. Il espère que l'empereur lui permettra d'en propager librement l'emploi, et que l'auteur trouvera en France un asile qu'il cherche vainement en Allemagne (juin 1864). — *Classer.*

453

Gerichtswige (Ch. Ferd.), à Leipzig ; présente ses félicitations pour la naissance du prince impérial en rappelant que c'est à la munificence de l'empereur qu'il doit d'avoir pu procurer à sa famille, pendant l'hiver, « un pain qu'elle abreuve chaque jour de larmes de reconnaissance » ; il joint à sa lettre une pièce de vers (mars 1856).

454

Germerstein (Anton von), à Gessweinstein, Bavière; félicitations à l'empereur au sujet de son mariage (fév. 1853).

455

Gerstel (Gustav), littérateur à Munich; demande l'autorisation de dédier à l'empereur ses dernières poësies (déc. 1866).
— *Refus* avec regrets.

456

Gerstens (Donatus), à Fribourg-en-Brisgau; lettre adressée « à la cassette impériale » (Hochlöbliche Kaiserliche Hofkasse, in Paris). Il a passé sept ans dans une maison de santé à la suite de circonstances extraordinaires qui sont connues de l'empereur. Sa pension a été mise de 1,000 florins à 560; il demande un secours (fév. 1866).

457

Gerstner, ancien garde forestier, Nassau; recommande à l'empereur trois spécialistes allemands excellents pour guérir les maladies de vessie : les docteurs Pingler, de Kœnigstein, qui a soigné la duchesse de Nassau; Genth, de Wiesbaden, et Schindler, de Græfenberg (1er sept. 1869).— Il vante à l'empereur l'emploi de l'eau froide (22 sept. 1869).

458

Gesler (Gust.), négociant, à Berlin; propose à l'empereur un remède infaillible contre les rhumatismes, consistant en l'application d'un onguent particulier sur la partie malade (août 1869).

459

Gestewitz (Adolph), à Düsseldorf; écrit à l'empereur que chargé du placement des billets de loterie pour l'achèvement de la cathédrale de Cologne, il espère que l'intérêt inspiré par ce monument à tous les étrangers engagera l'empereur à en prendre (août 1864). — *Classer.*

460

Getler (Theodor), à Heidelberg; ancien soldat Saxon, qui s'est battu à Leipzig et plus tard en Espagne, recommande à l'empereur, pour sa santé, une plante merveilleuse indiquée dans un ouvrage du XVIe siècle (nov. 1869).

461

Geussen-Fusch (Von), à Gotha; demande l'autorisation d'offrir un ouvrage (30 avr. 1856). — Le 7 novembre suivant renouvelle sa demande.

462

Geyer (Andreas), à Spire; demande un secours (20 mars 1853).

463

Gieg (Nicol.), dont le défunt père Hieronymus Gieg était attaché à la maison de Napoléon Ier, en 1812, exprime à l'empereur la grande joie qu'il éprouve d'avoir appris par les journaux le rétablissement de la santé de S. M.; à Hoechst, Hesse (sept. 1869).

464

Gilbert (Jacob), à Lampertheim, Hesse; sa femme lui ayant

donné, le 20 mars dernier, un douzième enfant, sixième fils de la famille, il sollicite l'empereur d'être le parrain de ce fils et de lui permettre de porter le nom de Louis (23 mars 1866). — *Refus* avec regrets.

465

GILLITZER (Anton), greffier, à Aichach, Bavière; adresse à l'empereur un petit ouvrage intitulé : *Solennité funèbre de l'empereur Napoléon I*^{er}, et rappelle qu'il a demandé un secours (1863). — *Refus* avec regrets.

466

GILLTVAUSEN (Carl), FRONUNE (Carl) et OVERDYCK (Fried.), à Duisbourg, Prusse; proposent à l'empereur l'achat d'une mine de houille près Coblenz, au prix de 300,000 francs (1863). — *Refus.*

467

GISEL (Martin), à Walchingen; félicitations et vœux (28 avr. 1853).

468

GISTEL (Le docteur Johannes), naturaliste, à Freysing, Bavière, et Anna Gistel, au nom de son mari malade, recommandés par le duc Tascher de la Pagerie; nombreuses lettres (1863 et 1864) pour offrir divers ouvrages du docteur et pour solliciter des secours. Accordé un secours le 23 janvier 1864. — Mme Gistel, sous le coup d'une saisie immobilière, supplie l'empereur de lui envoyer 50 florins. *Accordé* le 16 février 1864. — Le 30 avril 1864 : « Sire! depuis quatre années, je « transmis mes ouvrages : I. *Histoire naturelle du règne ani-* « *mal*; II. *Géographie et statistique du royaume de Bavière* :

« pour la bibliothèque de S. A. I. votre fils. Votre Majesté,
« vous êtes philanthrope, le bienfaiteur de l'humanité, le Mé-
« cène des savants et l'ange tutélaire des sciences. A ces titres
« donc, c'est de V. M. que j'attends du secours. Qui pourrait
« vous égaler en fait de générosité et de magnanimité ! Le
« secours que j'ose demander au nom de l'humanité à V. M.
« n'est qu'une subvention du moment, de 200 francs, prix
« pour les livres désignés, afin de me délivrer de la misère
« quotidienne dans laquelle je suis plongé et de me préserver
« de dettes qui enlèvent l'honneur. Je prie donc très-hum-
« blement V. M. de m'accorder ledit subside ; il suffira à l'é-
« ducation et à l'entretien de mes enfants. » —Remerciement
pour les 200 francs qu'il a reçus par la voie de l'ambassade
(30 juin).

469

Glasser (Nicolas), greffier, à Ludwigshafen, Palatinat ; reçoit deux secours, les 11 février et 31 mars 1864.

470

Glasser-Lefevre (Jeanne de), à Vienne ; veuve d'un officier de l'empire qui était neveu du maréchal Lefèvre, sollicite un secours (mars 1864). — *Accordé*.

471

Gluck (Carl) et comp., éditeurs à Berlin ; exposent que, par suite de la réorganisation et l'augmentation des troupes prussiennes, des changements ayant eu lieu dans le costume et l'équipement, ils ont entrepris de reproduire exactement, dans un album militaire de cinquante feuilles, les principaux groupes de l'armée ; ils prient l'empereur d'en accepter la première livraison qu'ils envoient (avril 1862).—*Remerciés*.

Note du cabinet : « Dans la dernière partie de leur requête ils demandent à envoyer les livraisons suivantes. Que dire à ce sujet? » Réponse au crayon : *Rien*.

472

GOEBEL (Jacques de), typographe à Mayence, allemand, fils d'un militaire de l'empire; offre deux pièces de vers, l'une à l'empereur, l'autre à l'impératrice (1864).

473

GOEDDAENS, à Elberfeld; demande un secours pour se rendre en Algérie (20 août 1855).

474

GOELER (A. von), à Singen, près Radolfzell, grand-duché de Bade; demande un secours (5 fév. 1853). — Sollicite de l'emploi dans l'armée française (15 mai 1854).

475

GOELER-RAVENSBURG (Mme Gonnard, née de); rappelle à l'empereur qu'en 1836, comme il se trouvait dans un hôtel à Lichtenthal près Bade, ayant entendu la baronne de Gœler-Ravensburg (mère de la pétitionnaire) exprimer vivement son admiration pour Napoléon Ier sans savoir qu'elle était en présence du neveu de l'empereur, le prince se fit connaître et lui dit qu'il saurait reconnaître un jour son attachement; il ajouta que si elle n'existait plus lorsqu'il serait en état de le faire, il lui promettait de reporter ses bienfaits sur sa fille, alors fort jeune. Elle a perdu sa mère et épousé un négociant français; des revers de fortune ayant mis son mari dans une position difficile, elle sollicite un secours de 2000 francs pour qu'il puisse rétablir ses affaires (janv. 1855). — D'heureuses circonstances étant revenues améliorer la position, elle n'a plus besoin du secours qu'elle sollicitait et prie seulement l'empereur d'accorder à son mari une place de courrier de cabinet (fév. 1855).

476

Goeler (Le baron von), au château de Ravensburg, grand-duché de Bade; offre à l'empereur un système de canon monstre inventé par lui et aussi un nouveau système de bombe qui éclate au moindre choc, même en touchant la surface de l'eau et produit autant d'effet que plusieurs centaines de kilogrammes de poudre. Il espère être récompensé par quelque faveur (1862).

477

Goeler (Le baron de), à Carlsruhe; fait hommage à l'empereur de son ouvrage sur *les Campagnes de César dans les Gaules* (1858 et 1860).

478

Goepfert (S.), à Nieder-Anspach; demande un secours (16 oct. 1853). — *Idem* (5 mars 1855).

479

Goerenfeld, à Trèves; s'annonce comme ayant l'honneur d'avoir un fils né le même jour que le prince impérial (21 mars 1856).

480

Goet (L.), né en Westphalie, directeur d'un cirque équestre; demande un secours comme ayant perdu l'usage d'un bras par suite d'un acte de dévouement qu'il aurait accompli pour sauver la vie de l'empereur (1864) — *Refus* à la suite d'une note de police déclarant qu'il est saltimbanque et n'a fait aucun acte de dévouement.

481

Goetz, à Carlsruhe; se recommande à l'empereur comme ayant été son professeur pour le mouvement de la baïonnette (4 fév. 1855) ; — renouvelle sa demande (26 janv. 1856);— sollicite un secours (12 oct. 1857).

482

Goldschmidt, à Struth, Hesse ou Prusse; demande un secours (8 fév. 1858).

483

Goldstein (Junius), à Breslau; offre au nom de Müller, un de ses maîtres-ouvriers, une paire de bas ayant appartenu à Napoléon Ier et tombée en la possession du grand-père de Müller. Il a pensé que ce souvenir pourrait figurer au Louvre (déc. 1866). — *Renvoyé* au Sénateur Surintendant des beaux-arts (de Nieuwerkerke).

484

Goluch (Franz), agent d'affaires, à Linz, Autriche; télégraphie à l'empereur: « Respectueux admirateur de votre très-
« sage gouvernement et des vertus de V. M., le soussigné ose
« demander la faveur de baptiser sa petite-fille sous le nom
« de S. M. Catholique-Trés-Chrétinne l'Impératrice Eugénie,
« et d'inscrire celle-ci comme marraine sur le registre des
« baptêmes » (4 déc. 1869). — *Refus* par télégraphe.

485*

Gontz (Fried.), à Bayreuth, Bavière; demande un secours (janv. 1853).

486

Goos (H. F. A.), douanier en Schleswig; indique, pour la guérison du prince impérial, le traitement de Schrot, traitement dont il a lui-même éprouvé les bons effets (1867).

487*

Grafenstein (Joh. von), à Neubourg sur le Danube; demande un secours (10 janv. 1853).

488

Graef (Johann), à Hof, Bavière; sollicite le payement d'un assignat de 50 livres, comme faveur, vu sa position malheureuse, et en s'adressant à la cassette de l'empereur dans le cas où l'État ne rembourserait plus les assignats (1867).

489

Graefenstein (Le comte de), à Steinweg; sollicite l'admission de son fils en France dans une école impériale (18 mars 1856).

490

Graesse (Le docteur), bibliothécaire de S. M. le roi de Saxe et directeur du musée japonais, à Dresde; ayant envoyé (janv. 1854) un exemplaire bien relié de son *Traité de numismatique ancienne*, demande si cet ouvrage est parvenu à l'em-

pereur : « Comme je suis persuadé que mon livre sera bien
« reçu du monde littéraire en France si l'on sait que S. M. a
« daigné accepter un exemplaire comme preuve de dévotion
« de ma part, je serais très-obligé à V. E. si vous voudriez
« bien m'informer si S. M. a été satisfait de la très-humble
« offrande de l'auteur » (15 juin 1854). — Remercié par une
lettre accompagnée d'une tabatière en or (14 juillet 1854).

491

Grahl (Otto von), officier dans l'artillerie autrichienne, à Wulfsdorf, Holstein ; présente à l'empereur un livre dont il est en partie l'auteur, par lequel il propose un nouveau canon, système Lenk, se tirant avec la poudre-coton (30 déc. 1862). — Obéré momentanément pour avoir secouru des amis, il sollicite l'empereur de lui accorder un secours de 4,000 francs (mars 1863). — Encouragé par l'accueil fait à son travail, il sollicite un secours pour se rendre en France et en Angleterre, afin d'y vendre son invention, voyage qu'il est tout à fait sans moyen d'entreprendre ; il fait appel à l'empereur en rappelant que son père était chevalier de la Légion d'honneur et médaillé de Sainte-Hélène (nov. 1863). — *Refus et regrets.*

492

Grallert (Aug.), à Lehngut, Prusse ; ayant appris que l'empereur souffrait d'une maladie de vessie, il lui offre de communiquer une médication excellente, consistant dans l'emploi de plantes qu'il pourrait recueillir et envoyer ; il espère avoir une réponse (août 1864). — *Classer.*

493

Grashoff (Otto), peintre, à Cologne ; le surintendant des

beaux-arts en France ayant refusé d'acheter les tableaux de maîtres de l'école espagnole que l'auteur de la lettre avait offerts, il s'adresse directement à l'empereur, le priant de les prendre et de venir ainsi en aide à un malheureux artiste (août 1865). — *Classer.*

494

Grass, Bavarois; obtient de l'empereur un don de 40 florins pendant le voyage à Salzbourg (1867).

495*

Gravenreuth (La baronne de), à Ragnitz, Prusse; demande un secours (25 déc. 1852); — même demande (6 avr. 1856).

496

Grell (J. H.), à Hambourg; offre à l'empereur une nouvelle invention pour les gouvernails (1867).

497*

Greve (B.), professeur à Limbourg. Nassau; offre une pièce de vers sur le retour des cendres de Napoléon (déc. 1852).

498*

Greveling, à Trèves; offre une machine de son invention pour lancer les fusées à la Congrève (1853).

499

Greyers (Mlle Molly von); rappelle à l'empereur qu'elle eut souvent, dans son enfance, l'honneur de le voir à Augsbourg;

elle regrette de n'avoir pu obtenir, pendant son séjour à Paris, l'audience qu'elle avait sollicitée. La mort de son père l'ayant laissée sans fortune, elle est entrée comme dame de compagnie dans une riche famille grecque, et au moment de quitter Paris avec cette famille, elle demande si l'empereur a reçu une lettre autographe et une boucle de cheveux de la reine Hortense, souvenirs précieux qu'elle tenait de sa mère, et qu'elle a envoyés à l'empereur il y a quelques années (nov. 1857).

500

Griebenow (Wilh.), chevalier de l'ordre prussien de l'Aigle rouge, à Berlin; offre les mémoires de sa vie, auxquels il joint une croix de la Légion d'honneur qu'il reçut, au combat de la barrière Saint-Martin, des mains d'un soldat mourant; et comme ayant combattu en Russie sous les ordres de Napoléon Ier, il demande aussi pour lui la croix d'honneur (1864). — *Refus*.

501*

Griefs (Veuve), à Heidelberg; demande un secours (16 avr. 1853).

502

Griessmayer (Le docteur), avocat à Munich; appuie auprès de l'empereur les sollicitations qui ont été adressées à S. M. par les fabriciens de l'église de Neuburg, à l'effet d'obtenir un présent qui embellisse la fête préparée par eux pour célébrer le cinquantième anniversaire de l'entrée dans les ordres de l'abbé Foerch, curé de Neuburg et ancien professeur de S. M. à Augsbourg (15 juill. 1856). — L'abbé Foerch remercie l'empereur de la magnifique théière d'argent que l'empereur lui a envoyée, et s'excuse auprès de lui de l'indiscrétion que ses amis ont commise à son insu (24 sept. 1856).

503

Grimm (Charles), violoncelliste à Wiesbaden; fait hommage à l'empereur d'un morceau de chant de sa composition; il n'a point l'intention d'en faire la dédicace à S. M. ni d'autre arrière-pensée, mais adresse cet hommage, poussé seulement par son admiration pour le génie de l'empereur qui s'est montré si grand lorsqu'il a convié les souverains à un congrès (juin 1864). — *Classer.*

504

Grimmer (Auguste), graveur, à Pforzheim (grand-duché de Bade); inventeur d'une machine de guerre qui donnera à l'empereur le moyen de détruire la puissance russe, de même que les Romains, avec leurs éléphants, ont vaincu tous les peuples. Il se présentera pour donner tous les éclaircissements nécessaires à S. M. dès qu'il aura reçu une réponse (1er sept. 1855). — Le même recommande à l'empereur la veuve de Fred. Göhring, médaillé de Sainte-Hélène, à Diettingen (grand-duché de Bade), pour laquelle il sollicite une pension. En second lieu il rappelle la proposition qu'il avait faite d'une espèce de locomobile militaire pour opérer sur les terrains raboteux. On crut un moment que l'empereur voulait se porter sur le Rhin, et il n'entendait pas fournir une arme contre son pays; mais on juge mieux S. M. maintenant. L'auteur de la lettre a vainement cherché, depuis ce temps, à exploiter son invention en Allemagne, et pense qu'on pourrait, à présent, l'utiliser au Mexique; en tout cas il demande un peu d'argent si on le fait venir (3 mars 1863).

505

Griscelwitz (von), voy. Berg (Julius).

506*

Griss (Rudolph), à Vienne ; propose un remède contre la rage (janv. 1853).

507

Grope (Le docteur), à Manheim ; offre à l'empereur son livre sur l'Orient et sollicite un secours de 600 fr. « ..... Si votre « libéralité princière voulait avec trente napoléons me tirer « du cachot de la pauvreté, toute ma vie je crierais d'un cœur « reconnaissant : vive l'Empereur ! » (1865).

508*

Gross (Ed.), à Breslau ; offre de montrer à employer la laque noire pour l'équipement militaire (28 juill. 1854).

509

Grossberger (Georg), marchand à Munich ; écrit à l'empereur qu'il tient de son oncle, feu le docteur Ludwig Willhalm, ancien condisciple du prince Louis, deux reliques, une boucle de cheveux du prince et un feuillet d'album écrit de son illustre main ; l'excellent homme lui a légué, à sa dernière heure, ces précieux souvenirs ; l'auteur de la lettre demande la permission de les conserver (août 1867). — *Note du cabinet* : « Qu'il les conserve. »

510*

Grosse (Caroline), à Allschönburg ; « félicitations et cætera. » (fév. 1853).

511

Grosse (Carl), musicien de chambre, pensionné, et solo-violoncelliste de S. A. R. le Grand Duc d'Oldenbourg, à Düsseldorf ; demande en grâce que l'empereur daigne accepter la dédicace de plusieurs morceaux de musique de sa composition, dont il désire faire hommage à S. M. (1863). — *Refus*.

512

Grosshauser (Augusta), à Lohhof (Bavière) ; son mari, agriculteur, étant sur le point de voir vendre ses bestiaux et son matériel pour le payement de lettres de change, elle écrit à l'empereur, à l'insu de son dit mari, pour solliciter un prêt de 5 à 6,000 fr. (1865). — *Refus*.

513

G..... (La comtesse B...... von), née C..... von ..... au couvent de N......, en Bavière. « Sire, V. M. I. c'est
« en pliant les genoux et vous baisant les mains, Sire, que je
« viens implorer le pardon de Votre Majesté pour l'audace d'a-
« dresser une supplique directement à l'Auguste Personne de
« Sa Majesté, mais une voix intérieure me dit que l'Empereur
« des Français a aussi un cœur compatissant aux malheurs
« et tristes épreuves d'une pauvre jeune femme allemande et
« je n'hésite pas à implorer la grâce de Votre Majesté. Dai-
« gnez donc, Sire, me permettre de me présenter à Votre Ma-
« jesté comme la sœur de la duchesse de ...., qui a
« l'honneur d'être connue de Votre Majesté. Séparée du comte
« de G....., mon mari, depuis trois ans, je me suis rendue
« d'une maison de charité à l'autre, mais sans y trouver de la
« satisfaction pour mon esprit et mes goûts, ni pour le salut
« de mon âme. Pendant la guerre de 1866, j'ai travaillé dans

« un hôpital et j'ai trouvé plaisir, même du charme, à soigner
« et soulager les pauvres blessés Autrichiens et Prussiens,
« mais après quatre mois de service perpétuel, les forces me
« manquaient, étant faible de corps, je ne résistai aux fati-
« gues que par la volonté morale, à laquelle il fallut malheu-
« reusement succomber et depuis lors je n'ai plus retrouvé
« les forces pour satisfaire aux devoirs d'une sœur de charité.
« Après avoir passé quelques mois auprès de ma famille, mon
« cœur se sentit tellement accablé de pénibles souvenirs, que
« je partis pour le cloître de N......, en Bavière, où
« je me trouve maintenant et où j'avais la bonne volonté de
« m'occuper dans l'établissement pour les idiots, ou dans
« l'infirmerie, plutôt en guise de surveillante, que pour soi-
« gner moi-même. Mais un découragement invincible m'a sai-
« sie ; je ne peux me conformer aux mœurs de cet endroit,
« le ton froid qui y règne fait souffrir mon cœur, je ne com-
« prends pas comment des institutions fondées sur la com-
« passion chrétienne, peuvent prospérer sans amour ; la
« misère demande plus que son pain quotidien, la pitié et
« l'affection. Mais je n'ose me permettre une définition dé-
« taillée, ni de l'endroit ni de ma situation pénible, j'abu-
« serais de l'indulgence de Votre Majesté. Sire, je viens im-
« plorer votre grâce ; Votre Majesté peut me délivrer de mon
« exil, peut me rendre à la vie ; daignez m'entendre, Sire ;
« accordez-moi un poste quelconque ; la moindre fonction
« dans le service de Votre Majesté sera regardé par moi
« comme le plus grand honneur et je tâcherais de satisfaire
« à mon devoir avec autant de zèle et de dévotion que tous
« les sujets de Votre Majesté. Je n'aspire pas à un service
« auprès de la Cour Impériale qui me rende au monde ; non
« Sire, je demande à servir Votre Majesté de bon cœur dans
« une fonction où je puisse travailler, soit comme intendante
« d'un des châteaux de V. M., ou bien dans une maison de
« charité ou je pourrais être indépendante ; mon désir serait

« aussi de servir comme femme de chambre à Sa Majesté l'Im-
« pératrice, mais je doute que S. M. m'accepte. Sire, les mal-
« heurs, les abnégations des dernières années de ma vie,
« m'ont rendue humble; j'oublie mon rang, mon titre, si
« j'ose retourner à la vie; je suis encore jeune, avec vingt-
« huit ans; j'aimais le monde et je me suis livrée à contre-
« cœur au genre de vie que je mène maintenant; mais il
« fallait répondre aux volontés de mon père. Ayez la grâce,
« Sire, de me pardonner l'indiscrétion d'avoir parlé par écrit
« à V. M.; je tremble en pensant que j'ai manqué à l'étiquette
« de la Cour de France et que j'ai pu déplaire à V. M. Impé-
« riale. Sire, ne pardonnez pas à la comtesse DE G...., mais
« à une pauvre jeune femme qui se sent très-malheureuse et
« qui pose l'espoir de sa vie dans les mains de V. M. Sauvez-
« moi, Sire, laissez-moi vous servir, Sire; la Puissance est
« donnée à V. M. et le bon Dieu disposera du cœur de V. M.
« Si la volonté de l'Empereur demande à me voir en audience
« personnelle, je tâcherai de trouver les moyens pour venir à
« Paris et je ne serais que trop heureuse de mettre mes hom-
« mages aux pieds de V. M. Je plie les genoux devant la
« Personne de Votre Auguste Majesté, et vous baise les mains,
« Sire, en me nommant avec soumission profonde l'humble
« servante de V. M. » (20 mars 1868).

514

GROBE (Wilh.), directeur des bains sulfureux de Senkeil teich en Westphalie; recommande son établissement à l'empereur comme excellent pour guérir les rhumatismes (sept. 1869).

515*

GRUMBER, à Neunburg (Bavière); demande un secours (23 avril 1861).

516

G.... (Louis), à G....; expose à l'empereur ce qui suit : Une partie de l'armée prussienne est pourvue d'un nouveau fusil, le fusil a aiguille, qui est considéré comme tellement supérieur au fusil à percussion que les manufactures d'armes sont, en ce moment, occupées à fabriquer cette nouvelle arme pour l'armée entière. Toutefois la pratique a déjà fait reconnaître dans ce fusil de graves inconvénients. Le signataire de la lettre est l'inventeur d'un nouveau fusil à aiguille où ces inconvénients n'existent pas, et qui présentent des avantages dont il fait l'énumération en dix articles. Il propose son invention à l'empereur des Français en demandant : 1° 60 louis pour venir s'établir à Paris; 2° une pension annuelle de 120 louis pendant dix ans; 3° sa profession étant de donner des leçons de musique et son unique désir étant de se perfectionner dans son art, d'obtenir un titre de directeur de musique. Il termine en faisant hommage à S. M. de deux morceaux de musique de sa composition (juill. 1854). — *Répondu* que le gouvernement français ne veut traiter avec lui qu'après avoir vu et expérimenté l'arme proposée.

517*

Grümberger, à Castel, près Mayence; vœux et félicitations (6 janv. 1853),

518

Gruner (Aug.), à Chemnitz (Saxe); envoie à l'empereur une ordonnance médicale, en priant qu'on la lui renvoie, et dont l'emploi assurera, dit-il, la guérison de S. M. (sept. 1869).

519

Grüner, président du comité chargé d'ériger à Weil-der-Stadt (Wurtemberg), un monument à l'astronome J. Kepler; connaissant l'intérêt et les sympathies que l'empereur des Français porte aux sciences, envoie une caisse contenant les résultats les plus remarquables de ses études sur la vie d'un homme dont les mérites ont, de tout temps, été reconnus des savants de la France (sept. 1864). — *Refus avec remerciement.* — Nouvelle offre d'un exemplaire de son *Histoire de Jean Kepler*. Le ministre de France à Stuttgart, en transmettant l'hommage, fait remarquer que « les divers souverains de l'Allemagne en ont accepté un exemplaire et quelques-uns ont même récompensé l'auteur » (mai 1868). — *Accepté et remercié.*

520

Grünewald (J. Thib.), ferblantier, à Lechenich (Prusse); se recommande du souvenir de son père, qui avait servi sous Napoléon Ier, dont il envoie une médaille en bronze à laquelle il joint deux assignats de 500 livres, en sollicitant un secours comme nécessiteux (1869).

521

Grünfeld (Le docteur Hermann), juge assistant au tribunal de la ville, à Berlin; écrit à l'empereur que rempli d'admiration pour S. M., il offre ses services pour être utilisés sous quelque forme que ce soit, désirant par-dessus tout se rapprocher d'un monarque tel que l'empereur des Français (mars 1865). — *Classer.*

522

Grünholz (Charles), ancien capitaine de la garde, à Vienne,

sollicite la croix d'officier de la Légion d'honneur comme ayant donné l'hospitalité à vingt-deux Français pendant le bombardement de Vienne, en 1848 (oct. 1867). — Les renseignements de l'ambassade donnent le pétitionnaire comme ayant été, en effet, lieutenant dans la garde urbaine viennoise en 1848, mais comme exagérant ses services et comme ayant été plusieurs fois en faillite à titre de limonadier et d'entrepreneur de concerts. — *Classer.*

523*

Grunnwald, à Francfort-s.-M.; propose un remède contre le choléra (acide carbonique) (15 janv. 1854).

524*

Grütering (Veuve), à Meteten en Westphalie; demande un secours sur les fonds du testament de l'empereur (18 août 1854).

525*

Gschwend, à Munich; hommage de compositions musicales (10 sept. 1859).

526

Gudera (Carl), à Leipzig : « Votre Majesté Impériale, comme
« mainte prière de minime importance est présentée devant
« vous et accueillie par vous avec une grande bonté, je me
« permets, moi aussi, très-humblement, de vous solliciter
« pour obtenir quelques exemplaires de timbres-poste extrê-
« mement rares ici et qui manquent dans ma collection, sa-
« voir ceux des colonies françaises, par exemple des Indes
« Occidentales, et quelques-uns des timbres-poste de l'empire
« français les plus récents. Que V. M. ne m'ait pas en sa dis-
« grâce à cause de celà, mais reçoive d'avance les remercie-

« ments avec les très-humbles salutations de son respectueux
« Carl GUDERA (13 mai 1863). — *Classer.*

527

GUIBE (Jos. Fried.), maître d'école à Schönstein (Styrie);
propose à l'empereur un remède contre les douleurs de cœur
(avril 1868).

528

GUIDON, confiseur et marchand d'écrevisses à Schwed
(Prusse); adresse à l'empereur un cadeau de deux cents écrevisses (1864).

529*

GULICH (G.), à Cologne; félicitations sur la naissance du
prince impérial (22 mars 1856).

530

GUNDELFINGER, Bavarois; obtient de l'empereur un don de
50 florins pendant le voyage à Salzbourg, 1867.

531

GUNDLACK, bouquiniste à Neustrelitz (Mecklembourg);
adresse à l'empereur un premier volume des *Mille et une
Nuits*, qu'il a acheté dans une vente, et qui porte la griffe du
cabinet de Napoléon Ier; il pense qu'il peut être agréable à
S. M. de rentrer en possession de ce livre (fév. 1866.) — *Accusé réception.*

532*

GUNG, à Arzbach (Bavière); félicitations à l'occasion de l'attentat du 14 janvier (18 janv. 1858).

533

Günther (Emil baron von), à Vienne; demande la permission d'offrir à l'empereur, trois ouvrages relatifs à l'art militaire (juin 1869).

534

Gunther (G. von), à Stuttgart; sollicite la croix de la Légion d'honneur (28 déc. 1853).

535*

Guschka, à Gumbinnen (Prusse); demande un secours, ou le remboursement d'assignats qu'il possède (13 janv. 1857).

536

Gustedt (Le baron Otto von), ex officier prussien, sollicite par l'intermédiaire de sa mère, filleule du roi Jérôme, une concession de terre en Algérie (fév. 1864).

537

Gusten (Marie), née Mees, à Cologne; demande une réponse à l'envoi qu'elle a fait à l'empereur d'un portrait du roi Louis (janv. 1853).

538

Gutensohn, étudiant en médecine à Würzbourg; offre au gouvernement français, une écriture secrète, dont il est l'inventeur; il ne fixe pas de prix à son invention et s'en rapporte au gouvernement (mai 1864). — *Répondu* qu'on ne peut juger son invention puisqu'il n'en explique pas le mécanisme. — Il fait connaître que son procédé repose sur l'emploi de deux liquides et demande à savoir les conditions auxquelles on voudrait faire l'acquisition de son invention (juin) — Il rappelle son offre et sa demande (juill.). — Nouveau rappel (sept.). — *Classer.*

539*

Haas (B. P.), à Zalt Bommel; demande un secours pour les études de son fils aveugle (6 fév. 1853).

540*

Haas (H.), à Wiesbaden; fait hommage de divers ouvrages (21 juill. 1856).

541

Haas (H.), représentant à Paris de la fonderie des canons Krupp; offre les services de sa maison au gouvernement français (janv. 1868). — *Classer* (1).

542

Haas (Ernst), propriétaire de l'hôtel des Trois-Rois, à Huningue; annonce à l'empereur qu'il a chez lui le plus grand médecin de notre temps, Carl Dittmann, propriétaire de plusieurs maisons de santé à Berlin, auteur de guérisons prodigieuses, et qui a traité notamment le comte de Goltz, qui vivrait encore s'il eût payé à M. Dittmann ses honoraires (sept. 1869).

543

Haber (Maurice von), voyez n° 112.

(1) Cette pièce et le dossier dont elle fait partie ont été publiés dans les *Papiers* des Tuileries, t. II, n° XXVI.

544*

Hachten (von), à Rostock (Mecklenbourg); demande à entrer dans une école militaire de France (4 janv. 1853).

545

Hacklænder (Le chevalier von), à Stuttgart; présente un de ses ouvrages, *la Vie militaire en Prusse*, en priant le grand chambellan (duc de Bassano) de le déposer aux pieds du trône de S. M., et d'en accepter lui-même un second exemplaire, comme un faible hommage rendu à ses hauts mérites et un témoignage de sentiments respectueux (12 juill. 1868). — Le traducteur français de l'ouvrage présenté écrit au chambellan (21 juillet) que M. de Hacklænder, un des premiers écrivains de l'Allemagne, étant chevalier de tous les ordres de l'Europe, excepté de la Légion d'honneur, il sollicite pour lui ce dernier, qui est le but de sa légitime ambition. — L'auteur sollicite lui-même la croix d'honneur (juill. 1868).

546

Hadra (A.); présente une demande faite par Mohr et Speger, fabricants d'équipements militaires à Berlin, qui « désirent vivement déposer aux pieds de S. M. l'empereur des Français un double exemplaire de la nouvelle arme portative (sabre à feu) » qu'ils ont inventée (fév. 1866).

547*

Hæberle, à Ludwigsburg (Wurtemberg); sollicite un examen de son produit : « l'Indian plaster » (9 août 1856).

548

Hænel, imprimeur de S. M. le roi de Prusse ; sollicite de l'empereur un spécimen des caractères typographiques de l'imprimerie impériale (1863).

549

Hagens, juge au tribunal de Berlin ; demande la permission d'assister à une cérémonie religieuse dans la chapelle des Tuileries (17 juin 1869). — *Refus.*

550*

Hahn, à Berlin ; sollicite un remboursement d'assignats (18 juill. 1858) ; — renouvelle sa demande (24 oct.) ; — renvoie 220,000 francs d'assignats (12 déc. 1858).

551

Hahn, Bavarois ; obtient de l'empereur un don de 50 florins pendant le voyage à Salzbourg (1867).

552

Hahn (Le docteur), chimiste ; propose une nouvelle poudre de guerre de son invention (1868). — Il exprime son douloureux étonnement de voir l'invention rejetée après les expériences qui en ont été faites : « ...Étant étranger, je serai perdu, sire, si le cœur noble et bienveillant de V. M. ne m'inspirait pas le courage d'implorer votre grâce et de prier très-humblement que V. M. veuille bien daigner m'accorder un secours pour pouvoir poursuivre mon but » (juin 1869). — Même demande pour retourner dans son pays. — *Accordé* 200 francs (5 juill.).

553

Haill, à Wertheim ; propose un procédé pour conserver la viande fraîche (19 fév. 1854) ; — propose une recette contre le choléra et contre les blessures d'arme blanche (19 août 1854).

554

Halette, chirurgien-dentiste, à Mayence; ayant adressé au prince-président de la République française, par la poste, deux paquets de papiers importants qu'il n'a pas autrement désignés, s'en informe, craignant qu'ils n'aient été perdus (12 mars 1850). — *Répondu* qu'on n'a rien reçu de semblable.

555*

Hall, à Knockholt ; sollicite une souscription pour la réparation de son église (16 déc. 1858).

556*

Hallberger, à Stuttgard ; fait hommage de ses *Études comparées des armées* (14 avr. 1856). — Communique un article de la *Gazette criminelle de New-York*, relatif à l'attentat du 14 janvier (2 juill. 1858).

557

Haller (Le docteur Ernst), professeur à Iéna ; offre à l'empereur son opuscule sur l'*Origine et le traitement du choléra*, en réclamant le prix de 50,000 francs promis pour le meilleur ouvrage sur ce sujet (1867).

558

Hamburger (Le docteur J.), rabbin, à Strelitz (Mecklembourg); fait hommage à l'empereur du premier fascicule d'une Encyclopédie qu'il publie pour l'étude de la Bible et du Talmud, en demandant que S. M. veuille bien en faire prendre des exemplaires pour les bibliothèques de France (1866).

559

Hamel (Le colonel von), écuyer du roi de Wurtemberg; félicitations à l'empereur à l'occasion de la naissance « du « jeune prince sur lequel reposent les espérances de la France « et de l'Europe entière » (mars 1856).

560

Hamel (Veuve), à Berlin; adresse ses félicitations à l'empereur pour l'insuccès de l'attentat du 14 janvier (10 fév. 1858).

561

Hamm (Le docteur Wilh.), conseiller au ministère de l'agriculture, à Vienne; fait offrir à l'empereur un exemplaire de son *Rapport sur l'état de l'agriculture en Autriche pour 1868*, par l'intermédiaire de l'ambassadeur de France, qui ajoute : « L'auteur présente d'ailleurs ce volume à l'empereur sans aucune arrière-pensée de récompense » (août 1869).

562*

Hammerer (A. von), à Carlsruhe; demande un secours (25 nov. 1855).

563*

HAMMERSCHMITT, à Aschaffenburg (Bavière); sollicite un secours (6 avr. 1857).

564

HAMPEL (Carl), maître remouleur, à Halberstadt (Prusse); écrit à l'empereur que fils naturel d'un soldat français, dont on n'a plus eu de nouvelles dans le pays depuis le mois de janvier 1828 (date de la dernière lettre que sa mère en ait reçue et qu'il envoie), il vient, invoquant les services de son père, solliciter de la munificence de l'empereur une somme de 2,000 francs à titre de prêt, qui le mettrait en état de soutenir sa famille composée de cinq enfants. A l'occasion de la fête de Noël il offre à S. M. une paire d'excellents rasoirs et à l'impératrice des reliques contenant du bois de la vraie croix (28 déc. 1862). — *Répondu :* « En présence du grand nombre d'objets qui lui sont offerts, l'empereur a pris pour règle de leur opposer un refus général, et S. M. n'a pas cru devoir accepter les reliques et les rasoirs que vous avez adressés. Elle ne me charge pas moins d'avoir l'honneur de vous transmettre ses remerciements » (17 janv. 1863). — C. HAMPEL regrette que les objets qu'il a offerts n'aient pas été acceptés et demande qu'ils lui soient retournés par la poste à ses frais; il préférerait que l'on gardât les rasoirs, qui sont excellents, et qu'il estime valoir 16 ou 18 francs. La lettre du cabinet ne répondant pas à sa demande (d'argent), il désire savoir si l'on ne fera rien pour le fils d'un soldat français, et il prie qu'on lui réponde en allemand, parce qu'il est contrarié, si on lui écrit en français, d'être obligé de montrer la lettre pour la faire traduire (31 mars 1863). — *Répondu :* « Les rasoirs et les reliques qui n'ont pu être agréés par l'empereur vous sont retournés, selon vos désirs, et accompagnent la présente dépêche » (21 avril).

565

Hanak (Johann), à Vienne; auteur d'une brochure sur le choléra, recommande à l'empereur, pour sa santé, de prendre des bains (sept. 1869).

566

Hanfstaengl (Franz), conseiller de la cour de S. A. le duc de Saxe-Cobourg-Gotha; offre à l'empereur un recueil, en trois volumes, de photographies des chefs-d'œuvre de la galerie de Dresde (janv. 1865). — *Accepté et remercié.*

567*

Hanss, à Zutzendorf; félicitations à l'occasion de l'attentat du 14 janvier (8 fév. 1858).

568*

Harder, à Gransee (Prusse); fait hommage d'un manuscrit sur l'artillerie (15 sept.).

569

Hæring (Konrad), vicaire, et Max Berger, membre de la Société ouvrière catholique à Constance; sollicitent le concours de l'empereur pour l'acquisition d'un local spécial destiné à l'usage des membres du culte catholique de cette ville (1868). — *Refus* par mesure générale, et regrets.

570

Harnish (Adalbert), 1er lieutenant, à Neisse (Silésie); interprète des sentiments de plusieurs millions d'Allemands, il remercie l'empereur des bonnes paroles qu'il a récemment prononcées pour le droit des peuples à propos de la question du Schleswig, et dépose à ses pieds une pièce de vers intitulée : *Protectori!* Il se permet d'y joindre un volume de ses poésies, lequel peut offrir quelque intérêt à S. M., car son illustre oncle y est cité (*von Ihrem Grossem Onkel spricht*) à la page 77 (2 avr. 1864).

571*

HARNSTEIN (H.). à Londres; demande un secours (17 avr. 1855).

572

HARRAS (Gottl.), négociant à Suhl, près Erfurt; recommande un remède à l'empereur (sept. 1869).

573*

HARTIG, à Neusatz; hommage de vers qu'il a dédiés à l'empereur (6 mars 1856).

574*

HARTMANN, à Heidelberg; envoi de divers projets : Greniers d'abondance, Jeux de boule (23 juin 1853); — *idem* (5 août).

575*

HARTMANN, à Mayence; offre un remède contre le choléra (12 mai 1855).

576

HARTMANN (Rosine), à Coblentz; sa déposition consciencieuse dans l'affaire de l'attentat du 14 janvier l'ayant mise dans l'impossibilité d'accepter une position en Angleterre, où ses jours sont menacés, elle sollicite une pension (oct. 1858).

577

Hartmann (Le docteur Robert), à Berlin; écrit au chef du cabinet pour demander l'autorisation d'offrir à l'empereur l'historique de son voyage en Afrique. « Monsieur, il y a trois ans que M. le baron de Barim, fils unique de S. A. R. le prince Adalbert de Prusse, conçut l'idée de faire un voyage dans l'Afrique Est centrale. J'eus l'honneur d'être nommé son compagnon de voyage en qualité de médecin et naturaliste. Longtemps notre expédition fut heureuse. Mais l'Afrique veut ses victimes. Le fils de l'illustre prince ne pouvait pas résister aux attaques réitérées de la fièvre pernicieuse. C'est à Rosseiros, sur le fleuve Bleu, qu'il succomba. Accablé de douleur et souffrant de la même fièvre très-dangereuse, je retournai dans ma patrie en prenant le chemin par le sud de la France, et c'est le passage par la France qui a extrêmement contribué à rétablir ma santé. Partout, Monsieur, j'ai rencontré de la part des autorités impériales cette haute bienveillance, qui ne se trouve que sous l'influence d'un noble gouvernement. Poussé par le vif désir de donner une faible marque de reconnaissance dont mon cœur est rempli pour la bienveillance que plusieurs nobles Français m'ont prouvée pendant le séjour dans l'Afrique et dans la France, j'ai pris la résolution de présenter à S. M. l'empereur mon rapport de voyage dans l'Afrique, enrichi d'une grande quantité de cartes exactes, de figures et de représentations très-fidèles... » (27 juin 1863). — « *Accepté*, mais qu'il envoie sans venir lui-même à Paris. » — Le docteur envoie une caisse de livres (17 sept.).

578

Hartogs, à Paris; supplie l'empereur d'ordonner des expériences sur un liquide inventé par un pharmacien allemand pour guérir les membres gelés (1855).

579

Hartung (J.), sculpteur prussien : « Sire ! Après avoir
« étudié la sculpture à Paris, S. M. le roi de Prusse m'ap-
« pela à Berlin pour y exécuter un important groupe en mar-
« bre destiné à orner une place publique à Coblentz, ma
« ville natale. Le groupe et d'autres travaux importants,
« parmi lesquels un Philoctète, m'ont valu l'honneur d'une
« visite du Roi dans mes ateliers. A cette occasion et après
« que ma composition du héros grec eut porté ma pensée
« vers un héros plus grand des temps modernes, et m'eut
« fait concevoir un groupe de Napoléon Ier à Sainte-Hélène,
« je soumis également ce travail à mon royal visiteur. Les
« suffrages de S. M. et ceux de l'illustre savant M. Alex. de
« Humboldt sur la beauté du sujet et sur son heureuse con-
« ception, m'inspirèrent le plus vif désir de soumettre mon
« œuvre au digne successeur de Napoléon le Grand. Personne
« en effet, Sire, ne pouvant s'identifier mieux avec la no-
« blesse, la hauteur des vues et les sublimes pensées de Votre
« Oncle que V. M., mon vœu le plus ardent a été d'être ad-
« mis à l'insigne honneur de déposer mon travail au pied de
« son Trône. Votre jugement seul, Sire, sera ma suprême
« loi, soit qu'il condamne ma tentative comme au-dessous de
« la hauteur de mon sujet, soit qu'il l'approuve comme di-
« gne de traduire dans le marbre ou le bronze, la sublime
« Grandeur de Napoléon enchaîné sur un rocher au milieu
« de l'Océan » (29 déc. 1852). — *Accordé* l'audience demandée (9 janv. 1853).

580*

Haspel, à Munich; demande un secours (15 mai 1856).
— Même demande (4 mars 1857).

581

Hasselholdt von Stockheim (G. baron von), capitaine bavarois, chevalier de l'ordre impérial de François-Joseph d'Autriche et de l'ordre royal de l'Aigle rouge de Prusse; il adresse à l'empereur le commencement d'un ouvrage historique important sur la seconde moitié du xve siècle, intitulé : *Lutte politique de la maison de Wittelsbach contre la maison de Brandebourg pendant les années 1459 à 1465*. La continuation de ce travail exigeant de nombreuses recherches dans les archives de différents pays, il sollicite un secours de S. M. afin de pouvoir achever son œuvre (Munich, 19 juin 1865).
— *Répondu* que l'empereur ne pouvant venir en aide même aux auteurs français autant qu'il le désirerait, il n'a pas été possible d'accueillir cette requête.

582*

Hauch, à Bonefeld (Prusse); demande un secours (21 av. 1861).

583

Haunen (Georg von), à Cologne; offre à l'empereur diverses inventions et machines de guerre et sollicite une avance de 1,000 francs (1864-1870). — *Refus* de l'avance.

584

Hauner (Le docteur), fondateur et directeur de l'hôpital des enfants à Munich ; offre à l'empereur (par l'intermédiaire du docteur Barthez) un recueil de *Documents sur les maladies des enfants.* « Le grand respect et la haute considération que je ressens pour vous, Monsieur, dont les connaissances profondes ont puissamment contribué au perfectionnement de l'art médical dans les maladies de l'enfance, m'engage à vous adresser cet ouvrage, fruit de ma longue expérience sur ce sujet. Et comme pour le traitement de ces maladies, la France et la récente fondation de l'impératrice Eugénie doivent vous servir de modèle, je prends la liberté de vous prier de présenter mon ouvrage à S. M. l'Empereur... » (17 juin 1863). *Accepté et remercié.*

585

Hauser, allemand établi à New-York ; adresse à l'empereur des conseils politiques pour obéir à la voix du Seigneur qui le lui a ordonné (mars 1863).

586

Hauser (Rudulf), ouvrier de fabrique à Bietigheim (Würtemberg) ; sollicite l'empereur de vouloir bien être le parrain de son fils et l'autoriser à lui donner le nom de *Napoléon* (déc. 1868). — *Classer.*

587

Haushalter, jurisconsulte à Wernigerode (Prusse), et président de la société de Mozart. Cette société fondée sous les auspices du duc de Saxe-Cobourg-Gotha, a pour but d'encourager les jeunes talents et de secourir les artistes indigents et leurs familles ; il sollicite en sa faveur, comme président, le bienveillant intérêt de l'empereur (sept. 1855). — Renouvellement de sa demande (juill. 1856).

588*

Hausrath (Anne) née Berr, à Germersheim ; demande un secours (28 août 1854).

589

Havard (Mme Rosalie), à Paris ; écrit au duc de Bassano : « ... Monsieur le duc m'a promis son appui si je ne de-
« mande pas une chose impossible à m'accorder. — Je de-
« mande un petit « Bureau des timbres ! » J'ai donné de la
« joie à l'Empereur en lui donnant le portrait de son auguste
« Onkel ce cher et précieux souvenir ! Cette joie ne vaut-
« elle pas un petit bureau des timbres ? J'espère en Votre
« Altesse — comme en Dieu — et suis pour toute ma vie... »
(20 avril 1869). — ... « Monsieur le duc ! Croyez bien que
« parmi tous ces cœurs qui battent pour l'empereur Napo-
« léon, il y en a *deux* qui l'adorent ! Moi, je prie tous les jours
« pour lui ; mon fils, allemand de naissance avec un *cœur*
« *français* — sera *français !* et il a prouvé son attachement
« pour l'Empereur, sa sympathie, quand jeudi passé, parmi
« cette foule des ingrats, il criait avec toute sa force : « Vive
« l'Empereur, vive Napoléon III ! » et qu'une de ces bêtes
« féroces, avec les mots : *imbécile, veux-tu te taire ?* — le
« jeta avec un coup par terre ! — Si je répète cette scène à
« Monsieur le duc, c'est pour vous prouver et notre amour
« et notre sympathie pour l'Empereur — qui ne finira qu'avec
« notre vie. Si donc S. M. veut faire quelque chose pour nous
« — ce n'est certes pas à des ingrats qu'il accorde une faveur »... (14 juin 1869).

590

Hawraneck (Franz et Aloisia), à Steinitz ; ayant en vain

réclamé le prix de 197 muids de vin (22,100 fr.), fournis aux soldats français en 1805 et 1809, ils reconnaissent d'après les motifs qui leur ont été donnés, que la France n'est pas obligée de payer; ils s'adressent néanmoins à l'empereur pour demander une indemnité correspondante, puisque, en définitive, le vin a été consommé par les Français et particulièrement par des blessés. Ils font valoir d'ailleurs la position malheureuse dans laquelle ils sont aujourd'hui (mars 1863).

591

HAXTTAUSEN (Baron A. VON), au château de Thienhausen (Westphalie); dépose aux pieds de l'empereur, un ouvrage qu'il a composé sur l'émancipation des serfs en Russie et des esclaves dans l'Amérique du Nord, sujet dont il s'est occupé depuis près d'un demi-siècle (9 mai 1866).

592

HAYMAN (A. T.), ancien notaire à Dresde; demande l'autorisation de faire hommage à l'empereur de ses ouvrages sur la Grande-Bretagne (1865).

593

HEBBEL (Fried.), voy. BRAUN DE BRAUENTHAL.

594

HEBER (Franz), au château de Heidelberg, maître de chapelle; rappelle qu'il offrit à l'empereur en 1863, par l'intermédiaire de M. Thelin, la dédicace d'une ouverture dramatique de sa composition (juin 1866). — L'empereur accepte la dédicace et fait donner à l'auteur une médaille d'or (août).

595

Heck, secrétaire de la ville de Düren (Prusse); félicitations à l'empereur à l'occasion de l'attentat du 14 janvier 1858 (15 janv.).

596*

Hefl (J.), à Neberlingen (Baden); demande un secours (28 fév. 1854).

597

Hefner (Le docteur Otto Titan von), président de l'Institut héraldique à Munich; propose à l'empereur, au prix de 5000 francs, l'acquisition d'une statuette de bronze de l'Électeur de Bavière, Maximilien-Emmanuel, ouvrage portant la date: « Conflatum Parisiis 1699 opera Rogier Schabel Bruxellensis » (sept. 1864). — *Refus.*

598

Hegewald (Le docteur), professeur à Carlsruhe; écrit à l'empereur que le discours de S. M. à Auxerre a fait naître sur les bords du Rhin des craintes d'annexion au sujet desquelles lui et ses compatriotes demandent à être rassurés, les provinces Rhénanes étant allemandes et demandant à rester telles. Il joint, pour le prince impérial, un recueil de sa composition intitulé: *Morceaux choisis.* (9 mai 1866.) — *Classer.*

599

Hehz (Eduard), à Hambourg; adresse à l'empereur une note laudative sur le centième anniversaire de la naissance de Napoléon Ier (mai 1869).

600*

Heidenschneider, à Eichstädt (Prusse ou Bavière?); sollicite un secours (26 août 1856).

601*

Heiligenstein (Marie), à Verweiler; demande un secours (11 janv. 1853).

602*

Heiligenstein (Andreas), à Bertweiler (Hesse); demande un secours (15 fév. 1853).

603

Heimburger (Ludw.), à Plotzkau (duché d'Anhalt); adresse de Paris à l'empereur un travail manuscrit et sollicite un secours pour retourner chez lui (mai 1862). — De retour chez lui, il a trouvé sa maison et son jardin sur le point d'être saisis en sorte que s'il pouvait obtenir qu'on accordât, non à lui mais à sa femme, une somme de 3,000 francs, cet argent le mettrait de plus en état de se procurer les moyens scientifiques dont il a besoin pour se rendre utile à S. M., ce qui est son plus grand désir. Il avoue avoir aussi laissé en quittant Paris 177 francs de dettes à son hôtel et 74 francs à son consul (16 juin 1862). — Il a adressé un manuscrit intitulé: *Observation sur le Soudan* et demande à l'empereur une somme de 6,675 francs pour être sauvé de la ruine (20 juill. 1862). — Ses filles annoncent à l'empereur que leur père est malade et sollicitent pour leur mère un secours de 300 thalers (17 mai 1863). — *Accordé* trois secours du 14 nov. 1862 au 11 fév. 1863. — Ludw. Heimburger annonce que le 29 juin tout ce qu'il possède sera vendu en justice et qu'il se trouvera sans asile ainsi que sa famille s'il ne trouve pas 300 thalers pour faire retarder la vente ou 3,000 pour racheter son patrimoine; mais l'empereur ne permettra pas, dit-il, qu'un homme qui s'est consacré corps et âme à l'établissement d'une colonie française dans l'intérieur de l'Afrique soit victime d'un pareil sort (5 juin 1863). — Adresse une notice sur la découverte des sources du Nil par le capitaine Speke et le capitaine Grant (8 juill. 1863). — Demande 4,000 thalers à l'empereur pour recouvrer sa maison et son jardin qui viennent d'être vendus (4 mars 1864).

604

Heimerle (Franz), lieutenant au 30⁰ régiment d'infanterie autrichienne; offre à l'empereur un nouveau système, deux vis perpendiculaires l'une sur l'autre, pour pointer exactement les canons (fév. 1865). — *Remercier*, mais son invention est connue.

605

Heimers (B.S.); appel à l'empereur en faveur de la Pologne (Paris, av. 1863).

606*

Heindl (Les demoiselles), à Augsbourg, filles d'un répétiteur de l'empereur; demandent un secours (10 nov. 1855); — nouvelle demande (21 av. 1856); — même demande (24 sept. 1857).

607*

Heinold (Ernst), à Saalfelt (Prusse); sollicite et obtient divers secours (1863).

608

Heins (W.), au château de Gottorf, près Schleswig; la bienveillance bien connue, avec laquelle l'empereur accueille toute publication utile, l'encourage à le prier d'accepter ses études littéraires *sur la Pêche* qui ont été traduites en cinq différentes langues (mai 1869).

609*

Heintz (Veuve), à Munich: demande un secours (11 avril 1855).

610

Heinzelmann (Carl), à Eydtkuhnen, près Berlin; offre à l'empereur deux recueils de poésies, l'un qui célèbre la nouvelle année (1870), et l'autre le 73ᵉ anniversaire de la naissance (22 mars) du roi de Prusse, Guillaume Iᵉʳ (*Meinem Konige;* — *Zum hochsten Geburtstage S. K. H. des prinzen Friedrich Carl v. Preuszen;* — *Mein Schlafzimmer*, etc. On voit dans ce dernier morceau quel est le rêve du poète.

> Ich ruh' in meinem Stübchen klein,...
> Da tritt hervor graf Bismark kühn,...
> Ihm steht der Kriegsminister Roon,...
> Mit ihm freiherr von Moltcke fest,
> In seinem Geiste grosz... etc.

L'auteur insinue en terminant qu'il a été ruiné par un incendie (24 mars 1870). — *Classer.*

611

Heinzen, voy. Peters.

612

Heissingen (Mathias), employé municipal à Munich, ancien bottier du prince Eugène; offre à l'empereur ses félicitations à l'occasion de la naissance du prince impérial (19 mars 1856).

613*

Held. à Hombourg; demande à être appelé à Paris pour exposer à l'empereur un système financier (26 janv. 1853).

614*

Helff (E.), à S. Blasius (Prusse); demande un secours (1ᵉʳ mai 1853).

615

Helfferich (Le docteur), professeur à l'Université de Berlin; fait offrir à l'empereur par le ministère des affaires étrangères les épreuves d'un ouvrage qu'il fait imprimer et dont le résultat serait de modifier les notions actuelles sur l'époque de Jules César et particulièrement sur le temps où il était *Pontifex maximus* (sept. 1864). — Il envoie son ouvrage en janv. 1865.

616*

Heller, à Nuremberg; hommage d'un ouvrage sur l'acropolis d'Athènes et d'un panorama de Nuremberg (2 oct. 1854).

617

Heller (H. J.), professeur à Berlin; offre un opuscule de

lui sur les Trirèmes des Romains en disant que « l'on admire partout les nobles occupations dont S. M. sait remplir les loisirs que lui laissent le gouvernement d'une grande nation et la politique du monde » (fév. 1863) (1). — *Remercier. L'Empereur signera.*

618

Heller (Jos.), clerc de notaire à Reichenhall (Bavière); ayant lu dans les journaux que l'empereur souffrait du *morbus brigthi*, maladie que les médecins ne peuvent guérir, il propose un remède consistant en l'usage de certaines plantes qu'il énumère (nov. 1863).

619

Helmentag (Charles), assesseur de régence à Cologne; adresse à l'empereur un recueil de douze chansons composées par lui, sollicite de l'emploi dans une ambassade française, et joint à sa lettre un « certificat du professeur des maladies cérébrales » établissant qu'il est sain d'esprit (juill. 1863).
— Renouvelle sa demande (déc. 1863).

620

Hempel (F. L.), à Ehrenfeld (Prusse), ancien chef de service au chemin de fer d'Aix-la-Chapelle; réduit à vivre avec trois petits enfants sur une pension de 360 francs, mais ayant trouvé dans la succession de sa mère, veuve d'un officier de l'armée de Kellermann, un paquet d'assignats se montant à 11,655 francs, espère que l'empereur voudra bien les recevoir quoiqu'ils aient perdu leur valeur et lui donner un dé-

(1) Cette lettre a été publiée dans les *Papiers* des Tuileries, t. II, n° XXXIV.

dommagement pour la perte qu'ont subie ses parents (fév. 1870). — *Refus.*

621

Henckel (La comtesse Wanda), à Siemanowitz (Silésie prussienne); sollicite de l'empereur des photographies et des autographes de la famille impériale (nov. 1868).

622*

Henneberg (Le baron de), à Presbourg; demande 6,000 florins pour se marier (10 mai 1855). — Sollicite de nouveau un secours de l'empereur (27 sept. 1857).

623

Hennings (Ed.), marchand à Berlin; indique à l'empereur un remède contre les rhumatismes et prie S. M., si Elle était encore affligée d'une autre maladie, de vouloir bien l'en informer, dans l'espérance où il est de pouvoir lui procurer du soulagement (sept. 1869).

624

Hensel (Arnold), ferblantier à Breslau; adresse une pièce de vers à l'empereur sur la naissance du prince impérial.

625*

Hensel (Carl), à Posen; envoi d'une pièce littéraire en vers (30 janv. 1853).

626*

Hepperger (Joseph), à Munich; ancien condisciple de l'em-

pereur à Augsbourg, il demande un secours (6 janv. 1853).
— Le même, ou un autre du même nom, adresse une semblable demande (3 août 1856).

627

Hepperger, Bavarois; obtient de l'empereur un don de 40 florins pendant le voyage à Salzbourg (1867).

628

Herhager, menuisier à Bellheim, près Landau ; rappelle à l'empereur qu'il lui aurait rendu un service en 1838 (sans préciser, mais en disant : « Pour ce que j'ai fait pour vous étant en bas, que ferez vous pour moi étant en haut? ») et prie S. M. de lui venir en aide dans sa position nécessiteuse (sept. 1862). — *Secours envoyé* (2 oct. 1862).

629

Hermann (Lisette), veuve du recteur, à Offingen, près Nordlingen; écrit à l'empereur qu'encouragée par la bienveillance que témoigne S. M. dans sa lettre au recteur d'Augsbourg, elle se hasarde de son côté à satisfaire un désir qu'elle éprouve depuis longtemps, celui de rappeler à la mémoire de S. M. les soirées honorées de sa présence et de celle de la reine sa mère en 1819, et passées avec la famille de la baronne Hermann ainsi que la famille de Silberhorn, soirées dans lesquelles elle eut l'honneur de s'entretenir avec S. M. Depuis lors elle a toujours pris part à tout ce qui est arrivé d'heureux ou de malheureux au prince qu'elle avait connu lorsqu'il avait à peine onze ans; mais les familles dont elle parle ont presqu'entièrement disparu (mars 1863). — *Classer.*

630

Hermann, président de la Société de secours pour les gens de lettres à Augsbourg; ayant été le condisciple de l'empereur au collége de Sainte-Anne, lui soumet les statuts de cette Société de secours pour les écrivains, leurs veuves et leurs enfants, et sollicite sa souscription (août 1863).

631

Hermann, Bavarois; obtient de l'empereur un don de 40 florins pendant le voyage de Salzbourg (1867).

632

Hermens, à Dusseldorf (Prusse); offre à l'empereur son ouvrage sur *l'Ordre du Saint-Sépulcre* (oct. 1867). — *Remercié.*

633

Hermsdorf (Le baron E. V. von); très-vivement recommandé par le prince Charles de Prusse, qui exprime le vœu que l'empereur puisse le faire sortir de la position difficile, dans laquelle il se trouve, il supplie S. M. de lui accorder une avance qui serait promptement remboursée, et S. M. apprécierait ensuite s'il ne pourrait pas être nommé à vie aux fonctions rétribuées de consul général d'Espagne (janv. 1863).—Le ministre de la guerre, auprès duquel le baron de Hermsdorf est appuyé par l'empereur lui-même pour obtenir les fonctions de directeur général de l'émigration allemande en Algérie, répond que ces fonctions n'existent pas, mais que le pétitionnaire peut postuler une concession de terres en Algérie, comme les capitalistes Genevois qui en ont récemment obtenu une de 20,000 hectares (8 juin). — Le ministre de la guerre écrit au chef du cabinet que le baron von Hermsdorf demandant une concession de 90,000 hectares, son administration est obligée de prendre le temps de faire un très-sérieux examen (4 juill.).

634

Herx (Werner), de Cologne, docteur en philosophie, directeur de fêtes musicales et depuis vingt-cinq ans juré dans diverses villes de France, gratuitement, pour les concours de musique, en outre ancien condisciple de l'empereur; offre à S. M. une opérette de sa composition intitulée : l'*Oracle* (15 août 1867).

635*

Herzer (Sophie), à Seybottenreuth (Bavière) ; vœux et félicitations (20 avril 1856).

636

Herzog (Franz), à Reichenberg; conseils politiques à l'empereur; désire que la guerre soit évitée (déc. 1863). — *Classer.*

637*

Hess (J.), à Kreuznach (Prusse); demande un secours (27 juill. 1856).

638*

Hessel, à Offenburg (Baden); fait l'offre d'un orgue (18 nov. 1858).

639

Hesselbein (Leopold), bourgeois et marchand de Thorn (Prusse orientale); propriétaire de la maison, à Thorn, où naquit Copernic, il envoie le plan de cette maison et d'une fontaine voisine que Napoléon Ier visita en 1812. Il s'agirait, à Thorn, de restaurer cette fontaine, et L. Hesselbein demande au président de la République française de faire les frais de cette restauration, dont une inscription commémorative rappellerait la date à la postérité en associant les noms de Copernic et de Louis-Napoléon Bonaparte (mars 1850). — *Refus, avec regrets.* — Il renouvelle sa demande d'une allocation en faveur de la maison de Copernic (13 sept. 1856).

640

Hessele, à Dresde; dépêche télégraphique au prince impérial à Paris, pour l'anniversaire de sa naissance : « Une sen-
« tinelle avancée de la civilisation française vous adresse ses
« félicitations. Vive l'Empereur! vive Eugénie! » (16 mars 1870).

641*

Hesse von Hessenthal (Josephine), à Breslau; envoi de vers pour la fête du 15 août et pour l'inauguration de la statue du maréchal Ney (15 août 1853).

642

Hesse-Darmstadt (Note en faveur du prince Fréderic de). « L'empereur Napoléon Ier a réglé le rang de chacun des princes de la Confédération du Rhin. Il en a fait des catégories distinctes. La première celle des rois et maisons grand-ducales, et la seconde celle des princes de Nassau, Hohenzollern etc., etc., qui ne marchaient même qu'après *les cadets* des maisons de la première catégorie. A la première catégorie appartenait le droit des entrées, le droit à ce qu'on appelle aujourd'hui *salon de famille*. Dans aucune cour les ministres étrangers n'ont disputé le pas aux princes de la première catégorie. Les ambassadeurs en ont émis la prétention, et pour éviter un conflit, des princes des maisons royales ou grand-ducales, en sortant du salon de famille, suivent immédiatement le souverain et les princes de sa famille, parce qu'ils se regardent du même sang, et font par là corps avec eux.

« Le prince Fréderic de Hesse est précisément dans cette situation des maisons grand-ducales de la première catégorie. — *Il a droit au salon de famille*, qui lui a effectivement été accordé au mariage de S. M. l'empereur, — mais depuis cette époque, ayant été placé *malgré ses droits* APRÈS le corps diplomatique dont il ne fait pas partie, il s'est abstenu de paraître à la cour.

« Le grand-duc de Hesse-Darmstadt, son neveu, a approuvé cette réserve, et lui a écrit de se tenir à l'écart, si on méconnaissait en lui le sang grand-ducal de sa maison. »

643

HETTIGER (Marie), veuve SCHEUBLE, née le 9 octobre 1809 à Fribourg en Brisgaw (Baden); sollicite un secours, en se fondant sur ce qu'elle serait fille naturelle de Napoléon Ier, lors de son passage à Fribourg dans les premiers jours de janvier 1809. — Note de police traitant cette prétention de mensonge audacieux, attendu que Napoléon n'aurait quitté Paris, en 1809, que le 13 avril (juill. 1855).

644*

HEUFELDER, à Berlin; demande un secours (6 fév. 1860).

645*

Heusel (A.), à Breslau; hommage de vers (17 avr. 1856).

646*

Heydenaber (von), à Hagenbach (Baden); demande un secours (25 sept. 1857).

647

Hildebrand, ancien sergent au régiment Margraf-Wilhelm à Constance, aujourd'hui aveugle et paralytique, sollicite un secours comme ayant eu jadis cet honneur que l'empereur aurait daigné faire des exercices d'escrime à la baïonnette avec lui (1856).

648*

Hildebrand (Th.), à Biesendorf; demande un secours (8 mars 1856).

649

Hilgard (Th.), à Heidelberg; fait hommage à l'empereur, d'un poëme allemand intitulé *Die hundert Tage* (les Cent-jours). — «... En composant cette épopée je me suis senti inspiré, non-seulement par la grandeur sans égale du sujet, que je considère comme le plus sublime et le plus tragique que l'histoire puisse offrir à la poésie épique; mais encore par le désir de rendre pleinement justice à tous les beaux traits du génie et du cœur de Napoléon Ier, et de combattre ainsi les préjugés aussi injustes que fortement enracinés chez la plupart de mes compatriotes, contre ce grand homme et son illustre dynastie; car mon cœur souffre à voir une antipathie si peu fondée, et en même temps si dangereuse pour la paix du monde... » (oct. 1868).

650

Hillebrand (Leo von), à Naples ; grand propriétaire ruiné par des spéculations malheureuses, il sollicite une place, par exemple dans les bureaux d'examen des journaux allemands, afin de tirer parti pour vivre de ses nombreuses connaissances en agriculture et dans les langues (déc. 1869).

651*

Hintz, à Saarbrück ; propose un procédé pour prévenir la détérioration des chaudières à vapeur (18 fév. 1860).

652

Hinsberg (Henri) et Charles Graef, à Weimar ; proposent à l'empereur un nouveau fusil de leur invention. Au duc de Bassano : « ... Nous voudrions avoir la certitude de trouver dans les circonstances actuelles de l'intérêt et du succès pour notre invention en France. Il ne nous reste pas d'autre moyen que de vous communiquer notre désir et de vous prier, M. le duc, de nous favoriser de quelques lignes là dessus. Soyez persuadé, M. le duc, que nous savons bien apprécier la grandeur du service que nous vous demandons, connaissant bien la valeur de votre temps, et que la certitude seulement d'être renseignés au juste par aucune autre source, ainsi que de traiter un sujet qui n'est pas sans importance pour la France, nous ont décidés de réclamer votre bonne obligeance... » (15 juill. 1866).

653

Hinschius (Le docteur Paul), professeur de droit à l'Unversité de Halle, adresse à l'empereur son édition des *Decretales pseudo Isidoriennes* (fév. 1864). — Le mois précédent il écrivait au chef du cabinet en demandant l'autorisation de faire cet hommage : « ... De toutes les bibliothèques que j'ai visitées, ce sont les bibliothèques de la France qui contiennent les manuscrits les plus précieux (*des Fausses decretales*). Partout dans ces bibliothèques j'ai été reçu avec une libéralité et une bienveillance que je n'ai trouvée dans aucun pays du monde ; les bibliothécaires des bibliothèques des départements ont fait tout leur possible pour satisfaire à tous mes desirs, et à Paris le gouvernement français m'a donné la permission de pouvoir prendre les manuscrits de la bibliothèque impériale dans ma demeure, de manière que je fusse en etat aussi de profiter aussi des heures pendant lesquelles la bibliothèque était fermée. Comme j'ai dû fonder mon texte sur un manuscrit de Paris, et comme les manuscrits français sont les plus remarquables, je n'aurais jamais pu finir mon ouvrage (1), si dans votre patrie je n'avais pas trouvé cet accueil bénigne. Vous comprenez, Monsieur, que dès ce temps-là, j'ai dû concevoir un sentiment profond de reconnaissance et de sympathie envers votre patrie, et que je ne crois que remplir un devoir en donnant expression à cette gratitude après avoir fini un ouvrage, lequel, au moins quant à son origine, est français... » — *Remerciements*.

654*

Hintz, à Tilsitt ; demande un secours (20 fév. 1855).

---

(1) Decretales Pseudo-Isidorianæ et Capitula angilramni. Ad fidem libr. Mss recensuit..... Paulus Hinschius ; Lipsiæ 1863.

655

Hirsch (Le docteur Arnold), à Vienne; annonce qu'il a terminé la traduction en allemand des « *Idées Napoléoniennes* », et demande une audience pour présenter sa traduction à l'empereur (mars 1865).

656

Hirsch (veuve), Bavaroise; obtient de l'empereur un don de 40 florins pendant le voyage à Salzbourg (1867).

657

Hirschberg (E.), à Forst (Prusse); adresse à l'empereur un poëme en allemand intitulé « *Napoléon III,* » sur la guerre d'Italie, afin de donner, dit-il, « une voix à la gratitude générale de l'Europe pour la restauration de ce pays (sept. 1866).

658

Hirschfeld (James), demande audience afin de soumettre à l'empereur un projet pour la fondation d'un journal allemand (1865).

659*

Hirschhorn, à Brühl, offre de faire des révélations à l'empereur (26 avril 1858).

660

Hirschmann (Élias), secrétaire des postes à Würzbourg ; fils d'un ancien professeur de langues au gymnase d'Augsbourg, il a eu souvent l'honneur de voir l'empereur dans cette ville; père de famille dans le besoin, il sollicite un secours (janv. 1855); — remercie pour un don de 400 fr. qui vient de lui être envoyé (avril). — Lettre de félicitations (22 mars 1856).

661

Hisserich, à Hamberg (Hesse); rappelle une demande d'indemnité par lui précédemment faite (13 mars 1857).—Ayant inutilement demandé une récompense pour services rendus sous le premier empire, il réclame au moins le remboursement du prix que lui a coûté la traduction de sa requête en français, prix qui se monte à 15 francs (1866). — *Classer.*

662*

Hochgrafe, à Belgern (Prusse); sollicite le remboursement d'un assignat (6 mai 1856).

663

Hochmuth (Le docteur L.), à Dresde; félicitations à l'empereur à l'occasion du plébiscite (12 mai 1870). — *Classer.*

664

Hochmuth (F.-Ant.), candidat au notariat, à Stift-Kylburg (Bavière); adresse à l'empereur « comme témoignage d'un respect sans limites » un manuscrit en prose intitulé : « Hortense mère de l'empereur Napoléon III » (mai 1870). *Accusé réception.*

665

Hochreiter (Veuve Suzanne), à Haidhausen, près Munich;

sollicite de l'empereur le don d'un vieux canon qui servirait à fondre une cloche pour l'église de sa paroisse (sept 1868).

666

Hochstedt (La comtesse de), Bavaroise; remercie l'empereur de lui avoir promis des lettres de naturalisation française (1854).

667

Hoefer (Hellmuth), à Halberstadt (Prusse); soumet à l'empereur des extraits d'un poëme de sa composition et demande un secours (13 août 1864). — Le même croit devoir prévenir l'empereur qu'il a découvert trois volumes de mémoires secrets se rapportant à S. M., dont le manuscrit a dû être soustrait et qui ont été publiés à Berlin sans nom ou sous de faux noms. Il attend des ordres pour savoir ce qu'il doit faire. Il demande si S. M. a lu son *Panorama du monde*, qu'il a envoyé à Vichy. Enfin il renouvelle sa demande de secours (24 août 1864). — *Rien à faire.*

668*

Hoeffner, à Eppingen (Baden); sollicite son passage gratuit en Algérie (8 fév. 1860).

669*

Höllerer (La dame), à Stuttgard, fille d'un professeur d'Augsbourg; sollicite un secours (26 avril 1858).

670

Hoepner (Le docteur), médecin, second lieutenant dans la landwehr, à Berlin; adresse ses félicitations à l'empereur à l'occasion de l'attentat du 14 janvier 1858 (18 janvier).

671

Hofbauer (George), à Munich ; avait demandé à faire partie de l'expédition du Mexique comme sous-lieutenant et était venu à cet effet à Strasbourg ; mais n'ayant pas été admis parce qu'il avait dépassé l'âge de 40 ans, il sollicite de la bienveillance de l'empereur le remboursement de 45 florins pour ses frais de déplacement (déc. 1862). — *Classer.*

672

Hof (Jean), à Berlin ; a eu l'honneur de faire hommage à l'empereur d'un échantillon de l'extrait de malt « boisson à la fois très-agréable et reconnue dans toute l'Europe comme un remède très-efficace contre toutes sortes de maux, notamment contre les maladies de poitrine. » Le roi de Prusse et son prédécesseur s'en sont servis depuis longtemps. L'empereur d'Autriche a daigné honorer l'inventeur de son bienveillant accueil et a de plus daigné admettre cette bière de qualités précieuses, à l'usage quotidien de sa haute personne. Il espère que S. M. daignera lui accorder l'insigne faveur de s'approcher de son Auguste personne (5 nov. 1864). *Audience accordée* (12 nov.). — Le même, « conseiller de la commission royale prussienne, chevalier de l'ordre de la Couronne, décoré de la médaille d'or de la couronne d'Autriche, de la médaille du mérite de Hohenzollern et de plusieurs autres médailles et diplômes princiers obtenus en France, Angleterre et Allemagne, directeur de plusieurs institutions de bienfaisance, et propriétaire d'un grand nombre de fabriques de malt », félicite l'empereur sur sa politique dont il est un partisan dévoué et lui envoie à titre de sympathie pour sa dynastie, 300 francs destinés à l'orphelinat du prince impérial (**14 mars 1870**).

673*

Hoffmann, à Memmingen; propose un projet financier (1ᵉʳ janv. 1854).

674*

Hoffmann, à Augsbourg; offre ses vœux pour l'empereur (1ᵉʳ janv. 1856); — offre des vases ayant appartenu à la reine Hortense (20 avril).

675*

Hoffmann, à Breslau; fait hommage d'une brochure sur le prolétariat (5 mars 1856).

676*

Hoffmann, à Gönningen (Wurtemberg); fait hommage d'une ode à l'empereur (23 sept. 1857).

677

Hoffmann (Maria), à Nuremberg; quoique vivant bien éloignée des belles campagnes de la France, elle ne peut retenir son cœur, àpropos de la lettre de l'empereur du 14 sept. 1862, d'exprimer l'admiration et l'enthousiasme qu'elle ressent pour S. M. Elle joint à sa lettre, en présent pour S. M., un trèfle à quatre feuilles (1863).

678

Hoffmann (Ch.-Fried.), tourneur à Chemnitz (Saxe); envoie à l'empereur un assignat de 2,000 fr. qui lui vient de l'héritage de son père, ancien soldat de Napoléon Iᵉʳ, et se trouvant réduit à l'indigence, sollicite un secours (1867).

679

Hoffman (George), à Francfort S.-M. ; reçoit de l'empereur un don de 30 florins pendant le voyage à Salzbourg (1867).

680

Hoffmann (Chr.-Fried.), à Brieg en Silésie, dentiste de la comtesse de Hardenberg ; recommande à l'empereur pour sa santé l'application d'un sachet contenant de la fleur de soufre (octob. 1869).

681*

Hofmann (G.), à Kupferberg ; demande que l'empereur et l'impératrice tiennent son enfant sur les fonts baptismaux (6 oct. 1855) ; — renouvelle sa demande (25 oct.).

682

Hofman (Philippa), à Munich ; sollicite l'empereur de lui accorder un secours pour payer ses dettes ; elle a un frère qui aurait fait ses études à Augsbourg avec S. M. — *Accordé.* — Renouvelle sa demande deux fois étant, dit-elle, menacée de la prison. — *Classer.* — (1864).

683

Hofmann (Franz von), à Landshut (Bavière) ; adresse à l'empereur une élégie sur la mort du roi Louis Ier de Bavière et donne à entendre qu'il est dans le besoin (1868.) — *Classer.*

684

Hofstetten (J. B. von), lieutenant bavarois, offre à l'empereur une pièce de vers allemande intitulée « La garde à Waterloo », dont on ne connait pas l'auteur et qu'il n'a fait que corriger légèrement. Si S. M. la trouvait digne d'une traduction en français, il se regarderait comme amplement récompensé (1860).

685

Hohendorf (A.), à Breslau; écrit à l'empereur qu'il a inventé un instrument avec lequel on peut mesurer exactement l'éloignement d'un objet jusqu'à la distance de 5000 pas. Il sollicite ou le moyen de démontrer sa découverte ou un prêt de 500 thalers qui lui permettra de construire et d'envoyer son instrument (1861).

686

Hohenegger (Carl), à Waldkirchen (Bavière); offre à l'empereur au nom de son beau père le baron de Pflummern, de faire l'acquisition d'un bijou célèbre connu sous le nom de « La tabatière en topaze orientale » que Napoléon Ier avait eu le désir d'acheter (1861). — *Refus.*

687

Hohenhausen (Le baron von), à Fulda (Hesse); ancien militaire de l'empire, il sollicite un secours (26 mars 1855); — même demande (1864).

688*

Hohenhausen (Le baron von), à Augsbourg; offre à l'empereur l'ancien hôtel de la reine Hortense dont il est propriétaire (18 sept. 1857).

689

Hohenlohe-Langenbourg (Le prince Charles de); sollicite l'empereur de faire retirer les soldats français en garnison à Rome d'un bâtiment appartenant à des religieuses (1856); — remercie l'empereur de sa bienveillante intervention au sujet du mariage du prince qui a été célébré le 21 février (mars 1861).

690

Hohenzollern (La princesse Joséphine de) à l'empereur : « Mon cher cousin, j'ai été longtemps combattue entre le dé-
« sir de vous écrire et la crainte de vous importuner en vous
« parlant de tout ce qui m'a si profondément agitée, troublée
« même dans ces derniers mois. Tout en me sentant pressée
« de recourir à vous, de recommander mon fils Charles à
« Votre bienveillante intérêt, j'ai dû céde à un sentiment de
« délicatesse et me résigner à garder le silence. Je com-
« prenais qu'en principe Vous ne pouviez donner un encou-
« ragement direct à la résolution qu'il a prise. Mais si j'ai pu
« le laisser partir sans trop de craintes, c'est que j'étais sou-
« tenue par l'intime conviction que nous pouvions compter
« sur Votre bienveillance, et que Votre sympathie était ac-
« quise à une résolution qui partait d'un élan généreux, et
« que soutenait, fortifiait la pensée de la protection que vous
« avez toujours donnée à la cause de la Roumanie. Maintenant
« que, grâce à cette auguste protection, les Puissances ga-
« rantes ne sont plus aussi hostiles à mon fils, je viens Vous
« en remercier, mon cher cousin, et solliciter pour lui Vos
« conseils, Votre appui. Daignez l'aider, le soutenir dans la
« tâche sans doute bien difficile à laquelle il s'est voué avec
« toute la chaleur de son jeune cœur. Permettez-moi d'ajouter
« à cette prière l'assurance que jamais il n'aurait pris cette

« décision, s'il n'avait été intimement convaincu qu'elle ne
« Vous déplairait point. Cette conviction était celle des Rou-
« mains eux-mêmes. Ils vous doivent trop de reconnaissance
« pour avoir persisté ainsi qu'ils l'ont fait, dans leur résolution,
« s'ils avaient pu craindre qu'elle dût encourir Votre désap-
« probation. Pendant longtemps je m'étais flattée de l'espoir
« de venir à Paris et de vous recommander mon bon Charles
« plus vivement que je ne saurais le faire en Vous écrivant.
« J'avais tant à cœur d'offrir mes hommages à Sa Majesté
« l'Impératrice et de la remercier de toutes les bontés dont
« Elle a daigné, comme Vous, combler Antoinette et Léopold
« pendant leur séjour aux Tuileries. En vous offrant l'expres-
« sion de ma vive, de ma profonde reconnaissance, j'aurais
« pu Vous parler de mes sollicitudes maternelles, des espé-
« rances que nous mettons en vous, en Vos constantes bontés.
« Malheureusement je dois renoncer à ce qui m'eut rendue
« si heureuse! nous voici au milieu d'une guerre dont *nous*
« ne pouvons mesurer les dimensions. Charles a la triste
« tâche de devoir défendre les provinces du Rhin et de la
« Westphalie contre l'Allemagne du Midi. Il se joint à moi
« pour Vous prier de trouver dans ces lignes l'assurance de
« tous les sentiments qui nous pénètrent et de daigner en
« faire agréer l'hommage à S. M. l'Impératrice. Nous osons
« espérer qu'Elle appuiera ma prière auprès de Vous. C'est
« avec le plus tendre attachement que je suis pour toujours,
« mon cher Cousin, Votre bien dévouée Cousine JOSÉPHINE. »
(Dusseldorf, le 18 juin 1866.)

691

HOHENZOLLERN (Le prince Léopold) à l'empereur : « Sire,
« V. M. da aigné accepter, il y a quelques années, l'ouvrage
« de M. TAHNE sur « les dynasties Westphaliennes », et vient
« d'honorer l'auteur d'une lettre flatteuse qui l'autorise à

« offrir à V. M. le résultat de ses recherches sur l'étendue
« des lignes Romaines (*Grenzwälle*) dans les contrées du bas
« Rhin dont il a donné le tracé sur la carte actuelle des
« provinces rhénanes. M. TAHNE m'a demandé de faire par-
« venir ce travail à V. M. Je m'en acquitte en prenant la
« liberté de vous rappeler Antoinette et moi, ainsi que notre
« famille, au gracieux et bienveillant souvenir de Vos Majestés
« et de rester avec le plus profond respect, Sire, de V. M.
« le très-obéissant serviteur et neveu, Léopold HOHENZOLLERN. »
(Dusseldorf, 11 juin 1866.)

692

HOHENZOLLERN (Charles prince de); remerciement pour l'envoi d'un exemplaire de la Vie de César (1).

693

HOHENZOLLERN-SIGMARINGEN (Rossignol d'Astorg, oncle du prince de) premier ministre de Prusse ; sans fortune et père de cinq enfants, présenté en 1852 à l'empereur et nommé commissaire de surveillance administrative des chemins de fer français, ne s'est élevé au commissariat de 1re classe que par ses bons services ; ses appointements étant insuffisants, il sollicite S. M. à l'effet d'obtenir le grade d'inspecteur (13 mars 1859).

694

HOHMAN (Mme), propriétaire d'une imprimerie à Baden ; a eu l'honneur de voir souvent l'empereur à Constance de 1834 à 1837 et adresse à S. M. un numéro du journal qu'elle publie, « *Badeblatt* », en y signalant un article rédigé dans le sens des intérêts de la France au sujet de la guerre de Russie (oct. 1855). — *Remerciée*.

(1) Lettre publiée dans les *Papiers* des Tuileries, t. II, n° XXXIV.

695

Hollænder (Jacob), teneur de livres à Breslau ; propose à l'empereur un plan financier qui aurait pour résultat de faire retourner utilement dans le peuple une partie des revenus de l'État, sans la moindre perte pour ce dernier, d'éteindre la dette publique au moyen d'un fonds d'amortissement, de permettre à chacun de posséder un capital, etc. (déc. 1863). — Renouvelle ses propositions d'opération financière, et y joint une demande de secours (fév. 1864).

696

Holnstein (La comtesse von), femme d'un chambellan du roi de Bavière ; fait hommage à l'empereur, comme tribut de son respect et de son admiration, d'un roman dont elle est l'auteur (1855).

697

Holtze (Hermann), secrétaire de l'amirauté du royaume de Prusse, à Oldenbourg ; ayant envoyé au prince Napoléon trois obligations de l'ancien royaume de Westphalie en sollicitant soit une indemnité à cause de la péremption de ces titres, soit un prêt de 500 thalers, et n'ayant obtenu aucune réponse malgré la réitération de ses demandes, il s'adresse à l'empereur pour obtenir la dite indemnité ou du moins un prêt de 500 thalers qu'il s'engage a rendre dans le délai de trois ans (1864). — *Double refus.*

698*

Holz, à Constance ; reconnaissance d'un don de 2000 francs (10 juin 1853).

699*

Holz, à Ratisbonne; propose un système pour rendre les ballons dirigeables (15 août 1855).

700

Holzapfel (Pierre-André), à Cassel; fait appel à la munificence de l'empereur comme ancien soldat de l'empire français sous Napoléon Ier, et à l'appui de sa demande envoie son congé (1854). — L'empereur lui fait parvenir 500 francs. — Lettre du chargé d'affaires de France à Cassel annonçant qu'il a cru devoir retenir les 500 francs jusqu'à nouvel ordre, attendu que le destinataire, ouvrier poêlier, âgé d'environ trente-cinq ans, n'a jamais servi ni la France ni la Hesse, et qu'il a envoyé à Paris le congé de son père, qui se nommait André (7 janv. 1855).

701

Hombourg (C.), rédacteur en chef du journal allemand quotidien *Pariser Nachrichten* « Le Nouvelliste de Paris », qu'il publie depuis le 1er mars dernier, sollicite l'appui de l'empereur afin de donner de l'extension à cette publication, dont le but est de rapprocher les deux nationalités allemande et française, mais auquel il ne peut donner la publicité nécessaire, ses ressources ne le lui permettant pas (27 juin 1863).

702

Honer (Léopold), agent commercial à Berlin; a résolu, dit-il, le problème du dérangement de l'équilibre par des moyens fondés sur les lois de la gravité, découverte qui permettrait de supprimer les machines à vapeur; il demande que l'empereur lui permette de lui adresser la description de sa machine (1864). — *Renvoyé* au ministre.

703

Honigsberg (Le docteur von), médecin des eaux de Wildbad-Gastein (Tyrol); offre à l'empereur deux volumes sur les eaux de Wildbad-Gastein (1867). — *Remercié.* — Nouvel hommage de deux volumes sur les mêmes eaux (13 déc. 1869). — Il insiste pour savoir si l'empereur a accepté ses deux volumes (18 juin 1870).

704*

Höninger (H.), à Munich; demande un secours (18 janv. 1854); — *idem* (25 mai).

705

Hopf (Le docteur Wilh.), directeur de l'École de commerce à Nuremberg; ancien condisciple de l'empereur à Augsbourg, offre ses félicitations à S. M. à l'occasion de la naissance du prince impérial (mars 1856).

706

Hopffer (Bernard), compositeur à Berlin; « Enthousiasmé dès sa jeunesse pour les faits immortels de Napoléon le Grand, il a toujours été pénétré du désir de mettre en musique les vers du baron de Zedlitz « *la Revue nocturne* ». Le succès unanime et les acclamations bruyantes que sa composition a obtenus dans les premiers cercles de Berlin lui font espérer qu'elle est digne de parvenir aux oreilles de S. M. I., qui a accueilli avec tant d'intérêt et d'hospitalité les représentants de la musique prussienne » (21 juin 1866).

707

Hopp, à Paris; demande d'audience (1868). — *Refus.*

708

Hoppenfels (Le capitaine von), à Mayence; officier de l'armée saxonne sous l'empire, décoré par l'empereur Napoléon Ier lui-même pendant la campagne de Russie, réclame le payement des arrérages et le rétablissement de sa pension de légionnaire, qui cessa de lui être payée lorsque « les Bourbons supprimèrent cette pension à nous autres Saxons malgré que pendant ce temps les légionnaires allemands des États du Sud fussent régulièrement payés » (juin 1869). — *Renvoyé* au chancelier de la Légion d'honneur.

709*

Hoepner, à Berlin; félicitations à l'occasion de l'attentat du 14 janvier (18 janv. 1858).

710

Hoerhammer (Bernhard), à Freysing (Bavière); longue lettre politique écrite à l'empereur « par le plus humble des mortels »; il recommande à S. M. le Saint-Siége, appelle son attention sur la question danoise, et demande comme preuve que sa requête est parvenue, un portrait, une simple photographie de l'empereur, objet fort rare et fort cher dans son pays (1864).

711

Horn (Le docteur), conseiller intime et supérieur en affaires médicales, médecin-directeur de la Charité, etc., à Berlin ; fait hommage à l'empereur de son ouvrage : *La médecine en Prusse.* Cet ouvrage, j'ose l'espérer, dit-il, « ne paraîtra pas dépourvu d'intérêt à l'auguste souverain qui a l'œil ouvert sur toutes les branches de la civilisation » (1863). — *Accepté et remercié.*

712

Horn, ingénieur agricole à Aix-la-Chapelle ; fait hommage de son ouvrage sur la manière de se procurer de l'eau pour les villes (1867). — *Accusé réception.*

713

Hotz (R.), orfèvre et photographe à Constance ; propose à l'empereur d'acheter une reproduction photographique d'un manuscrit relatif aux évènements du concile de Constance, moyennant une somme de 1,500 ou de 2,000 fr. (1868). — *Refus.*

714*

Houben (Ph.), à Xanten ; propose l'acquisition de sa collection d'antiquités (31 mars 1855).

715

Hougerbaum (Xavier), horloger à Aix-la-Chapelle ; sollicite de la munificence de l'empereur « quelques centaines de thalers » pour s'établir (1867). — *Classer.*

716

Hougo (Charles), homme de lettres à Vienne ; hommage

717*

Hubenthal, à Cœthen (Anhalt) ; propose un remède contre le choléra, (6 sept. 1854) (1).

718

Huberth (Edward), à Vienne; annonce à l'empereur qu'il possède une recette certaine pour guérir S. M., et lui donner encore des forces extraordinaires; seulement il prie qu'on lui avance les frais du voyage (sept. 1869).

719

Hubner (Ch.), à Unterhambach; hommage d'une pièce de vers sur la guerre (13 nov. 1854).

720

Hübsch (Mme Louise), veuve du docteur Hübsch, directeur des bâtiments du grand-duché de Baden ; offre à l'empereur l'ouvrage de feu son mari sur : *Les monuments de l'architec-*

---

(1) Ces envois si fréquents de recettes contre le choléra-morbus s'expliquent par les appels que la France elle-même a faits aux médecins du monde entier, en faisant annoncer, par l'Académie des Sciences (le 20 novembre 1854), un prix de 100,000 francs (legs Bréant), que l'Académie doit décerner à l'inventeur d'un moyen quelconque de guérir cette maladie, et par l'Académie de Médecine un autre prix moins important. Mais les prétendants devaient adresser leurs ouvrages à ces corps savants, au lieu de faire fausse route en prenant la peine de gravir les marches du trône.

ture chrétienne primitive, et sollicite la protection de S. M. pour cet ouvrage (1866). — *Médaille d'or.*

271

Hüffer (Le docteur Hermann), professeur à l'université de Bonn ; fait hommage à l'empereur de son ouvrage sur l'*Histoire diplomatique de la Révolution française* (1), et d'une copie de quelques lettres de Napoléon Ier, tirées des archives de Vienne. « J'espère que S. M. lira avec quelque intérêt l'histoire des célèbres négociations de Leoben et de Campo-Formio, commencées et conduites jusqu'à la fin par son grand prédécesseur. Dans tout ce que j'ai dit de lui, je n'ai cherché que la vérité historique. Je suis sûr que l'ensemble des événements le fera paraître à son grand avantage, et j'espère que mon récit montre bien l'admiration qu'on doit à son génie merveilleux. Chaque homme aimant les sciences vous est redevable, sire, sous tant de titres qu'il doit être heureux si son ouvrage peut donner à V. M. un moment agréable. Puisse mon livre, sire, vous témoigner du moins ma vive reconnaissance » (juill. 1868).

722

Hügel (Le baron von), colonel au service du roi de Wurtemberg ; demande une audience pour entretenir l'empereur d'un perfectionnement de son invention dans l'armement militaire (1865). — *Refus.*

---

(1) « *Oestreich und Preuszen* gegenüber der französischen Revolution bis zum abschlusz des Friedens von Campo Formio, vornehmlich nach ungedruckten Urkunden der Archive in Berlin, Wien u. Paris. » Ouvrage vivement critiqué en Allemagne ; voyez notamment Sybel, *Historische Zeitschrift*, XIX, 447.

723*

Huhn (veuve), à Lichtenau ; demande un secours (6 avr. 1856).

724

Hulfpap (Émilie), à Berlin; possède le secret de remèdes souverains et offre de soigner la santé de l'empereur (sept. 1869).

725

Humbert (Le docteur C.); fait hommage à l'empereur du livre qu'il vient de faire paraître sur Molière, lequel ne peut manquer d'intéresser S. M. « comme écrivain, comme Napoléonide et comme empereur des Français (als *Schriftsteller, als Napoleonide und als Kaiser*), » puisqu'il est destiné à rehausser la gloire du grand poëte (Bielefeld, 14 août 1869). —*Remerciement.*

726*

Hundle, à Carlsruhe; demande un secours (25 sept. 1857).

727*

Hundt (Th.), à Munster ; offre une invention par laquelle on peut mesurer les distances pour l'artillerie (16 juill. 1854).

728*

Hunter, à Lerwick; vœux et félicitations pour la naissance du prince impérial (21 avr. 1856).

729*

Hurt, à Klosterbeuren (Bavière) ; demande un secours en qualité d'ancien condisciple de l'empereur (18 mars 1856). — Renouvelle sa demande le 15 juillet suivant.

730

Huschberg (Julie), à Lichtenfels (Bavière); âgée de 67 ans, demande un secours de route pour venir en France (janv. 1864). Elle a des ennemis, sa vie est en danger; elle possède des renseignements secrets sur la maison de Bavière et la famille de Leuchtenberg; elle se dit apparentée à l'empereur; elle attend les ordres de S. M. (une trentaine de lettres datées de Lichtenfels et de Paris, de 1864 à 1868). —*Reçoit* un secours d'argent (6 avr. 1867).

731*

Huth (L.), à Ludwigslust; hommage de compositions musicales (24 mars 1856).

732

H......, docteur............, membre du comité central démocratique à Francfort et à Berlin ; offre à l'empereur sa brochure allemande intitulée : *Le Congrès démocratique de Bruxelles* (26 sept, 1863) *et les desseins du comité central démocratique de Genève*, brochure de 32 pages, dédiée aux « princes régnants et non régnants de l'Europe », dans laquelle il dévoile les secrets mouvements du socialisme radical ; il ajoute qu'à la tête de la section de Paris se trouvent un Allemand, un Espagnol, et un Italien qu'il ne nomme pas; que trois autres agents dangereux qu'il nomme vivent à

Genève ; qu'il est en état de donner de plus amples renseignements et de fournir les statuts secrets mentionnés dans sa brochure ; enfin qu'il demande une gratification, désirant se rendre en Amérique et n'en ayant pas le moyen (4 avril et 23 mai 1864). — *Classer.*

733

H. (Théodora); cette dame adresse une lettre qui avait été écrite à l'empereur au sujet de la mort de Victor Noir, le 10 janv. 1869, par une personne qui n'avait pas signé autrement que : Une jeune fille mourante (*Ein junges todtkrankes Mædchen*), et qui mourut en effet le lendemain (enlevée, dit le médecin, par un état de surexcitation morale). Elle écrit: «Sachez que la terre entière est émue de l'affaire Noir... Soyez Lucius Brutus ou bien il y aura pour vous un Marcus Brutus. Soyez plus doux avec Rochefort..»

734*

Ibeck à Duren (Prusse); félicitations à l'occasion de l'attentat du 14 janvier (15 janv. 1858).

735*

Isler (G.), à Wagenhausen ; sollicite pour son fils né le 16, le parrainage de l'empereur (24 mars 1856).

736

Itzig (Louis), lieutenant et architecte à Berlin; fait hommage de vers inspirés par son dévouement à S. M. Imp.:
« Sire ! En vous adorant de toute mon âme, j'ose vous dédier
« pour la seconde fois mes vers que l'adoration pour V. M.

« me font faire. Quand même en langue allemande, sont-ils
« mes sentiments très-dévoués et mes vœux très-obéissants »
(27 fév. 1854). — Note du cabinet: « Les vers ne sont pas
« mauvais ». — *Rép.* : « M., l'empereur a reçu les vers que vous
« lui avez adressés. S. M. a été sensible à cette expression
« de vos sentiments et Elle me charge d'avoir l'honneur de
« vous en remercier » (22 mai 1854). — Le même Itzig récrit à l'empereur, le 20 juin suivant, pour remercier de la réponse et ajoute : « L'an 1815, étant à Paris, secrétaire du
« commandant prussien (1), je fus nommé chevalier de l'ordre
« de S. Louis, et lorsque en 1830 cet ordre fut aboli, on m'a
« donné l'assurance de vouloir en ce lieu m'orner par la lé-
« gion d'honneur. C'est jusqu'à présent que j'étais en vain
« dans l'attente et toutes mes peines en étaient sans suites ;
« comme cependant V. M. eut gracieusement voulu faire re-
« connaître mes mérites par les lettres précitées d'une ma-
« nière si clémente, j'ose implorer V. M très-dévoué qu'il
« plaise à Votre Grâce de me rendre heureux en m'accordant
« l'ordre de la Légion d'honneur. » — *Classer.* — Le même sollicite un exemplaire de la vie de César qu'il n'a pas les moyens de se procurer (Berlin 7 mars 1865).

737

Jacob (Max), israëlite, à Berlin ; télégraphie au prince impérial que fils d'un simple ouvrier, mais né, il y a treize ans, le même jour et à la même heure que lui, et comme lui aussi : fils unique, il lui adresse ses félicitations et ses vœux en empruntant le mot du prophète couronné : « Dieu a fait ce jour ;
« jubilons et réjouissons nous à cause de lui. » (16 mars 1869). — *Remerciement.*

(1) Le texte porte : « A l'an 1815, *en* étant... secrétaire du *Commant.* »
— On s'est permis ainsi de petites rectifications sans lesquelles la pièce serait pénible à lire.

738

Jacobi (A. J.), à Königsberg; ayant envoyé à l'exposition universelle une tête d'élan avec ses bois, un groupe d'élans et autres objets semblables, qui lui coûtent fort cher (1300 fr.) sans lui avoir produit aucun profit, il prie l'empereur de vouloir bien acquérir ces objets (nov. 1867). — *Refus.*

739

Jacobson (Jacob), peintre paysagiste, à Schwerin; chargé par le roi et la reine de Prusse de peindre pour eux divers tableaux à l'huile, il adresse à l'empereur quatre albums d'esquisses d'après nature en le priant de lui faire une commande et de lui renvoyer ses albums (décemb. 1866).

740*

Jahn, à Berlin; offre de vêtements ayant appartenu au grand Frédéric (1er nov. 1857).

741

Jansen (Bernhard), marchand à Aix-la-Chapelle; fait présent à l'empereur d'un livre de prières et d'une médaille de la Vierge ayant appartenu à feu son père grenadier au 121e régiment français sous le premier empire (13 août 1869). — *Refus* par mesure générale.

742

Jaspis, Bavarois; obtient de l'empereur un don de 40 flor. pendant le voyage à Salzbourg (1867).

743

Jockens, capitaine, chef d'une compagnie de pompiers à Spandau ; offre à l'empereur un drapeau qui appartenait en 1790 à la garde nationale de Froschweiler (Alsace) et sollicite un emprunt de 4,000 thalers (15 août 1865). — *Refus.*

744*

Jonas (E.), à Hambourg ; envoi d'ouvrages allemands et d'une lampe de « Madame Mère » (29 mars 1854).

745

Jonsern (Johann), à Vienne ; demande la permission de présenter directement à l'empereur un plan financier de la plus haute importance (janv. 1863). — *Renvoyé* au ministre des finances. — Insiste pour obtenir une audience, alléguant qu'il s'agit de communications secrètes (fév. 1863). — *Renvoyé* au grand chambellan.

746

Josten (Aloys Wilh.), fabricant d'eaux minérales à Aix-la-Chapelle ; demande l'autorisation de venir faire fonctionner devant l'empereur un appareil de son invention qui transforme instantanément l'eau la plus fangeuse en eau claire et potable ; il désire seulement pouvoir entrer en France sans que son appareil soit examiné (oct. 1869).

747

Jung (Johann), instituteur à Arzbach (Nassau) ; offre ses félicitations à l'empereur à l'occasion de l'insuccès de l'attentat du 14 janvier (18 janv. 1858).

748

Jüngling (Hermann), à Berlin ; offre à l'empereur diverses acquisitions à faire de propriétés situées soit à Berlin, soit en Hongrie (janv. 1868).

749

Jütting (Le docteur Wilhelm), à Munster en Westphalie ; envoie au chef du cabinet cinq exemplaires de son drame historico-romantique intitulé *Sir William Penn;* trois sont destinés à l'empereur, le quatrième est pour le chef du cabinet, le cinquième pour le prince Napoléon. Il demande que son drame soit traduit en français et représenté à Paris ainsi que dans les principales villes de France (6 oct. 1862). — *Remercier.* — Rappelle son drame et sollicite un exemplaire de l'histoire de César (1er mars 1865). — Ne sait comment remercier S. M. de l'envoi de l'histoire de J. César dont il est très-touché (20 avril 1865). — Ayant eu à se plaindre des autorités de son pays, il demande s'il ne pourrait pas venir en France exercer la médecine et fixer son domicile à Paris (Cologne, 20 av. 1865). — Renouvelle sa demande (6 janv. 1866).

750

Jütting (Friederich), pharmacien à Münster ; quoique son frère Wilhelm n'ait pas encore reçu de réponse à l'envoi de son drame *Sir William Penn*, il se hasarde à écrire au chef du cabinet de l'empereur pour l'informer qu'à la première nouvelle de l'insurrection de Pologne, son frère Wilhelm, pour coopérer à la réalisation de cette parole de Sa Majesté : « l'empire c'est la paix, » a immédiatement conçu le plan suivant : 1° Envoyer une flotte anglo-française jeter l'ancre

— 192 —

devant Dantzig; 2° envoyer une armée franco-russe dans la direction de Posen (30 janv. 1863). — Écrit à l'empereur que le sang coule à flots, que les cabinets et la diplomatie demeurent en repos, le cœur serré, et qu'il demande au nom de la civilisation une intervention contre le Vandalisme (9 fév. 1863). — Sa Majesté ayant bien voulu accueillir le drame *Sir William Penn* composé par son frère, il prend aussi la liberté d'écrire quelques lignes à l'empereur et lui raconte qu'il a éprouvé un accident, qu'il est tombé du haut d'un tilleul le 5 mai 1821 à 6 heures du soir, c'est-à-dire le jour et au moment même de la mort de Napoléon Ier. Il demande une audience pour avoir avec S. M. un entretien scientifique sur « cette correspondance » (30 mars 1863). — *Classer.* — Adresse à M. Conti une copie de la lettre écrite à M. Mocquart en octobre 1862, par laquelle son frère demandait que le drame historico-romantique par lui composé sous le titre de *Sir William Penn*, soit traduit en français et représenté sur les principaux théâtres de France (4 nov. 1867).

751*

Kadgien, à Kœnigsberg; sollicite une indemnité (?) (14 mars 1859).

752

Kage (Karl), à Breslau; pressé par le besoin il sollicite le remboursement d'un assignat qu'il envoie, bien que ne se dissimulant pas son peu de valeur. Il serait heureux de pouvoir en quelque manière se rendre utile à S. M., s'étant fait médecin homœopathe après avoir essayé du commerce, qu'il a dû quitter faute de ressources (nov. 1864).

753*

Kaestner (Veuve), à Lemberg (Autriche); demande un secours (4 fév. 1858).

753 *bis.*

Kahlhammer (Marie), voy. Friedrich (Jos.).

754

Kahn (L. A.); soumet à l'empereur un projet politique (1866). — Obtient un secours de 500 francs (1868).

755

Kaiser (Franz Ant.), docteur en philosophie à Munich, et son frère; sont inventeurs d'une machine qui donnerait 90 0/0 d'économie sur toute espèce de chauffage et qui sera terminée dans quelques semaines, mais ils auraient besoin d'une somme de 1,400 francs pour en terminer la construction, et sollicitent l'empereur de leur en faire l'avance jusqu'à ce qu'ils aient pu vendre leur invention (mars 1864). — *Renvoyé au Min. des Trav. publics.*

756

Kaiser (Hermann), à Göttingen; sollicite l'empereur d'accueillir la prière d'un « fils de l'Allemagne, qui, faisant une collection de signatures autographes des Souverains », désire vivement celle de S. M. (1865). — *Refus.*

757

Kalckreuth (Le comte), directeur de l'Académie de Weimar; sollicite la commande d'un tableau (1866). — *Renvoyé au Surintendant des beaux-arts.*

758

KALKOFER (J.), à Hochstadt (Prusse); offre un secret pour les amorces du fusil à aiguille (1864). — *Refus.*

759*

KALKER, à Crainburg ; demande un secours (20 décemb. 1859). — Nouvelle demande (20 mars 1860).

760

KALTSCHMIDT (Le docteur Jakob-Heinrich), à Ueberlingen, (Baden) ; demande la permission de dédier un ouvrage à l'empereur (15 août 1855). — Le même, professeur de langues à Lubeck, établi depuis quatre mois à Versailles, sollicite l'appui de l'empereur, pour mener à fin un Dictionnaire universel dont il s'occupe depuis 30 ans, qu'il publierait en 5 vol. in-folio et qui prendrait le nom de *Panglotte-Napoléon.*

« Sire, pour transformer les 50 dictionnaires en Panglotte
« il me faut cinq ans. Pour ériger la Panglotte en monu-
« ment digne de V. M. et honorable pour la France, V. M.
« est priée de vouloir bien condescendre à me donner 50 louis
« pour les matériaux déjà assemblés, 250 louis par an pour
« 5 ans et carte blanche pour les bibliothèques de Paris...
« De V. M. le dévoué ouvrier panglottiste. » — *Remerciements* (4 déc. 1855).

Il est recommandé par le vicaire général de Versailles qui expose que ce savant, luthérien de naissance, est excité par les motifs les plus purs et les plus respectables à rentrer dans le sein de l'église catholique et que pour soutenir sa

femme et ses trois enfants, il aurait besoin d'une place en rapport avec ses travaux, ou d'une pension annuelle (déc. 1856). — *Accordé* 500 fr. — Le même fait hommage à l'empereur de plusieurs brochures, entre autres : *Napoléon I und Napoléon III, ein Miniaturbild* (portrait en miniature), 1857, in-8°. — Il reçoit divers secours. — Il offre de traduire l'ouvrage de l'empereur sur Jules César, en latin. « Comme il faudra du temps pour ce travail, dit-il, j'espère, en attendant, être soulagé par la générosité de l'illustre auteur (mai 1869). — Sollicite un emploi de sous-bibliothécaire ; refusé à cause de sa qualité d'étranger (juin 1869). — Le 17 juill. 1869, écrit à M. Conti : « Pourquoi le ministre de l'instruc-
« tion publique ne fait-il rien pour moi depuis 1860 ? Parce
« qu'il prête l'oreille à ces membres de l'Institut qui, jaloux
« de ce que je vais plus loin qu'eux et que je travaille sans
« cesse en linguistique, blâment mon étymologie toute en-
« tière, tandis que les lexicographes, docteurs Schuster et
« Littré, en jugent bien autrement. Si j'y étais, le diction-
« naire de l'académie se ferait bientôt d'une manière radi-
« calement fondamentale ! C'est par leur opposition acharnée
« que je ne trouve pas d'éditeur pour mon *Dictionnaire fon-*
« *damental de la langue française*, où les éléments des radi-
« caux sont renvoyés à leur fond chinois... »

761

Kamitz (Karl), ébéniste à Breslau ; demande la permission d'envoyer à l'empereur un magnifique meuble de sa façon, en bois d'Amérique (1866). — « *Refus poli.* » — Le même propose à l'empereur un remède contre la pierre : des baies de genièvre cuites (septemb. 1869).

762

Kamke (Napoléon von), à Greifswald ; sollicite de l'empereur, en don ou du moins en prêt, une somme de 3000 fr. (1864).

763*

KAMMERER (Jakob), à Rottweil sur le Necker ; offre une lithographie représentant le Saint-Esprit descendant sur les apôtres (novemb. 1852) ; — envoie la même scène en dessin (23 janv. 1853) ; — s'informe du sort de ses envois (10 déc. 1853).

764

KAMPE (Aug.), à Magdebourg ; adresse à l'empereur une carte d'invitation pour le baptême de son fils (fév. 1869).

765*

KAEMPF, à Grossem (Prusse) ; réclame le paiement d'un mandat en date de 1806 (21 avril 1858).

766*

KANEMANN, à Berlin ; offre à l'empereur des vers en l'honneur du maréchal Saint-Arnaud (15 déc. 1854).

767*

KANEMANN, à Dortmund ; offre un tableau du Titien (13 mars 1857).

768*

KAPP (David), à Mayence ; offre le panorama du Rhin (22 déc. 1854).

768 *bis*.

Kappler (von), voy. Klier.

769

Karg (Jacob), ancien lieutenant dans l'artillerie bavaroise; écrit qu'il a vu Napoléon Ier, qu'il l'admirait, qu'il était en garnison à Augsbourg du temps de la reine Hortense et qu'encouragé par l'intérêt que l'empereur a toujours témoigné aux vieux artilleurs, il envoie le plan d'un nouvel affût de son invention, en sollicitant les moyens de le faire exécuter (1857). — *Refus avec remerciements.*

770*

Karg, à Bregenz; sollicite une récompense pour les soins qu'il a donnés à des blessés en 1813 (24 juillet 1859).

771

Karle (Joseph), professeur à Ladenbourg (Baden); fait hommage de son premier ouvrage à l'empereur, avec cette lettre :

« Summae Majestati Augustissimi et potentissimi Imperatoris ac Domini, Fautoris, Adjutoris literarum artiumque benevolentissimi hocce opusculum, Musae juvenilis primitias Dr Josephus Karle summa animi devotissimi observantia, pietate, reverentia offerre ausus est. Continet illud opusculum Ibn Abdolhakami auctoris rerum ægyptiacarum clarissimi libellum qui Fotouh-miçr [Expugnatio Ægypti] inscribitur, cujus duo libri manuscripti Parisiis in bibliotheca imperatoria ad huc inediti recondebantur. Deus Opt. Max. Imperatoriam Majestatem rebus omnibus florentissimam quam diutissime servet. Ladenburgi V. a. cal. oct. MDCCCLXV » (27 sept. 1865).

772*

Kaseler, à Bonn (Prusse); offre son invention d'une cuisine militaire (31 janv. 1860).

773

Kasztan (Julius), à Vienne ; recommande à l'empereur le remède du professeur Kodan, de Breslau, contre les rhumatismes (août 1869).

774*

Katterbe (Franz), à Hochkirch ; félicitations à l'empereur sur son mariage (22 fév. 1853).

775*

Kauffmann (D.), à Heiligenbach ; demande un secours (14 nov. 1855).

776

Kaula (F. V.), à Francfort S.-M. ; ayant appris que l'empereur a l'intention de placer plusieurs millions en acquisitions de fonds de terre, hors de France, pour le prince impérial, et comme il est en état de procurer de bons placements, il offre ses services; il rappelle d'ailleurs qu'il a eu l'honneur, dans sa jeunesse, d'être connu de S. M. (1868). — *Classer.*

777*

Kayser (J.), à Dusseldorf; demande un secours (14 fév. 1853; — *idem* (30 mars).

778*

Keber (Ch.-M.), à Berlin; demande une concession en Algérie (22 sept. 1854).

779*

Keber, à Stettin ; demande un secours (3 nov. 1857).

780

Keiling (Les frères), artistes musiciens allemands, possesseurs de la salle d'Apollon, à Hambourg ; demandent la permission d'offrir à S. A. I. Mgr le prince impérial, la photographie de la jeune garde impériale, représentée par vingt enfants de six ans, qu'ils ont montrée au théâtre pendant les fêtes de Noël et qui a excité les plus vifs applaudissements du public (2 janv. 1866). —*Accepté et remerciés.*—Les frères Keiling envoient à S. M. une ordonnance prescrivant un remède contre les maladies de la vessie (sept. 1869). — *Réponse :* « l'Empereur n'en a pas besoin. »

781

Keller (Adolf), à Elberfeld (Prusse) ; propose à l'empereur un remède merveilleux qu'il a expérimenté sur le comte de Goltz, malheureusement trop tard (sept. 1869).

782*

Kellner, à Spalt (Bavière) ; demande que l'impératrice veuille bien être la marraine de sa fille (1er mai 1854).

783*

Kempf (Ph.), à Katzenhaüsen ; demande un secours (30 déc. 1854).

784

Kerner (Gottlieb), peintre à Constantinople ; ayant placé ses quatre filles dans un couvent, il en a perdu deux par suite de mauvais traitements, et demande l'appui du ministre de France à Constantinople, pour obtenir la restitution des deux dernières qui lui sont refusées par les sœurs ; il rappelle qu'il aurait autrefois travaillé au château d'Arenenberg (sept. 1863). — Remercie de la protection qui lui a été donnée par l'ambassade française, et sollicite l'argent nécessaire pour venir en France avec ses filles (mai 1864). — *Refus et regrets.*

785

Kiderle (Johann), prêtre bénéficier à Dachau (Bavière) ; ancien condisciple du prince président à Augsbourg en 1817 et 1818 ; a suivi avec admiration toute la conduite politique de S. A. I. Il a regardé le prince comme un chef donné à la France par la main de Dieu, avec mission de la diriger dans des temps difficiles. Il félicite le prince d'avoir tendu la main à l'église. Chaque jour en disant sa messe, il priera Dieu de conserver longtemps le prince pour le bonheur de la France et de bénir ses efforts. Il termine en s'unissant au vœu de la France par le cri : « Vive l'empereur ! » (13 oct. 1852). — *Remerciements.*

786*

Kiefel, à Nuremberg ; demande un secours (19 mars 1859).

787

KIELMANSEGGE (La comtesse Natalie von), dame honoraire de l'ordre de Thérèse, à Munich. — « Sire, entouré comme vous êtes dans ce moment, d'hommages et d'acclamations, une petite lettre bien modeste, viendra-t-elle se glisser dans vos mains?... Et pourquoi, me suis-je demandé, l'expression d'une amitié sincère et d'un intérêt bien vif, tels que je les ai toujours conservés pour le prince Louis, sans jamais toutefois le revoir, pourquoi ces sentiments aussi indépendants que vrais, devraient-ils eux seuls se cacher quand tous les autres se présentent librement : ce serait une malheureuse prérogative du trône!..... La dernière fois que je me souviens de vous avoir vu, sire, c'était à Rome pendant le carnaval. Nos voitures passaient au Corso, à côté l'une de l'autre, et à peine avais-je eu le temps de vous reconnaître que notre calèche fut comblée d'une masse de violettes et autres fleurs. Malheureusement les tracasseries de société avaient déjà interrompu le commerce intime de ma mère avec la duchesse de Saint-Leu. Pour vous parler de moi, sire, ma vie aussi a été des plus agitées et traversée par des évènements bien tristes et pénibles. Née luthérienne, j'ai eu le grand bonheur de rentrer dans le sein de l'Église catholique. Depuis ce moment ma fille m'a reniée. J'avais espéré d'avoir la vocation religieuse; l'essai que j'en ai fait m'a convaincue décidément que non. Alors je me suis occupée, pour le plus, de l'éducation, et maintenant je vis retirée du grand monde à Munich, ma patrie adoptive et chérie, dans le petit cercle d'amis intimes que les vicissitudes de la vie m'ont prouvés affectueux et fidèles. Peut-être avez-vous rencontré encore quelque part ma mère; elle a souvent voyagé et s'est retirée au nord de l'Allemagne, où elle vit en âge assez avancé. Quant à moi, le bon Dieu m'a accordé la grâce de ne perdre ni la paix de

l'âme, ni la gaieté dans ces douloureuses épreuves. Et maintenant, approchant déjà un peu de l'âge des Nestors, j'ose espérer de toujours rester jeune de caractère, dans la meilleure acception du mot. — Pour fin de ces lignes, sire, je recommande à V. M. les Allemands qui sont à Paris. Ils sont nombreux — on prétend entre 80 et 100,000; le plus grand nombre, jeunes gens pauvres, artisans, apprentis et autres, qui viennent y chercher un morceau de pain par leur travail. Étrangers aux habitudes et à la langue du pays, luttant contre la misère, ils ne tombent que trop souvent en proie à la dépravation, au communisme, à la démocratie. Sire, portez-y votre attention. Fondez une paroisse allemande en donnant à ces malheureux un curé allemand zélé, assisté de plusieurs chapelains, tous assez bien payés pour ne pas avoir à lutter contre les besoins de la vie, et pouvoir secourir les indigents; bâtissez leur une église, établissez des écoles allemandes, où les enfants des moins pauvres soient reçus pour une petite rétribution et ceux des pauvres gratis; mais que tous soient obligés d'y envoyer leurs enfants, ainsi que les parents eux-mêmes de se faire inscrire sur les registres du curé, afin que celui-ci connaisse ses ouailles et puisse les surveiller et secourir..... » (16 déc. 1852). — *Réponse :* « Madame la com-
« tesse, vos félicitations et les vœux dont votre lettre contient
« l'expression, ont été agréables à l'empereur, qui me charge
« d'être auprès de vous l'interprète de ses sentiments. Quant
« à votre projet de fondation nouvelle, je suis chargé d'avoir
« l'honneur de vous informer qu'il ne peut lui être donné
« aucune suite. Agréez, madame la comtesse, l'expression de
« mes sentiments respectueux, le sous-chef du cabinet. »

788

Kiesau (Henri von), à Augsbourg, propriétaire du château de Rugensberg, près Arenenberg; sollicite de l'empereur la levée de la prohibition qui pèse à l'entrée en France de l'*Essence de vie*, médicament composé dans sa famille depuis plus d'un siècle (1865).

789

Kiefer (Le docteur D.-G.), professeur à l'université d'Iéna, au président de la République française : « Monseigneur, vous avez eu la grâce d'exaucer d'une manière si magnanime et si prompte la prière que nous avons pris la liberté de vous adresser concernant le monument du célèbre M. Oken (et avez même daigné y joindre votre autographe), que seulement avec le secours des manes d'Oken (1), je puis vous en exprimer mes remerciements les plus sincères. Mais l'abeille qui sent le miel, retourne aux sources du miel. Nous, académiciens, nous sommes les abeilles qui récoltent le miel des sciences où ils en découvrent une source.—Vous en possédez une, monseigneur, dans le livre imprimé aux dépens du trésor public, sous le titre : « *Collections orientales*, manuscrits inédits, etc., 1836-1841. Paris, imprimerie nationale. » L'université d'Iéna n'a pas les fonds pour payer les frais de 628 francs, mais c'est la prérogative de la haute puissance d'écarter toutes les difficultés par un seul mot. Monseigneur, il ne vous couterait que ce mot et la bibliothèque d'Iéna pourrait se vanter de posséder dans ces perles orientales un vrai trésor, de même qu'un nouveau cadeau dû à la magnanime bonté du Président de la République française. Veuillez bien, Monseigneur, prononcer ce mot et pardonner aux abeilles mellifères la franchise de cette proposition que votre bienveillance pour la mémoire de M. Oken daignera excuser. Le saint Crispin qui se permettait pour ses pauvres le vol, est canonisé; nous ne nous permettons pour notre université que la prière. Que Dieu vous protége,

(1) Naturaliste persécuté en Allemagne comme démocrate, mort à Zurich, professeur, en 1851.

Monseigneur, ainsi que la belle France. Iéna, 25 oct. (jour de saint Crispin) 1854. »

790*

Kind (Friedr.), à Nuremberg; demande un secours (oct. 1853); — *idem*, (24 nov.).

791*

Kinsky-Tettau (Le baron von), à Wiesbaden; sollicite une souscription à ses poésies (28 mai 1854). —Demande l'autorisation d'offrir de nouvelles poésies (16 nov. 1856).

792

Kirberg (Jules), négociant à Hamm (Westphalie); sollicite l'empereur de lui accorder un prêt de 600 francs pour rétablir ses affaires. « ..... Couronné d'abord de succès, mes opérations ont fini par me ruiner jusqu'à un point que je me vois dépourvu de tous les moyens nécessaires aux besoins les plus pressants d'une femme vertueuse et héroïque et de cinq jeunes enfants, belles comme les anges..... Je ne vous parle point de ma gratitude; elle sera sans bornes; je ne vous offre pas d'autres garanties qu'un nom et caractère sans tache et ma qualité d'un véritable Allemand... » (mars 1864). — *Refus avec regrets.*

793

Kirchner (L.), à Seligenstadt; envoie un manuscrit dédié à LL. MM. (10 mars 1855)

794*

Kirchweger (Louis), avocat-avoué au tribunal de Frankenthal (Baden); soumet à l'empereur une description de plusieurs modèles d'armes de guerre qu'il a secrètement fabriquées en bois, et demande qu'on lui envoie un expert qui connaisse parfaitement bien et la matière et la langue allemande, pour se convaincre du mérite de ses inventions (1864).

795*

Kirsch, à Hœchst (Bavière); hommage d'une pièce de vers dédiée à l'empereur (9 mai 1857).

796

Kirsch (Karl Willh.), docteur en philosophie à Wiesbaden, (Nassau); fait hommage de douze exemplaires d'un poëme, témoignage de sa vénération, composé par lui pour l'anniversaire de la naissance de Napoléon Ier et imprimé sous le titre: « *Eine Epheuranke zur sæcularfeier Napoleons*, dédié à la nation Française » (26 juillet 1869).

797

Kirschner (J. A.), négociant à Wsetin (Autriche); sollicite de l'empereur un prêt de 2000 ou de 5000 francs afin de rétablir ses affaires qui sont embarrassées et pour lesquelles il n'a pu rien obtenir des autorités de son pays (1864). — *Classer.*

798*

Kischner, à Ottensen (Hanovre); demande un remboursement d'assignats (28 nov 1857).

799*

Kiss à Meinisberg; demande un secours (24 mars 1853).

800*

Klas à Nieder-Wesel; sollicite pour son fils, né le 16 mars, le parrainage de l'empereur (25 mars 1856).

801

Klatt (Veuve), à Flatow (Prusse); sollicite de l'empereur, à titre de secours, le remboursement d'un assignat de 500 liv. qu'elle envoie (1864).

802*

Klebke, à Nuremberg; demande un secours (23 sept. 1857).

803*

Kleess (Adolf), à Halberstadt; adresse à l'empereur, pour son usage, deux paquets d'un produit de son invention qu'il nomme : « Farine de bouillon » (1866). — *Classer.*

804*

Klein, à Herb (Prusse); sollicite un emploi (18 mars 1856).

805

Klein (Le docteur D.), rabbin, à Pleschen (Grand-Duché de Posen); adresse à l'empereur le premier fascicule de son « choix des pièces les plus remarquables du Talmud » en demandant que S. M. veuille bien l'accepter ainsi que les suivants (juill. 1867). — Le même adresse un nouveau fascicule de son Anthologie du Talmud et sollicite de l'empereur un secours pour terminer son travail (janv. 1868). — *Accusé réception.*

806

Kleiht (madame von) veuve von Treskow, née von Manteuffel, à Belgard en Poméranie (Prusse); écrit au secrétaire de l'empereur pour obtenir que S. M. veuille bien acheter un nécessaire de toilette en or et argent que son beau père, feu le général von Treskow prit dans la voiture de Napoléon 1er après la bataille de Ligny et qu'elle estime ne pas taxer trop cher au prix de 15,000 francs (22 juill. 1867). — *Refus.*

807*

Klein (Donat), à Constance; demande un portrait de l'empereur (1853).

808*

Klein (Françoise), à Constance (Baden); demande un secours (24 avril 1853).

809*

Klein, à Brunn (Bavière); fait l'offre d'un masque moulé sur le visage de Napoléon II (21 fév. 1857)

810*

Kleinart (veuve), à Erfurt; demande un secours (8 avril 1853).

811*

Klemert (La dame), à Erfurt; demande un secours (28 janv. 1853).

812*

Klier (Marie) née von Kappler, à Prague ; ayant reçu il y a 44 ans dans un pensionnat de Vienne, de la fille d'un officier autrichien, une mèche de cheveux de S. M. le roi de Rome, et se faisant vieille, rend avant de mourir, ce précieux dépôt entre les mains de S. M. qu'elle considère comme les plus augustes et les plus propres à le recevoir (mars 1865).
— *Renvoi* de la mèche de cheveux, avec remerciement.

813

Klingsohr (Fréd. Jos.), à Haenichen (Saxe); sollicite de l'empereur un prêt de 500 thalers, afin de réaliser une exploitation commerciale qu'il médite (av. 1870). — *Refus.*

814*

Klippel (Heinrich), à Gladenbach (Hesse) ; sollicite l'empereur d'être parrain de son enfant (30 janv. 1853).

815

Klopp (Onno), à Hanovre ; fait hommage à l'empereur du *Consilium Ægyptiacum* de Leibnitz, dont il vient de publier une nouvelle édition (1865).

816

Knispel (Emil), relieur à Berlin ; inventeur d'une cartouche imperméable pour les fusils à aiguille, offre à l'empereur de céder son secret, pourvu qu'on le mette en état de s'établir (1864).

817

KNOBLAUCH (Fritz), allemand établi à Paris, potier d'étain ; se propose d'offrir au prince impérial, pour l'anniversaire de sa naissance, une boîte de 36 cuirassiers de la garde impériale et sollicite une commande en ce genre (mars 1862).— Informe l'empereur qu'il a été empêché, faute d'ouvrage et faute d'amis, d'exécuter son projet de cadeau destiné au prince ; il se trouve dans une triste position et prend la liberté d'envoyer seulement deux modèles de cavaliers (avril).—Ecrit à l'empereur qu'il l'a connu il y a trente-cinq ans ; il craint d'être oublié ou que quelqu'un ne cherche à lui nuire auprès de S. M. ; il avait fait récemment un transparent à l'occasion de la naissance du prince impérial et le commissaire de police lui a refusé l'autorisation de le placer ; il espère n'avoir pas en vain dépensé son temps et sa peine (av. 1865). *Accordé* plusieurs secours. — Ecrit à l'empereur pour lui proposer un remède contre la pierre (manger à jeun des radis noirs sans sel) ; si le remède réussit, ce sera, dit-il, sa manière de donner son suffrage à S. M., dans les élections prochaines, en bon allemand (déc..1869).

818

KNOLL (François), à Kambruch (Prusse), jadis soldat dans les armées françaises ; adresse plusieurs lettres à l'empereur pour faire accepter une poudre végétale de sa composition, destinée à préserver, de la fièvre jaune, les troupes françaises du Mexique, et demande des secours comme étant père de neuf enfants et de trente-sept petits-fils (1862-63).

819*

KNOP, à Coblentz ; propose à l'empereur un remède contre le mal de mer (29 av. 1861).

820

Knop (Le docteur J. A.), à Leobschütz (Prusse) ; fait hommage à l'empereur de son ouvrage intitulé : *Paradoxies de la volonté*, en le priant d'appeler l'attention publique sur ce sujet de haute importance (1863).

821

Kobbe (Fréd. von), conseiller de la chambre des finances à Oldenbourg ; demande la permission de dédier à l'empereur sa traduction, en vers français, des poésies de Schiller. Il s'appuie sur ce que la *Revue des Deux-Mondes* a dit (15 av. 1866) : « Nous n'avons plus de vers à lire en France, car la « poésie a disparu des lettres françaises. » Il annonce qu'il prépare aussi une traduction de l'Enéide pour remplacer celle de Delille qui ne rend pas assez exactement le latin de Virgile et ajoute une esquisse de sa propre biographie, dans laquelle il raconte qu'il a appris la langue française dès son enfance, ayant pour grand mère la comtesse de Rantzau, née française (Valentin de Claparède), qu'il s'est perfectionné en servant depuis 1813 dans l'armée danoise, sous des généraux français, puis de 1815 à 1818 dans l'armée alliée qui occupait la France. Il dit en terminant : « Ce n'est pas seulement que la permission de V. M. de vous dédier un de mes ouvrages sera un grand bonheur pour moi et ma famille, mais toute l'Allemagne voudra se réjouir en voyant honoré un auteur né allemand, par la protection de V. M. » (14 sept. 1866). — *Refus* par mesure générale. — Malgré le refus, l'auteur envoie quatre fragments de sa traduction en alléguant qu'il n'est pas « des auteurs qui désirent avoir peut-être une récompense ou un présent et dont le nombre considérable voudrait certainement occasionner de grandes dépenses, mais que c'est uniquement le désir de faire participer les Français de la belle propriété littéraire que Schiller a laissée à ses compatriotes ; » et il joint à son envoi une épître dédicatoire à l'empereur des Français, qui commence ainsi :

> Oh ! noble Souverain ! c'est la belle gratitude
> Qui m'entraîne à vous dire que dans ma solitude,
> Rien ne soit comparable à ce charme bienfaisant
> Qui prend sa source dans Votre cœur doux et bienveillant.

Rép. — « Monsieur, l'empereur trop occupé ne peut prendre connaissance des traductions de Schiller que vous lui avez adressées. S. M. me charge de vous les renvoyer et vous les trouverez sous ce pli » (22 oct. 1866).

822*

Koch (J. G.), à Heidelberg ; demande à être envoyé comme colon en Algérie (13 sept. 1853).

823*

Koch (H.), à Minden ; demande un secours (24 janv. 1855).

824

Koch (Johann), maître de musique de la ville, à Aub, (Bavière) ; sollicite l'acceptation de trois marches pour musique militaire, qu'il a composées dans le but de les dédier à l'empereur, à l'impératrice et au prince impérial (1862). — *Refus.*

825

Kock (Fried.), à Unna (Westphalie) ; propose à l'empereur un remède contre la goutte (mars 1869).

826

Koeberlé (Le docteur), chirurgien à Reichertsofen, (Bavière); créancier de 1000 florins que lui devait le feu comte Deroy, dont la veuve est une demoiselle Tascher de la Pagerie, parente de l'empereur, il sollicite S. M. de vouloir bien lui faire payer cette somme qui est toute sa fortune (1853). — *Renvoyé* au duc Tascher de la Pagerie.

827*

Koehler (Ph.), à Vallendar (Prusse); demande un secours (1er janv. 1855).

828

Koehler (Charles), peintre à Darmstadt; « après avoir admiré les riches campagnes du littoral de la Méditerranée, de Nice à Bordighiera, il a conçu le dessein de composer un album des plus beaux sites de ce territoire, si florissant sous le puissant règne de S. M. »; et il demande la permission de le déposer aux pieds de l'empereur, pour le prix de 2500 fr. (octob. 1864). — *Refus.*

829*

Koempf, à Berlin; sollicite l'empereur d'être le parrain de son enfant (15 fév. 1856).

830

Koenemann (Dietrich), professeur à l'école communale de Berlin; fait hommage d'une pièce de vers composée par lui en l'honneur du maréchal Saint-Arnaud (15 déc. 1854). — L'ambassadeur de France en Prusse fait l'envoi de cette composition poétique à l'empereur en ajoutant la réflexion suivante : « J'ai pensé qu'il ne fallait pas décourager ceux qui (en Allemagne) ont le courage de manifester actuellement leur sympathie pour la France. »

831*

Koenig (B.), à Niederbruch ; demande l'autorisation de faire le voyage de Paris afin d'obtenir une audience de S. M. l'empereur (23 oct. 1855).

832*

Koeniger, à Francfort S.-M. ; demande un secours (26 septembre 1857).

833

Koenneritz (Le baron von), officier au service de S. M. le roi de Saxe; sollicite du grand chambellan de l'empereur une invitation au bal des Tuileries du 22 février (?).

834*

Koepcke, à Berlin ; sollicite un secours de la générosité de l'empereur (4 octob. 1858).

835

Kohler (G. H.), avocat à la cour suprême du Grand-Duché d'Oldenbourg ; adresse au président de la République française un numéro du journal « L'Observateur » d'Oldenbourg, contenant un article de lui qu'il croit intéressant pour la France, intitulé : « Un mot sur l'avenir du Danemark » (13 nov. 1852). — *Remercier*.

836

Kolb (Le docteur A.) médecin du présidial à Amberg (Bavière); condisciple de l'empereur à Augsbourg, il lui offre ses vives félicitations et ses vœux. Un accident l'a privé d'une lettre que S. M. lui avait adressée à Augsbourg; il serait bien heureux qu'Elle voulut bien l'en consoler par l'envoi de sa signature (23 déc. 1852). — Sollicite le grade de sous-lieutenant pour son fils Ferdinand Kolb, caporal à la légion étrangère, blessé à Inkermann (déc. 1855).

837*

Kolb, à Aufenau; demande un secours (23 mars 1856).

838*

Kolditz, à Berlin; envoi de gravures (21 mars 1853).

839

Koltz, garde général des eaux et forêts à Mersch (Luxembourg); demande l'autorisation de faire hommage à l'empereur de deux ouvrages qu'il a composés sur la pisciculture et le reboisement, deux matières qui « parmi les nombreux travaux illustrant le règne de S. M. se réjouissent de sa protection toute particulière » (juill. 1866).

840*

Kopp, à Gschwand; sollicite le secours de l'empereur pour sa commune incendiée (25 sept. 1857).

841*

Koppauner (Ant.), chirurgien à Pressath (Bavière); demande un secours (18 mars 1853).

842*

Koppel, à Stuttgard; fait hommage à l'empereur d'une pièce de vers (26 septemb. 1857).

843

Korn (Ferd.), graveur à Mayence; peu de temps après l'avènement de l'empereur, il lui adressa par la poste deux exemplaires d'une médaille qu'il avait gravée pour S. M. dans le but désintéressé (*mein Motif edel u. frey jeder Nebenabsicht*) de témoigner sa reconnaissance pour le rétablissement de la paix et pour tout ce que doivent à S. M. les sciences et les arts (nov. 1853). — Le ministre de France à Darmstadt écrit au chef du cabinet : « je puis vous assurer, monsieur, que le sieur Korn recevrait avec reconnaissance une marque de bienveillance en numéraire. C'est un artiste habile, mais sans aucune fortune, et en faisant hommage à l'empereur d'une médaille à l'effigie de S. M. il paraît avoir nourri l'espoir d'obtenir quelque secours pécuniaire. — F. Korn remercie l'empereur des 300 francs qui lui ont été envoyés (2 mai 1854).

844

Korn (Wilh.), à Berlin ; offre à l'empereur un nouvel atlas et demande l'admission de son système dans les établissements d'instruction de France (1866).

845

Korté (Mlle Théodora) à Dusseldorf; sœur du général Korté « dont la vie appartint de tout temps à l'empereur et à sa « dynastie » reste par la mort de son père sans ressources dans un âge avancé; elle sollicite une pension (avril 1862). — Reçoit un secours en juill. 1862, mille francs en déc. 1863; — remercie d'un nouveau secours en avril 1864.

846*

Kra, à Francfort; propose un système financier (28 fév. 1859).

847

Kramer (Marie), à Eppishausen (Bavière); demande un secours (18 mai 1853); — demande de nouveau (13 mars 1858); — adresse ses vœux et félicitations (1864).

848

Krani k (Jos.), à Steinitz; propose à l'empereur de lui faire connaître un secret pour guérir les rhumatismes (sept. 1869.)

849

Kranzfelder (Anton), à Neubourg; demande un secours (15 fév. 1853).

850

Krappe (Le docteur Leo), conseiller de santé à Berlin; fait hommage d'une brochure sur le traitement des maladies chroniques. « Ce n'est point pour se recommander comme auteur,

« c'est pour témoigner par un faible signe, son respect et son
« admiration pour le monarque qui a su enchaîner l'Anarchie,
« rétablir l'ordre, faire respecter les lois... » (fév. 1855.)

851*

Kraus, (G.) à Fuchsendorf; demande un secours (20 mai 1856).

852*

Kraute (Adolf), à Lommatzsch, (Saxe); hommage de vers (12 fév. 1853).

853

Kraüter (Carl Fried.), employé du tribunal à Salem (Baden); écrit longuement à l'empereur que s'étant rendu caution d'une somme de 3300 francs dont il doit payer le premier terme le 12 de ce mois (mai 1863) et ne l'ayant pas, il prie S. M. de la lui prêter et lui propose ses services pour le chateau d'Arenenberg où il serait heureux d'obtenir un emploi. — *Classer.*

854*

Krebs, à Lahr; hommage de vers sur la prise de Sébastopol (2 janv. 1856).

855*

Kreibich (Karl), à Bayreuth (Bavière); présente à l'empereur une pièce de vers allemands de sa composition en le suppliant d'intervenir auprès de l'empereur d'Autriche pour faire libérer son père du service militaire (1867). — *Classer.*

856*

Kreis, à Bayreuth (Bavière); demande un secours (nov. 1853).

857

Kreit (Franz), à Bardie (Baden); sollicite de l'empereur une somme de 1000 francs qu'il espère pouvoir rendre dans le délai de deux ou trois ans (1866). — *Refus*.

858*

Kremer (Catherine), à Mayence; demande un secours (19 juin 1855).

859

Kretschmer (Edm.), organiste de la cour, à Dresde; demande l'autorisation de dédier à l'empereur une messe en musique pour laquelle il a obtenu la grande médaille d'or au dernier concours de Bruxelles (déc. 1868). — *Refus « très-poli. »*

860

Kretschner (Curt von), à Dresde; adresse ses félicitations au sujet de la naissance du prince impérial (20 mars 1856).

861

Kreutzer (Louis Napol.), directeur de musique à Dusseldorf; remercie l'empereur d'avoir accepté la dédicace de sa composition musicale (1861).

862

Krickler (Jos.), avocat à Neusiedl (Autriche) ; envoie au chef du cabinet de l'empereur, une ordonnance détaillée contenant différentes prescriptions pour la guérison des maladies de reins et des rhumatismes (sept. 1869).

863*

Krieg, à Neu-Ulm (Prusse) ; demande un secours (25 sept. 1857).

864*

Krieg, à Ludwisbourg ; demande un secours (20 juin 1855).

865*

Krieger, à Wittenberg ; offre une carte des chemins de fer de la Prusse (décemb. 1856).

866*

Kriesler, à Trolsen (Trossen ?), Prusse ; sollicite une souscription (6 janv. 1857).

867

Kritzinger (Wilh.), à Droyssig (Prusse) ; fait appel à la générosité de l'empereur, à l'occasion de l'anniversaire de la naissance du prince impérial (16 mars 1866).

868*

Kroell, à Kolpen (Prusse) ; félicitations à l'occasion de l'attentat du 14 janvier (22 janv. 1858).

869

Krofygh, à Stendal (Prusse); demande le remboursement d'obligations de l'ancien royaume de Westphalie (9 févr. 1858).

870

Krokau (Laure Schoerken, née baronne von); rappelle au chef du cabinet qu'elle a précédemment envoyé une demande de secours à l'empereur, qu'on lui a fait répondre par l'ambassade de Prusse de s'adresser au docteur Conneau, qui est à Rome, puis au secrétaire, auquel elle a fait inutilement sept visites. « Je vous supplie de me sauver par quelques lignes de recommandation au médecin de S. M., M. le docteur Conneau. Peut-être il lui serait possible de guérir ma bourse qui est malade à la mort. J'en suis digne, car mes ancêtres étaient des émigrants français » (24 août 1867).

871*

Kroner, à Magdebourg; félicitations sur la prise de Sébastopol (15 sept. 1855).

872

Krüger (Philippe), ancien premier-lieutenant prussien; venu de Silésie à Paris pour y proposer une invention d'optique dont il est l'auteur (une lunette indiquant instantanément la distance à laquelle se trouve un objet éloigné), invention que A. de Humboldt, et par lui le professeur Encke, ont appréciée favorablement en 1857, mais que le ministère de la guerre prussien a rejetée par la seule raison qu'il déclare les instruments à miroir impropres à l'art militaire, Philippe Krüger après avoir vainement essayé depuis sept mois qu'il est à Paris de faire examiner son invention par les autorités compétentes, s'adresse au chef du cabinet de l'empereur ; il le prie, dans une très-longue lettre, de soumettre à S. M. un mémoire sur sa lunette et comme, malade, il est dans l'impossibilité de se présenter en personne, il y joint son portrait photographié : « M. le chef du cabinet, Aide-toi, le ciel t'aidera ! Ce sont les mots qui forcent le soussigné de vous attaquer par les lignes suivantes. C'est hardi, naturellement. Mais si je serais si heureux de pouvoir peindre clairement ma situation, alors je serais en avance. Vous me pardonnerez ; vous m'aiderez parce que vous me trouverez déplorable. Tâche difficile de peindre ma situation ; il n'est pas convenable d'écrire longuement à de hautes personnes, — en mauvais français et beaucoup écrire. Il s'agit d'une invention... — Je n'étais pas préparé à un tel long séjour à Paris et j'avais quelques jours, pour la première fois de ma vie, — faim. Les sacrifices de ma noble sœur m'ont sauvé jusqu'ici. Malgré ce malheur je vous dis : je trouve la chose naturelle. Aussi il faut être juste : le ministère français n'est pas obligé de faire parfaite une invention imparfaite, notamment pour un — étranger. C'est une chose de grâce de l'empereur, qui aura cette grâce parce que c'est une invention d'intérêt général. Si je m'adresse à vous, c'est parce que je sais que vous êtes un homme d'esprit qui ne vit pas pour son plaisir seulement. Aussi j'ai fait une enquête sur votre personne, ce que je dis très-franc, et on m'a dit de deux parties les mêmes mots : C'est un brave homme. Parce que nous avons aussi en allemand l'expression *braver Mann*. J'ai lieu de croire que c'est la chose que j'ai besoin. On m'avait dit de m'adresser directement à M. le duc de Bassano pour prier pour une audience. Mais c'est une invention que j'ai faite de vous déranger parce que, je crois, cette autre voie est trop officielle, et il est plus modeste de prier S. M. l'empereur, par vous, de vouloir bien daigner regarder le mémoire ci-joint. Il le fera, je le sais. Je m'adresse à votre Auguste Seigneur, parce que je crois qu'il ne vit pas non plus pour son plaisir, mais bien pour le bien être de ses Français ; qu'il vît aussi pour les sciences, c'est-à-dire pour le bien être du genre humain. Qu'il vive longtemps. » (11 mars 1862).—L'empereur, dont la cassette est obérée, ne peut lui accorder la subvention nécessaire pour la construction de ses appareils (22 mars). — Il récrit (en huit pages) : « M. le chef du cabinet, Si je vous dérange encore une fois, c'est pour vous dire que c'était un mendiant qui vous a prié de lui donner votre haute protection, mais un noble mendiant. Je n'ai rien, je n'ai pas un denier de fortune. J'ai une toute petite pension pour dix ans de service, mais je vous le jure, je n'ai pas reçu un denier de cette pension depuis que je suis à l'étranger ; je pouvais l'avoir, mais il fallait au moins vingt lettres pour recevoir 10 thalers par mois, à Paris de Berlin.....» (1er avril 1862). — Ecrit, le 18 mai, qu'il est l'inventeur d'un bâtiment supérieur au *Monitor*.—Jusqu'au mois de novembre 1863, dix-huit autres lettres du même, aux mêmes fins. Dans la dernière, il demande que le chef du cabinet lise : 1° une lettre qu'il vient de recevoir de madame F. Krüger, sa mère, à Breslau, qui lui écrit, dit-elle, pour la dernière fois, et 2° une lettre qu'il adresse à sa sœur, madame Berthe Poliez, à Neisse (Prusse). — Le 15 août 1862, il reçoit 50 fr.

873

Krüger (Ludwig), voy. Adams.

874

Krum, Bavarois ; obtient de l'empereur un don de 40 flor. pendant le voyage à Salzbourg (1867).

875

Krupp (Friedrich), fabricant d'acier fondu à Essen (Prusse).

« Sire, Encouragé par l'intérêt que sa Hauteur Votre Majesté a prouvé pour un simple industriel et les résultats heureux de ses efforts et de ses sacrifices inouïs, j'ose de nouveau m'approcher à Elle avec la prière de vouloir daigner d'accepter l'atlas ci-joint qui représente une collection de dessins de divers objets exécutés dans mes usines. Je me livre à l'espérance que surtout les quatre dernières pages qui représentent les canons en acier fondu que j'ai exécutés pour les divers hauts gouvernements de l'Europe, pourraient attirer un instant l'attention de V. M. et excuseront mon audace. Avec le plus profond respect, avec la plus grande admiration, je suis de V. M. le plus humble et le plus dévoué serviteur » (Paris, 29 avril 1868). — *Rép.* « L'empereur a reçu avec beaucoup d'intérêt l'atlas que vous lui avez adressé et S. M. a donné l'ordre de vous remercier de le lui avoir communiqué et de vous faire connaître qu'elle désire vivement le succès et l'extension d'une industrie destinée à rendre des services notables à l'humanité » (21 mai). — Il fait adresser à l'empereur copie du rapport officiel rédigé sur les essais que le gouvernement anglais vient de faire à Woolwich, de ses canons en acier fondu (avril 1863).

876

Krusemark (Ferd.), à Alt-Strelitz (Mecklembourg) ; adresse à l'empereur une pièce de vers (16 juin 1854) ; autre poésie à l'occasion du baptême du prince impérial (16 juin 1856).

877

Kubert, à Illzach ; demande un secours (12 mars 1859).

878

Kuby (Lucie), à Neustadt ; félicitations sur la naissance du prince impérial (20 mars 1856).

879

Kuchenreuter (Anton), peintre de la cour à Munich ; empêché par le manque d'argent de continuer ses travaux de peinture sur verre, il sollicite de l'empereur une avance de 4000 fr. qu'il remboursera à mesure que le lui permettra l'exécution de ses commandes (1866).

880

Kuehlen (Franz), major prussien ; adresse deux sonnets, l'un de Rome (1862), *à Napoléon III*, l'autre de Paris (1864), *à Eugénie*.

881*

Küfer (Sébast.), à Bühren ; demande un secours (7 avril 1853).

882

Kugelmann (Le docteur Julius) et le professeur en philosophie S. Bechhof, à Göttingen ; adressent à l'empereur une supplique ainsi conçue : « Votre très-illustre impériale Majesté est humblement suppliée par les soussignés de leur faire parvenir un autographe de votre très-puissante main. De V. M. les très-humbles serviteurs et valets. » (7 janv. 1866).

883*

Kuhlmann, à Danzick ; demande le remboursement d'assignats qu'il possède (21 août 1857).

884*

Kuhn (Ernest), à Groeben ; offre une recette contre le choléra (21 août 1854).

885*

Kuhnau, à Neu-Ruppin (Prusse); offre à l'empereur un chapelet (21 fév. 1858).

886

Kuhno (Julius), journaliste à Vienne; adresse à l'empereur une pièce de vers : « V. M., un journaliste bien peu favorisé de la fortune, ose rendre ses plus humbles hommages à V. M. en vous dédiant le poëme ci-joint... » (1867).

887

Kummer, ingénieur à Dresde; envoie un mémoire accompagné de planches, à l'appui de simplifications qu'il propose et dont il est l'inventeur, pour l'amélioration des armes à feu (1861).

888*

Kunke (Emilie), à Kitzig; demande un secours pour venir en France (12 juill. 1853).

889

Kunkel (M.), ingénieur allemand; implore la protection de M. Belmontet pour faire connaître directement à l'empereur une application de l'électricité au blindage des navires qui doit assurer à la France une énorme supériorité (1866).

890*

Kunns, à Vienne; propose un projet contre le paupérisme (16 mars 1856).

891

Künssberg (Le baron Uso von), Autriche; admire tellement le décret impérial relatif au reboisement des montagnes, qu'il prend la liberté d'adresser à l'empereur un article sur le reboisement qu'il a fait paraître dans les journaux, et aussi de l'informer que depuis vingt-cinq ans il fait usage d'un fusil à canon ovale, qui a la précision d'un fusil rayé, et qui ferait croire que les canons a âme ovale pourraient remplacer les autres.

892

Kunze, libraire-éditeur à Mayence; signale à l'empereur le *Manuel d'économie rurale*, par Adam Müller, qu'il vient de publier, et lui demande de le faire traduire pour le répandre en France (1863). — Il signale un livre classique édité chez lui qui traite de la géographie et entre à cette occasion dans quelques aperçus politiques; il termine en citant textuellement le passage de son livre relatif « à l'avènement de S. M. et aux grands évènements de son règne » (1863).

893

Kunzel (Chr.), à Prague; propose à l'empereur un remède contre la sciatique (août 1869).

894*

Kuplin (Le baron von), à Emishofen; demande un emploi (4 nov. 1854).

895

Kurtz (J.), instituteur à Reutlingen, près Stuttgard; envoie ses félicitations pour l'anniversaire de l'élection du Président de la République française et pour les belles et importantes paroles qu'il a prononcées à Paris le 10 décembre (22 déc. 1850).

896

Kuster (C. L.), fabricant à Hanovre, et le docteur Lessing, son médecin ; adressent, avec une lettre au secrétaire de l'empereur et une au premier valet de chambre, un flacon d'une essence dont l'emploi ne tarderait pas a rendre la santé à l'empereur (sept. 1869).

897*

Laaff (E.), à Cologne ; envoie une pièce de vers dédiée à LL. MM. (15 déc. 1855).

898*

Lacher (P.), à Garrisberg ; offre une Bible pour le prince impérial (4 mai 1856).

899

Lacher, Bavarois ; obtient de l'empereur un don de 30 flor. pendant le voyage à Salzbourg (1867).

900

Laer (Louis von), premier lieutenant et commissaire de police à Dusseldorf ; réclame, en s'appuyant sur la recommandation de la grande duchesse de Baden, le payement de la pension d'André Stroeder, du duché de Nassau, blessé en 1812 au service de la France, pension dont il est, dit-il, le cessionnaire (1858).

900 bis.

Lagarde, *voy.* Boetticher.

901

Lampe (Frieder.), directeur de la maison de santé de Goslar (Hanovre); envoie à l'empereur un élixir contre le choléra, en ne demandant rien, dit-il, que l'essai de son spécifique (1865).

902

Landauer (Rudolf), à Munich; sollicite un emploi ou un secours (1867).—*Réponse* (1): « L'empereur a été touché des sentiments que vous lui avez exprimés dans votre lettre du 27 août dernier, et m'a chargé de vous remercier en son nom. S. M. regrette vivement de n'avoir pas de place à vous donner auprès de sa personne selon vos désirs; mais elle a daig exprimer l'intention de vous venir en aide » (6 sept.).

903*

Lang, à Gaudenzdorf (Autriche); demande le remboursement d'un assignat (10 mars 1853).

904*

Lang (Henriette von), à Ausbach; demande un secours (18 sept. 1853).

905

Lang, employé aux hypothèques à Weissenhorn (Bavière);

---

(1) La lettre du solliciteur aurait été sans doute intéressante, mais elle manque au dossier.

adresse ses félicitations au sujet de l'insuccès de l'attentat du 14 janvier 1858 (24 janv.).

906*

Lang, à Hambourg; demande le remboursement d'assignats (20 janv. 1861).

907

Lang (Max.), à Munich; sollicite un emploi en France pour son frère, homme instruit et bon comptable, exerçant les fonctions de magasinier à Gorée. « Sire! Un homme qui vous est tout à fait inconnu, un Allemand, ose s'approcher de vous dans l'attitude de la prière. Puisqu'il est acquis maintenant que les princes sont les Dieux de cette terre, ils doivent agréer aussi que leur situation ressemble à celle des Dieux en ce que chacun, sans distinction, puisse s'approcher d'eux en mendiant (... *ohne Unterschied Sie anbettelt*). Je suis le fils d'un jardinier de la cour royale de Bavière. Mon histoire peut intéresser un peu V. M.; qu'il suffise de lui dire qu'orphelin depuis l'âge de deux ans.., etc., etc. » (oct. 1865).
— *Classer.*

908

Lang (Jos. Aug.), à Vienne. « Bouquet de fleurs élyséennes, » recueil de poésies en l'honneur des empereurs et impératrices de France et d'Autriche à l'occasion de l'entrevue de Salzbourg (1867).

909

Langfelder (Eduard), juriste et prédicateur, à Vienne; adresse une pièce de vers à l'occasion de la naissance du prince impérial (mars 1856).

910*

Lank, à Löwenstein près Heilbronn (Bavière) ; demande une récompense honorifique pour avoir sauvé des prisonniers français (2 janv. 1853).

911

Lasberg (La comtesse von), fille d'un colonel autrichien en retraite et « appartenant à une des plus anciennes familles de l'Autriche »; sollicite un emploi de dame de compagnie, soit auprès de l'impératrice, ou de la princesse Mathilde, ou de madame la princesse Clotilde (déc. 1868).

912

Lauber (G.), à Ratibor en Silésie (Prusse) ; offre à l'empereur un nouveau système d'écriture secrète au moyen d'une double clef, en demandant 3,000 fr. de son invention (1863). — *Renvoyé* au ministre des affaires étrangères.

913*

Lauger (Ant.), à Vienne ; adresse à l'empereur une brochure qu'il a publiée sous le titre : « Napoléon III et le coup d'État » (6 juin 1854).

914*

Lauger, à Leipsick ; fait hommage d'un livre (15 avril 1858).

915*

Lauter, à Carlsruhe ; offre un article sur les inondations (29 août 1856).

916

Lechner, voy. Palm.

917

Lehfeldt, apothicaire à Berun (Prusse); sollicite de l'empereur une indemnité pour la perte éprouvée par la dépréciation du papier que son père aurait reçu à Paris en 1813, étant officier de uhlands blessé (janv. 1869).

918*

Lehmann, à Zwenskau (Saxe); félicitations au sujet de l'attentat du 14 janvier (19 fév. 1858).

919

Lehmann (Aug.), propriétaire à Seidau (Saxe); se fondant sur les malheurs de sa famille et sur la connaissance qu'il a du « sentiment de sincère fraternité humaine qui anime l'empereur (chose qu'on sait en tout pays) pour tout homme ami de l'ordre et des lois, honorant véritablement l'Évangile du Christ et l'autorité; » sollicite un emprunt de 15,000 fr. (3 à 4,000 thalers, dit-il), pour une dizaine d'années, avec intérêt de 2 ou 3 p. 100 (mai 1864). — *Refus*.

920

Lehman (Martin), à Berlin : « Majesté, bien que je sois habitant de l'Allemagne, mes sympathies patriotiques vont au delà du Rhin, vers votre beau pays, vers la France. La France doit s'estimer heureuse d'être régie par votre sceptre et gouvernée par vous. Mon plus profond désir, Majesté, est de me jeter à vos pieds et aux pieds de votre épouse vénérée, de vous exposer mes sympathies personnelles pour la France... »; il sollicite un don de 4,000 fr. et la permission de se dévouer toute sa vie, en France, au service de l'empereur (22 oct. 1869). — *Classer.*

921

Lehwenfehlt (von), ancien officier prussien; offre ses services à l'empereur (1863).

922

Leidert (Carl-Ferd.), professeur de physique, à Heinichen (Saxe); rappelle au président l'envoi qu'il lui a fait d'une formule pour la composition d'un vernis. Il n'a en vue que l'intérêt général et non le sien propre; il ne sollicite aucune indemnité, mais il serait heureux d'obtenir du président un souvenir qu'il recevrait et conserverait avec la plus vive reconnaissance. Il joint à sa lettre une formule pour la composition du *rouge turc.*—Note du cabinet : « M. Leidert écrit très-souvent et envoie toujours de nouvelles compositions de sa façon » (1857).

923

Leinberger (L. A.), inventeur d'un système économique de machine à vapeur, à Nuremberg; malgré l'encouragement de 100,000 fr. voté par le Parlement anglais pour l'amélioration des machines à vapeur, son attachement à la France le décide à faire hommage de son invention à l'empereur, et si S. M. daigne le prendre sous sa protection, il viendra en France faire les expériences nécessaires (déc. 1852).

924

Leiningen-Westerbourg (La princesse Marie-Louise von

SAYN, fille du comte VON); présente à l'empereur ses félicitations et ses hommages (23 déc. 1852).

925

LEMBCKE, horloger à Mecklenbourg-Schwerin; offre au gouvernement français, moyennant indemnité, une invention dont il est l'auteur pour les cartouches du fusil à aiguille (1864). — *Refus.*

926*

LERCHGESSNER, à Ludwigsburg; demande un secours (27 sept. 1857).

927

LESTOCQ (La baronne Caroline de), à Bingen (Hesse); veuve d'un général allemand de l'Empire, sans ressources à l'âge de 77 ans, sollicite un secours et demande la faveur de remettre à l'empereur des papiers de la reine Hortense qui sont en sa possession (mai 1855). — *Envoyé* 1,000 fr.; avec refus des papiers.

928

LESTOCQ (Le baron de), fils de la précédente; demande à prendre du service en France (janv. 1856).

929*

LEUBURG (Le baron VON), à Mödling (Bavière); sollicite un secours (23 nov. 1859).

930

LEUCHERT (Amalie), née de Rouville, dit de Beauclair, à

Dusseldorf; écrit à l'empereur pour lui démontrer sa parenté avec lui, fondée sur ce que la mère de Louis WUNDT, conseiller de justice à Rastadt et oncle d'elle, était sœur de Mme Lætitia Bonaparte. Son grand père Jean-Louis de Rouville était professeur de français à l'université de Marburg, son père avait un office dans la Louveterie, et son mari Oscar LEUCHERT est secrétaire de la poste dans l'administration royale prussienne, avec rang d'officier de la Landwehr « et comme pour presque tous les employés prussiens, son traitement est insuffisant pour sa petite famille. » Sa position ne lui permettant pas de donner l'éducation convenable à ses enfants, elle fait appel à la bienveillance de S. M. (9 nov. 1865). — La même sollicite une audience pour appuyer de vive voix les documents et preuves écrites qu'elle a fait parvenir le 28 avril 1866 afin de démontrer sa parenté avec l'empereur (janv. 1867). — *Refus.*

931

LEUTSCH (Ernst VON), directeur du *Philologus* à Göttingen; adresse à l'empereur plusieurs cahiers de sa Revue philologique, en lui faisant remarquer les articles qu'ils renferment sur la carte des Gaules, sur la marine des anciens et en appuyant sur le soin avec lequel y est traitée en général l'archéologie française. Il ajoute que le nombre de ses abonnés français est cependant fort minime et prie l'empereur de lui obtenir une souscription ministérielle qui permette de répandre le *Philologus* (1) dans les principales villes des départements (avr. 1865). — *Classer.*

(1) Le même écrivain, dans le même *Philologus* (XXX, 381, juill. 1870), excitait les armées allemandes à enlever des bibliothèques de Paris des manuscrits précieux qui n'auraient pas dû leur être laissés, dit-il, en 1815.

932

Lewandowski (L.), directeur de la musique royale de Prusse, à Berlin; donne avis à l'empereur qu'il possède un remède dont il offre de lui faire connaître le secret (sept. 1869).

933

Lewenstein (Wolff), négociant à Posen (Prusse); lettre de félicitations à l'empereur sur sa politique, sur sa puissante épée qui a maintenu le droit des Ottomans, sur la grandeur future de la France et sur la naissance du prince impérial qui venait au monde en même temps qu'une fille était, dans la même nuit, donnée au soussigné, qui saisit cette occasion de déposer ses vœux sur les marches du trône (26 mars 1856). — Il joint à sa lettre l'acte de naissance de sa fille.

934

Lichler (Martin), à Rosenheim (Bavière); demande une pension (sa lettre manque). — *Accordé* 300 fr. de pension sur la cassette impériale (sept. 1867).

935*

Lichtenstein, à Grabow; adresse son hommage à l'empereur (5 déc. 1857).

936

Lieb (Henriette), à Carlsruhe; écrit à l'empereur en invoquant le souvenir de la reine Hortense pour faire appel à sa générosité (20 juill. 1857). — *Envoyé* 2,000 fr.

937

Liebhaber (Wilhelm), à Laubach (Wurtemberg); se qualifiant tantôt du titre de médecin naturel et magnétiseur, tantôt de celui d'aubergiste, demande à plusieurs reprises une audience de l'empereur afin de lui faire accepter un remède qu'il possède pour guérir les rhumatismes (déc. 1856, août et déc. 1869).

938

Liebman (Hector), étudiant à l'université de Zurich :

« Sire, l'homme qui est sur le point de perdre la vie dans les flots de la mer se jetterait pour chercher son salut tout aussi bien sur une poutre quelconque, flottante sur l'eau, que sur un objet sacré ; supposé que le poids spécifique de l'objet sacré soit moindre que celui du liquide traître.

« L'homme c'est moi, Votre Majesté est l'objet sacré, les flots perfides qui veulent ma perte sont les dettes dont je suis criblé. J'avoue qu'avant de me jeter sur l'objet sacré, auquel je demande mon salut, j'aurais dû chercher du regard une poutre quelconque, mais mon Dieu ! en ce siècle toutes les poutres dont je parle sont plus ou moins rongées par un ver qu'on nomme petitesse d'âme. D'ailleurs une âme fière mendie parfois la grâce des dieux, mais non celle des hommes !

« L'homme, c'est-à-dire moi, qui se noie, qui va c'est-à-dire être bientôt emprisonné, demande son salut, c'est-à-dire un peu d'argent, à l'objet sacré, c'est-à-dire à Votre Majesté !

« Je suis étudiant, j'ai fait des folies ; depuis le temps de mon immatriculation j'ai étudié un semestre sur trois ; cependant si on allait m'emprisonner pour dettes je serais horriblement désappointé de ne plus pouvoir continuer à parcourir la carrière de mon choix, pour la raison toute simple qu'en allant au cachot je perdrais mon crédit chez tous mes fournisseurs, même chez ceux qui me fournissent l'argent nécessaire à la vie.

« Votre Majesté toute puissante ne veut-elle pas m'envoyer 2,000 francs qu'il me faut pour jouir en paix de la liberté? Cela ne coûterait rien du tout à Votre Majesté et cela me vaudrait à moi les plus précieux de tous les biens.

« Si en 15 jours je n'ai pas l'argent en question, je suis à peu près ruiné et je pourrai démontrer mathématiquement à Euclide même, que Votre Majesté en est la cause. De Votre Majesté l'humble serviteur... » (6 fév. 1863). — *Classer.*

939

LIEBMANN (Joann Heinrich); écrit le 8 mai 1870, en se donnant pour être Franz Bonaparti, héritier du duc de Reichstadt; il réclame ses droits à la couronne, et ajoute que 100,000 francs le calmeraient provisoirement (1).

940

LIEPE (Le docteur Friederich), bourguemestre et avocat de police (königlicher polizei-anwalt), à Berlin; fait hommage d'une pièce de vers en l'honneur du prince impérial (13 nov. 1856). — Rappelle à l'empereur qu'au mois de décembre (1852), « ce mois célèbre dans le monde qu'il a tranquillisé et où il est historique, » il a eu l'honneur de lui adresser un opuscule intitulé « Epitre d'un Prussien; » il demande la permission d'offrir à S. M. un nouvel ouvrage (7 mars 1870). — *Refus* sur une note de la police de Berlin déclarant que LIEPE, docteur en droit, attaché depuis 1837 à la police, a été obligé par ses irrégularités d'abondonner divers emplois, que marié quatre fois il a divorcé trois fois, et qu'il a été condamné à 3 thalers d'amende pour tapage nocturne et rébellion.

(1) A en juger par l'écriture, on croirait cette lettre et la précédente émanées du même auteur.

941*

Liepold, à Günzenhausen (Bavière); sollicite un secours (15 fév. 1856).

942

Liesch, chef du bureau du cadastre à Luxembourg; offre à l'empereur la carte du Grand-Duché (1861). — *Remercié.*

943

Lievre (H.-Jos.), ancien instituteur, près Aix-la-Chapelle; félicitations à l'occasion de la naissance du prince impérial (1856).

944

Lindner (Wilhelmine) née Von der Kühle, femme d'un fondeur en métaux, à Duderstadt (Hanovre); écrit à l'empereur qu'elle a eu trois fois de suite le même rêve : « Je rencontrai V. M. caracolant sur un cheval arabe, et je provoquai son attention en ramassant son chapeau. L'empereur me demanda si je n'avais rien à désirer. Je lui répondis : Que l'empereur des Français daigne se rendre à Vincenz pour y assister aux essais d'armes et de canons de Lindner; je serais heureuse que l'empereur apprît à connaître les canons et les armes fabriquées par Lindner. Maintenant je sollicite la faveur d'obtenir que mon rêve soit vrai..., étant une pauvre femme perclue dont l'unique bonheur est d'aider son bien aimé mari » (avril 1868).

945

Lingens (Joseph), avocat à Aix-la-Chapelle (Prusse); expose à l'empereur que « les 58,000 catholiques de cette ville ayant résolu, en 1855, d'y faire construire une église gothique à l'honneur de la définition du dogme de l'immaculée conception de la très-sainte vierge Marie..., ne peuvent obtenir les fonds nécessaires (600,000 francs) que par des aumônes et des quêtes. Il a reçu à cet effet une somme considérable de S. S. le Pape et il ajoute : « J'ose implorer pareille faveur de V. M. comme souverain catholique, et en souvenir de son illustre et gracieuse aïeule l'impératrice Joséphine à laquelle la ville d'Aix-la-Chapelle offrit du trésor de Charlemagne une de ses plus précieuses reliques » (30 mai 1863). — *Refus avec regrets.*

946

LINZBAUER, voyez ALTFAHRT.

947

LIPPE (Hugo), négociant à Chemnitz (Saxe); propose à l'empereur l'acquisition, pour la somme de 3,000 fr., d'une collection héraldique composée de 40,000 pièces, laissée par son père, qui, jeune employé de la poste saxonne en 1812, fut chargé d'une dépêche pour l'empereur Napoléon Ier, et fut assez heureux pour la faire parvenir à sa destination sans pouvoir cependant se présenter en personne devant S. M. (sept. 1861). — *Refus.*

948

LIPPOLD (Fried.), mécanicien à Gustrow (Mecklenbourg); supposant que l'empereur souffre de la même maladie que lui, envoie un rapport sur sa guérison. C'est le hasard qui lui a fait découvrir le remède qui, tout opposé aux doctrines médicales, consiste à boire du grog et de l'eau-de-vie (mai 1868).

949*

Lob (Anne von), à Constance; expression de sa reconnaissance et vœux de nouvelle année (**3 janv. 1854**).

950*

Lobeck, à Elberfeld (Prusse); adresse une pièce de vers pour l'anniversaire de la naissance de l'empereur (**26 avril 1858**).

951*

Lobedank (Ed.), à Dornach; demande un secours (**9 fév. 1853**).

952*

Loe (Veuve), à Augsbourg; rappelle à l'empereur qu'elle l'a connu dans cette ville et demande un secours (**1er janv. 1855**).

953*

Loeb (Adolph), à Hambourg; invoque l'appui de l'empereur et de la France en faveur des Juifs auxquels il voudrait voir restituer leur ancienne patrie. Il aurait à cet égard des plans à soumettre auxquels il croit une grande importance (**fév. 1863**).

954*

Loecke (J.), à Berlin; sollicite le titre de tailleur de la Cour impériale (**6 août 1856**).

955

Löffelholx-Colberg (Le baron von), garde-forêt du roi de

Bavière ; demande la permission d'offrir un aperçu des relations forestières de tous les pays d'Europe et spécialement du grand empire de France. « Sous le règne de S. M. l'empereur Napoléon III, la France a fait des progrès énormes dans toutes les branches de la science et de l'industrie, elle est même avancée à pas de géant dans les améliorations et perfectionnements de la science forestière que S. M. elle-même a fait naître et surveiller » (mai 1866).

956*

Löffler, à Schweinitz ; félicitations à l'occasion de l'attentat du 14 janvier (16 janv. 1858).

957

Löffler (A.), à Gambach (Hesse) ; propose à l'empereur un remède contre les hémorrhoïdes (nov. 1869).

958*

Loehn, à Hohenstein (Bavière) ; fait hommage d'une pièce de vers en l'honneur de la naissance du prince impérial (15 août 1856).

959*

Lowe (Willhelmine), à Leipsic ; demande le remboursement de 16 assignats de 500 livres (18 juill. 1853) ; — renouvelle sa demande en envoyant un ouvrage de ses mains à « Napoléon IV » (26 oct.).

960

Loewenstein (Le docteur), médecin à Ingenheim (Bavière) ;

ayant étudié au gymnase d'Augsbourg avec l'empereur, et ne pouvant faire la dépense de 1,400 fr. pour envoyer son fils aîné en France y prendre le grade de docteur et compléter ainsi les études médicales qu'il a faites en Allemagne, il supplie S. M. d'accorder à ce fils la permission d'exercer la médecine en France sans autre diplôme que celui de docteur allemand (mai 1857). — *Envoyé* 1,400 fr. — Le docteur Loewenstein père écrit pour témoigner sa reconnaissance : «... Le soussigné, plein de respect, et sa famille, prieront Dieu sans cesse de conserver la vie et la santé de V. M., car l'une et l'autre sont indispensables pour le bien-être de la France et de toute l'Europe. La vigueur extraordinaire et étonnante qui a su anéantir promptement, comme la foudre, le désordre, l'embrouillement, la peine et la misère des habitants de l'Europe, cette vigueur qui a répandu pendant cinq années, d'une manière presque surhumaine, plus de bienfaits que les hommes les plus éclairés, les plus honorés et les plus célèbres ont pu répandre pendant leur vie entière, une apparition aussi extraordinaire parmi la société humaine, différemment déchirée, — Sire! il faut que cette vigueur soit sous la protection singulière de Dieu ! » (17 août 1857).

961

Loewenstein, à Francfort-sur-M.; félicitations au sujet de l'insuccès de l'attentat du 14 janvier 1858 (17 janv.).

962

Lohrengel (Louis), gardien de cimetière de Magdebourg (Prusse); envoie à l'ambassadeur de France à Berlin la photographie du tombeau de Carnot, avec trois feuilles de lierre cueillies sur sa tombe et écrit : «... S. M. l'empereur ayant voulu conserver les restes de Carnot à la France n'a rencontré que des ingrats. Néanmoins ces intentions généreuses appréciées par le monde entier, ont eu pour effet de déjouer les desseins de Carnot fils. J'ose prier V. E. de vouloir bien présenter les objets ci-inclus à S. M. comme un témoignage de respect de la part du gardien du tombeau en question. Je profite de cette occasion pour informer V. E. que le tombeau passe en d'autres mains et que l'humble tertre couvert de lierre va disparaître sous une pierre monumentale qui effacera jusqu'aux derniers vestiges des soins prodigués à ce coin de terre par des mains discrètes.. » (18 mars 1864). Il ajoute en post-scriptum : « L'une des feuilles de lierre peut être considérée comme le symbole de la Foi qui se nourrit du beau et du vrai ; la seconde feuille représente la Charité qui les vivifie ; la troisième feuille personnifie l'Espérance qui fait entrevoir leur triomphe final. » — *Classer.* — Le même apprenant, dit-il, que l'empereur a décerné la croix de la Légion d'honneur à quelqu'un à l'occasion de ce tombeau, envoie une note rectificative des faits qui ont abouti à ce résultat, et sollicite la croix pour lui-même (17 oct.). — *Classer.*

963

Lohse (Carl), à Plauen (Saxe); offre à l'empereur (sept. 1864), à la France (janv. 1865), une préparation des aliments qui conviennent à la nourriture des chevaux. Pauvre et malade, il demande une récompense. — *Renvoyé* au ministre de la guerre.

964

Lorck (Carl B.), consul général danois à Leipzig; expose à l'empereur que chargé de traduire la « Vie de César » en danois, norwégien et suédois, il a mis tous ses soins à s'acquitter de cette entreprise ; mais qu'il a rencontré des difficultés plus grandes qu'il n'avait supposé, que les évènements politiques l'ont même obligé à cesser ses affaires et que ses pertes, par suite du travail qu'il a entrepris, s'élevant à plus de 10,000 fr., il prie S. M. de vouloir bien lui venir en aide de la façon qui lui conviendra (16 avril 1868). — *Répondu que l'empereur a voulu rester étranger aux questions de traduction et que c'est à l'éditeur Plon qu'on doit s'adresser.*

965

LÜDDE (Le docteur Johann Gottfried), membre de l'Académie royale des sciences naturelles de Berlin; il y a vingt-trois ans, lorsqu'il habitait le château de Lenzburg, il eut l'honneur d'y voir l'empereur qui vint lui demander des nouvelles du peintre Sparrmann. Il eut alors un long entretien avec S. M. et lui parla d'espérances et de prévisions qui se sont réalisées depuis. L'empereur le quitta après lui avoir serré la main avec bonté. C'est à ces titres qu'il vient aujourd'hui lui offrir son dévouement et ses services et lui exprimer son vif désir de les voir agréer. Sa vie consacrée à la science et ses ouvrages le rendraient particulièrement apte à occuper une place de professeur de géographie ou de bibliothécaire. Son expérience des hommes et des affaires publiques le mettrait à même de se rendre également utile dans tout autre poste auquel il serait appelé. Il termine en priant l'empereur de lui accorder, à titre de souvenir (*mir zum Andenken zu verleihen*), la décoration de la Légion d'honneur (4 août 1854). — *Refus poli.*

966

LUDWIG (Alex. Fried. Wil.), tapissier à Danzig, en séjour à Paris; adresse une pièce de vers à l'empereur en l'honneur du 15 août 1864. — *Classer.*

967

LURSSEN (Friederich), fabricant de bouchons de liége à

Delmenhorst; écrit à l'empereur afin de solliciter de lui un emprunt de 100 à 150 mille francs pour rétablir ses affaires (1869). — *Classer.*

968

Lütgen (B.), natif de Prusse, professeur d'allemand de la princesse Clotilde Napoléon, honoré de la médaille artistique du saint Père, recommandé par le baron d'Arlincourt; sollicite l'emploi de professeur d'allemand du prince impérial (déc. 1863). — *Répondu* que le prince est trop jeune. — Le même prie l'empereur d'accepter la dédicace d'un chant national de sa composition intitulé : « Vive l'Empereur ! » ... (juin 1865). — *Refus* par mesure générale.

969

Lüttwitz (Wilhelm baron Von), à Gorkau (Prusse); lettre à l'empereur consacrée à des considérations politiques dont le but apparent n'est que de souligner et de paraphraser les paroles : « L'empire c'est la paix » (mars 1869).

970*

Lutz, à Obenheim; demande un secours (25 mars 1858). — Même demande (12 avril 1858).

971*

Lutze, à Bamberg (Bavière); demande un secours (4 sept. 1861).

972

Lutze (Le docteur Arthur), médecin; sollicite une audience

pour recommander à l'empereur son établissement homœopathique de Coethen (1867). — *Refus.*

973

Lützen (Joséphine, née Cordonnier), à Rethem (Hanovre); sollicite de l'empereur le remboursement d'un assignat de 250 fr. qu'elle envoie (1865). — *Refus.*

974

Lutzow (Berthe), à Lückenwalde, près Berlin; se trouve par suite de la faillite de son mari dans une complète misère et sollicite de l'empereur un prêt de 300 thalers (1125 fr.) afin de monter un commerce de tabac (mars 1865). — *Refus.*

975*

Maas, à Bagenz (Prusse); sollicite le remboursement d'assignats (12 oct. 1859).

976*

Machtner, à Tonnenburg (ou buhr) en Prusse; demande un secours (22 mars 1858).

977

Mack (Martin), à Langenau (Wurtemberg); offre à l'empereur pour 2,400 francs un bois singulier provenant d'un chevreuil tué dans le Tyrol (mai 1869). — *Classer.*

978*

Mader (G.), à Passau (Bavière); envoie une marche en musique dédiée à l'impératrice (mai 1856).

979

Madroux (Le général Ludwig von), à Donauwerth (Bavière); a été attaché à la maison de l'empereur et à celle de la reine Hortense pendant son voyage en Italie; il adresse ses félicitations à l'occasion de l'attentat du 28 avril (juin 1855). — Il adresse ses félicitations à l'occasion de l'attentat du 14 janv. (12 mars 1858).

980

Madroux (Louise von), à Donauwerth; sollicite un secours (11 fév. 1865). — *Accordé.*

981

Madroux (Max von), capitaine de cavalerie, à Ansbach; annonce à l'empereur la mort du général, son père. « V. M. I. perd en lui, il en est certainement convaincu, un adorateur fidèle qui jusqu'au dernier de ses jours, pensait avec le plus grand attachement au temps où il avait le bonheur de vivre dans la suite de V. M... » (juin 1865).

982

Maeggerath (Le docteur) ou Weggerath (?), directeur des mines, professeur, président de la société archéologique du Rhin, à Bonn; remercie pour la croix qu'il a obtenue (1870).

983

Maeder (Rudolph), chanteur allemand, « *deutscher Saenger* ». Ayant appris que la demande d'emploi adressée par lui au ministère des affaires étrangères n'a aucune chance de succès, il s'adresse de nouveau à l'empereur pour obtenir une place dans l'administration des propriétés de S. M. en Allemagne, ou un petit capital à titre de prêt, pour entreprendre un modeste commerce (1863). — *Refus*.

984*

Maerkt (J.), à Augsbourg; remercie de la montre qui lui a été envoyée (22 mai 1854).

985*

Mahnert (G.), à Augsbourg; se recommande comme ayant repassé un rasoir de l'empereur Napoléon (3 mars 1856).

986*

Maier (Joseph), à Oberrath; se rappelle à l'empereur pour l'avoir conduit comme postillon (12 janv. 1853).

987*

Maier (Thérèse), à Eugen près Constance; demande un secours (28 fév. 1853).

988*

Maier, à Neresheim (Wurtemberg); demande un secours (26 sept. 1857).

989*

Maier, à Kœnigsberg; offre un portrait de Napoléon Ier (20 déc. 1860).

990

Mair (Fred. Jos.), maître de musique à Sontheim (Wurtemberg) ; offre une marche militaire de sa composition dédiée à l'empereur et ajoute que « peut-être se trouvera-t-il pour lui une place en France » (1869).

991

Maier, ancien militaire, à Radkersburg ; adresse ce télégramme : « Je guéris la prostate, si la maladie n'a pas les symptômes du cancer,...; donnez-moi, je vous prie, les ordres de S. M. » (sept. 1869).

992*

Maisch, à Ravensburg (Würtemberg) ; offre relative à des mouchoirs (16 sept. 1856).

993*

Maisch, à Bruchsal (Baden) ; propose une « loterie de vitraux » (?) (16 juin 1860).

994*

Mallhaus (Fritz), à Buchkeim (Baden) ; demande un secours (18 fév. 1853).

995

Malorte (H. von), grand maréchal du palais, ministre d'État et de la maison du roi de Hanovre ; offre à l'empereur, au nom de son souverain, l'édition publiée par ordre de celui-ci, des manuscrits posthumes de Leibnitz conservés à la bibliothèque royale de Hanovre (juin 1864 et juill. 1865).

996

Maltzan (Le baron von), chambellan du roi de Bavière ; fait hommage à l'empereur, en 1865, de son « Pèlerinage à la Mecque », et en 1870 de son « Voyage aux régences de Tunis et de Tripoli », qui peut l'intéresser, dit-il, l'auteur s'étant « trouvé souvent sur le même terrain historique que S. M. « dans son célèbre ouvrage » sur la vie de César.

997

Mangold (Le docteur Ludwig von), homme de lettres, à Carlsruhe et à Herdwangen (Baden); demande un secours pour venir à Paris étudier la médecine (avril 1853). — Renouvelle sa demande (juin 1853). — Connaissant la bonté de l'empereur depuis le château d'Arenenberg, il sollicite le plus tôt possible un moyen de gagner sa vie en France (16 déc. 1862). — Adresse ses vœux de nouvel an et renouvelle sa demande d'un petit emploi ou de quelque don (28 déc.). — La désunion des princes allemands lui fait croire l'occasion propice pour que S. M. s'acquière des sympathies en Allemagne (déc. 1863). — Demandes incessantes accompagnées souvent de pièces de vers : « Ne te décourage pas », « L'Allemand à la porte du ciel », etc. (1864-65). — *Accordé de nombreux secours.*

998*

Mangold, à Tryberg (Baden); demande un secours (2 sept. 1861).

999

Mannheimer (Mina); venue à Paris pour chercher son mari qui l'a abandonnée depuis trois mois et ne l'ayant pas trouvé malgré ses recherches auprès de tous les Allemands qu'elle a pu voir, mais ayant épuisé jusqu'à ses dernières ressources, elle supplie l'empereur de lui venir en aide pour qu'elle puisse retourner dans son pays (1870).

1000

Mansfeld (Albert); sollicite une audience pour remettre à l'empereur son « Histoire de Napoléon III ». Il est recommandé au grand chambellan par la lettre suivante : « M. le duc, un historien allemand vient de publier en excellent français l'histoire de l'empereur en 2 volumes, sous le nom d'Albert Mansfeld. C'est ce qu'on a fait de mieux, de plus profond et de plus hautement politique sur Napoléon III. J'ai lu cette histoire d'un bout à l'autre; elle est populaire en Alsace; elle le sera en France. C'est beau pour un Allemand d'avoir rendu un si grand service au sauveur de la patrie. L'effet en Allemagne en sera excellent pour l'empire. L'empereur fera une chose digne de Sa Majesté d'honorer de son audience ce noble écrivain, supérieur à tant d'autres. Je viens donc vous prier, M. le duc, d'insister auprès de S. M. pour que M. de Mansfeld lui présente l'hommage de son grand ouvrage. L'empereur en sera très-fier en le lisant. Agréez, M. le duc, l'assurance de ma haute considération. L. Belmontet » (1er avril 1861).

1001

Manteuffel (Le baron von), grand maître des forêts de Saxe; par l'intermédiaire du ministre de Saxe, il offre à l'empereur la traduction française de son ouvrage sur le reboisement des terrains et surtout des montagnes (janv. 1868).

1001 bis

Manteuffel, voy. Kleiht.

1002

Marchner (Joseph), journaliste à Ratisbonne ; adresse à l'empereur un croquis fait par lui de l'emplacement ou s'arrêta Napoléon Ier lorsqu'il fut blessé à Ratisbonne et d'un bloc de pierre (de ceux dits druidiques) sur lequel il s'assit en cette circonstance. Ce bloc a été décoré par les soins et aux frais de Marchner d'une inscription en marbre noir qui rappelle l'événement. Il fait appel en conséquence à la générosité de S. M. (oct. 1864). — Sur la demande du cabinet il envoie la note des frais qu'il a supportés pour l'érection du monument en question. La note s'élève à 107 fr. — *Accordé 200 fr.* (janv. 1865). — Sollicite de l'empereur les moyens de faire un voyage en Égypte (1867).

1003

Marie (sans autre nom), à Vienne : « Votre Majesté, cher bon empereur! Ne vous irritez pas de ma hardiesse si j'ose, Votre Majesté, vous importuner de mon écrit ; quoique V. M. doive être surprise de ma prière. Je demande très-humblement à V. M. : Si V. M. pouvait faire la paix ! Car il va y avoir misère et calamité ! C'est un péché qu'on aille ainsi tuer les beaux jeunes hommes (*Es ist eine Sünde das man die schönen jungen Maenner so tot schiesst*)! V. M. en souffrira elle-même, n'est-il pas vrai ? Je suis une pauvre jeune fille, bourgeoise de Vienne, qui travaille depuis le grand matin jusqu'au soir tard, et je suis dans le chagrin, car j'ai un bon ami, qui doit aussi partir. Ah ! que Dieu le protége pour qu'il ne lui arrive rien dans la guerre. Je vous supplie mille fois, cher et magnanime empereur (*lieber seelenguter Kaiser*) pour qu'on fasse la paix. Votre Majesté, je l'espère, voudra nous combler tous de joie. Je vous demande très-humblement de ne pas être fâché que j'aie osé écrire à Votre Majesté. Votre fidèlement soumise, Marie. — *P. S.* Je n'ai rien dit à mon papa de ce que j'ai osé vous écrire » (1).

1004*

Mark (F.), à Ansbach; offre un assignat de 25 livres et demande un secours (1er sept. 1853). — Nouvelle demande de secours (12 fév. 1854).

1005*

Markt ou Mærkt (J.), à Augsbourg; demande un secours (6 nov. 1854). — Même demande (26 fév. 1856). — Même demande (22 sept. 1856). — *Id.* (17 fév. 1857). — *Id.* (24 août 1857. — Demande le renvoi d'objets qu'il avait offerts à l'empereur et qui avaient été refusés (5 déc. 1857).

1006*

Marouschnig, à Gürk; offre un portrait de Napoléon II (27 janv. 1853).

1007

Martin (Heinrich), à Dresde; adresse à l'empereur un de ses ouvrages; il est ruiné et sollicite un secours (1868).

1008

Marwitz (Le capitaine A. von der), à Wundichow en Poméranie; écrit à l'empereur pour lui faire hommage d'un portrait du général Fajac, officier français du premier Empire, ne

---

(1) Cette pièce, en vérité charmante, n'a pas de date; elle se rapporte sans doute à l'année 1859. Elle ne porte pas le timbre du cabinet, mais l'indication, au crayon : « Casier rouge. »

voulant pas laisser ce souvenir à des héritiers incapables d'en apprécier la valeur (27 mai 1870).

1009

Masche (Louis), interprète à Berlin ; sollicite le remboursement de 27,500 fr. en assignats. « Mes démarches pour recouvrer cet argent ont été inutiles jusqu'à ce jour ; mais ne pouvant croire que l'empire français ne fera point honneur aux assignats nationaux de la République, période précédente de l'empire glorieux, je prends la liberté d'appeler à V. M... » (1863). — *Refus.*

1010

Maucher (Le docteur J. E.), à Carrolltown (Cambria) ; envoie à l'empereur la formule d'un remède contre la pierre, dont il a lui-même éprouvé les bons effets (13 mai 1870).

1011

Mauk, à Ellwangen (Würtemberg) ; adresse à l'empereur une composition poétique en prose, en l'honneur de Charles, roi de Würtemberg (1868). — *Classer.*

1012

Maurer (F. Ant.), ancien conseiller de S. A. le prince de La Tour et Taxis, à Ratisbonne ; ayant en sa possession une collection de lettres de Napoléon Ier, qui proviennent de la succession du Prince Primat, grand duc de Francfort, il serait heureux que l'empereur acceptât cette collection ; il ne veut point la vendre, mais il espère que S. M. daignera lui accorder en échange une marque quelconque de souvenir (mars 1867). — Le même envoie ladite collection, savoir : 23 lettres autographes de Napoléon Ier, 19 léttres de divers membres de la famille impériale, 2 autres lettres et un manche de couteau en argent, couteau ayant servi au déjeuner de Napoléon Ier à Ratisbonne. « Votre Majesté Impériale, dit le donateur, par la gracieuse acceptation des précieux papiers ci-joints, elle a honoré le très-fidèle admirateur du grand et immortel empereur Napoléon Ier, d'une grâce qui le remplira d'une juste fierté jusqu'à la mort... » (avril 1867). — L'empereur lui envoie en présent deux vases de Sèvres.

1013*

MAURITZ (Wilh.), à Aerdingen (Prusse); envoie une cocarde portée par l'empereur à Leipzig (janv. 1853).

1014

MAUSCHERNING (La veuve du capitaine), à Arnsberg (Prusse); offre à l'empereur de lui vendre différents objets, tels qu'argenterie de table, chaîne d'or, coffret de bois, bijoux, diamants, etc., pris par son mari dans les voitures de Napoléon Ier après Waterloo (10 janv. 1853). — Renouvelle sa demande le 6 janv. 1868. — Répondu par une demande des prix. — Le 29 janvier la dame MAUSCHERNING renvoie l'inventaire sans les prix, parce que ce sont des objets d'affection dont le prix ne peut être évalué sûrement, et en ajoutant que deux articles viennent d'être vendus par elle. — *Refus.*

1015

MAUSS (F.), à Stammheim ; écrit au prince président pour approuver énergiquement son coup d'état. Il l'encourage à améliorer le sort du peuple, qui jusqu'à présent n'a retiré aucun avantage des révolutions. A cet effet, il lui conseille d'établir une Banque Nationale dont il indique les bases. Chaque citoyen devrait déclarer à cet établissement le montant de sa fortune. Tout propriétaire qui aurait plus d'un certain capital, serait obligé de vendre ce surplus. La banque lui en garantirait l'intérêt, mais pourrait, au besoin, disposer des capitaux. L'Etat n'aurait rien à craindre des riches et pourrait donner du travail aux pauvres. Il termine en demandant le portrait du prince (9 mars 1852).

1016*

Mayer (Karl), à Munich ; demande la permission de dédier à l'empereur une composition musicale (1er fév. 1853).

1017*

Mayer, à Ulm; sollicite pour vendre à l'empereur un de ses tableaux (24 sept. 1857).

1018

Mayer (Maximilien), à Fribourg (Baden); fait appel à la munificence de l'empereur (1864). — *Secours accordé.*

1019

Mayer (Frieda), à Constance; rappelle que l'empereur a beaucoup connu la mère d'elle, baronne von Bodmann, et fait appel à la munificence de S. M. pour obtenir, en mémoire de ces relations, une petite maison à Paris, qui assure à sa mère et à elle une existence devenue difficile depuis la mort de son père (oct. 1864). — Mme Mayer née von Bodmann remercie pour le beau présent que l'empereur lui a envoyé (mars 1865). — Elle prie l'empereur d'accepter un petit cadeau (des lambrequins brodés) du travail de ses mains (déc. 1865).

1020

Mayer (Blasius et Karl), Bavarois; obtiennent de l'empereu^r un don de 80 florins pendant le voyage à Salzbourg (1867).

1021*

Mayer (Johann), étudiant à Innsbruck; demande un secours pour terminer ses études médicales (1869).

1022*

Mayr (Th.), à Augsbourg; demande un emploi dans la maison de l'empereur (12 avril 1855).

1023

Mayr (P.), à Augsbourg; demande un secours (1er oct. 1857).

1024*

Mayrhofer, à Berlin; hommage d'une composition musicale (14 juill. 1860).

1025*

Mederich, à Lebbin (Prusse); demande un secours (5 mars 1860).

1026*

Meisner, à Paris; fait hommage à l'empereur de poésies allemandes (18 mai 1858).

1027*

Mencke (F.), serrurier à Landsberg; demande une place auprès de l'empereur pour un de ses fils (janv. 1853).

1028

Menkes (Abr. Isaac), imprimeur à Lemberg ; a reçu en 1866 l'autorisation de faire imprimer à Paris, à l'imprimerie impériale, une Bible polyglotte en seize langues. Venu à Paris pour exécuter ce projet, il calcule que les frais s'élèveront à 500,000 fr. et pourront être couverts par la vente de mille exemplaires à 500 fr. Son désir serait de payer l'impression avec le produit de la vente ; pour cela il demande que le gouvernement français lui prenne tout ou grande partie de ses 1,000 premiers exemplaires qu'on lui payerait en le faisant imprimer gratuitement. Il demande aussi que cette édition porte le nom de « *Polyglotte impériale Napoléonniene* », à l'exemple de la Bible polyglotte d'Anvers qui fut nommée Royale en l'honneur du roi Philippe II (1867). — *Renvoyé au ministre*. — Le même, propriétaire d'une Bible hébraïque, imprimée à Amsterdam en 1723 et formant 4 volumes de grandeur colossale, reliés en bois et en cuir de Russie et du poids de 100 kilos, offre l'acquisition pour le prince impérial de ce « merveilleux ouvrage » et sera satisfait du prix qu'on voudra lui en donner (janv. 1868). — *Refus*.

1029

Menz (Fr. J.), docteur en philosophie et curé de Wachendorf (Würtemberg) ; Waldmann, bourguemestre; Walz, maire, et onze bourgeois du même lieu ; remercient l'empereur de leur avoir épargné le payement des dépenses faites à Paris, à l'hospice de la Salpêtrière pour Sophie Faïs leur compatriote (1866).

1030

Mentzingen (Le baron Karl Von), colonel Würtembergeois, blessé dans la campagne de Russie ; sollicite la médaille de Sainte-Hélène (1858).

1031*

Merche (Heinrich), à Germersheim ; félicitations à l'empereur sur son mariage (29 mars 1853).

1032*

Merkl (Joseph), à Augsbourg, ancien jardinier de la reine Hortense ; offre un bouquet de fleurs à l'impératrice (17 août 1867). — *Envoyer* une médaille d'or.

1033*

Mertzenfeld (Le baron Mertz Von), à Aix-la-Chapelle ; propose à l'empereur un nouveau projectile (26 fév. 1854).

1034*

Merz (Von), à Munich ; demande un secours (2 janv. 1855).

1035

Merz (Fanny Von), Bavière ; veuve d'un officier qui avait servi sous Napoléon Ier, demande une audience pour appeler la bienveillance de l'empereur sur sa situation (1867).

1036

Messang et Voigt, à Rudolstadt (Schwarzburg) ; offrent

de faire connaître un procédé pour la fabrication des amorces destinées au fusil à aiguille et analogues à celles du système prussien (juill. 1864). — *Refus avec remerciement.*

1037*

Metze, à Cologne ; sollicite un prêt de 3,000 fr. (5 juin 855).

1038

Metzeroth, brocanteur à Weimar ; offre à l'empereur de lui procurer le traîneau qui a servi à Napoléon 1er pour revenir de Russie et traverser l'Allemagne (fév. 1865).— *Classer.* Note du cabinet : « Déjà un traîneau a été offert par un marchand d'Erfurth. Le ministre de France a répondu qu'il était apocryphe, Napoléon n'ayant pas voyagé en traîneau. C'est probablement le même repris en sous-œuvre par un confrère. »

1039*

Metzger, à Fürstenberg ; félicitations sur le mariage de l'empereur (12 mai 1853).

1040

Metzger (Veuve), de Constance, dont le mari, professeur, fut chargé de diriger l'exécution du requiem pour le service funèbre de la reine Hortense ; n'ayant d'autre ressource qu'une pension de 50 fr., elle s'est mise en service à Francfort, et prie l'empereur de faire recommander son fils à une maison de cette ville (1855).

1041

Metzler (Joseph), à Münster ; diverses demandes de se

cours (1862-1868). « L'empereur, père des veuves et des orphelins, ne refusera pas une demande de secours que lui adresse un ouvrier âgé de 31 ans, gagnant 1 fr. 20 c. par jour et ayant à sa charge une vieille mère âgée de 70 ans. » — *Classer.*

1042*

Meyer (Christian), à Constance; remercie pour un secours de 200 fr. (13 fév. 1853).

1043*

Meyer (Anton), à Augsbourg; demande un secours (14 fév. 1853).

1044*

Meyer (Leidel), à Schweinheim (Bavière); demande un secours (14 mai 1853).

1045

Meyer, libraire à Hambourg; éditeur d'un ouvrage intitulé : *les Hauts faits de Napoléon Ier*, il supplie l'empereur d'en accepter l'hommage. Il ne demande rien (déc. 1853).— Note: « S'informer où est l'ouvrage, accepter, remercier et envoyer un cadeau, N. » *Réponse :* « L'Empereur a daigné agréer l'hommage... S. M. me charge de vous faire savoir qu'elle a été sensible à cette marque de votre dévouement et je vous envoie par ses ordres, comme témoignage de sa bienveillance, une médaille d'or à son effigie » (fév. 1854).

1046*

Meyer (M.), à Steinburg; demande un emploi pour son fils dans les écuries de l'empereur (7 déc. 1854).

1047*

Meyer, à Postdam (Prusse) ; envoie une chanson au sujet de l'attentat contre l'empereur (4 mai 1855).

1048*

Meyer (C.), à Winkel ; fait hommage d'un poëme par lui composé sur Jeanne d'Arc (26 août 1854).

1049*

Meyer, à Ulm ; offre un ouvrage composé par lui sur le drainage (23 déc. 1856).

1050*

Meyer, à Ludwigsburg ; demande un secours (20 sept. 1857).

1051*

Meyer, à Ansbach ; hommage d'une poésie composée par lui sur l'attentat du 14 janvier (18 janv. 1858).

1052*

Meyer (Margaretha), à Offenbach (Hesse) ; abandonnée par son mari qui, après être allé à Strasbourg, aurait disparu et serait en Afrique, engagé dans la légion étrangère, elle prie l'empereur de le faire rendre à sa famille et envoie le portrait photographié du fuyard (juill., puis sept. 1864). — *Classer.*

1053

Meyer (Fried. Ad.), à Goslar (Hanovre); propose à l'empereur un remède contre la goutte (1868). — *Classer.*

1054

Michaelis (Mme R.), à Berlin; « ayant appris par les journaux que S. M. est souffrante aux jambes, s'empresse de lui communiquer respectueusement qu'elle possède un remède tout innocent et inconnu jusqu'à nos jours pour faire évanouir ces douleurs cuisantes. Ce remède consiste en une étoffe qu'on ne peut se procurer qu'en Amérique et qu'un monsieur venant de ce pays a bien voulu lui donner à elle-même pour la guérir... » (1864). — *Classer.*

1055

Michalsky (Stanislas), instituteur primaire, à Dobrzyca, Posen (Prusse); offre ses félicitations à l'empereur sur l'insuccès de l'attentat du 14 janvier. Il ajoute que pendant son séjour à Londres, c'est lui qui fabriquait les cigarettes pour l'empereur dans la fabrique de son oncle Michalsky (16 janv. 1858).

1056*

Michel, à Illighausen; sollicite un prêt de 500 francs (29 déc. 1858).

1057

Michel (Jos.), libraire à Mayence; remerciement pour un beau présent dont l'empereur a eu la grâce de l'honorer (janv. 1863); — rappelle à l'empereur qu'il obtint il y a peu d'années une médaille d'or pour avoir offert un ouvrage édité par lui sur l'art de la guerre chez les Romains et sollicite un secours qui lui permette de continuer ses affaires ruinées en ce moment par la guerre qui désole l'Allemagne (18 juill. 1866). — Écrit qu'il retire sa demande à l'empereur, un ami inattendu étant venu à son aide (22 juil.).

1058*

MICHELSTADT, à Coblenz; demande un secours (15 juin 1860).

1059

MICHELUP (L. M.), à Vienne; rappelle l'envoi qu'il a fait à l'empereur de cinq exemplaires d'un ouvrage de lui sur les monnaies, poids et mesures (1868).

1060*

MILDE, à Landeshut (Prusse); demande l'autorisation d'offrir une dédicace au prince impérial (10 mars 1857).

1061

MILLER (Michel), photographe à Vienne; demande l'autorisation d'offrir à l'empereur les portraits photographiés des membres de la conférence de Vienne (août 1855).

1062

MILLER (Jos.), Allemand, à Bloomington; recommande à l'empereur les bains de pieds aux œufs de fourmi (juin 1870).

1063*

Mireur (Christ.), à Augsbourg; sollicite un secours comme ancien serviteur (juin 1856).

1064

Mireur (Nanette), à Augsbourg; sollicite un secours comme ayant été 22 ans au service de la reine Hortense (1856).

1065*

Mireur (C. ou N. ou autre), à Augsbourg; remercie du secours de mille francs qui lui a été accordé (24 oct. 1856). — Demande un nouveau secours (29 sept. 1857).

1066

Missler (R. T.), de Saxe-Weimar, compositeur, décoré de l'ordre du mérite civil de S. A. R. le grand-duc de Saxe; demande l'autorisation d'offrir son Traité de composition musicale. «... Ce qui semblait inabordable devient un jeu d'enfant d'après notre Traité. Ce Traité, nous l'offrons à S. A. le prince impérial; daignez, Majesté, l'accueillir favorablement. En quelques séances, si V. M. veut bien me mettre à l'épreuve, S. A. le prince impérial composera, et dans les règles voulues, une valse, une polka ou tout autre air de musique» (28 déc. 1863). — *Refus*. — Encouragé par l'accueil que l'empereur a fait à plusieurs de ses compositions, il sollicite la souscription de S. M. pour un certain nombre d'exemplaires de son Traité, dont Rossini a accepté la dédicace (2 oct, 1864). — *Renvoyé* à la direction des Beaux-arts. — Offre une nouvelle œuvre musicale qu'il a intitulée : « Retour du Mexique » (26 déc. 1864). — Remercie de l'acceptation de sa cantate

« Retour du Mexique », et demande l'insertion au Moniteur d'une note qui constate cette acceptation (23 janv. 1865).

1067*

MITTWEIDA (Le bourguemestre de), Prusse; félicitations à l'occasion de l'attentat du 14 janvier (22 janv. 1858).

1068

MOEDINGEN (G. A.), « assistant du contrôle », à Berlin; étant sans fortune, il sollicite le remboursement d'un assignat de 10,000 fr. qu'il a trouvé dans les papiers de feu son père et qu'il envoie (1864).— *Renvoi* de son assignat.

1069*

MOELLER, à Dœschnitz; sollicite une récompense pour une invention qu'il a offerte (2 janv. 1856).

1070*

MOHL (L.), à Stuttgard; propose un moyen d'amortissement de la dette française (fév. 1855).

1071*

MOHR (M.), à Lemberg (Autriche); envoie une biographie de l'empereur imprimée et un manuscrit de l'histoire de Napoléon Ier en hébreu (17 juill. 1853).

1072

MOHR (Mme), à Waldshut (Baden); offre à l'empereur ses compliments de nouvelle année et fait hommage d'un morceau pour piano, de la composition de son mari (janv. 1855).

1073

Mohr, voy. Hadra.

1074*

Mons (Carl), à Bernburg (Hesse); ancien adjudant de Napoléon II, demande un emploi (janv. 1853).

1075

Mojean (Julius Edw.), « œconomie-inspector, » à Berlin ; adresse une très-humble félicitation en vers (*allergehorsamste gratulation*) à l'empereur pour l'anniversaire de sa naissance (sur le texte du Psaume XLI, versets 2-4), 20 avril 1865. — *Classer.*

1076

Mommsen (Théodore), à Berlin (1), aujourd'hui professeur à

---

(1) Cet érudit a récemment écrit dans les journaux de son pays pour nier énergiquement qu'il ait jamais rien reçu, « ne fût-ce qu'un franc, » de l'ex-empereur, et pour dire qu'il a refusé l'indemnité qu'on lui avait offerte à raison de sa participation à l'édition des *Œuvres de Borghesi*, publiée aux frais de la cassette impériale. « Je n'aurais point donné cette explication, ajoute-t-il, si la presse allemande ne l'eût exigée de moi, car pour les assertions de la presse française, je n'ai point de réponse à leur faire. Ce n'est pas seulement à cause de sa bêtise (*und nicht etwa blosz ihrer Albernheit wegen*)...; mais une considération plus sérieuse m'impose le silence. Depuis la dernière guerre, le commérage parisien et la presse française qui en est l'expression se sont fait un système de donner cours à des faits mensongers, déshonorants s'ils étaient vrais, qu'on attribue aux savants allemands qui sont connus, et haïs, en France. Pour ce qui me concerne je pourrais, si je jugeais que cela en vaille la peine, mettre en avant d'édifiants exemples de pasquinades de ce genre..... Une opinion publique de la France à laquelle les savants allemands puissent en appeler, il n'en existe plus. De même qu'il paraît méritoire en ce pays de frapper à mort les Allemands qui s'y trouvent, de même c'est un acte de patriotisme de porter atteinte

Strasbourg; adresse à l'empereur un exemplaire du commencement de sa nouvelle édition des *Pandectes* en le remerciant de

à l'honneur de ceux qui ne s'y trouvent plus, au moyen de calomnies qu'on élabore soit en les inventant, soit en les répandant, soit en se taisant... » (3 janv. 1872.) Déjà avant cette lettre, parue dans la *Gazette de Voss*, un savant français des plus éminents avait cru devoir venir au secours de Th. Mommsen en publiant dans le *Moniteur universel* du 1ᵉʳ janvier une lettre qui se termine en ces termes : « ... Je dois à la vérité de déclarer qu'il est à ma parfaite « connaissance que M. Mommsen n'a jamais touché sous une forme « quelconque aucune pension, indemnité ou subvention de l'empe- « reur Napoléon III. » Ces déclarations octroient à Th. Mommsen le bénéfice d'une confusion dans les mots. Il ne recevait aucune pension et n'a touché aucune indemnité ; seulement le caissier de l'empereur lui remettait de temps à autre des sommes d'argent (environ 3,000 fr. pour l'édition de Borghesi, par exemple), qu'il distribuait entre ses amis, élèves ou secrétaires berlinois, travaillant sous sa direction et au profit de sa gloire. Rien de plus légitime, de plus honorable que de prendre part à une œuvre scientifique et d'en tirer un juste émolument. Rien même d'extrêmement incorrect à recevoir de l'empereur (après l'avoir demandé) 500 fr. pour quelque allemand nommé Walter ou autre. Mais n'est-il pas odieux, lorsqu'on est dans de tels rapports de courtoisie et de solidarité avec les savants français, lorsqu'on a brigué auprès d'eux l'honneur de s'entretenir familièrement avec le souverain du pays, qu'on a dîné à sa table, qu'on a savouré ses faveurs, de prendre la parole contre ceux dont la veille on serrait la main, assis à leur foyer ? Et quelle parole ! Dire de ceux-là même « que la belle Internationalité enseigne de respecter » (voy. ci-dessus), qu'ils vont tomber de la *blague* (c'est le mot du savant Mommsen) dans le désespoir ; dire que la saleté de la littérature française n'est comparable qu'à la saleté des eaux de la Seine à Paris ; dire que ce salon des Tuileries où l'on a été accueilli était comme un salon du *demi-monde* ; et ce ne sont là que les menus propos, les gaietés de cette haine germanique. Leur auteur était plus sérieux en signant les adresses de la municipalité de Berlin au roi Guillaume. Lui-même a bien senti le louche de la situation, lorsqu'il écrivait à l'un de nos académiciens dans une lettre dont le journal *le Moniteur* (12 janv. 1872) n'a cité que quelques lignes : « Je demande si votre Académie veut continuer ses rapports avec la nôtre, ou plutôt, car il s'agira de cela, remplacer à cet égard l'empereur, *et si le public le souffrira...* » Cette lettre est du 13 mars 1871. Ainsi, après tout ce qui s'était passé, la faveur extraordinaire dont il a été l'objet, relativement aux manuscrits de la grande bibliothèque de Paris. Il ajoute : « Si les sciences et les lettres en général ont un caractère international et si tout le progrès du genre humain se résume dans le développement de cette belle internationalité, qui n'égalise pas les nations, mais qui leur enseigne de se comprendre, c'est-à-dire de se respecter et de s'aimer, tout ce qui se rattache au peuple romain, source commune de la civilisation actuelle, porte éminemment ce caractère international; » juin 1866 (1). — *Reçu* par lequel Th. Mommsen reconnaît avoir touché sur la cassette de l'empereur, 500 fr. destinés à être remis par lui à M. Walter (2) de Berlin (sept. 1864).

1077

Moralt (Lina), née Von Lemmingen, de Munich; sollicite une audience de l'empereur et un secours d'argent. «... Je ne souhaite pas beaucoup; seulement que je peux partir en Bavière... » (Genève, 1865).

1078

Moriell (J. G.), *Regierung's Revisor* (contrôleur des contributions), à Carlsruhe; écrit à l'empereur qu'il y a trente-cinq ou trente-huit ans, il a eu le bonheur de lui sauver la vie. C'était lorsque, jeune homme encore, l'empereur se baignait dans le Rhin près du château d'Arenenberg. L'intendant de la reine Hortense était présent et c'est dans la maison de M. Lieb, à Ermattingen, que le prince évanoui fut transporté. Le

---

à peine le siége de Paris levé, l'illustre allemand revenait, quémandant à nouveau.

(1) La lettre est publiée en entier dans les *Papiers* des Tuileries, t. II, n° XXXIV.

(2) Il y a lieu de croire, sans que nous veuillions l'affirmer, que ce nom est celui de M. Walter professeur de droit romain.

baron de Seldeneck, la grande-duchesse de Baden, le baron d'Engelhardt, ministre de France et d'autres personnes se sont occupées de faire reconnaître les services qu'il avait rendus. Si l'empereur ne se rappelait pas cette circonstance, c'est que peut-être c'était le prince Napoléon son frère. Quant au fait en lui-même, d'avoir sauvé la vie à un prince, fils de la reine Hortense, il est hors de doute, et c'est ce qui l'encourage à venir solliciter un témoignage de bienveillance (5 déc. 1855). — Renouvelle sa demande (23 sept. 1857). — Écrit de nouveau en janv. 1865. « Les bonnes grâces que S. M. I. daigne prodiguer non seulement à tous les Français, mais à bien des étrangers » l'encouragent à rappeler qu'il fut assez heureux pour lui sauver la vie. S. E. l'ambassadeur de Bade, baron von Schweizer, et aussi l'ambassadeur de France, baron d'Engelhardt, avaient promis que les services importants que j'ai ainsi faits, dit-il, à V. M. I. et à toute la France seraient reconnus; malheureusement M. Engelhardt mourut. Si V. M. I. ne se souvient plus de ce fait, il me faut croire que c'était monseigneur le frère de V. M. qui portait le même nom et à qui j'ai eu le bonheur de sauver la vie; car c'est un fait que j'ai sauvé, il y a 45 ans, la vie à un fils de S. M. la reine Hortense, qui se baignait dans le Rhin. » Il sollicite une marque de souvenir et de bonnes grâces (janv. 1865). — *Classer.*

1079

MORITZ (Ad.), voy. FRIEDLÆNDER.

1080

MOSBRUGGER (Léop.), neveu de Léop. MOSBRUGGER qui fut professeur de mathématiques de l'empereur à Constance; doué par la nature d'une voix de soprano qui n'a pas encore mué quoiqu'il soit âgé de 24 ans, et engagé pour chanter dans les églises de Saint-Roch et de Sainte-Clotilde, il sollicite la permission de faire entendre à S. M. quelques « *Lieder* de nos maîtres allemands », et demande en outre à s'acquitter d'une commission de son oncle qui l'a chargé, à son lit de mort, savoir de remettre son portrait à l'empereur (juin 1867). — *Refus*.

1081

Moser (S.), président de la communauté israélite à Frechen (Prusse); adresse une lettre de félicitations à l'empereur au sujet de l'attentat du 14 janvier 1858 (17 janv.).

1082

Moser (Antoine), receveur municipal de Mühldorf (Bavière); père de six enfants mineurs et dont le mobilier, son unique fortune, est saisi pour le paiement de ses dettes qui s'élèvent à 476 florins, contractées par suite des maladies qui ont affligé sa famille, supplie S. M. l'empereur de venir à son secours par un don généreux. Le conseil municipal de Mühldorf rend témoignage à l'empereur de la bonne conduite et de la détresse de Moser (28 sept. 1861).

1083

Mueder, chanteur allemand ; au nom d'une société d'artistes du théâtre allemand, qui se trouvent à Paris sans ressources après une campagne malheureuse, prie l'empereur de lui venir en aide et lui adresse 15 billets d'une prochaine représentation (Paris, 9 avril 1863). — « *Renvoyé*, attendu les 3,000 fr. donnés par S. M. »

1084*

Muhlbach (von), à Berlin; fait hommage de son « Histoire

de la reine Hortense » (oct. 1856) — La même fait hommage d'une dédicace (31 janv. 1857).

1085

Mühling (Léonh.), à Munich ; prie l'empereur de vouloir bien accepter un porte-bouquet en argent donné à sa tante par la reine Hortense, attendu que n'ayant pas d'enfants il désire que ce souvenir ne passe point en mains étrangères (1er oct. 1863). — *Répondu:* « S. M. a apprécié les sentiments qui vous ont inspiré la pensée de vous priver en sa faveur de ce souvenir précieux et Elle m'a chargée d'avoir l'honneur de vous adresser ses remerciements » (18 nov.). — J. L. Mühling ayant été assez heureux pour que l'empereur daignât accepter un porte-bouquet en argent de la reine Hortense, objet précieux qu'il craignait de voir passer après sa mort en des mains étrangères, s'enhardit à faire connaître à S. M. qu'il est malheureux ; et il sollicite un secours (30 déc. 1863). — *Accordé* 200 fr.

1086

Mühling (J. K. W.), à Hersbruck (Bavière) ; se dit fils naturel de Napoléon Ier qui aurait promis à Henriette Mühling, sa mère, de prendre soin de lui ; il sollicite une pension et provisoirement un envoi de 1,000 fr., supposant qu'il a été pourvu à son sort par son père (oct. 1863). — En mars 1864 et mars 1865, il renouvelle sa demande en insistant pour savoir s'il n'existe pas une disposition testamentaire de Napoléon Ier en sa faveur comme il en est convaincu. — *Classer.*

1087

Mühling (Ad.), voy. Adams.

1088

Müller (Pauline), femme du compositeur prussien F. C. Müller; écrit à...? que son mari a travaillé il y a quarante ans pour la famille de l'empereur et qu'il adressait ses compositions à S. A. Madame Lœtitia Bonaparte à Rome; qu'il n'a pas été payé, non plus que de celles qu'il a faites pour le roi Louis-Philippe et d'autres personnages; elle insiste sur sa malheureuse situation (Berlin, 4 mai 1850).

1089

Müller (Carl), graveur héraldiste, à Warmbrunn (Silésie); rappelle qu'il a précédemment offert deux cachets avec portraits gravés, l'un de Louis-Napoléon, l'autre du pape Pie IX; il demande si on les a reçus (15 oct. 1851).

1090

Müller (Nanette), à Munich; demande un secours (13 janv. 1853).

1091*

Müller (Ignace), à Francfort-sur-Mein; envoie un mémoire sur les canons doubles et rayés (19 fév. 1853).

1092*

Müller (Heinrich), à Magdebourg; offre une cuiller d'argent ayant appartenu à Napoléon Ier (fév. 1853).

1093*

Müller (Friedrich), à Augsbourg; demande un secours (24 fév. 1853). — *Idem* (15 juillet). — *Id.* (12 juillet 1857).

1094*

Müller (Wilhelm), à Oldisleben (Saxe-Weimar) ; propose un nouveau système d'assurances (18 mai 1853).

1095*

Müller (Aug.), à Afen (Prusse); ancien soldat westphalien, instituteur, sollicite un secours (26 juill. 1853).

1096*

Müller (L.), à Spire; demande un secours (17 août 1854).

1097

Müller (C. F.), maître de chapelle à Berlin et à Görlitz (Prusse), chevalier de l'ordre *da Rosa*, décoré des médailles d'honneur de Dancmark, Bavière, Grèce et Baden; « supplie l'empereur de lui accorder l'honneur de déposer à ses pieds » diverses compositions : « Des marches militaires. — Le triomphe de Sébastopol. — Les braves armées de France. » — *Rép.* « L'empereur a reçu les compositions musicales que vous lui avez adressées. S. M. a daigné agréer cet hommage et m'a chargé de vous en remercier » (25 avril 1855). — L'auteur envoie un nouvel ouvrage : « Napoléon Ier et les deux grenadiers de sa vieille garde » (16 sept.). *Refus* — C. F. Müller écrit pour demander 20 napoléons d'or, « honoraire ordinaire », des compositions qu'il a déposées aux pieds de S. M. par son auguste ordre (3 oct.). — Onze lettres (jusqu'au 4 nov. 1856) reproduisent la même réclamation : « Je me flatte que V. M. I. voudra bien accomplir ma très-humble demande avec la grâce qu'Elle accorde au mérite distingué sans le moindre égard à la nation...; nous avons à présent une cherté énorme dans notre province et je suis un artiste et auteur allemand...; je suis un artiste allemand de soixante-six ans, sans fortune, père d'une famille nombreuse et donc prêt de recevoir avec le plus de reconnaissance le plutôt possible un avis de l'auguste cabinet...; me fiant sur la célèbre générosité française comme sur la justice et l'humanité de S. M. l'empereur, etc. » — Il reçoit 500 fr. (1856).

1098*

Müller, à Schangrau; se prétend fils de l'empereur (8 sept. 1855).

1099

Müller, docteur en philosophie, à Reez (Prusse ou Mecklenbourg); sollicite l'autorisation d'offrir à l'empereur comme prémisses de la plus profonde dévotion à S. M. Impériale (*als Erstlingsopfer der tiefsten Devotion*) un recueil de Méditations poétiques, religieuses et philosophiques, dont il vient de faire la publication sous le titre de *Aganippe* (oct. 1855). « *Accepter.* N. »— Le même docteur adresse à l'empereur l'ouvrage précité, en y joignant une pièce de vers imprimée qui porte en tête : « A. S. M. l'empereur des Français, Napoléon III, au plus ardent promoteur de toute inspiration scientifique ! » (1er janv. 1856). — Plusieurs lettres du même, qui s'informe si ses envois sont parvenus. — Le même sollicite la croix de la Légion d'honneur (16 mars 1856).— Il renouvelle sa demande (1er sept. 1856). — Il réclame pour la troisième fois son diplôme de docteur, qu'il avait joint à sa demande de décoration. — *Renvoi* du diplôme.

1100*

Müller (G.), à Marweil; sollicite un prêt de 3,500 fr. (20 janv. 1856).

1101

Müller, à Lichtenfels; demande un secours (10 juin 1856).

1102

Müller (Marie), à Augsbourg; remercie pour un secours de 200 fr. qui lui a été accordé (24 août 1856).

1103*

Müller, à Coblenz; demande un secours (sept. 1856).

1104*

Müller, à Berlin; offre un préservatif contre la maladie des vers à soie (17 mars 1857).

1105

Müller, à Wittmund (Hanovre); adresse la recette d'un remède contre le croup (20 mai 1858).

1106

Müller, à Stuttgard; fait hommage d'une lithographie (14 fév. 1859).

1107

Mller, à Constance; sollicite un secours (10 déc. 1859).

1108

Müller (Marianne), à Augsbourg; ancienne domestique de la reine Hortense, fait appel à la générosité de l'empereur (1860).

1109*

Müller, à Pfersen (Würtemberg); demande un secours (16 mars 1861).

1110

Müller (Veuve Anna), née Schnorpf, à Baden; on a envoyé sa demande au bureau des dons et secours, mais elle vient de nouveau prier S. M. de ne point abandonner une malheureuse veuve et ses enfants (1862).

1111

Müller (Fried. Aug.), conseiller de tribunal à Bautzen (Prusse); son père ayant eu l'honneur de recevoir plusieurs jours chez lui l'empereur Napoléon Ier, lors de la bataille de Lützen en 1813, il offre à S. M., sans être poussé par aucun motif intéressé, divers objets dont Napoléon s'est servi, notamment la table sur laquelle il étudiait ses cartes (15 août 1863). — *Refus avec remerciement.*

1112

Müller (Karl Heinrich), à Chemnitz (Saxe); appel à l'empereur des Français en faveur de la Saxe. « ..... On croit chez nous que V. M. agira, même sans nos prières, comme il est digne de la noblesse et de la puissance de V. M. et en récompense, vous récolterez les prières de tout le monde. Mais moi, citoyen indépendant, rempli seulement des sentiments pour le droit et pour l'honneur, je ne veux pas manquer de faire, avec le consentement de mes compatriotes, ce que je peux faire pour ma pauvre patrie : c'est de supplier V. M., au nom de nos aïeux qui mouraient pour S. M. votre oncle, de profiter de l'occasion présente et d'employer votre puissance à garder l'indépendance et réparer le tort qui arrivait en 1813 à notre patrie si attachée à Votre Majesté et à Votre Maison » (1ᵉʳ juil. 1866). — *Classer.*

1113

Müller (Joannes), docteur en médecine à Berlin ; rappelle l'hommage qu'il a fait précédemment au prince impérial d'un ouvrage sur l'île de Java et sollicite une réponse (1866).

1114

Müller (Adelheid) née Rittler, et Maria Rittler, à Augsbourg ; «...les soussignées sont en possession d'un ridicule (sac à ouvrage), que la défunte mère de V. M. la reine Hortense, de passag à Augsbourg, laissa comme souvenir à feu notre oncle..... Nous prions V. M. de nous faire la grâce insigne de mettre Elle-même son nom sur ce sac afin d'en augmenter la valeur historique, car nous le conservons comme un patrimoine précieux » (17 août 1867).

1115

Müller (Johann), garde-malade à Augsbourg ; compagnon d'enfance de l'empereur, il le remercie de ses bienfaits et lui souhaite la bonne année (déc. 1865). — *Secours* de 500 fr. en oct. 1865 ; sept autres secours en 1866 et 1867 ; 200 fr. en juin 1868. — Sollicite de nouveau en oct. 1869.

1116

Müller (J.J.), chimiste à Breslau ; se permet humblement par esprit de charité chrétienne (*aus christlicher Pflicht*) de recommander à l'empereur son *Arum-Harz-Fluidum* contre les rhumatismes (janv. 1870).

1117

Müller (Le docteur), à Lundenbourg en Moravie, chevalier de l'ordre royal italien de Saint-Maurice et Saint-Lazare, décoré de la médaille d'or d'Autriche, décoré de la médaille d'or de Hohenzollern *bene merenti*, membre de la société orientale-allemande de Halle et Leipzig; offre à l'empereur son ouvrage : « *Sur l'éducation et l'art de former la jeunesse* ; avec des renvois aux grands pédagogues et philosophes » (fév. 1870).

1118

Müller (C.), pasteur, chevalier de l'ordre royal de Hohenzollern, à Fürstenwalde (Prusse); l'affligeante nouvelle s'étant répandue en Allemagne, par les feuilles publiques, que S. M. souffrait d'une maladie de cœur, il lui adresse un ouvrage sur les bains de Wildungen près Cassel, dont il lui recommande l'usage (24 avr. 1870).

1119

Müller (Mme E. F. A.), d'Augsbourg ; se trouvant momentanément dans la gêne à Paris, où elle est venue suivre un procès, sollicite les secours de l'empereur et voudrait « bien optenir s'il est possible une trés courte audiense auprès « de S. M. qui peut-être se rappellerait avec sa bonté connue

« de son séjour à Augsbourg et de nos liaisons et jeux d'en-
« fants qui l'amusaient tant » (9 août 1870).

1120

Müller, voy. Goldstein.

1121

Münch-Bellinghausen (Le baron von), à Vienne; remercie pour la croix de la Légion d'honneur qui lui a été envoyée par le président de la république française en récompense de ses poésies (juin 1851).

1122

Mundt (Claire), à Berlin; demande l'autorisation d'offrir ses ouvrages (30 mars 1856).

1123

Mundt von Mühlbach, à Berlin; fait hommage à l'empereur d'une « *Vie de l'Impératrice Joséphine* » (28 nov. 1860).

1124

Münich (Fried.), capitaine au 1er régiment d'infanterie bavaroise, fils d'un ancien militaire de l'empire décoré pendant la retraite de Russie; fait hommage à l'empereur, « dont on vante dans l'Allemagne le grand intérêt pour toutes les questions sociales, pour toutes les sciences, lesquelles trouvent même auprès de son secrétaire, un protecteur illustre, le livre qu'il vient de publier sur l'organisation de l'armée bavaroise depuis deux siècles, et qui lui a valu de la part du prince Charles de Bavière, une médaille d'or (avr. 1864). — *Remercier*.

1125*

Münster (Ph. von), à Bayreuth (Bavière); sollicite une décoration (10 avr. 1854); — renouvelle sa demande (6 mai 1856); — même demande (17 mars 1857).

1126

Müntz (Auguste von), à Wiesbaden; descendant de fonctionnaires de la régence du duché de Clèves, devenus fonctionnaires français lors de l'invasion de la Prusse par les troupes de la France en 1792 et de la constitution du département de la Roer, offre à l'empereur une lettre autographe du général français de la Marlière au conseiller de Müntz, son grand père, et deux brevets accordés à ce dernier; sa malheureuse position de fortune l'oblige à se séparer de tout ce dont il peut tirer profit. Il regardait la France comme sa patrie, mais sa famille l'obligea de demeurer en Prusse (juin 1867). — *Refus* des autographes et renvoi de la lettre au directeur des dons et secours.

1127*

Mürer (Louis), banquier à Berlin; offre ses félicitations à l'empereur sur le mariage de S. M. (26 janv. 1853).

1128*

Muster, instituteur à Kappelen; demande un secours (15 sept. 1853).

1129*

Muthen, à Cologne; félicitations sur l'insuccès de l'attentat et sur la prise de Sébastopol (11 sept. 1855).

1130

Mylius (Otfrid), écrivain, auteur de « *Les nouveaux mystères de Paris* »; sollicite de l'empereur l'autorisation de lui dédier son dernier roman historique « *Le Testament de Sainte-Hélène* », qui traite de la jeunesse de S. M. et des dernières années de la reine Hortense (Stuttgart, oct. 1868). — *Refus par mesure générale.*

1131

Nagel (Valentin), tonnelier à Carlsruhe; offre à l'empereur, en cadeau pour le jour de sa fête, une double tabatière ne s'ouvrant que par un secret (août 1867).—*Refus.*

1132

Nast (G.), tonnelier à Göppingen (Wurtemberg); propose à l'empereur par pure sympathie, dit-il, pour la famille impériale, de faire connaître un homme, qui n'est pas médecin, mais qui pourrait guérir complétement le prince impérial en 18 à 20 jours, sans faire aucun secret de ses remèdes et sans demander d'argent (mai 1868).

1133

Naundorf (Le docteur); demande l'autorisation d'offrir à l'empereur un ouvrage relatif aux ambulances qu'il vient de publier, intitulé : « *Sous la croix rouge* ». — *Accepter et remercier.*

1134

Necke (Al. Ferd. von), docteur, rédacteur, etc., à Berlin ; « Sire! Deux fois déjà j'ai osé de présenter à V. M. I. mes

« sympathies les plus sincères : d'abord en 1852, dédiant
« (à l'anniversaire du 2 décembre) un poëme sans prétention
« au sauveur puissant de la société européenne, et puis en
« communiquant au maréchal ministre de la guerre un secret
« de mes aïeux, la préparation d'un onguent vulnéraire pré-
« cieux, en 1854, pour les braves troupes françaises, blessées
« en Crimée, etc. Ces sympathies, Sire, ne proviennent seu-
« lement de la circonstance que je me sens toujours encore
« appartenant à la grande nation française, descendant d'une
« famille protestante expulsée par la cassation de l'édit de
« Nantes ; elles s'enracinent surtout dans les vertus souve-
« raines et sublimes de V. M. I. dont je suis un des plus grands
« admirateurs du monde ! — Un bruit fatal, répété bien sou-
« vent, signifie V. M. I. comme souffrant. Que deviendrait-il
« de l'Europe, du monde entier et de l'ordre politique inter-
« national, sans la santé inestimable de V. M. I. ? Je n'ose
« pas poursuivre cette idée douloureuse et tourmentante.
« Mais en tout cas, je tiens comme devoir absolu de diriger
« l'attention de V. M. I. sur un homme extraordinaire, mé-
« decin de nature prééminent qui paraît comblé de grâce par
« le Seigneur même. Je l'avoue franchement, moi [qui étais]
« plutôt un des plus grands adversaires de cet homme rare,
« le prenant comme charlatan. Ce caractère honorable,
« M. F. C. G. Petsch, possesseur et directeur d'une clinique
« à Gotha, privilégiée par le duc régnant de Saxe-Cobourg, a
« fait des milliers de guérisons vraiment miraculeuses par un
« procédé à lui propre tout simple. Il subjugue même les
« maladies les plus graves (*p. e. diabetis*, *tabes dorsalis*,
« *phtysis*, etc.), tenues jusqu'ici comme incurables. Il y a
« peu de jours, j'étais à Gotha; je disais à M. Petsch que
« j'eusse l'intention d'envoyer quelques lignes à V. M. I. tou-
« chant sa curation; il m'assurait avec grande joie qu'il se-
« rait à disposition jour et nuit ou et quand V. M. I. l'or-
« donnerait. Le procédé de M. Petsch ne dépend pas du lieu

« et du temps. Prenez, Sire, cette lettre comme l'écoulement
« de ma vénération la plus grande et veuillez disposer de
« moi et de M. Petsch à tout temps! » (Berlin, 27 janv.
1863).

1135

Negges (J. Fr.), professeur de langue allemande à Augsbourg et auteur dramatique ; « Sire, si j'ose m'approcher du trône de V. M., ce n'est pas dans l'intention d'augmenter le nombre de ceux qui implorent l'inépuisable charité de V. M., mais ce que j'ambitionne, ce serait l'insigne faveur d'être admis au rang de ses fidèles serviteurs. Je ne me permettrais pas de faire valoir comme un titre aux bonnes grâces de V. M., l'heureux hasard d'avoir fréquenté le collège de Sainte-Anne à Augsbourg jusqu'en 1818, si d'autres de mes ci-devant condisciples ne devaient pas à cette même circonstance telle ou telle faveur dont ils se souviendront toute leur vie. Pour moi il n'y aurait pas de distinction plus grande que d'être jugé digne pour le service de V. M... » — En outre, il est auteur dramatique, quelques-unes de ses pièces ont été bien accueillies en Allemagne, et il fait hommage à l'empereur de son drame: *Sultan Selim III*; enfin en vue de se perfectionner dans son art « pour avoir du succès à Paris », il demande ses entrées au Théâtre-Français. « ... Le fréquenter assidûment... m'occasionnerait une dépense au-dessus de mes moyens... si un ordre impérial ne m'accorde pas la faveur de l'entrée au temple de Thalie, connaissant la haute protection que V. M. accorde à la littérature allemande, j'ose espérer une si grande grâce... » (oct. 1855). — *L'empereur ne saurait intervenir.*

1136*

Nehse (Ed.), à Ballenstedt (Anhalt); demande l'exécution à Paris d'une grande solennité musicale (18 avr. 1853).

1137*

Neihs, à Herlisheim; offre de corbeilles (?) (3 avr. 1858).

1138

Nelcken (Wilh.), à Ratingen (Prusse); offre à l'empereur de nouveaux systèmes de défense, soit pour les forteresses, soit pour les troupes en campagne, et désirerait savoir quelle serait sa récompense si sa découverte était jugée avantageuse; il se tient aux ordres de S. M. (déc. 1862). — *Rép.* qu'aucune récompense ne peut lui être accordée avant que le mérite de ses inventions ne soit dûment constaté (19 janv.). —W. Nelcken envoie la description de « sa cuirasse pour la défense des forts »; il n'a qu'un but, celui d'être utile à l'empereur et à l'empire (30 janv.).—Il a lu une annonce suivant laquelle 100 thal. de récompense sont offerts à celui qui trouvera moyen de faire sauter un navire de guerre à 60 pieds sous l'eau; si S. M. trouve la chose digne de quelque intérêt, il s'offre pour chercher et trouver le moyen (4 fév. 1863).—Il renouvelle la proposition de son invention de forteresses portatives en fer (juill. 1863). — Constaté à plusieurs reprises que ses idées n'ont aucune valeur.—Rappelle ses précédentes communications, et sollicite une réponse afin d'être libre de porter ailleurs, notamment en Amérique, ses inventions qui ne sont point appréciées en Europe (avr. 1864). — *Répondu* qu'il a liberté entière.

1139

Nettelbeck (Mme Augusta), née Felgentreu, à Anhalt-Bernburg; envoie en présent à l'empereur deux gravures religieuses données par un officier français à un oncle d'elle, en souvenir d'un service rendu dans une bataille (6 déc. 1869).

— Elle réclame un accusé de réception (9 fév. 1870). — On lui envoie un accusé de réception le 18 mars. — Elle répond : « Au cabinet de S. M. l'empereur des Français Napoléon III. J'ai reçu votre lettre du 18 mars, mais je suis fâchée que je n'ai pas reçu la haute décision de S. M. l'empereur, parce que je souhaite une réponse agréable très-promptement. Je vous prie les deux gravures encadrées à représenter de nouveau à S. M. l'empereur » (15 juill. 1870).

1140*

Neuland, à Bonn; offre des vers et un bois de lit chinois (16 fév. 1856).

1141

Niedermayer (Franz), major dans la Landwehr et brasseur à Ratisbonne; écrit à l'empereur que lui, Niedermayer, est depuis un an propriétaire d'un bien situé à une demie lieue de Ratisbonne et nommé « *Napoleon's höhe* », colline de Napoléon ; endroit où Napoléon Ier fut blessé le 25 avril 1809. La pierre sur laquelle l'empereur s'assit pendant qu'on le pansait s'était enfoncée en terre ; il l'a fait relever et a planté trois érables autour. Dans le cas où l'empereur voudrait faire élever un monument en ce lieu pour consacrer la mémoire de l'évènement, il met cette colline à la disposition de S. M. et lui-même à ses ordres (16 juill. 1855). — *Remercier et refuser*.

1142

Nier (Gottlob), juré, membre du conseil, inspecteur départemental et négociant, à Mergentheim (Wurtemberg); « arrivé tout exprès d'Allemagne afin d'obtenir » une audience du grand chambellan « pour une chose très-sérieuse concernant S. M. l'empereur » (avril 1867).

1143

Noell (Le colonel), de Birkenfeld (Oldenbourg); ancien officier de l'empire, prisonnier à Leipsick, obtient la croix (1867).

1144

Nolté, bibliothécaire en chef du roi de Hanovre; offre un exemplaire du catalogue de sa bibliothèque. « V. M. I. qui cultive Elle-même les lettres avec un succès tout extraordinaire, étant d'ailleurs un des protecteurs généreux des arts et sciences, feuilletera peut-être dans un de ses rares moments de loisirs ce catalogue, et alors elle verra qu'un exemplaire de ses propres œuvres, en trois volumes, font partie de cette collection choisie avec tant de goût... » (1864).

1145*

Nonne (E.), à Linz; hommage de vers sur l'attentat (2 mai 1855).

1146

Noper (Agnès), à Blankenberg (Prusse); sollicite l'appui de l'empereur auprès du roi de Prusse pour obtenir la grâce de son père détenu à Cologne (1866). — *Classer.*

1147*

Nulandt, à Dessau; propose un nouveau projectile creux (2 avril 1860).

1148*

Numann, à Dettmold (Principauté de Lippe); demande à

l'empereur le remboursement d'obligations de l'ancien royaume de Westphalie (6 oct. 1857).

1149*

Nuoffer (J. G.), à Gultstein ou Güttstein (Bavière); offre un poëme sur le «couronnement de l'empereur» (janv. 1853). — Autres poésies (10 mai 1853).

1150

Obenhaus (Le baron Ferdin. von); capitaine autrichien qui a reçu 8,000 fr. de l'empereur pour prix d'objets ayant appartenu au duc de Reichstadt, mais qui a dépensé 2,000 fr. de plus pendant sept mois de séjour qu'il a fait à Paris pour cette affaire, sollicite encore un témoignage de munificence en faveur de son frère qui depuis peu a envoyé à S. M. toute la bibliothèque du prince (123 vol.), son buste et un globe céleste (mai 1868). — Réitère sa demande à plusieurs reprises (1869) et en cas de refus sollicite au moins la restitution des objets envoyés par son frère et qui sont déposés, dit-il, au musée des souverains. — *Classer.*

1151*

Oberlander (La baronne von) à Vienne; demande un secours (26 mars 1853).

1152

Obermaier (Johann), homme de lettres, à Munich; hommage d'une pièce de vers adressée à l'empereur à l'occasion de la paix (1ᵉʳ mai 1856).

1153

Obermayer (Karl), colonel d'un régiment de la landwehr bavaroise, chevalier de l'ordre du mérite de première classe, de Saint-Michel et de l'ordre royal de la Couronne de Prusse de troisième classe; offre à l'empereur un travail comparatif sur les gardes nationales de France, de Belgique, de Prusse et de Saxe (1er mars 1865). — *Accusé réception.* — Envoie un nouveau travail sur le même sujet en se recommandant de sa qualité d'élève du collége Sainte-Anne d'Augsbourg et des relations anciennes de sa famille avec l'empereur. « En effet, l'on conserve aussi, jusqu'à ce moment dans ma maison, avec piété et avec soin, tout ce qui peut se rattacher à ces relations concernant votre illustre mère, la vénérable Reine Hortense; je me permets de citer comme exemple un verre avec l'image de votre immémorable oncle Napoléon Ier, dont V. M. a fait cadeau à ma feue mère... » (nov. 1865). — Venu à Paris pour étudier de près l'organisation de la garde nationale, il sollicite une audience (oct. 1867). — Fait hommage de nouveaux travaux de lui, sur la constitution militaire de l'Allemagne (1868 et 1869).

1154*

Ochwesinger (L.), garde des forêts, à Egg-an-der-Günz (Bavière); se recommande à l'empereur comme ancien condisciple. Le 21 février 1854, sa femme est accouchée d'un garçon qu'il a fait baptiser sous le nom de Louis. Il supplie S. M. d'être le protecteur de son fils, de lui servir de parrain à l'avenir et de permettre que plus tard ce fils se consacre au service de l'empereur. Son intention était de venir lui-même présenter sa requête, mais sans fortune et chargé d'une nombreuse famille, il ne peut prendre sur les émoluments de son modeste emploi, les frais d'un voyage aussi coûteux

(20 déc. 1854). — *Refus.* — Adresse une nouvelle demande de secours (28 mars 1856).

1155

Oehl (Rosalie), « bonne » à Francfort-s.-M.; écrit au grand chambellan pour proposer un baume dont elle a le secret et qui guérit toutes les blessures (juin 1861).

1156

Oelschig, à Meissen; offre une collection d'oiseaux du lac de Constance (2 juin 1855).

1157

Ohlert (Hermann), pasteur à Sobbowitz (district de Dantzig); écrit à l'empereur afin de lui persuader d'employer tous ses efforts pour propager et faire triompher l'idée de la paix universelle. Il joint à sa lettre un sermon de sa composition imprimé et l'empreinte du sceau de sa paroisse (juil. 1865).

1158

Ohlitzsch (Gottf), à Trebitz (Saxe Prussienne); sollicite la médaille de Sainte-Hélène (1) comme ancien militaire de l'empire (1864).

1159*

Olberg, à Neustetten (Bavière); sollicite une concession de terre en Algérie (5 mars 1856).

(1) Nous avons supprimé un très-grand nombre de demandes comme celle-ci. Voyez encore Rehtanz.

1160*

Ortlieb (Veuve), à Reichenau; demande un secours (22 sept. 1859). — Nouvelle demande (23 août 1860).

1161

Ostermann (Ludwig), à Lanstrop en Westphalie (Prusse); sollicite un prêt de 1,000 thalers, ou à défaut la concession d'un domicile en France (1865).

1162

Oswald, Bavarois; obtient de l'empereur un don de 40 florins pendant le voyage à Salzbourg (1867).

1163*

Ott (Joséphine), à Augsbourg; demande un secours (28 déc. 1852).

1164

Otto (Paul), industriel à Iena (Saxe-Weimar); sollicite de l'empereur un secours pour organiser une fabrique de poupées; il aurait besoin d'un capital de 5,000 fr. dont il payerait volontiers l'intérêt. Il joint son portrait photographié (mars 1864). — *Classer*.

1165

Otto (Elisabeth), marchande de gâteaux à Berlin; envoie à l'empereur une longue lettre accompagnée d'un flacon rempli d'une substance avec laquelle S. M. doit se frictionner: après avoir employé ce remède pendant six semaines l'empereur sera complétement guéri (août 1869).

1166*

Overlack, à Cologne; sollicite un poste de consul (15 janv. 1858).

1167*

Pachler, à Essen (Hanôvre); offre une dédicace à l'empereur (16 déc. 1857).

1168*

Padewet, à Carlsruhe; offre une harpe de la reine Hortense (26 avril 1858).

1169

Païta (Betty), institutrice à Klein-Beronic (Bohême). « La renommée de grandeur d'âme et de cœur généreux de l'empereur est parvenue jusqu'aux oreilles d'une pauvre fille plongée dans le plus profond désespoir. » Trop pauvre pour épouser un jeune agriculteur qu'elle aime, elle sollicite une place pour son fiancé ou un don de 10,000 florins qui lui permette de se marier (déc. 1869).

1170

Palatinat (Un groupe d'habitants du); expriment à l'emeur leur désir d'être annexés à la France. « Au nom de la « Nation pour la liberté et non pour la servitude. A. S. M. « Napoléon Empereur! —Les habitants du Palatinat ont le « désir le plus grand et une sympathie, depuis des siècles, « pour la grande nation, qu'ils se fassent l'honneur d'être « incorporés à la France. L'occasion se présente. L'empereur « est prié de terminer l'affaire Sleswich-Holsace d'une ma-

« nière qui convient au patriotisme des autres allemands.
« Pour ce service, l'empereur fera le plaisir aux habitants
« du Palatinat de se nommer propriétaire de la province. Avec
« orgueil ils se rappellent du temps de 1814-1815 où ils
« appartenaient à la France et surtout Landau, Kandell,
Neustadt. » Signé : Le comité pour l'annexion du Palatinat...
(Landau, 30 nov. 1863). — *Classer.*

1171

Paleske (Le baron W. von), à Hombourg, fils d'un membre de la chambre des seigneurs, à Berlin ; sollicite de l'empereur un prêt de 40,000 fr. pour faire l'essai d'une martingale infaillible (7 avril 1865). — *Refus.*

1172

Palm (Sophie Lechner, née) « fille du malheureux Palm, libraire de Nuremberg, fusillé sur l'ordre de l'empereur en 1806, pour avoir vendu l'ouvrage intitulé : *L'Allemagne outragée, Deutschland in seiner tiefsten Schmach,* livre qu'il n'avait pas fait imprimer et dont il ignorait le contenu », expose que la mort de son père a jeté la famille dans la plus profonde misère ; que son mari fabricant de bronze vint à Paris dans l'intention de s'y établir, mais il manque aujourd'hui des ressources indispensables, et elle supplie l'empereur de les lui accorder. Elle conclut en ces termes : « Votre Majesté Impériale, qui avez pris possession du glaive et du pouvoir de Dieu pour la punition des méchants, pour l'encouragement des bons, pour l'assistance des opprimés et des nécessiteux, dans ce cas d'une pauvre femme durement frappée par le Seigneur, permettez que l'esprit de justice s'étende bien au-delà du terme d'une génération et veuillez, de grâce, protéger cette femme pour l'arrangement de l'affaire qui l'intéresse et le commencement pour elle d'une vie délivrée de peine. » (Paris, 1ᵉʳ déc. 1853). — *Accordé 500 fr.*

1173

Palm (Joseph baron von), chevalier de Malte, commandeur de l'Ordre du saint Sépulcre, à Chicago, (États-Unis); invoquant le souvenir de ses anciennes relations avec l'empereur et sa famille à Augsbourg et Arenenberg, il met au service de S. M. l'expérience qu'il a acquise par dix années de séjour aux États-Unis, et demande à être employé comme agent diplomatique au Mexique (juill. 1865).

1174

Pelchrzine (A.), maître d'équitation royal prussien, à Sohrau (Silésie); recommande à l'empereur, pour sa santé, la méthode du docteur Ackmann, consistant dans l'emploi de deux serviettes, l'une sèche et l'autre mouillée (nov. 1869).

1175

Panizza (Hermann), homme de lettres à Schwerin (Mecklenbourg); offre à l'empereur un poëme : « Chant de guerre en l'honneur de l'armée française. » Il ne manquerait pas d'en envoyer ainsi aux anniversaires des fêtes de LL. MM. s'il en connaissait les dates (1ᵉʳ août 1864). — *Remerciement.*

1176

Pannewitz (Julius von), maître des eaux et forêts de Prusse, à Breslau; chargé par son gouvernement de visiter les forêts de France, il a résumé ses observations dans un travail qu'il demande à présenter à l'empereur, n'ayant d'ailleurs qu'à se louer des facilités qu'il a rencontrées pour accomplir sa mission (28 mars 1864). — *Remercier.*

1177

Pantell (J. H.), à Stralsund (Prusse); ayant appris par les journaux que l'empereur avait à se plaindre de sa santé, il prend la liberté de lui envoyer un ouvrage qui traite du système curatif de Le Roi, fondé sur l'emploi des plantes et recommande l'usage de cette excellente méthode pour la santé de S. M. (1863).

1178

Parjé (Wilh.), ingénieur civil à Offenbach (Hesse); propose à l'empereur un système télégraphique pour relier la France à l'Amérique. Sa découverte est un secret qu'il est prêt à soumettre à l'examen (août 1863).

1179*

Pauli (Aug.), à Berlin; fait hommage d'un livre sur le choléra (1) et sollicite la croix d'honneur pour récompense de ses travaux (18 sept. 1854).

1180

Paulus, conseiller des finances du Wurtemberg; adresse à l'ambassadeur de France à Stuttgard, divers ouvrages d'archéologie. « Le haut intérêt, dit-il, que porte votre Auguste Souverain pour l'antiquité et surtout les affaires militaires des anciens Romains, dont S. M. est le plus profond connaisseur, m'encourage au désir de mettre sous les yeux compétents de l'empereur le résultat de mes recherches... » (1863).—*Remerciement*. — Autres hommages semblables (1867 et 1868).

(1) Voyez, au sujet du choléra, la note ci-dessus, page 183.

1181*

Payr (Wally), à Stadtamhof (Bavière); demande un secours (12 mars 1855).

1182

Pelet von Witzleben (La baronne Malwina von), « membre de la Société professorale de médecine » à Berlin; fait hommage à l'empereur de son opuscule intitulé : « Souvenir de la bataille de Königgrätz », et expose à l'empereur, dans sa lettre, qu'ayant eu des blessés à soigner à Königgrätz (3 juill. 1866), elle a vu les bombes causant des blessures d'une si énorme gravité qu'elle supplie pour la suppression de cet effroyable engin (4 déc. 1867).

1183

Penhert (Hermann), à Dantzig; ayant appris par les journaux que l'empereur souffre d'une maladie de cœur, il offre un remède qui lui a réussi. Il ajouterait divers détails qu'il dirait volontiers à S. M., mais qu'il ne peut lui écrire (1864). — *Classer.*

1184

Perger (G.), photographe à Elberfeld (Prusse); se réclamant de ce que son grand-père avait été soldat du premier Empire, il envoie ses félicitations au sujet de l'anniversaire séculaire de la naissance de Napoléon Ier, en faisant ressortir à la fois et sa pauvreté et ses sentiments de dévouement ainsi que d'admiration pour la dynastie napoléonienne (oct. 1869).

1185*

Pertz (R.), à Bornheim; demande un secours (17 avr. 1854).

1186

Peschau (Le docteur E.), à Brême; recommande pour la santé de l'empereur l'emploi de la morphine, remède dont il détaille et exalte les bons effets (sept. 1869).

1187

Peters (Mme), née Heinzen, à Chemnitz (Saxe); demande à l'empereur une somme de 6,000 fr. dont elle a besoin pour l'extinction des hypothèques chargeant un bien dont elle a fait l'achat afin d'assurer le repos de ses vieux jours; elle promet de payer les intérêts (déc. 1866). — *Refus avec regrets.*

1188

Peters (Le docteur Hermann), à Elster (Saxe), médecin d'eaux; il se propose de faire un ouvrage sur les bains des contrées méridionales comme résultat d'un voyage qu'il désire faire l'hiver prochain pour les visiter. Il sollicite de l'empereur les fonds qui lui sont nécessaires pour exécuter ce voyage, en alléguant qu'il ne l'entreprend que dans un intérêt général (juill. 1868).

1189*

Petsch, à Berlin; propose un remède contre le choléra, etc. (26 juin 1855).

1190

Petzold (Carl), à Breslau; possède le secret d'un remède pour la guérison de l'empereur et le tient à la disposition de S. M. (sept. 1869).

1191

Peucer (Eugène-Benoît), pasteur à Oldisleben (Saxe Grand-Ducale); écrit à M. Rapetti secrétaire de la commission de la correspondance de Napoléon Ier, une lettre où il expose qu'il a trouvé dans la bibliothèque de son oncle Charles-Benoît Hase un manuscrit de la correspondance du roi de Hollande, père de l'empereur. Il ajoute : « Je regarde comme un « devoir de soumettre respectueusement ce manuscrit à S. M. « l'Empereur, le grand et sage monarque à qui feu mon on- « cle avait voué la plus profonde vénération, une fidélité et « une admiration sans bornes jusqu'au dernier souffle de sa « vie, toute entière consacrée à la France... » (19 mai 1865).
— *Note* de M. Rapetti : « Ce registre contient 418 pièces du 18 septembre 1805 au 14 mars 1806, c'est le registre original des ordres et lettres de service de Louis Bonaparte pendant sa période d'initiation au commandement des armées et au prochain gouvernement de la Hollande. Louis s'y montre soigneux et régulier jusqu'à la minutie, soumis avec enthousiasme à son frère Napoléon, bienveillant, désireux de plaire. M. Hase a donné ou dû donner des leçons d'allemand à un des fils du roi Louis, à celui qui depuis est devenu Napoléon III. M. Hase a, de plus, beaucoup connu jusque vers la fin de sa vie une dame qui avait été dame d'honneur de la reine Hortense. Le neveu et l'héritier de M. Hase, M. Peucer, est un homme d'étude estimé, aimé; il exerce une certaine autorité dans son pays. Il professe pour l'Empereur une tendre admiration. En échange de son cadeau, il serait bon de

lui donner, de la part de S. M., un exemplaire de « l'Histoire de J. César, l'édition in-8° ». — *Accordé.*

1192*

Pfahl, à Coblenz; sollicite les secours de l'empereur pour un élève de chant (26 avr. 1861).

1193*

Pfandt (N. et Louise), à Carlsruhe; demandent un secours (18 juill. 1854).

1194*

Pfeiffer (Ch.), à Hersbruck (Bavière); hommage de vers dédiés à l'empereur (7 juin 1855).

1195

Pfeiffer (Mme), à Lubben (Prusse); adresse à l'empereur une facture de déboursés qu'elle aurait faits dans les années 1807 et 1808, pour soins donnés à des militaires français blessés (6 mars 1860).

1196*

Pfeil (Ch. M.), à Bernstadt (Prusse); fait hommage au prince impérial d'une broderie (15 fév. 1860).

1197

Pfeilsticker (Elise), femme d'un procureur à la cour de justice de Tübingen (Wurtemberg); offre à l'empereur une occasion unique d'acquérir un « morceau royal », un bijou de famille à elle appartenant, que les uns disent un ouvrage

du XIII° siècle, les autres du XVI°. « Sire ! C'est avec une sou-
« mission profonde que j'ose m'approcher de vous pour vous
« adresser une instante prière ! Où puis-je prendre ce cou-
« rage? Je me dis : Ne nous approchons-nous donc pas du
« trône du Très-Haut qui régit tout l'univers (*Nahen wir uns*
« *denn nicht auch dem Throne des Allerhöchsten, der das ganze*
« *Weltall regiert*) avec nos vœux, nos soucis, nos supplica-
« tions, et n'espérons-nous pas avec foi qu'il nous exaucera?
« Serait-il donc si impossible de se présenter devant le trône
« d'un prince qui non-seulement possède le pouvoir le plus
« élevé qui soit sur terre, mais qui possède aussi un cœur
« plein d'élévation et de nobles sentiments?... » (Sans date).

1198

PFISTER, grand bailli du grand-duché de Baden, chevalier du lion de Zähringen, membre de plusieurs sociétés savantes, à Oberkirch (Baden) ; offre ses vives félicitations au prince président à l'occasion du grand acte du 2 Décembre qui a sauvé la France et assuré l'ordre, ainsi que le repos de tout le continent européen. Il rappelle qu'en 1837, étant employé à Constance, il eut souvent l'honneur de converser avec le prince et MM. Parquin, Laity, Querelle et Conneau, et que sur son invitation il assista aux funérailles de S. M. la reine Hortense dans l'église d'Ermatingen. Plus tard, quand l'entrée de la ville de Constance fut refusée au prince et à sa suite par le gouvernement Grand-Ducal, à l'instigation de M. de Montebello, ambassadeur de France, M. PFISTER obtint du ministre Winter à Carlsruhe, à ses risques et périls, que le droit de rentrer à Constance fut rendu au prince qui lui fit l'honneur de venir l'en remercier. M. PFISTER a rappelé ces diverses circonstances pour que le prince soit convaincu de la sincérité de ses félicitations et de son dévouement (24 janv. 1852).

1199

Pflanz (Jos.), professeur de mathématiques et d'histoire naturelle à Riedlingen (Wurtemberg) ; s'offre pour venir à Paris, guérir l'empereur par l'électro-magnétisme (août 1869).

1200

Pflicke (Le docteur A.), recteur de l'école de Hechingen (Prusse) ; offre un ouvrage intitulé : « *Grammaire française sans paroles.* » — « Sire ! Daignez regarder le livre que j'ai
« l'honneur d'offrir à V. M., comme un hommage rendu à la
« langue la plus élégante du monde, au grand peuple qui la
« parle et à son grand empereur. J'ose espérer que V. M. ju-
« gera d'une manière bienveillante la méthode purement heu-
« ristique (1) qui est employée dans ce livre et qui est la
« mère de la logique. Je serais bien heureux si je pouvais
« espérer voir ce livre dans la main du futur souverain de
« la France, le prince impérial » (12 sept. 1866).—*Classer.*

1201

Pflugk (Carl) *in infirma*, en réalité : Carl-Adolph-Matthias von Pflugk, à Hambourg ; « Sire, Issu des Pflugk qui ont exercé des emplois honorables à la cour de Saxe, je suis devenu marchand et propriétaire de vaisseaux à Hambourg. Ayant dans ce moment sur mon chantier un excellent bateau à vapeur qui approche à son achèvement et qui est destiné d'aller sur l'Elbe ensemble avec mon autre bateau à vapeur nommé *Victoria*, j'ose supplier V. M. de me permettre de lui donner votre nom. Ayant foi au bonheur que vous portez, sire, je verrais, si vous daignez m'accorder ma prière, ma

---

(1) Méthode forçant à trouver.

fortune faite. J'ai l'honneur d'être, sire, etc. » (6 sept. 1856).
— *Réponse.* « S. M. a daigné accueillir favorablement votre demande et a donné l'ordre de vous le faire savoir » (11 oct.).

1202

PFUNDHELLER (Wilh.), à Posen (Prusse); sollicite un secours (1865).

1203

PHILIPONA NIKOLAUS, à Tuttlingen (Baden); sollicite un secours de 15,000 fr. (1867).—*Renvoyé* à la direction des dons et secours.

1204

PHILIPPI (Le docteur Ferdin.), conseiller aulique et « Chef d'édition » à Leipzig ; au prince président : ayant eu déjà l'honneur de recevoir pour une de ses publications antérieures concernant les hautes vues politiques de son altesse une approbation aussi flatteuse qu'honorable, il se propose de populariser dans les pays allemands les idées philosophiques et essentiellement réformatrices de S. A., en traduisant une partie des excellents écrits qu'elle a publiés en France à diverses époques. « Une pareille publication en Allemagne
« quoique bien motivée par l'immense renommée qui s'attache
« au nom de l'auteur et son influence sur la situation du monde
« civilisé, entraîne cependant une condition indispensable afin
« de pénétrer jusque dans les plus humbles chaumières,—car
« en Allemagne tout le monde éprouve le besoin de lire— et
« cette condition est de pouvoir être répandu à peu de frais et
« souvent même tout gratuitement.... Le traducteur soussigné
« qui depuis 30 années, par ses publications, a su gagner une
« assez grande influence dans son pays et qui s'est toujours

« constitué un zélé partisan de la justice, de la vérité et de la
« charité, s'est proposé de prouver dans un commentaire ac-
« compagnant les écrits de V. A. que jamais ces idées vrai-
« ment chrétiennes n'ont trouvé de plus chaleureux défenseur
« que l'héritier auguste du plus grand nom dans l'histoire de
« tous les siècles » (16 mai 1852). — *Accepté.*

1205

Philippson (Le docteur), grand rabbin de Magdebourg (Prusse); supplie l'empereur de ne point permettre de distinction dans les décisions du congrès concernant les droits des rajahs dans la Turquie selon la confession religieuse et de comprendre les rajahs israélites dans les bienfaits du traité (fév. 1856).

1206*

Phill, à Volkmarsen (Hesse); demande un secours (3 janv. 1861).

1207

Pietraczewski (Le docteur), professeur de langues orientales à Berlin; sollicite la faveur d'offrir à l'empereur sa traduction polyglotte de Zoroastre avec le texte zend en regard en 3 vol. in-4°, et une autre traduction en allemand seulement, in-8°. Il attend la décision de S. M. sur cet ouvrage auquel il a consacré la moitié de sa vie et qui lui a valu jusqu'à présent plus d'ennemis que de profit. Son envoi à l'empereur est accompagné de cette lettre au chef du cabinet : « Excellence!
« après avoir passé la moitié de mon âge (né 1797) à traduire
« les livres sacrés du divin Zoroastre, je souhaite beaucoup que
« S. M. l'Empereur, l'homme qui règne aujourd'hui sur l'uni-
« vers entier, veuille y jeter un coup d'œil. Excellence! daignez
« me procurer cette grâce et Dieu le très-haut et exorable aux

« prières des opprimés exclusivement, vous bénira, car beau-
« coup de fois cette idée et même mon entreprise y ont
« échoué » (Berlin, 15 avr. 1867). — *Accepter.*

1208

Piefke (Gottfried), chef de musique des grenadiers de la garde royale à Berlin ; fait hommage à l'empereur d'un album de musique militaire (nov. 1865). — *Remercier.*

1209

Pielke (F.), apothicaire à Wartenburg, près Königsberg (Prusse); envoie à l'empereur un feuilleton coupé dans un journal de modes de Berlin (1) se terminant par le récit d'un trait de charité attribué à Louis-Napoléon Bonaparte encore enfant, et écrit en même temps que ce trait l'autorise à concevoir la plus ferme confiance que S. M. ne rejettera pas sa prière; ayant perdu sa pharmacie par suite d'un procès, il sollicite un prêt d'argent afin de se créer une nouvelle situation plus à proximité de sa famille dont il avait été forcé de s'éloigner (mai 1868). — *Refus.*

1210*

Pierson (Hugo), à Hambourg ; offre la dédicace de sa partition de Faust (15 mars 1855).

1211

Pigenot (de), Bavarois; obtient de l'empereur un don de 50 florins pendant le voyage à Salzbourg (1867).

---

(1) Feuilleton zur *Berliner Muster-und-Modenzeitung* für 1856, n° 24 : « Königin Hortense » von L. Mühlbach.

1212

Pistorius (C.), juge de Bailliage du prince de Hohenlohe, à Ellwangen (Wurtemberg); demande la permission de soumettre à l'empereur une invention nouvelle ayant pour objet de diminuer le poids des projectiles et le recul des canons rayés (1864).

1213

Pitschner (Le docteur), à Berlin; demande la permission d'offrir à l'empereur et à l'impératrice un ouvrage dans lequel il raconte sa récente ascension au mont Blanc, ascension qu'il a exécutée par ordre du ministère de l'instruction publique de Prusse, et qui a offert des résultats nouveaux pour l'étude de la vie microscopique. Il n'ambitionne d'autre faveur que d'obtenir un accusé de réception (fév. 1864). — *Remercié* et envoyé en présent deux vases de porcelaine de Sèvres.

1214

Platt (Albert), « carthographe » à Neustadt-Magdebourg (Prusse); « Sire, daignez permettre que le soussigné dépose
« aux pieds sacrés de V. M. un ouvrage de cartes géographi-
« ques ayant rapport au traité de commerce que V. M. a dai-
« gné conclure avec les États confédérés allemands... Mal-
« heureusement pour moi il n'a pas été d'un bon débit. J'ose
« donc solliciter de V. M. la grâce de daigner accepter mon
« ouvrage. Le prix de souscription est de thalers 70 de
« Prusse; c'est vous dire que je me rapporte entièrement à
« V. M. pour le prix qu'elle voudra fixer elle-même pour mes
« honoraires » (mai 1862). — *Souscrire* pour un exemplaire.

1215

Plessen von Tiesenhausen (Le baron), à Stuttgart; fait hommage à l'empereur de son poëme intitulé « Patkul », et sollicite l'autorisation de lui dédier un poëme nouveau dont il s'occupe et qui portera pour titre : « La Mort de Napoléon » (mars 1865). — *Remerciement* pour le livre; refus de la dédicace.

1216

Poenicke (Gustave), libraire à Leipzig; sollicite une souscription pour un ouvrage d'art qu'il publie : une édition du poëme de Rhaban Maur sur la croix. « Oserai-je me per-
« mettre encore une fois de prier Votre Altesse Sérénissime
« d'exercer un acte de sa bonté envers un homme peu aisé,
« en daignant me prendre un exemplaire de luxe destiné aux
« bibliothèques des princes. J'ai déjà reçu l'approbation de
« plusieurs grands personnages, ce qui me donne l'espérance
« que V. A. S. voudra bien accueillir mon humble prière. »
Demande trois fois renouvelée (1851-1854).—*Refus.*—Offre à l'empereur un petit écrit qui vient de paraître chez lui et qui montre l'opinion du peuple allemand sur ce qu'il doit attendre de la France. S'il a en vue principalement de rendre service à ses compatriotes, il désire aussi que S. M. soit convaincue qu'elle compte en Allemagne un grand nombre de partisans, comme lui-même, qui s'efforcent d'exprimer de leur mieux leurs sentiments de respect et d'admiration. Le livre offert est intitulé : « Napoléon III au point de vue de sa politique intérieure et extérieure, appréciée avec impartialité par J. Musaeus ». Premiers chapitres : « Irritation régnant en Allemagne contre la France et son empereur. — Raisons qui ont engagé l'auteur à combattre cet état de choses. — L'empereur a-t-il la majorité du peuple français pour lui?

— Les légitimistes, les orléanistes, les républicains, les anarchistes. — Ruses ordinaires des calomniateurs. — Le coup d'État; sa justification. — Il n'y a qu'une faible minorité défavorable à l'empereur. » Etc. (août 1863). — *Chauds remerciements.* — M. Forth-Rouen, ministre de France à Dresde adresse au ministre des affaires étrangères à Paris deux exemplaires d'une brochure publiée chez Gust. Pœnicke, sur la Vie de César, par Napoléon III, et qui, dit-il, « écrite avec soin, dans un très-bon esprit, sera lue avec inté-
« rêt par toute l'Allemagne ». Il donne de cet opuscule une analyse dont voici la conclusion : « En terminant l'auteur ajoute
« qu'un grand homme ne peut être jugé que par un grand
« homme. Il n'y a que l'œil de celui qui se trouve lui-même
« sur une hauteur qui puisse embrasser avec justesse les hau-
« teurs environnantes. Les masses sont en général incapables de
« porter un jugement exact ; elles n'ont qu'un certain instinct
« qui les trompe souvent. Les établir juges compétents des
« esprits d'élite, ce n'est dans la plupart des cas que placer
« le génie devant le tribunal de la médiocrité, de l'imbécilité
« et de l'ignorance. Ce sont ces mêmes masses que les grands
« hommes ont, avec beaucoup de peine, arrachées au fana-
« tisme le plus absurde. Le colonel Rustow a parfaitement
« tort en soutenant que les masses font l'histoire ; ce sont les
« grands hommes, qui guident ces masses, qui en sont les au-
« teurs. » L'ambassadeur français, M. Forth-Rouen, insinue que le ministre pourrait l'autoriser comme le sieur Pœnicke le demande, à prendre un certain nombre d'exemplaires de cet ouvrage (18 déc. 1865). — Le ministre des affaires étrangères adresse au cabinet de l'empereur la brochure publiée par G. Pœnicke sur la vie de César (10 fév. 1866).

1217

Pœnicke (J. C.), à Leipzig; rappelle qu'il a offert à l'empereur, au mois de juin précédent, un manuscrit intitulé « *Epos sur Napoléon Ier* » ; ayant subi depuis des pertes d'argent considérables, il supplie S. M. de lui accorder pour cet ouvrage une modeste indemnité (sept. 1867).

1218

Poggenpohl (von), journaliste ; déjà secouru par l'empereur il y a trois ans et prêt à voir, par suite d'une longue maladie, ses dettes accrues de 4,000 fr., il fait un nouvel appel à la munificence de l'empereur (janv. 1869). — *Refus.*

1219

Pohl, secrétaire de district judiciaire, à Falkenberg en Silésie (Prusse) ; on lui a dit souvent qu'il ressemblait à l'empereur. Quoique ce ne soit qu'un pur accident, il ne s'en réjouit pas moins de ressembler, ne fut-ce que par les traits du visage, à un aussi grand souverain et un aussi grand esprit. Il envoie donc son portrait photographié à S. M., en espérant très-humblement que S. M. voudra bien lui envoyer le sien, 29 oct. 1868 (1). — *Classer.*

1220

Pohlmann (Rudolph), ancien négociant à Schoenberg Prusse) ; ayant appris par les journaux que l'empereur souffre de rhumatismes, douleurs qui ont également ruiné sa santé—et ses ressources,—il lui offre de faire connaître un remède par lequel il a été guéri en deux jours. Par échange, en cas de succès, il demandera un soulagement à sa fâcheuse situation (nov. 1864). — *Classer.*

(1) Joint à la lettre la photographie d'un homme chauve et en lunettes qui n'a pas le moins du monde la ressemblance à laquelle il prétend. — *Classer.*

1221

Polko (Élise), femme de lettres, à Minden (Prusse); écrit à l'empereur que sœur d'Édouard Vogel, mort en Afrique victime de son dévouement à la science et désireuse de perpétuer le souvenir d'un tel frère, elle poursuit le projet de réunir un capital dont les intérêts serviraient à venir en aide aux explorateurs audacieux. Son œuvre n'a pas encore eu tout le succès qu'elle en attend et elle demande l'appui de l'empereur pour sa pieuse entreprise (6 oct. 1868).—*Refus poli.* — La même voulant publier une biographie de l'impératrice Joséphine et de la reine Hortense, par suite ayant le désir de visiter Arenenberg et la Malmaison, sollicite de l'empereur un prêt de 1,000 fr. afin de pouvoir acomplir ce voyage (15 nov. 1869). — *Refus* .

1222*

Pollwein (Fanny), à Munich, femme de chambre de la baronne de Venningen; demande un secours (17 août 1853).

1223

Porzelt (Pancrace), maître de musique à Munich; fait hommage à l'empereur d'une grande marche musicale dont il lui a consacré la dédicace (1869). — *Refus.*

1224

Praetel (Jules), à Konigsberg (Prusse); « Sire, pardonnez-moi si je vous prie de m'envoyer votre César. Faites-moi l'honneur, car je serais transporté de joie et je vous témoignerai ma reconnaissance par l'envoi d'un poëme allemand. Je suis pauvre, mais je serai très-reconnaissant. Avec respect, à V. M.

très-humble serviteur... » (24 nov. 1868). — *Refus*: exemplaires épuisés.

1225

Prange, à Neustrelitz (Mecklembourg); envoie à l'empereur et au ministre de la guerre des renseignements sur de nouvelles amorces de son invention (1864). — *Classer.*

1226

Prazer (Aloïs), employé du gouvernement à Ansbach (Bavière); ancien condisciple de l'empereur au gymnase d'Augsbourg en 1820, il adresse ses félicitations à l'occasion de l'heureuse issue de l'attentat du 14 janv. 1858 (18 janv.).

1227

Preisle (Peter-Jos.), à Weil-der-Stadt (Wurtemberg); adresse à l'empereur un petit poëme allemand de sa composition à l'occasion de la première communion du prince impérial (16 avr. 1868). — *Classer.*

1228

Pressler (Max. Rob.), doyen des professeurs de l'Académie de Tharand (Saxe); offre au nom de cette académie un ouvrage publié par elle sur la sylviculture et l'agriculture (mars 1867). — *Remerciement.*

1229

Prokesch-Osten (Le baron von), à Francfort-sur-Mein; « Sire, dans l'audience que V. M. a daigné m'accorder il y a « dix jours, Elle s'est rappelée des relations que j'ai eues avec

« le fils du grand homme dont, pour la gloire et pour le bon-
« heur de la France, Elle entoure le nom d'une nouvelle au-
« réole. Ce touchant appel à un passé toujours présent à mon
« cœur, m'encourage à mettre aux pieds de V. M. un souve-
« nir de feu S. A. monseigneur le duc de Reichstadt, le dessin
« d'un cheval de son Auguste Père, exécuté et signé de sa
« main. Je serais désolé si V. M. méconnaissait le motif qui me
« porte à cette offrande; il est tout entier dans l'admiration
« que V. M. a inspirée à moi, homme à peine connu, mais qui
« rend hommage aux grandes qualités qui frappent l'œil de
« quiconque suit l'histoire de nos jours. V. M. ne refusera pas
« au courage et, je dirai, à la confiante candeur de mon dé-
« vouement, l'honneur d'accepter avec bienveillance cette
« petite relique d'un noble prince qui, sous tous les rapports,
« aurait été digne de porter sur sa tête la couronne que V. M.
« a posée sur son tombeau » (3 oct. 1855).

1230

Pseyer (Franç. Xav.), « employé royal de l'hôtel des monnaies, » à Munich; présente très-humblement à l'empereur,
après avoir exposé qu'il a déjà envoyé plusieurs pétitions et fait
vainement un voyage à Paris pour le même objet, une supplique
qu'il formule en ces termes : « Que V. M. I. veuille bien juger
« digne de quelque distinction gracieuse le service rendu par
« moi à S. M. la reine d'Hollande, Hortense. Il a déjà tant
« de fois plû à V. M. à donner des preuves du plaisir qu'Elle
« prend à se souvenirs des personnes des anciens entours de
« V. M., ce qui m'enhardit à faire mention que pendant le
« séjour de V. M. à Eichsstardt et à Arenenberg, il m'est arrivé
« plusieurs fois le grand bonheur d'être admis aux jeux et
« aux amusements arrangés par V. M.... » (17 avr. 1857).—
Il fonde sa demande sur le certificat suivant : « La soussignée
certifie à M. Fr. X. Pseyer, employé royal de l'hôtel des

monnaies du royaume de Bavière, ci-devant laquais au service de S. A. R. le duc de Leuchtenberg, d'avoir été témoin lorsqu'en 1823 ledit sieur PSEYER, sauvait, par sa présence d'esprit la vie à S. M. la reine de Hollande, Hortense, qui, étant à table, fut menacée d'étouffer, suite d'une croûte de pain qui s'était retenue dans la gorge et qu'il fut assez heureux d'éloigner par sa prompte résolution. En foi de quoi je lui délivre le présent certificat, désirant qu'il lui soit utile. Munich, le 26 oct. 1852, la baronne d'Aretin, dame d'honneur de feu S. A. R. madame la duchesse de Leuchtenberg. » — *Envoyé* 300 *francs.*

1231*

PUCHTLER, à Remlingen; demande que l'empereur veuille bien être le parrain de PUCHTLER fils (5 juil. 1853).

1232*

PUSCH, à Pillkallen (Prusse); fait l'offre d'un ordre du jour signé de Napoléon Ier (13 mars 1857).

1233

PUTTKAMER (VON), premier président prussien à Plouth (Westphalie); recommande à l'empereur un remède contre les rhumatismes et les maladies de vessie (sept. 1869).

1234

PÜTZ (J.-B.), orfèvre à Cologne; informe l'empereur qu'ayant eu une maladie de la vessie, il a été guéri en prenant soir et matin une potion dont il transmet la recette (sept. 1869).

1235

Pyl (Le docteur Th.), professeur à l'Université de Greifswald en Poméranie (Prusse); venant de publier une tragédie et divers mémoires, le tout relatif à l'université de Greifswald, et parmi lesquels se trouve un document de l'année 1423 concernant une guerre qui eut lieu alors entre le Danemark et le Schleswig, il fait hommage à l'empereur de ce livre qui pourra intéresser S. M. laquelle « ne brille pas « seulement entre les souverains de l'Europe par une poli- « tique grandiose et divinatoire, mais se place au premier « rang par une intelligence scientifique empreinte de gé- « nie » (2 juin 1864). — *Remercier.*

1236

Rack (Urbain), à Paris; sollicite une audience pour expliquer à l'empereur la protection qu'il croit mériter pour un livre qu'il vient de publier en allemand sur la politique européenne et que le grand-duc de Baden a fait saisir (1864).

1237

Racke (Jul.), à Solingen (Prusse); ayant offert à l'empereur un couteau de campagne qui n'a pas été accepté, mais qu'il vient de mettre à l'Exposition internationale, il prie S. M. de lui donner un coup d'œil. Semblable couteau a été accepté par le roi Guillaume (1864).

1238*

Raehse (Ida), à Berlin; envoie un bouquet de roses pour le jour de l'an (2 janv. 1853); — adresse ses félicitations (27 janv. 1853); — *idem* (15 août); — vœux du nouvel an (29 déc. 1854).

1239*

Raff (Gaspard), à Lahr ; dédicace d'une marche guerrière (12 déc. 1854).

1240

Rahr (Carl), négociant à Neuss (Prusse) ; ayant lu dans l'*Écho des Feuilletons* une nouvelle de Saint-Félix, intitulée : « Reymond de Vitry » qui lui inspira la pensée qu'on y trouverait bien le sujet d'un drame qui pourrait s'appeler : « l'*Officier d'ordonnance de Bonaparte* » , il a composé ce drame, et envoie son manuscrit à l'empereur en le priant de daigner l'accepter, le faire traduire et le faire représenter (10 mars 1865). — *Refus* et renvoi du manuscrit dont l'empereur, trop occupé, ne peut prendre connaissance.

1241*

Randhartinger, à Vienne ; envoie un ouvrage qu'il a dédié à l'empereur (12 fév. 1854).

1242

Rang (Friedrich), à Kaisheim (Bavière) ; reçu d'une somme de 50 fr. récompense d'un hommage en vers (8 juill. 1854).

1243

Rapedius (Fanny), à Berlin ; a vu souvent l'empereur à Constance. Elle avait sollicité un emploi dans la maison impériale. Il ne lui a point été accordé d'emploi, mais S. M. a daigné lui faire demander en quoi elle pourrait lui être utile. Mlle Rapedius sollicite en conséquence un prêt qui lui permette de donner un peu d'extension à son magasin de nouveautés à Berlin et qui assure ainsi son avenir (juil. 1854). — « *lui envoyer* 400 fr. N. »

1244*

Rast (Sébastien), à Cham, (Bavière); félicitations à l'empereur sur le mariage de S. M. (14 fév. 1853).

1245

Rath, (J.B.) à Graz (Styrie); réclame auprès de l'empereur pour la restitution en capital et intérêts de la valeur d'un domaine vendu 700,000 fr. en 1862 à M. Henri Carion pour la société du crédit des paroisses constituée aujourd'hui en état de banqueroute frauduleuse (janv. 1869).

1246

Rathen (Le baron Bernhard von), inventeur d'une machine à air comprimé destinée a remplacer la vapeur. «...Je me suis adressé à votre gracieuse Majesty en faveur de mon grand invention (1). J'espère de m'en excuser par la conviction qu'il serait mon devoir envers Dieu et le monde comme etant le *seul homme* à qui le bon Dieu a confié le secret de faire les habitants du monde aussi prosper et heureux comme un nouveau monde serait créé; et que l'Inventeur ait la seule espérance que votre Majesty prendra son grand Invention in his protection, et, confident en ly, assisterait l'Inventeur *de continuer à vivre*, et de mettre sa grand Invention en œuvre pour le bonheur de la France et du monde. » Recommandé à ce sujet dès 1859 par la grande duchesse Stéphanie de Bade, dont il joint deux lettres, âgé de 88 ans et dans une situation nécessiteuse, il fait appel à la munificence de l'empereur. Il demande une avance de 20,000 fr. (1868). — M. Bel-

(1) Dès le 25 sept. 1857, par une lettre datée de Berlin.

montet appuye la demande auprès de M. Conti «... Je vous prie donc, très-cher confident d'une grande âme, de lui donner ma lettre qui renferme une lettre de la duchesse Stéphanie et une du baron nonagénaire que je ne connais que depuis trois jours. Quelle tête de génie ! On dirait Galilée regardant le ciel (24 avril). — L'empereur fait donner ordre au directeur des dons et secours de faire parvenir à M. de Rathen un secours dont le chiffre est laissé à la discrétion du directeur (mai 1868). — M. Belmontet annonce que le baron de Rathen vient de mourir à Paris, et son intention ayant été de donner son invention et ses dessins à l'empereur, il demande s'il n'y aurait pas lieu de faire apposer les scellés chez lui (24 mai). — L'empereur fait repondre qu'il ne désire pas recueillir le legs de M. de Rathen, dont l'invention d'après le compte qui lui en a été rendu, est chimérique et ne pourrait être en rien utilisée (28 mai).

1247

RATTENSPERG (Katharina), veuve d'un peintre, à Salzbourg (Autriche); remercie l'empereur d'un secours qu'elle a reçu en lui envoyant une vue de Wildbadgastein, peinte par son feu mari (janv. 1868). — *Renvoi* du tableau avec remerciement. — Nouvelle demande de secours, (15 mai 1868).

1248

RATZEBURG (Le docteur), conseiller du roi de Prusse et professeur à Berlin ; fait hommage à l'empereur, de son ouvrage en deux volumes sur les causes du dépérissement des forêts, qui en Prusse ont été depuis quelques dizaines d'années dévastées par des maladies qu'il attribue surtout aux insectes. Il ajoute qu'il a entrepris ce travail dans l'espérance que la France profiterait aussi des explications qu'il fournit (1865 et 1868). — *Remercié.*

1249

Rau (Gottl. Heinr.), juriste à Esslingen (Wurtemberg) ; adresse à l'occasion de la naissance du prince impérial, une pièce de vers intitulée Berceuse (*Wiegenlied*) pour « l'enfant de France Napoléon IV » (14 avril 1856).

1250

Rauch, Bavarois; obtient de l'empereur un don de 30 flor. pendant le voyage à Salzbourg (1867).

1251

Rauchienegger (Sophie von), née von Speth; offre à l'empereur une brochure intitulée « *La papauté et l'empire, solution de la question romaine* (in-8° 1865) » et lui écrit pour le supplier de la lire, « de ne pas se laisser effrayer par le titre de cet écrit fondé sur des principes inattaquables... et qui pourra être suivi de publications complémentaires mentionnant pour conclusion des points importants, vraiment importants pour la haute Dynastie de l'Empereur. » Son mari, le professeur, s'occupe depuis plus d'un quart de siècle de recherches sur la science politique... Si elle pouvait obtenir une audience de S. M. (*geruhen Sie diese Bitte allerhuldvollst zu gewähren — es ist im Interesse Ihrer hohen Dynastie!*) ce serait dans l'intérêt de sa haute Dynastie (Paris, 4 déc. 1863). — Accusé réception de la brochure et refus de l'audience.

1252*

Rauh, ancien bottier de l'empereur à Augsbourg; sollicite un secours (5 oct. 1856); — *idem* (26 sept. 1857).

1253

Rauscher (Jos. Othm.), cardinal, prince archevêque de Vienne; plusieurs lettres de compliments, par exemple : « Sacrée Majesté impériale, la sainte fête de Noël, dont la solennité nous retrace toute la dignité de l'homme sauvé par le Fils de Dieu, va revenir et me prête l'occasion d'exprimer à votre majesté l'hommage de mes vœux respectueux. Le tout-puissant comble de ses bénédictions votre majesté et l'empire de France, qu'il a commis à vos soins pour y protéger l'ordre social et la religion qui en est le fondement... » (18 déc. 1864).

1254

Rawicz de Zdebinski (Joseph), du grand-duché de Posen (Prusse); fils d'un gentilhomme polonais engagé volontaire à seize ans dans les armées de Napoléon, capitaine, décoré, blessé gravement en 1813, mort en 1848 avec les mêmes sentiments de dévouement à la France; lui-même ayant hérité des sentiments de son père et ayant perdu sa fortune sans avoir commis aucune faute, il sollicite un emploi quelconque à la cour de l'empereur (avril 1870) — « *Refus poli.* »

1255

Reatz (Le docteur), avocat a Giessen (Hesse); fait hommage à l'empereur d'un ouvrage qu'il se propose de publier le mois prochain et qui pourrait servir à la rédaction d'un Code de commerce maritime international (29 juin 1870).

1256

Reb (L'abbé L.); reçu de 800 fr. pour la traduction française de l'ouvrage allemand de Mansfeld, intitulé : « *Napoléon III.* » (10 fév. 1860).

1257

Reber (Le docteur Franck), professeur d'archéologie à l'Université de Munich; offre à l'empereur son ouvrage *Die Ruinen Rom's und der Campagna*, « l'intérêt que S. M. porte aux antiquités romaines étant connu dans le monde entier » (déc. 1865).

1258

Recke-Volmerstein (Le comte Adelb. von der), à Craschnitz en Silésie (Prusse); fait hommage à l'empereur de son rapport sur la situation financière de l'établissement du Bon Samaritain, fondé à Craschnitz pour les maladies mentales, et remercie des 1,000 fr. envoyés par S. M. pour l'année 1863 (30 nov. 1864).

1259

Recker (Fr. Ed.), négociant à Aix-la-Chapelle; offre à l'empereur un médaillon contenant des cheveux de la reine Hortense, et dont il est obligé de se dessaisir par suite de revers de fortune. Le soussigné, propriétaire par héritage « de ce précieux souvenir, aurait désiré pouvoir le garder toute sa vie et le transmettre religieusement à sa postérité. Malheureusement pour lui des revers de fortune ne lui permettent pas d'exécuter ce vœu. D'un autre côté il regarderait comme un sacrilége de voir passer ce bijou dans les mains d'un antiquaire ou de le vendre au dernier offrant. Il ose donc, Sire, vous l'offrir, persuadé qu'un pareil souvenir sera cher au cœur de S. M. dont l'amour filial et la vénération pour la reine Hortense sont devenus proverbiaux dans tous les pays… » (août 1865). Joint la photographie du médaillon. — *Refus.*

1260*

Redeke (L.), à Diepholz; se recommande comme ayant un fils né le 16 mars ainsi que le prince impérial (21 mars 1856).

1261

Regensburger (Ludwig), à Munich; fait appel aux anciens souvenirs que l'empereur a conservés d'Augsbourg, et obligé de prendre des bains médicaux pour sa santé, il sollicite un secours (déc. 1863).—*Refus*, attendu qu'un secours lui a été accordé l'année précédente.

1262*

Regher, à Berlin; fait hommage à l'empereur de l'oraison dominicale inscrite sur l'espace d'une pièce de 25 centimes (4 déc. 1855).

1263

Regler (George), employé de la poste à Würzbourg; fait parvenir à l'empereur un manuscrit intitulé : « Lettre à M. de Mirecourt, auteur de l'écrit : *les Femmes galantes des Napoléons.* » Indigné des mensonges que ce dernier écrit renferme, il y a répondu par sa « Lettre » et il demande si S. M. voudrait faire traduire, imprimer et publier son manuscrit. De plus, il serait heureux si l'on voulait lui accorder un emploi quelconque (juill. 1863).—*Refus.*

1264

Rehtanz (C.), Wittmann (M.), Strassner (Mich.), à Cobourg (Saxe); médaillés de Sainte-Hélène; adressent à plusieurs reprises une demande de secours (1864).

1265

Reich (Edw.), docteur en médecine à Gotha; auteur de divers ouvrages, mais peu favorisé de la fortune, prie l'empereur de lui donner le moyen de consacrer sa vie aux études scientifiques en lui accordant une place de bibliothécaire à Paris. Il y joint une notice sur sa vie (18 janv. 1865). — *Réponse* : que sa qualité d'étranger s'oppose à sa demande et que d'ailleurs il n'y a pas d'emploi de bibliothécaire vacant.

1266*

Reichard, à Vienne; fait hommage de vers pour célébrer le 15 août (2 mars 1857).

1267

Reichardt (C. J. F.), à Wismar (Mecklenburg); écrit à l'empereur que pour maintenir l'amélioration qui s'est produite dans la santé de S. M., il faut lui préparer une nourriture toute spéciale, pour la confection de laquelle il offre de venir en France, si les dames ordinairement chargées de ce soin veulent bien le permettre (sept. 1869).

1268

Reichel (F. M.); offre son guide illustré de Bade et des environs. « Si l'empereur daigne accueillir favorablement ce petit ouvrage, ce sera un grand bonheur pour moi, et mon livre en acquerra une grande célébrité » (août 1864). — Offre de même le premier exemplaire de ses « *Légendes des environs de Baden* » (1865). — *Refus* par mesure générale.

1269

Reichenbach (Adolf), à Phalmehiesen (?) (Bavière); ayant eu l'honneur d'être le condisciple de l'empereur au collége Sainte-Anne d'Augsbourg, il sollicite un exemplaire de l'*Histoire de César*, comme signe de souvenir de ce temps d'études communes qui date de quarante ans. « Si V. M. voulait bien y faire joindre quelques douzaines des fameux cigares qu'elle daigne fumer, ce serait un aimable supplément (*ein paar duzend der famosen Cigarren beilegen lassen, die Sie zu rauchen geruhen, so waere das eine freundliche Dreingabe*) »; 16 mars 1865. — « Envoyer. »

1270*

Reiching, à Gross-Eislingen (Würtemberg); adresse ses félicitations à l'occasion de l'attentat du 14 janvier (15 fév. 1858).

1271

Reichlin-Meldegg (Mlle Fledwige von), venue exprès à Paris, dans la conviction que l'empereur daignerait venir à son secours. S. M. sait qu'elle est orpheline et privée de tout appui. Elle pourrait en ce moment assurer son bonheur par son mariage avec le comte de Reischuch, si elle avait une somme de 18,000 florins à lui apporter; il prendrait alors possession du bien paternel ou achèterait une petite propriété, ce qui lui fournirait immédiatement un revenu. Elle supplie donc S. M. de lui prêter cette somme qu'elle lui rembourserait promptement par annuités (19 août 1853). — Le 21 février 1854, elle remercie pour 6,000 fr. qu'elle a reçus le 2.

1272

Reichlin-Meldegg (Le baron von), professeur à l'université

de Fribourg en Brisgau; neveu du baron de Reichlin-Meldegg de Constance, particulièrement connu de l'empereur, s'est consacré à l'étude des idiômes romans et principalement du provençal et doit, pour achever cette étude, faire un long séjour dans le midi de la France ; mais sans ressources suffisantes, il prie S. M., en souvenir de son oncle, de lui venir en aide (mars 1863). — *Renvoyé* au directeur du service des dons et secours.

1273

Reiffen (Gust.), à Sarrebrück ; inventeur de ventilateurs pour les mines, demande le passage libre jusqu'à Paris pour son appareil et propose de le vendre à prix modéré (octob. 1861).

1274

Reinbold (Otto), à Meinwangen (Bade); « Sire, j'ose soumettre à V. M. le manuscrit : *Le Césarisme, ses représentants et sa signification dans la politique et l'histoire universelle*, comme projet d'un traité scientifique détaillé, en vous priant très-humblement de vouloir bien daigner le parcourir. Après m'être voué avec une grande prédilection à l'étude du grand Romain et de l'histoire moderne de la France et mes idées étant parvenues à une conclusion définie, je désire consacrer mon activité à cette spécialité littéraire ; mais comme il est à prévoir que sans une haute protection ces idées ne seront jamais reconnues en Allemagne, d'autant plus qu'étant encore jeune, je suis sans renommée littéraire et que les Allemands aiment à suivre les autorités titrées, je prends la liberté respectueuse de m'adresser à V. M. avec ce premier travail historique ; et soit que vous voudriez faire publier le manuscrit ci-joint en quelle langue que ce soit, ou en ordonner et attendre l'exécution détaillée, je serai toujours heureux d'exécuter vos ordres et je vous prie, Sire, de vouloir bien agréer l'hommage du plus profond respect, etc. » — *Refus poli.*

1275*

Reiner, à Honsolgen (Bavière) ; demande un secours (5 sept. 1856).

1276

Reinke (Le docteur Laur.), professeur à l'université de Münster en Westphalie; offre à l'empereur un livre sur l'Orient avec cette lettre : « Sire, c'est dans mon dernier voyage fait en Orient par ordre du gouvernement que j'ai eu la satisfaction de constater les progrès surprenants de la civilisation partout où flotte le drapeau de l'Empire.... J'ose prier V. M. d'agréer avec ces quelques feuilles les sentiments sincères que je porte pour la France. Que Dieu protège V. M. » (18 nov. 1864).

1277

Reinkens (J.H.), recteur de l'université de Breslau (Prusse); fait hommage à l'empereur de plusieurs de ses études sur le développement de la civilisation chrétienne : 1. Histoire de l'université de Breslau.; 2. Paraboles religieuses ; 3. Saint-Hilaire de Poitiers ; 4. Saint-Martin de Tours (1866).

1278*

Reiser, à Spire; demande la décoration pour Mundler (18 mars 1858).

1279

Reiss (Henri), éditeur à Vienne, chevalier d'Isabelle la catholique ; sollicite l'autorisation de faire hommage à l'empereur d'un des premiers exemplaires d'un missel romain dans le style du moyen âge (janv. 1863);—renouvelle sa demande (mars). — *Refus.*

1280

Reppert (Marie), à Teterow (Mecklembourg-Schwerin) ; écrit à l'empereur que son père propriétaire d'une distillerie à Teterow, aurait besoin pour soutenir la concurrence, d'un appareil distillatoire dit de Saveille; mais ses ressources sont épuisées par les frais de celui qu'il avait organisé chez lui et par ce que lui a coûté une maladie grave, elle demande en conséquence que S. M. fasse construire l'appareil distillatoire dont son père a besoin et qui coûterait 10,000 francs (janv. 1864).

1281*

Ress, à Ems; demande à faire des révélations à l'empereur (18 juin 1858).

1282*

Rettich (A.), à Zusmarshausen (Bavière) ; offre un remède contre le mal de mer (1853).

1283*

Rettich, à Bamberg (Bavière); envoie une pièce de vers à l'occasion de l'attentat du 14 janvier (24 fév. 1858).

1284

Rettich (Charles), Wurtemberg ; offre ses services à l'empereur (1869).

1285

Reumont (Alfred de), chargé d'affaires de Prusse à Florence; « Sire, J'ose venir demander la gracieuse permission de V. M. I. de lui présenter très-humblement une *Histoire de la jeunesse de Catherine de Médicis*. L'historiographie moderne, en s'appuyant sur des documents contemporains et irréfragables a commencé à rendre justice à la mère des derniers des Valois. Sans tâcher de la disculper, ni de la justifier de ses faiblesses et de ses fautes, elle l'a défendue contre les outrages des passions, en montrant comment, pour me servir des expressions d'un ambassadeur vénitien, sans elle le royaume eût marché vers sa ruine. L'*Histoire de la jeunesse de Catherine* restait à faire. Je l'ai essayée, à l'aide du document des archives toscanes et des chroniques et mémoires du temps. En commençant par le mariage de Laurent de Médicis avec Madeleine de La Tour-d'Auvergne, célébré au château d'Amboise en présence de François Ier, en terminant par les noces de Catherine avec Henri d'Orléans, mariage béni à Marseille par le pape Clément VII, j'ai raconté la jeunesse orageuse de celle qui, étrangère, devait influer si puissamment sur les destinées de sa nouvelle patrie. Si donc le sujet de ce livre se rattache à cette grande et brillante histoire de France, c'est à ce titre que j'ose venir prier V. M. de daigner en agréer l'hommage respectueux, heureux si cet essai pouvait attirer un regard bienveillant d'un protecteur aussi généreux qu'intelligent des sciences et des arts » (17 janv. 1855).

— M. le ministre des affaires étrangères fait l'éloge de M. de Reumont, comme diplomate et comme littérateur; il professe des sentiments sympathiques pour la France et ne néglige aucune occasion d'être utile à la légation de France. — Le chef du cabinet répond que l'hommage est accepté et qu'avec sa lettre, il en transmet une pour M. de Reumont, adressée à ce diplomate par S. M. elle-même (24 fév. 1855).

1286

Reyher (Robert), graveur-artiste à Berlin ; prie l'empereur, comme protecteur des beaux-arts et des artistes, de faire l'acquisition de deux de ses gravures qui, espère-t-il, « compte-
« ront bientôt parmi les chefs-d'œuvre, l'une représentant
« (au prix de 20 fr.) *le comte Bismarck*, l'autre (au prix
« de 115 fr.) *Maria Mancini* » (Berlin, 1ᵉʳ mars 1870).

1287

Rhensius (A.), propriétaire, et Keitz (A.), directeur de la Société d'agriculture à Bublitz (Prusse) ; ayant appris que l'empereur désirait une émigration de cultivateurs allemands dans les colonies françaises de l'Afrique, proposent leurs services et offrent de déterminer plusieurs familles allemandes à émigrer, moyennant la perspective de conditions avantageuses (fév. 1864). — *Classer.*

1288

Ribeaud (H), maître de langues à Bruchsal (Baden) ; propose une énigme à l'empereur pour « le surprendre et le distraire par l'originalité et la nouveauté ; tout autre motif serait immodeste, inconvenant et imtempestive ». — Voici l'énigme : « Un monarque se voyant menacé par son voisin du nord et celui du midi, assembla ses ministres pour délibérer sur ce qu'il y aurait à faire en cas de guerre. Il fut arrêté que pour punir l'audace de ces ennemis le plus vite possible, on garderait dans le pays un corps pour occuper les forteresses et maintenir le repos, que l'on opposerait au nord 5/9 et au midi 4/9 du reste. A la grande surprise du monarque il reçut une déclaration de guerre du nord, du midi et de l'est. Il fut décidé dans une nouvelle assemblée qu'on conserverait le même corps de troupes dans le pays, mais qu'au lieu de faire marcher les 5/9 du reste contre le nord, on se servirait des 5/9 de ce corps contre le midi et des 4/9 contre l'est, et que les 4/9 qui dans le premier cas étaient destinés pour le midi marcheraient contre le nord. Il s'agit de chercher le moyen de trouver la force de l'armée entière et celle de chaque corps en particulier. On fait observer ici que sans le secours de l'auteur cette énigme est insoluble. » — L'auteur se met à la disposition de S. M. pour donner le mot de l'énigme ou pour résoudre celles qu'il voudrait lui faire donner à deviner (23 avril 1863). — *Classer*.

1289*

RICHARD (Karl), à Memmingen (Bavière); demande un secours (17 décem. 1853).

1290

RICHEN (Joh.), à Ostensiegen, près Elberfeld, (Prusse); habile ouvrier dans l'art de la broderie sur soie, et sachant exécuter de remarquables ouvrages en perles, il écrit à l'empereur pour solliciter la commande d'un écran ou de tout autre objet qui lui permette de fournir la preuve de son talent auquel il ne peut donner l'essor faute de ressources (1865). — *Classer*

1291

RICHTER (Le docteur Karl), à Berlin; demande la permission d'offrir à l'empereur son ouvrage : « Le droit politique et social de la Révolution française de 1789 à 1804 ». — Je regarde comme un devoir, dit-il, de faire cette demande pour donner à V. M. un témoignage de la profonde reconnaissance que j'éprouve et que tout homme doit éprouver quand on fixe le regard sur des institutions qui rendent possible de goûter et d'employer avec une incomparable lumière dans la capitale de votre Empire les trésors du beau et de l'utile. Ces institutions sont pour la plus grande part l'ouvrage de V. M... » (1865). — *Accepté.*

1292

RICHTER (Le docteur), à Vienne (peut-être le même que le précédent) ; fait hommage a l'empereur du 2ᵉ volume de son ouvrage sur l'histoire de la Révolution française (octob. 1866).

1293

RICHTER (F. Ad.), à Duisbourg; propose à l'empereur pour sa guérison divers remèdes qu'il a employés contre les rhumatismes en Allemagne ou en Amérique, et dont l'efficacité est constatée par divers certificats qu'il joint à sa lettre (sept. 1869).

1294

RICHTER (David), à Radaum (Bohème); ayant lu dans les journaux que l'Empereur Napoléon souffre des hémorrhoïdes, il adresse au chef du cabinet des prescriptions médicales à ce sujet (sept. 1869).

1295

RICKEL (Oscar) secrétaire au ministère de la guerre de Bavière; ayant depuis quelques jours un fils nouveau-né dont le grand père avait servi dans la grande armée de Napoléon Iᵉʳ et obtenu la croix, il demande que l'empereur daigne en être le parrain (9 janv. 1868). — *Refus.* — Dans l'assurance qu'il avait de voir sa demande accueillie, il avait fait inscrire son fils sous le nom de *Louis*; il demande qu'on veuille bien l'autoriser à le lui laisser (5 févr.). — *Classer.*

1296*

Rickenbach (M), à Tals (Bavière); sollicite un secours (5 août 1856).

1297*

Rickert, à Munich; lettre de félicitations à l'empereur (1ᵉʳ août 1859).

1298*

Riedel (Henriette), à Neustadt sur Aisch (Bavière); demande un secours (5 fév. 1853).

1299

Rings (Herm. Jos.), à Hossenberg (Prusse); «prend la liberté de s'approcher du trône de S. M. I. pour déposer à ses pieds un présent, afin de pouvoir ainsi, tout en étant citoyen Allemand, faire quelque chose d'utile et d'agréable, espère-t-il, pour le grand État sur lequel l'empereur règne et dans lequel fleurissent les arts et les sciences...» Ce présent est un prospectus écrit à la main, qu'il joint à sa lettre et qui contient l'annonce d'une méthode pour développer la voix humaine, méthode conçue principalement en vue de servir aux militaires (mai 1863). — *Classer.*

1300*

Rinkenberger, à Wachtersbach (Hesse); demande un secours (18 oct. 1858).

1301*

Riss, juge à Weiden (Bavière); félicitations au sujet du mariage de l'empereur (19 janv. 1853).

1302

Ritschl (Friederich), professeur à Bonn; deux lettres pour remercier de l'envoi qui lui a été fait de la « vie de César », et pour parler de la traduction allemande qu'il prépare de cet ouvrage. « J'ai travaillé, dit-il, pour l'auteur impérial non point parce qu'il est empereur et que sans aucun doute aucun prince du monde n'a en partage à un si haut degré que lui le jugement, l'esprit cultivé, le génie, sans parler de sa puissance et de son influence, mais parce qu'il s'est révélé comme un *savant* profond, intelligent, éloquent, pour lequel j'éprouve autant de sympathie que d'admiration ; car je ne doute pas que l'histoire romaine de Mommsen, cet exposé mesquin et rempli de fiel, ne soit immédiatement reléguée au second plan par l'œuvre d'un homme qui, tout en régissant les destinées du monde, arrive au point de vue le plus grandiose et le plus équitable.... » 1865 (1).

1303*

Ritter (Madeleine), à Augsbourg; se rappelle à l'empereur, qu'elle a connu à Augsbourg de 1815 à 1822 (janv. 1853).

1304

Rittler, voy. Müller (Adelh.).

1305

Rixinger (Hildegarde), à Baden-Baden; écrit à l'empereur qu'elle possède le don de préparer un breuvage d'herbes qui

---

(1) Ces deux lettres ont été publiées intégralement dans les *Papiers* des Tuileries, t. II, n° XXXIV.

soulagera immédiatement l'empereur et offre de se rendre à Paris (sept. 1869).

1306

ROBERTZ (Jodocus), à Cologne ; inventeur d'un élixir souverain pour guérir les maladies contagieuses, annonce à l'empereur qu'il vient d'envoyer 100 flacons de cet élixir, pour faire l'expérience de ses vertus, à l'armée du Mexique (1862). — *Répondu* qu'on ne peut pas employer une substance qui n'est pas suffisamment connue.

1307*

ROCH, à Gommern (Prusse); demande le remboursement d'assignats (19 mai 1860).

1308

ROCHHOLTZ (Mathilda), fille d'un assesseur à Nuremberg ; écrit à l'empereur pour implorer sa bienveillance en faveur d'un vieil ami d'elle, le docteur en philosophie FLAMMHORST qui depuis un demi siècle approfondit le cercle des connaissances humaines, qui professe pour l'empereur Napoléon Ier une admiration enthousiaste, qui eut l'honneur de parler à l'empereur lui-même pendant un voyage qu'il fit en Suisse en 1838, qui a composé des poésies remarquables et qui, arrivé à l'âge de soixante-neuf ans, n'a pas les ressources suffisantes pour prendre des bains qui seraient nécessaires à sa santé. Elle joint à sa lettre deux longues pièces de vers de son ami (mai 1868).— *Classer*.

1309*

ROCK (veuve), à Essen ; demande un secours (4 juin 1858).

1310*

Roeder, à Liebenwerda (Prusse) ; fait hommage d'un mémoire sur les inondations (3 août 1856).

1311*

Roeke, à Solingen (Prusse) ; fait hommage à l'empereur d'un couteau ayant appartenu à la famille impériale (28 fév. 1859) ; — redemande son couteau (15 juill. 1859).

1312*

Roemer, à Hildesheim; demande un secours (24 nov. 1855).

1313

Roerig (Le docteur Karl), à Wildungen (principauté de Waldeck); après avoir envoyé à l'empereur deux de ses ouvrages sur les eaux de Wildungen, écrit pour lui recommander la source de Salzbrunnen, celle des eaux de ce pays qu'il juge la plus bienfaisante et il « espère, dit-il, selon l'ex-
« périence de bien des cas qu'elle sera destinée pour conser-
« ver Votre Santé à la famille impériale, à l'empire et à l'hu-
« manité » (25 juill. 1868).

1314*

Roesch, à Lindenau; propose à l'empereur un appareil pour diriger les ballons (19 nov. 1858).

1315*

Roessler (A.), à Blankenburg; propose pour la santé de l'empereur les bains de feuilles de pin (18 juin 1853).

1316*

Rogge, à Schwerin ; demande l'autorisation d'offrir ses ouvrages à l'empereur (15 déc. 1857) ; —réclame les ouvrages qu'il avait remis à l'ambassade de France (20 mai 1858); — sollicite l'autorisation d'offrir personnellement ses œuvres à l'empereur (28 oct. 1858).

1317

Rohde (H.), pasteur émérite à Parchim (Mecklenbourg-Schwerin) ; « Sire, ce dont je prie V. M. avant tout, c'est de
« me compter au nombre de ceux qui célèbrent le 2 de dé-
« cembre, comme la plus grande fête du nouveau temps. Vos
« paroles du 14 de novembre n'ont pu être bornées aux li-
« mites de votre grand empire ; il y a bien des cœurs alle-
« mands qui, dégoûtés de ce vieux nimbe des dynasties de
« l'ancien régime, s'en sont réjouis à temps et remplis du
« nouvel espoir de l'avenir. Prononcées du haut du trône,
« elles dûrent bien nous paraître grandes et jamais elles ne
« s'évanouiront de notre mémoire. Oh! que nous envions
« cette France où l'humanité personnifiée tient le trône et le
« sceptre de l'empire. Allemagne! relevée de ce que tu as
« reçu un tel voisin! Jamais homme, qui que ce soit, aura
« besoin de solliciter la faveur d'un tel souverain ; l'indigent
« la possède aussitôt qu'il prononce son besoin. Et moi, sire!
« je suis un de ces indigents, qui ai besoin d'argent pour
« une activité fructueuse ; j'ai besoin d'argent de celui sans
« qui tout mouvement cesse, car c'est vous, Sire, qui avez
« été la cause d'efforts infatigables pendant sept années,
« après que votre Académie des Sciences avait proposé un
« prix, qui sans doute devait servir à ruiner toutes les ban-
« ques publiques et secrètes. Alors j'étais encore pasteur à
« Damm, près de Parchim ; j'écrivis à l'Académie que j'avais

« résolu le problème proposé ; mais malheureusement c'était
« trop tard ; le terme fut expiré. Une fois animé je continuai
« et redoublai mes efforts. Enfin, je demeurai une année et
« demie à Hombourg et je gagnai d'après ma méthode. Mais
« la petite mise à laquelle j'étais borné par ma caisse ne put
« assez attirer l'attention des joueurs... C'est pourquoi, Sire,
« je viens solliciter V. M. I. très-humblement ; veuillez m'a-
« vancer 2 ou 4,000 francs pour douze mois sous telle con-
« dition qu'il vous plaira de faire. Pour preuve de la jus-
« tesse de mon calcul, je m'oblige à payer un surplus de
« 50 p. 100... » (28 nov. 1861). — *Réponse* : «M., les nombreuses dépenses qui grèvent la liste civile n'ont pas permis à
l'empereur d'accueillir comme il l'aurait désiré votre demande ; S. M. me charge d'avoir l'honneur de vous exprimer
ses regrets » (7 déc.). — Le pasteur ROHDE insiste par une
lettre du 15 décembre 1861 : « Sire, le bon accueil dont V.
M. a daigné honorer mes efforts, à juger de la réponse affable,
suffirait à me faire mettre la main à l'œuvre tout à l'heure, si
je savais comment faire sans vous, Sire, « sans qui tout mouvement cesse.... » Mille francs suffiraient à ce but, ce qui
n'est que le demi de la somme suppliée dans ma première
lettre. Mais les frais seraient les mêmes, d'où il suit qu'il me
faudrait plus longtemps pour m'acquitter de ma dette. Par
exemple, si l'avance montait à 25,000 francs, je pourrais
rembourser 5,000 fr. par mois; d'une somme de 50,000 fr.
je payerais 10,000..... Daignez donc par votre parole impériale calmer l'esprit d'un père de famille qui brûle d'envie
d'agir pour V. M.; fixez la hauteur de la somme, ainsi que le
terme où je pourrais compter la recevoir, tout à votre volonté
et confiant en ma probité, permettez que je remette à temps
une somme sous 25,000 francs au chef de votre cabinet. Quoiqu'il me faille attendre, j'espère cela ne durera pas trop longtemps et j'offre à V. M. tout mon faible pouvoir. Et si vous en
faisiez usage, les fils de la France, dont le soleil luit plus clair

et plus chaud de jour en jour, devraient avoir honte de ne pas augmenter votre liste civile aussitôt qu'ils en sentiraient le besoin... » — Un secours est accordé au pasteur Rohde (23 nov. 1864).

1318*

Rohner (G. M.), à Rheineck (Prusse); propose une invention pour enfoncer les carrés d'infanterie (avril 1854).

1319

Rohrer (Anton Théod.), à Stollberg (Saxe); prétendant qu'en 1854, l'empereur lui aurait adressé la parole dans un café des Champs-Élysées et l'aurait engagé, lui et ses deux compagnons Pietzold et Ch. Flath, à s'adresser à lui en cas de besoin, il demande 2000 francs pour rétablir sa position. Joint son livret d'ouvrier passementier à Paris, de 1853 à 1855 (8 juill. 1870). — « *Classer* vu l'état des choses. »

1320*

Rokteschel, à Dantzick; hommage d'une pièce de vers (6 août 1853).

1321

Rolfs (H. D.), à Londres; écrit à l'empereur qu'après la relation qu'il lui a fait parvenir par le colonel Seiler d'une conversation politique entre deux individus qu'il avait entendus dans Saint James-Park, il a vainement écrit quatre lettres pour obtenir une réponse de l'empereur et vainement réclamé diverses lettres originales du duc de Schleswig-Augustenburg et du prince de Primkenau qui constataient ses antécédents et qu'il avait envoyées à titre de certificats en sa faveur. Il n'a pas retrouvé ses deux interlocuteurs, mais il a obtenu de nouveaux renseignements ; il signale la prochaine publication d'un ouvrage intitulé *Fürstenspiegel* (Le miroir des princes), livre dangereux, mais dont on amènerait facilement l'auteur à vendre son manuscrit ; il signale aussi plusieurs journaux publiés à Londres : « Die Deutsche Zeitung », « Die neue Zeit », « la Tamise », « la Presse de Londres », comme aux abois et prêts à se vendre à bas prix. Il termine en sollicitant une audience de l'empereur et une somme de 2,500 fr. (25 sept. 1858). — Note au crayon rouge : « *Aud.* » (Audience ?)

1322

ROLAND (C.), à Oranienburg (Prusse) ; il est l'inventeur d'un moyen pour incendier toute matière combustible à grande distance. Une flotte abritée dans le port le plus sûr peut être incendiée à deux milles allemands de loin (15 kilomètres) et rien ne peut éteindre les substances qu'il emploie. Il demande si l'empereur jugerait utile la communication de son secret (déc. 1855). — *Réponse :* « L'énoncé des effets qu'il attribue à son invention donne lieu de croire qu'il peut être dans l'illusion. »

1323*

ROSE (L.), à Cassel ; offre une dédicace (23 oct. 1854).

1324

ROSENTHAL (J. G.), à Rastenburg (Prusse) ; lettre de félicitation à l'occasion de l'insuccès de l'attentat du 14 janvier 1858 (18 janv.).

1325*

Rosenthal, à Herbede (Prusse); sollicite le remboursement d'assignats ou quelque secours (3 mars 1861).

1326*

Roser (Max.), à Augsbourg; demande un secours (30 janv. 1853).

1327

Röschler, directeur de la police à Wiesbaden (Nassau); recommandé par Gicholz, sollicite la croix d'honneur (1864).

1328*

Rosien (G.), à Hambourg; se recommande comme ayant un fils né le 16 mars, le même jour que le prince impérial (22 mars 1856).

1329*

Roth, à Carlsruhe; sollicite de l'avancement pour ses cousins (24 sept. 1857).

1330

Roth (Le docteur), médecin supérieur dans l'armée prussienne; fait hommage de ses « Études sur la médecine militaire », contenant une Notice sur le camp de Châlons de 1863 avec plan (1864).—*Remercié.*

1331

Rother, à Paris; adresse à l'empereur une dépêche télégraphique dans laquelle il sollicite une audience pour proposer une solution brillamment satisfaisante de la question allemande (juill. 1867).

1332

Rothschild (J.), libraire et consul de Saxe-Meiningen, à Paris; se prévalant des nombreuses publications, les unes de luxe, les autres populaires qu'il a faites, ainsi que des traductions scientifiques dont il est lui-même auteur, œuvres qui « ont donné une grande impulsion à l'Horticulture et à l'A- « griculture », sollicite la croix d'honneur (août 1868). — *Renvoyé* au ministre des affaires étrangères.

1333

Rothstein (La comtesse von); au grand chambellan : « ..... J'écris à S. M. l'empereur pour obtenir une allocation de 500 fr.; je suis persuadée qu'elle vous sera remise si vous me faites la faveur d'agir pour moi... » (juill. 1870).

1334

Röttger (R.), ancien officier au service de l'Autriche ; offre à l'empereur sa brochure « La force des forces », (c'est-à-dire la pression atmosphérique) et demande, si S. M. approuve ses idées, qu'on l'aide à les réaliser (fév. 1869). — *Accusé réception.*

1335

Röttmund (Jos.), littérateur à Augsbourg; rappelle qu'il a envoyé il y a quelques mois à l'empereur un livre fort bien relié : « Les aventures d'un Allemand ayant servi dans les troupes « anglaises, romaines, françaises, garibaldiennes et autres »;

il demandait en échange une vraie photographie de S. M. pour son père, auteur de ce livre, ancien condisciple de Louis Napoléon au collége de Sainte-Anne d'Augsbourg (oct. 1863).
— « *Lui envoyer.* »

1336*

RUDINGER, à Babenhausen (Bavière); sollicite le remboursement d'assignats qu'il possède (26 juin 1860).

1337

RUDOLPH (Christian), à Elberfeld (Hanovre); propose à l'empereur l'acquisition d'un secret propre à rendre les falsifications sur le papier impossibles (1862). — *Refus.*

1338

RUDOLPH (Heinrich), domestique à Dresde; il en appelle à la justice de l'empereur contre le ministre de France en Saxe qui, après l'avoir pris à son service, à 10 thalers par mois, refuse de payer à un pauvre et honnête père de cinq enfants en bas-âge 30 thalers qui lui sont dûs. Il joint à sa lettre son portrait photographié, (sept. 1869) — *Rép.* : « Il
« est à la connaissance du département des affaires étran-
« gères que le signataire de cette lettre a été congédié pour
« cause d'ivrognerie et d'infidélité flagrantes. »

1339

RUDOLPH (Wilh.), stucateur à Breslau; écrit à l'empereur que dans sa famille à lui Rudolph, les maladies de vessie sont héréditaires, mais qu'on y possède le secret d'un remède souverain contre elles. Il offre d'en envoyer ou d'en apporter lui-même une bouteille à Paris et il compte sur la reconnaissance du malade (sept. 1869).

1340*

Rudtorffer (Le chevalier von), à Vienne; propose un projectile creux de son invention (6 janv. 1860).

1341*

Rugendas, à Munich; offre une épingle ayant appartenu à Napoléon Ier (20 juill. 1859).

1342

Rueff (Le docteur), professeur à l'académie agricole de Hohenheim (Würtemberg); en reconnaissance de la distinction dont l'empereur l'a honoré comme membre du jury de l'exposition universelle de 1856, il lui offre son ouvrage sur le ferrement des chevaux (1864).

1343

Ruhatschek (Josef), à Ausig (Bohême); recommande à l'empereur les pilules balsamiques de Seehofer, contre les maux d'estomac (oct. 1869).

1344

Rühl (Friederich), « surpropateur », c'est-à-dire vérificateur des comptes à la cour Grand-Ducale de Hesse; offre un exemplaire de son ouvrage intitulé : « *Die Kameralrechnungswissenschaft* », ou la science de la comptabilité financière, qui a été mentionné favorablement par la presse allemande; n'ayant pour soutenir sa mère, sa femme et sept enfants mineurs que les 2,000 francs de sa place, il espère que l'empereur voudra bien encourager ses travaux (Darmstadt, sept. 1862).—Il insiste à plusieurs reprises (1863).—*Classer.*

1345*

Rühle, à Stuttgardt; demande un secours (26 sept. 1857).

1346*

Rumpf, à Magdebourg; adresse une pièce de vers au prince impérial (31 juill. 1857).

1347

Runge, organiste à Zempow (Brandebourg); offre à l'empereur un remède contre la goutte (oct. 1869).

1348

Rüppert (Fr.), inspecteur des douanes du Duché de Bade; renouvelle pour la quatrième fois sa demande à l'effet d'obtenir la libération de son fils, voltigeur au bataillon étranger (1864).

1349

Rüpplin (La baronne von), à Baden; fait hommage à l'empereur d'un portefeuille brodé (5 oct. 1857).—Écrit que la mort récente de sa mère la laisse pauvre et sans appui. Elle lui rappelle le respectueux dévouement de toute sa famille (1860).—Voy. Welden.

1350*

Rupprecht (M.), à Nuremberg; demande un secours (31 mai 1853).

1351*

Rutter, à Wurzbourg; demande un emploi (16 fév. 1853).

1352

Ruttinger, grand bailli à Fribourg-en-Brisgau; adresse à l'empereur ses félicitations et ses vœux; il lui fait en outre présent d'un extrait du « *Moniteur* » du 23 mars 1815, contenant le récit du retour de Napoléon Ier de l'île d'Elbe (23 déc. 1852).

1353

Sachenbacher (Ludwig), à Munich; demande la permission d'envoyer à l'empereur sa brochure sur la peine de mort (1865). — *Classer.*

1354

Saegerdt (Karl), armurier à Luckau (Prusse); offre à l'empereur, moyennant récompense, communication d'un secret concernant la confection d'une matière inflammable pour les armes à feu. Il est prêt à se rendre à Paris pour traiter cette affaire (1862). — *Refus*, avec invitation à ne pas faire le voyage de Paris dont les frais resteraient à sa charge.

1355*

Salissig, à Cologne; fait l'offre d'un secret (1853).

1356

Salomon (J.), de Hambourg; « Sire, l'affabilité de V. M. connue dans ma ville natale, Hambourg, comme partout sur le globe, et l'intérêt que V. M. témoigne aux sciences et au bien-être de l'humanité, me donnent le courage d'oser demander humblement la grâce d'une audience. J'ose implorer la haute protection de V. M. — et je suis venu dans ce seul but à Paris — pour obtenir de l'Académie de Médecine le jugement d'un remède qui a la vertu de guérir chez les hommes l'impotence et chez les femmes [d'autres indispositions]... Ce remède efficace et infaillible est composé de substances tout à fait innocentes et d'un usage *externe*. De plus amples détails j'aurais l'honneur de soumettre à la haute sagesse de votre majesté » (sept. 1863). — *Refus.*

1357

Sander (Simon), marchand à Magdebourg; sollicite de l'empereur pour relever ses affaires compromises qui reposent actuellement sur un capital de 100,000 francs, mais avec un crédit chancelant, le prêt d'une somme de 25,000 francs pour cinq ans (juin 1866). — *Refus.*

1358

Sandizell (La comtesse von), de Munich, jadis dame d'honneur de la princesse de Neufchastel, ayant connu le prince Louis à Augsbourg, ruinée aujourd'hui et âgée de 88 ans; fait appel à la munificence de l'empereur (10 mai 1867).

1359

Sasser (Maximilien), professeur de physique en Bavière; adresse un mémoire relatif à la découverte d'une pile voltaïque entièrement sèche, et trop pauvre pour faire construire une machine pour concourir au prix fondé par l'empereur, il supplie qu'on examine cependant sa découverte (28 déc. 1852).

1360*

Sattler, à Eggisheim; demande un secours (18 déc. 1854).

1361*

Sauder (August), à Werder (Hanovre); félicitations en vers (30 déc. 1852).

1362

Saudken (Gustav. Alf. von), publiciste badois; soumet à l'empereur deux articles de politique dans lesquels il expose que l'Allemagne doit se constituer en s'unifiant à l'exemple de l'Italie, et qu'elle ne peut le faire qu'avec l'assistance de la France; il sollicite une audience pour exposer ses idées à l'empereur. Il ajoute : « Je voudrais prier V. M. de me pren-
« dre dans ses services; je voudrais invoquer la protection
« de V. M. pour moi, ma femme, mes deux garçons et ma
« patrie allemande. Ce n'est pas légèrement que j'ajoute ce
« dernier mot ; je crois en effet que ma patrie allemande,
« ainsi que moi-même (peut être que nous ayons été trop
« longtemps un peu trop idéals) nous ayons tous les deux un
« peu besoin de la protection réelle de votre majesté... »
(juin 1861).

1363

Sauter (Carl Wilh.), homme de lettres à Nuremberg; adresse une pièce de vers imprimée : « Le nouveau Prince de la Paix » à l'occasion de la naissance du Prince impérial.
« Sire ! Un poëte allemand ose très-humblement envoyer à
« V. M. I. le produit de sa muse composé pour la très-haute
« naissance d'un Prince impérial. Puisse « l'Enfant de France »

« être le nouveau Prince de la Paix et aussi puisse, un jour,
« une ère nouvelle, qui sera féconde sous son sceptre inspiré
« par la sagesse, faire le bonheur de l'Europe entière. » (6 mai
1856). — Félicitations au sujet de l'attentat du 14 janvier
(3 fév. 1858).

1364

SAYN-WITTGENSTEIN (La princesse DE), à Berlebourg (Prusse);
« Illustre empereur! Pardon Sire! qu'une dame allemande,
« s'approche à votre trône pour demander une grâce de Votre
« Majesté. C'est la première fois dans toute ma vie, que je
« demande quelque chose, pour *moi*, et il n'y a pas de mo-
« narche dans le monde auquel j'aime de m'addresser, qu'à
« vous Monseigneur, qui vous êtes aussi noble, que cheva-
« lereux; c'est peut-être parce que la belle France, a été la
« patrie du grand-père de ma bonne mère, qui me donne
« la sûreté, que Votre Majesté, veut bien avoir la grâce à
« remplir ma demande; mais *plus* que tout cela, c'est le
« charactère généreux de Votre Majesté, qui me donne l'es-
« pérance, que vous Monseigneur, venez à mon secours. Or-
« pheline depuis ma onzième année, sans des parentes pro-
« chaines, j'ai passé toute ma vie, en étant bonne économe,
« parce que il faut que les dames des familles médiatisées
« représentent leur rang avec une apanage très-modeste, et
« parce que il n'y a pas de moyen pour elles à augmenter
« leurs finances.—Malgré cela, moi je n'avais point de dettes,
« jusque au moment, où ma petite villa a eu besoin, d'une
« réparature, et c'était au même temps, que mon médecin,
« m'en a fait un devoir, à fréquenter les bains de Kissingen.
« A présent il faut faire un emprunt, et c'est une chose très-
« pénible pour une dame. Dans cet embarras, Dieu m'a
« donné l'idée à demander Votre Majesté, de vouloir bien
« avoir la grâce de me prêter, pour cinq ou dix années la

« somme de 1,000 écus; j'en suis *sûre* qu'après cet temps
« je serais en état de *restituer* cette somme, et Dieu *bénira*
« Votre Majesté pour cet grâce, qui n'est pas seulement pour
« moi, car il y a aussi quelques pauvres familles, qui ont be-
« soin de mon secours, déjà depuis longtemps. Ayez donc
« la grâce, Sire, de m'accorder cette demande, et excusez que
« j'avais le courage de supplier Votre Majesté, en ma fa-
« veur. Permettez alors, Monseigneur, que je vous assure
« de ma profonde adoration, avec laquelle je suis toujours,
« de Votre Majesté toute dévouée » (1ᵉʳ nov. 1863). — *Classer.* — La même princesse réitère plusieurs fois sa demande. En octobre 1865 elle écrit de Blankenese près Hambourg, que sa position étant de plus en plus précaire elle fait de nouveau appel à la munificence impériale quoique ses requêtes adressées en 1863 pour le même objet soient restées sans résultat. — Autres demandes de secours adressées par la même (19 août, 15 sept., 11 oct. 1853).

1365*

SCHACH (E. VON), à Gnögen (Mecklembourg); demande de secours (1ᵉʳ janv. 1855).

1366

SCHACHTMEYER (Ferdin. VON), chef d'escadron de S. M. le roi de Prusse, à Berlin; offre à l'empereur un exemplaire de son dernier ouvrage : « Le partage de la Pologne », pour lequel il s'est donné la peine de chercher les faits et les dates dans les documents officiels. Si l'on en voulait un certain nombre d'exemplaires, l'auteur « qui n'est pas riche », en ferait une édition française (janv. 1864).

1367

SCHAEFER (Léopoldine-Genial, baronne VON), à Carlsruhe;

sollicite de l'empereur l'achat au pair de 3,000 florins de métalliques autrichiens, dont on ne lui offre que 1,200 florins (déc. 1860).

1368

Schaffthuber, prêtre à l'hospice Saint-Augustin de Neubourg (Bavière); prière à l'empereur d'intercéder pour lui afin qu'il obtienne de l'impératrice la permission de lui dédier un livre (nov. 1865). — « *Transmission faite.* »

1369

Schaltz (Hugo), employé de la poste à Berlin; admirateur enthousiaste de l'empereur, il éprouve un désir ardent de le servir et demande à être appelé dans ce but à Paris (1864). — *Classer.*

1370

Schalz (Ferdin. Moritz), « doyen de la louable corporation des barbiers » à Zittau (Saxe); présente à l'empereur les vœux de son plus soumis admirateur à l'occasion de ce que lui-même vient d'accomplir sa soixantième année, la bonté divine ayant voulu qu'ils fussent nés tous deux le 20 avril 1808 (20 avril 1868).

1371*

Scharlau, à Stettin; fait hommage d'un ouvrage de médecine légale (déc. 1856).

1372*

Scharpf (J.), à Carlsruhe; hommage en vers pour le 15 août (1854); — demande si ses vers sont parvenus (25 nov.); — autre envoi de vers (25 sept. 1857).

1373*

Schartmann, à Berlin; hommage de vers dédiés à l'empereur (1ᵉʳ janv. 1855).

1374

Schaus (Karl), instituteur à Nastætten (Nassau); vers adressés « à Napoléon IV, prince de la paix » (12 avril 1856). — Autres vers au même (21 août 1857).

1375*

Schehl, à Neustadt (?); sollicite un remboursement d'assignats (juill. 1858).

1376*

Scheerer, à Blankenstein (Prusse); sollicite un secours (12 janv. 1859).

1377

Scheerer (Th.), conseiller des mines et professeur à l'école des mines de Freiberg (Saxe); fait hommage de trois mémoires qu'il vient de publier à l'occasion du jubilé de l'Académie de Freiberg. — « Majesté Impériale! La science fut toujours un
« attribut des Napoléonides. La force profondément péné-
« trante des sciences naturelles et la puissance terrestre du
« Napoléonisme s'avancent simultanément dans l'histoire.
« Il n'y a pas de hasard; il y a une série obéissant à la loi
« d'un développement immatériel..... Ces deux maitres, le
« Matérialisme et le Républicanisme se rencontrent dans l'er-
« reur et marchent ensemble dans la voie de l'illusion. Pour
« leur faire rebrousser chemin vers la vérité réelle, il était

« besoin de toute la plénitude du génie humain. Au Napo-
« léonisme il a été donné de vaincre la République; aux
« Sciences naturelles il appartient de dompter le matéria-
« lisme... » (15 av. 1868). — Le ministre de France à Dresde
(baron de Forth-Rouen), recommande la communication de
« cet illustre professeur ». — *Acceptation et remerciement.*

1378*

Scheidegger, à Pfaffnau; sollicite une pension pour sa mère (19 mai 1856).

1379*

Schelhass (Le docteur von), conseiller du gouvernement de la Franconie inférieure (Bavière); président de la commission formée pour la vente du matériel de l'administration de la navigation à vapeur de Würzbourg, parmi lequel figure le bateau qui transporta du Havre à Paris les cendres de Napoléon Ier, il offre à l'empereur d'en faire l'acquisition. « Mû
« par le sentiment de la plus profonde vénération pour la
« mémoire du grand Empereur Napoléon Ier et confiant en la
« sagesse de V. M., j'ai pris la respectueuse liberté de lui
« adresser cette requête qui a pour but de ne pas laisser
« passer dans des mains indignes un objet sacré. En agissant
« ainsi j'ai la conviction, Sire, de prévenir les vœux de V. M.
« et en même temps de remplir un devoir... Ce bateau est
« maintenant par suite d'une réparation complète qu'on lui a
« fait subir dans un état parfait. Je ne parlerai pas de sa va-
« leur pécuniaire, elle n'est rien relativement à sa valeur
« historique... C'est en cette qualité (de président de la Com-
« mission), Sire, que pénétré d'admiration pour les sages
« mesures que V. M. a prises dans l'intérêt de la nation
« française ainsi que dans celui de la paix européenne, je
« regarde comme un devoir sacré de demander à V. M. si

« elle ne desire pas acquérir ce bateau comme faisant partie
« de tout ce qui se rattache à l'histoire de l'oncle de V. M.,
« Napoléon Ier... » (Würzbourg, 2 déc. 1858). — Insiste par
une nouvelle lettre le 20 déc. — *Refus et remerciement.* — Le
7 avril suivant, le docteur von Schelhass écrit au chef du
cabinet : « Monsieur, je ne puis résister au désir de vous dire
« combien je suis pénétré de ce que S. M. l'Empereur a bien
« voulu me témoigner sa satisfaction de la pensée que j'ai
« eue de prendre la respectueuse liberté de m'adresser à Lui.
« Néanmoins une crainte me tourmente. S. M. m'a fait savoir
« par votre entremise qu'elle ne voulait pas acheter le ba-
« teau, mais qu'elle était satisfaite de l'idée que j'avais eue
« de lui en faire la proposition. En ma qualité de commis-
« saire royal pour la liquidation de la Société et de conseiller
« du gouvernement, j'aurais cru que S. M. m'aurait fait par-
« venir les expressions de sa bienveillance par la voie de
« mon ministère de Munic, ce qui eut été pour moi *d'une*
« *grande importance pour ma carrière* future et en même
« temps la preuve la plus efficace que S. M. a réellement re-
« connu la sincérité de mon dévouement à son égard... Veuil-
« lez donc, Monsieur, je vous en supplie, rassurer ma con-
« science inquiète en adressant au ministère des affaires
« étrangères à Munic les expressions que S. M. l'Empereur a
« daigné vous charger de me faire parvenir. Par là vous
« rendrez le plus grand service qui ait jamais été rendu et moi
« j'aurai alors la conviction de n'avoir pas déplu à S. M.
« l'Empereur... »

1380*

Schellard (La comtesse von), à Aix-la-Chapelle ; demande
un secours ; veuve d'officier (19 janv. 1853). — Demande à
participer au legs de Napoléon Ier (18 oct. 1854). — Renouvelle sa demande de secours (21 fév. 1856).

1381

Scheller (Johannes), horloger et soldat, à Lenzbourg adresse à l'empereur l'indication de remèdes pour sa santé (sept. 1869).

1382*

Schenk (Amanda von), à Niederoerbach (Saxe); adresse ses félicitations sur le mariage de l'Empereur (9 fév. 1853).

1383*

Schenk, à Germersheim (Bavière); rappelle l'hommage qu'il a fait à l'empereur en 1853, de marches militaires (30 août 1857).

1384*

Scherer, à Weimar, aveugle; sollicite un emploi (13 déc. 1858).

1385*

Schermeyer, à Altendorn (dorf?); demande un secours (22 mars 1858).

1386*

Scheura d'Orlenb, à Ofen; ayant offert, le mois d'octobre précédent, un ouvrage à l'Empereur, il réclame une réponse (26 fév. 1853).

1387

Scheufele (Johan), ancien sous-officier de l'armée badoise, ancien soldat de l'empire; adresse ses vœux (15 juin 1854).
— Adresse ses félicitations à l'occasion du baptême du Prince

impérial et ajoute à ses expressions d'enthousiasme que son prince l'a décoré de la médaille militaire et que le grand duc de Hesse lui a conféré la croix de son ordre du mérite (Mannheim, juin 1856).

1388*

Schewinge (de Passerat-), à Habelschwerdt (Prusse); demande un secours (15 mars 1853).

1389

Schiesl (Joseph), assesseur de justice à Witterau (Bavière); adresse une pièce de vers « *Das Attentat* », à l'occasion de l'attentat du 14 janvier 1858 (23 janv.).

1390*

Schiess (Waldemar), à Dresde; adresse un compliment en vers sur le mariage de l'empereur (janv. 1853).

1391

Schilling (Le docteur J. A.), à Munich; offre à l'empereur son ouvrage intitulé « *Lettres psychiatriques ou les Fous, la Folie et la maison d'aliénés* », qui après avoir été fort bien accueilli en Allemagne a eu l'honneur d'être présenté, le 25 du mois dernier, à S. M. le roi de Bavière en audience particulière (28 mars 1864). — *Remercié.*

1392

Schiltz (Le docteur), à Cologne; offre à l'empereur son opuscule sur le *Rétrécissement des voies urinaires et les moyens d'en guérir* (nov. 1866).

1393

Schimmelfenning, capitaine d'artillerie en retraite à Neuwied, près Coblentz (Prusse) ; indique à l'empereur une recette pour guérir les rhumatismes et la goutte (1865).

1394

Schindler, à Görlitz (Silésie) ; envoie à l'empereur une ordonnance médicale pour sa guérison et compte sur un petit présent si l'emploi qui en sera fait est suivi de quelque succès (sept. 1869).

1395

Schlafer (Pancratz), sellier à Weissenhorn (Bavière) ; rappelle qu'il a travaillé autrefois dans le château d'Arenenberg et sollicite comme souvenir le moindre don de l'empereur, il est marié et père de trois enfants (av. 1866). — Le même sollicite comme souvenir un portrait de S. M. (janv. 1868).

1396*

Schlegel (Friederich), à Honau ; demande un secours (14 janv. 1854).

1397*

Schlegel (Ludw.), professeur à Rossfeld (Würtemberg); prie l'empereur et l'impératrice d'être parrain et marraine d'un enfant qui vient de lui être donné par sa chère femme et qu'il voudrait appeler Eugénie-Louise (1865). — *Refus.*

1398

Schleidt (Franz Anton), bourguemestre de Floersheim

(Nassau) ; adresse ses félicitations en vers à l'occasion de l'attentat du 14 janvier 1858 (15 janv.).

1399

SCHLEINITZ (Le colonel baron VON), à Gozlar (Hanovre) ; adresse à l'empereur une ordonnance et de plus un onguent qui procureront certainement la guérison de S. M. (sept. 1869).

1400

SCHLESINGER (Maurice), à Baden-Baden ; obtient par l'entremise de l'impératrice une audience pour exposer à l'empereur le plan d'un emprunt nouveau d'un milliard et demi, qui rapporterait un demi-milliard au gouvernement, et réclame vainement, à plusieurs reprises, une solution relativement à ce projet (av. 1866 — mai 1867).

1401

SCHLICK (VON). Dans un livre de comptes : « M. de SCHLICK, cinquième et dernière série de la souscription de S. M., 3250 fr. » (août 1863).

1402

SCHLIPPE (Henry), artiste lyrique à Leipzig ; rappelle qu'il a dédié quelques chansons à l'empereur lorsqu'il était à Nuremberg et se recommande à sa générosité (août 1864). — Se vante auprès de l'empereur d'être connu sous le nom de Napoléon à cause de sa ressemblance avec S. M. et envoie trois exemplaires de son portrait photographié ; en même temps il demande l'autorisation de donner le nom de Napoléon au fils qu'il vient d'avoir et qui s'appelle déjà Oscar (1869). — *Répondu* qu'il n'a pas besoin d'autorisation.

1403*

Schlosser, à Augsbourg ; demande la souscription de l'empereur pour une médaille gravée à l'occasion du mariage de l'empereur d'Autriche.

1404

Schlösser, photographe, *voy.* Sobotta.

1405*

Schmager, à Valme (Prusse) ; demande un secours (5 mai 1858).

1406*

Schmelzer, à Düsseldorf ; offre un « portrait de Madame « mère portant l'empereur Napoléon âgé de cinq ans, par « David » (5 sept. 1853).

1407*

Schmid, à Neuhausen ; propose l'acquisition d'une terre (11 mars 1853).

1408*

Schmid (M.), à Stein ; demande un secours (6 nov. 1854).

1409*

Schmid, à Ixheim (Bavière) ; sollicite le remboursement d'assignats (8 nov. 1857).

1410*

Schmid, à Rheineck (Prusse); offre un harnais ayant appartenu à la reine Hortense (11 déc. 1858).

1411*

Schmid, à Mehlspüren; demande un secours (1ᵉʳ déc. 1860).

1412

Schmid (Crescenza), à Augsbourg; ancienne domestique chez la reine Hortense, à Petershausen, quand le prince Louis avait sept ans et qu'alors elle jouait avec lui, elle demande à l'empereur son portrait (oct. 1867). — *Accordé.*

1413*

Schmidt (La veuve de Jos.), cordonnier à Francfort-sur-l'Oder; en qualité de fille d'un ancien soldat de l'empire, Kleefeld, qui prit part en 1806 au siége de Custrin, sollicite les secours du Président de la République française (mars 1852).

1414*

Schmidt (M.), à Reuthaslach (Baden); félicitations pour la fête du 15 août (21 août 1853).

1415*

Schmidt (Th.), sous-lieutenant à Augsbourg; demande un secours (27 déc. 1853).

1416*

Schmidt (W.), à Heidelberg; propose divers plans pour prendre Sébastopol et Cronstadt (2 mai 1855).

1417*

Schmidt, à Karlstadt; demande un secours (21 mars 1856).

1418*

Schmidt, à Leipsick; fait hommage d'un livre composé par lui (13 juin 1856).

1419*

Schmidt, à Leipsick; fait hommage d'une paire de bottes qu'il a faite pour le prince impérial (13 juin 1860).

1420

Schmidt (Robert-Ernst), sous-officier invalide prussien, à Cologne; demande que l'empereur veuille bien être le parrain du fils qu'il vient d'avoir et qu'il veut appeler Napoléon (1864). — *Refus* fondé sur le grand nombre de semblables demandes.

1421

Schmidt (Natalic), à Lyck (Prusse); vieux et pauvre, il sollicite le remboursement, à titre gracieux, d'un assignat de 2,000 fr. qu'il joint à sa lettre (1864).

1422

Schmidt (Carl), tailleur à Iéna ; offre à l'empereur un cuivre à l'effigie de « Louis-Napoléon Bonaparte, roi de Hollande » (1865).— *Refus.*

1423

Schmidt (Martin), ancien commissionnaire à Kempten (Bavière) ; se dit fils naturel de Napoléon Ier, et en sa qualité de Napoléonide (*als Napoleonide und illegitimen Spröszling*), réclame de l'empereur la permission d'être admis pendant une heure auprès du prince impérial et celle de visiter le tombeau de son père (juin 1865). — Il envoie ses vœux à l'occasion du 15 août ; il n'ambitionne ni honneurs, ni richesses ; son seul désir serait de prier une fois sur la tombe de Napoléon Ier et d'exprimer de vive voix à S. M. tous les souhaits de son cœur ; mais s'il ne peut obtenir une audience, il espère cependant, avant de mourir, avoir le bonheur de voir S. M., puisque son roi se prépare en ce moment à la recevoir. Il compte cette fois sur une réponse (11 août 1867).—Diverses autres lettres de vœux aux anniversaires (1868-1869).

1424

Schmidt (Marie-Thérésa), âgée de soixante-onze ans, à Leipsick ; communique à l'empereur un fait historique, en protestant qu'elle ne demande aucune récompense et que si elle en avait les moyens elle viendrait à Paris le dire elle-même à l'empereur. Elle raconte qu'elle était domestique à Leipsick en 1813 à l'auberge du Bonnet-Bleu où logeaient 30 à 40 soldats français ; que le 18 octobre des officiers français vinrent y loger aussi avec l'empereur Napoléon Ier qui y passa la nuit ; que le maréchal Ney y vint ensuite ; que vers dix heures du matin Napoléon tint une conférence avec ses généraux et qu'un obus pénétra dans la chambre, mais sans éclater; que l'empereur repartit après avoir fait placer des canons à quelques pas en avant; qu'un très-court moment après une compagnie de Prussiens entra dans la cour en demandant du pain, qu'elle leur en donna, et que les Français placés dans le jardin ayant alors aperçu les Prussiens, se jetèrent dessus, leur tuèrent deux hommes et mirent le reste en fuite (sept. 1865). — *Classer.*

1425

Schmidt (Heinrich), confiseur à Bremerhaven; adresse à l'empereur une recette pour la guérison des rhumes (16 janv. 1866). — Propose un nouveau fulminate (16 janv. 1867). — Offre à l'empereur des bonbons et du chocolat, en sollicitant le titre de fournisseur de S. M. (17 janv. 1868). — Félicitations de nouvel an; il a l'habitude de les présenter chaque année. Cette année il se permettra quelques réflexions à l'occasion de la goutte. Il ne plaint aucunement les goutteux, attendu que cette maladie est la suite d'excès. Il compare la nature qui envoie ce mal au tyran Lacédémonien Nabis, qui avait fait fabriquer sous les traits de sa femme un mannequin dont les bras garnis de pointes en fer embrassaient ceux dont il n'avait pu tirer d'argent. Il termine en recommandant contre la goutte des frictions à l'esprit de vin, de la sobriété et des purgations, si S. M. ne veut de maître devenir esclave (8 fév. 1869). — Autre lettre de félicitations et de conseils, dans laquelle il est question de Jupiter, de Socrate, de Hieron tyran de Syracuse, d'Antigonus, de Christine reine de Suède, de l'empereur Charles-Quint, de Jules César et de Salomon (6 mars 1870).

1426

Schmidt (L.), à Dresde; adresse à l'empereur la formule d'un remède contre la pierre (sept. 1869).

1427

Schmidt (Mathieu), à Paris; lettre mystique : Napoléon IV suivra les traditions de son père pour l'amélioration de l'humanité (oct. 1869).

1428

Schmidt (J. W.), à Cologne; recommande à l'empereur, pour la guérison des douleurs rhumatismales, le traitement du professeur Wieler de Bonn (nov. 1869).

1429*

Schmitt, à Berlin; sollicite une récompense (6 avril 1858).

1430*

Schmiedeknecht, à Blankenburg; félicitations au sujet de l'attentat du 14 janvier (20 janv. 1858). — *Remerciement* (20 fév. 1859).

1431*

Schmiel (Julius), à Bayreuth (Bavière); offre à l'empereur un nouveau procédé pour la peinture sur porcelaine (déc. 1852).

1432*

Schmittkrombach, à Ettelbruck (Luxembourg) ; offre ses vœux pour l'empereur (25 déc. 1854).

1433*

Schneider (Fr.), à Neuenmarkt (Bavière); sollicite un emploi sur le chemin de fer de Lyon (12 avril 1854).

1434*

Schneider, à Carlsruhe; réclame le prix de quatre vues des propriétés de la grande duchesse de Baden (4 janv. 1855); — demande de nouveau une réponse au sujet de ses dessins (13 mars); — réclame le payement de ses dessins (31 mars).

1435*

Schneider, à Uffenheim (Bavière); offre la dédicace d'une composition musicale (4 juill. 1855).

1436*

Schneider (G.), à Bamberg; célèbre en vers la naissance du prince impérial (18 mars 1856).

1437

Schneider (Theodor), coiffeur à Augsbourg; se réclame du titre d'ancien condisciple de l'empereur au gymnase Sainte-Anne de cette ville pour supplier S. M. de vouloir bien l'assister et de lui accorder une place quelconque; il a cinquante-quatre ans et jouit d'une bonne réputation (sept. 1867). — Réitère plusieurs fois sa demande jusqu'en 1869.

1438

Schneider (Otto), à Dresde; « Sire, V. M. daignera ne pas

« considérer comme indiscret importun que j'ose déposer à
« ses pieds un exemplaire du dernier livre que je viens de
« publier sur Alger et l'Algérie. J'ai, par un séjour d'hi-
« ver, cinq années de suite, et passé en partie dans les dé-
« partements méridionaux de votre belle France, en partie
« dans les provinces de l'Afrique septentrionale soumises à
« Votre Sceptre, cherché et recouvré ma santé gravement al-
« térée. C'est alors que comparant le manque absolu de sû-
« reté que j'ai vu régner en Espagne et en Italie durant les
« divers séjours que j'y ai faits, au calme et à la sécurité
« dont on jouit dans les pays soumis à Votre Sceptre, et no-
« tamment en Algérie, où naguères encore régnaient seuls la
« barbarie et l'arbitraire et où maintenant on respire si libre-
« ment, c'est bien là que l'on apprend à apprécier et à re-
« connaître la salutaire influence exercée par la culture et la
« civilisation qui y ont été importées par Votre vaillante et
« généreuse nation ! En effet, Sire, c'est bien au changement
« d'idées opéré par les soins de V. M., que l'utile exploita-
« tion de ce beau pays est maintenant ouverte à toutes les
« nations et ceux qui, comme moi et avec moi, ont eu le
« bonheur de jouir de l'hospitalité française et ont pu obser-
« ver l'influence qu'exerce ce merveilleux climat sur leur
« santé se plaisent, rentrés dans leurs foyers, à reconnaître
« sincèrement et hautement en être redevables à la France et
« à son Auguste Monarque..... » (Dresde, 23 mars 1869).—
Remercié.

1439

Schneider (Ph. P.), maître maçon à Edenknoben (Prusse);
exprime les vœux les plus fervents pour la santé de l'empereur et de sa famille (avril 1870).

1440*

Schneidewind, à Aschaffenbourg; demande l'autorisation d'envoyer ses ouvrages à l'empereur (2 déc. 1869).

1441*

Schoch, à Nymphenburg (Bavière); demande un secours (30 nov. 1857).

1442

Schöchen, Bavarois; obtient de l'empereur un don de 30 flor. pendant le voyage à Salzbourg (1867).

1443

Schoen (Otto von), à Blumberg, près Gumbinnen (Prusse); « Majesté impériale, je compte au nombre de mes biens les « plus précieux un livre que mon grand-père a pris jadis de « sa propre main dans la voiture de l'empereur votre oncle « illustre, qu'il a gardé depuis comme une sainte relique et « qu'il m'a légué. J'ose offrir ce livre à V. M. I. en signe de « mon respect, car je sens profondément l'obligation où je « suis de faire le sacrifice d'un bien personnel à l'impérial « neveu du plus grand homme de tous les siècles, lequel « neveu respecte la nationalité allemande. Ce livre porte « en lui-même le témoignage de la sollicitude que l'em- « pereur portait à ses peuples jusqu'au milieu des tonnerres « de Waterloo; c'est un « Code de commerce..... » (fév. 1869).

1444*

Schoetter (Jean), professeur d'histoire à l'athénée de

Luxembourg, décoré par S. M. le roi de Prusse de l'ordre royal de la Couronne, 4° classe; demande la permission d'offrir à l'empereur ses deux volumes intitulés : *Jean comte de Luxembourg et roi de Bohême.* « Cet ouvrage contient le récit détaillé et authentique des exploits du célèbre prince de Luxembourg qui, élevé à la cour de Paris et attaché à la maison royale de France par les doubles liens du sang et de l'amitié, ne semblait vivre que pour la France. Il consacra ses ressources immenses et déploya son activité infatigable dans l'intérêt de la grandeur et de la prospérité du peuple français... » (27 avril 1865). — *Accepté avec remerciement.* — Il offre un nouvel ouvrage intitulé : *Manuel d'histoire universelle* (nov. 1867). — *Renvoyé à sa légation.*

1445*

Scholtz (F.), à Sarehlen; réclame une récompense pour une tabatière sculptée qu'il a précédemment envoyée (21 juill. 1853).

1446*

Scholtz, à Arnsberg (Bavière); fait l'offre d'un secret pour une composition fulminante (8 nov. 1859).

1447

Scholtz, chapelain de Saint-Edwig de Berlin; voy. n° 30, Arrenberg.

1448

Scholz, négociant à Breslau (Prusse); offre des félicitations en vers à l'occasion de l'attentat du 14 janvier 1858 (25 janv.)

1449

Schönberg von Rothschönberg (Arthur von), à Dresde. Son père avait reçu du roi Louis XVI le titre de comte; il sollicite la continuation de ce titre dont le diplôme est perdu (1854).

1450

Schönfelder (Emanuel), maître de musique à Bromberg (Prusse); ayant composé une marche triomphale à quatre mains dont la mélodie ne contient que cinq notes différentes, de sorte qu'un commençant même ne trouve aucune difficulté à en exécuter la première partie, en fait hommage au prince impérial en demandant la permission de la lui dédier (1864).— *Accepter*, mais non la dédicace.

1451

Schönpflug (Mme Auguste), à Berlin; ayant appris par les feuilles publiques la maladie de l'empereur, elle offre de lui faire connaître un traitement par lequel il serait promptement guéri (1864).

1452

Schott, « commissaire d'économie » à Berlin; offre à l'empereur diverses inventions: un moyen sympathique de se préserver de l'effet des armes de guerre, — un nouveau procédé de langue universelle,—enfin un élixir réconfortant (24 janv. 1868).

1453

Schrader, à Stuttgart; adresse des échantillons d'un « emplâtre indien », pour le prince impérial (avril 1867).

1454

SCHRAEDER (Le docteur), à Rostock (Mecklembourg-Schwerin); il ne saurait résister plus longtemps à son désir d'exprimer à l'empereur les sentiments d'admiration et de reconnaissance que lui inspire tout ce que le génie de S. M. a su faire pour assurer le bonheur du peuple le plus noble et le plus glorieux de la terre. Il espère voir accueillir avec bienveillance cet hommage des sentiments qui sont partagés par des millions d'étrangers comme lui (fév. 1855). — *Remerciement.*

1455*

SCHRAMLY, à Hettlingen (Bavière); demande un secours (8 mars 1860).

1456*

SCHRATZ (J. M.), à Hünsberg; se recommande à l'empereur comme un de ses anciens condisciples d'Augsbourg (3 oct. 1853).

1457*

SCHREDLER, à Fulde; offre un couvert, cuiller et fourchette, ayant appartenu à Napoléon Ier (19 juin 1861).

1458*

SCHREIBER, à Mersebourg; propose une invention pour protéger les soldats et les chevaux contre les balles (10 fév. 1854).

1459

Schreiner (Ed.), à Boehmisch-Leipa ; indique à l'empereur un remède qui lui a réussi : une ceinture de laine avec aucun farineux dans les aliments ni aucun spiritueux (fév. 1870).

1460

Schroen (Eduard), à Leipzig ; supplie humblement l'empereur d'accorder « un présent de Noël à une famille pauvre mais honnête (*dürftige aber redliche Familie*), en l'aidant à établir un fonds de commerce » au moyen du remboursement d'un assignat de 2,000 fr. qu'il envoie (20 déc, 1867). — *Refus* d'usage.

1461*

Schubert (A.), à Leipsick ; fait hommage d'une brochure sur le traitement du choléra (26 oct. 1854).

1462*

Schübler (V.), à Stuttgardt ; fait hommage de son ouvrage sur l'influence de l'or (26 mai 1854).

1463

Schuh (M. A.), économe à Graach (Prusse) ; sollicite en qualité de fils d'un militaire français du premier Empire un don de 50 à 60,000 fr. (1864). — *Classer.*

1464*

Schullermann (M. S.), à Burgsinn (Bavière) ; envoie une prière qu'il a composée pour l'empereur (14 fév. 1855).

1465*

Schulmeister (Ch.), à Ingweiler (Bavière) ; envoie une pièce de vers et sollicite la réponse du ministre de l'agriculture à une précédente demande qu'il a faite (15 sept. 1855).

1466

Schultheiss, poëte et industriel badois ; auteur de *Poésies napoléoniennes* publiées en 1834 à Zurich aux frais de Louis-Napoléon, il a fait hommage à l'empereur, en 1852, de deux poëmes imprimés et de trois poëmes manuscrits. — « Il n'a pas « reçu de réponse. L'Empereur désire t-il qu'un souvenir soit « envoyé à M. Schultheiss? » — « *Lui envoyer* 500 fr. » (juin 1853). — Remercie des 500 fr. et ajoute : « Les trois poésies ci-jointes suffiront pour démontrer que mon ancien dévouement à vous, Sire, et mon enthousiasme pour la grande chose Napoléonienne sont restés toujours les mêmes depuis une vingtaine d'années, ainsi que sera un *Epos napoléonien* le but de toute ma vie... Célébrer le héros en poésie, c'est la chose que je m'ai permis à réserver à moi-même. Mon projet ancien, d'écrire un *Epos* napoléonien, a été approuvé et soutenu par V. M. et par votre mère sublime déjà dans les jours idylliques d'Arenenberg. Vous avez, Sire, bien voulu alors me procurer une pension dans ce but, contribuée par toute la famille impériale, projet empêché par l'infortune des temps [qui ont] suivi, mais facile à réaliser maintenant par V. M. seule. Si je recevais une pension convenable pour acquérir toutes les connaissances nécessaires, pour faire toutes les études larges et tous les voyages longs qu'exige un *Epos* vraiment homérique de notre temps, je pourrais peut-être faire à la fois des services réels et prosaïques, en vertu de mes études très-spéciales de la chimie, de l'industrie et de l'économie nationale. Je serais capable déjà, et de plus pendant le voyage sur la scène européenne des grandes actions de mon héros épique, d'envoyer de temps en temps à V. M. ou à MM. les Ministres des mémoires en outre sur les questions importantes suivantes : 1° un mémoire sur l'économie des Alpes.,. 2° des conseils pratiques sur la manière de faire flotter le bois pour la construction des vaisseaux hors des forêts de l'Atlas et même engager des hommes habiles de mon pays, de la forêt Noire badoise; 3° je crois avoir trouvé des moyens tout nouveaux et sûrs de diriger rapidement l'émigration allemande, si nombreuse, en Algérie : 4° j'écrirai plus tard un traité sur les écoles d'horlogerie... ; 5° j'ajouterai à ma proposition poétique de construire un Mausolée napoléonien en fonte émaillée, un mémoire pratique sur l'art d'émailler le fer et d'appliquer la fonte émaillée aux constructions. J'ai proposé d'émailler le palais de l'Industrie à M. le ministre de l'intérieur. Les architectes du palais ont déclaré qu'il n'y a « aucune utilité ! » Décision étonnante dans une ville dans laquelle des ornements en cristaux décorent déjà des maisons ordinaires... Il existe, Sire, le danger que les Américains nous enlèvent l'invention des construction en fonte émaillée. Si ne sera pas appliquée mon invention au palais de l'Industrie, il suffira un mot de V. M. et le Mausolée napoléonien s'élèvera dans le brillant des pierres fines artificielles et dans l'éclat des porcelaines colorées et dorées. Napoléon Ier a proposé en 1811 un prix sur l'invention d'émailler le fer. Qui méritera mieux que lui d'être célébré dans un temple monumental en fonte émaillée, dont la durée préservée contre l'oxydation et dont l'éclat non susceptible d'être jamais taché, seraient indestructibles comme son nom et sa gloire sont éternelles!.. » (21 juin 1853). — Continue sans relâche jusqu'à la fin de 1857 à envoyer des vers, à solliciter de l'argent ou de l'emploi, à renouveler ses propositions ou à en faire de nouvelles : — Au grand chambellan (19 déc. 1853) : « Veuillez, Monseigneur, excuser la liberté que je prends de vous envoyer

ci-joint mes poésies récentes en idiome allemand intitulées :
1. *Mausolée napoléonien*; 2. *La Napoléonienne* (hymne européenne); 3. *Ode sur le monument du maréchal Ney*; 4. Un tout petit poème en français intitulé *Fusion ou Réconciliation* (1). Je ne crois pas manquer à la modestie en exprimant le sentiment que mes nouveaux poèmes surtout eu égard à la grandeur des circonstances actuelles, pourraient n'être indignes de l'attention de l'Empereur. C'est dans cette conviction fortifiée par l'encouragement de M. Belmontet, membre du Corps législatif, c'est à l'intermise de votre Seigneurie, que j'adresse la prière de vouloir mettre sous les yeux de l'Empereur ce travail, résultat de mes dernières inspirations et de mon enthousiasme indestructible. » — Au chef du cabinet (5 janv. 1854) : « Ayez la bonté, Monsieur, de dire à S. M. que je serai nécessité en peu de jours de quitter Paris au milieu d'un hiver rigoureux; si l'Empereur n'aura pas la bienveillance pour l'auteur des poésies Napoléoniennes de lui donner au moins une petite somme semblable à celle que j'ai reçue en juin passé. J'ajoute encore un tout petit poème en français intitulé *Fusion ou réconciliation*, pour le remettre à S. M. » — A l'empereur (10 février 1854) : « Sire, au milieu de besoins impérieux et de soins graves j'ai attendu plus que 19 mois à Paris, sans avoir pu recevoir par les employés de la cour et du cabinet une réponse précise... Mon ancien protecteur auguste voudra-t-il que je sois nécessité de quitter Paris et l'Empire sans une telle réponse ? Protecteur qui m'a procuré en 1834-

(1) Voici ce poème en entier :
    Après la Presse on ne doit pas nommer *La Fusion*,
    Dans une famille une simple Réconciliation.
    Mais pardonnez; les Sociétés des mines, par exemple,
    Font fusion pour gagner plus de l'argent ensemble;
    Ainsi Guizot et Compagnie font fusion,
    En vrais commerçants, avec une ancienne maison.
    Il ne s'agit de l'idée d'une cordiale alliance;
    Il s'agit d'exploiter avec profit la France.

1837 une pension par la sublime reine Hortense, qui a fait imprimer mes poésies Napoléonniennes de ces temps à ses propres dépens, qui m'a placé souvent à sa droite dans la table d'Arenenberg et qui m'a recommandé à toute sa famille impériale de recevoir une pension commune pour faire une épopée Napoléonienne?... Mon enthousiasme indestructible pour la grande chose Napoléonienne et à la fois pour le progrès européen est resté le même... La guerre, c'est ma conviction profonde, sera le moyen principal de confirmer, Sire, et d'agrandir votre haute puissance : je m'estimerai heureux d'être appelé à une charge quelconque, même aux charges dangereuses. Je ne serai pas seulement un homme de l'idée et de la poésie; je serai à la fois un homme du fait quand le temps d'agir sera arrivé. » — Au chef du cabinet (juin 1854) : « Excusez que je m'adresse à vous, Monsieur, pour dire que je reste à Paris encore et pour donner un nouvel épreuve de mon Napoléonisme incessant. Il y a une année que j'ai eu l'honneur de recevoir par vos mains 500 francs. J'ai composé cependant deux poésies nouvelles... Je vous prie, Monsieur, de me procurer au moins une somme semblable... » etc.

1467

SCHULTZ (Gustave), « calligraphe de la cour de S. A. R. le prince Frédéric de Prusse, décoré de la médaille d'or de l'ordre d'Albert l'Ours »; fait hommage d'un tableau calligraphique par lui composé « à l'occasion de la naissance du Prince
« Impérial, si célébrée dans toute l'Europe et de la paix faite
« sous les auspices de S. M. l'empereur, travail qui est un
« témoignage de sa vénération sincère et candide pour la
« maison napoléonienne » (Berlin, 12 avril 1856).—*Refus*.

1468

Schultz (Ludwig), professeur particulier à Perbangen (Prusse); voué dès longtemps à l'enseignement, il sollicite une somme de mille napoléons d'or pour fonder une « Ecole de la vie » (*Lebensschule*). Les ministres prussiens n'ont pas accueilli sa demande, et un ange lui est apparu dans ses rêves pour l'engager à recourir à l'empereur (1863).—*Classer.*

1469

Schultz (Eugénie), à Dresde; offre une broderie aux armes de Napoléon III. « Très-puissant et très-gracieux Souverain,
« daignez permettre à une pauvre jeune fille, Sire, d'oser dé-
« poser au pied de Votre Auguste Trône un ouvrage de ses
« mains comme un hommage dû au plus éclairé, au plus ma-
« gnanime, au plus noble des monarques. Subsistant de mon
« travail, payé très-avarement, je vois avec peine ma mère
« âgée s'exposer aux intempéries du climat en donnant des
« leçons de langues, et ayant appris qu'une exposition uni-
« verselle va avoir lieu dans votre belle capitale, Sire, je suis
« résolue d'y envoyer un ouvrage dans lequel je tâcherai de
« réunir tout ce qu'il y a de plus pénible et de plus soigneux.
« Pour prouver à V. M. que je ne manque pas d'habileté,
« l'ouvrage ci-joint en donne la preuve. Il est vrai que l'idée
« de reproduire par mon aiguille les armes de l'empereur
« Napoléon III m'a inspirée, et ce fut avec le plus grand bon-
« heur que je rendais sur le canevas cet écusson du Grand
« Souverain, estimé et respecté par l'univers. Daignez, Sire,
« agréer ce don offert très-humblement et ne refusez pas de
« m'accorder gracieusement les moyens de commencer mon
« œuvre projetée pour l'exposition... » (29 déc. 1865).—Joint une lettre au chef du cabinet : « Votre Excellence, ayant ap-
« pris qu'en vous adressant ces lignes, je m'adresse à un des

« plus loyaux, des plus dignes seigneurs de la belle France,
« j'ose supplier V. E. de ne pas me refuser votre puissante
« intervention près de S. M. l'empereur, dont à si juste
« titre V. E. possède la confiance et l'estime... » —*Refus avec regrets.*

1470

SCHULTZE (Eduard), capitaine dans l'artillerie prussienne à Postdam; sollicite une audience pour expliquer à l'empereur une découverte qu'il a faite pour la poudre de guerre et de chasse, découverte qu'il a communiquée à l'autorité française dès 1862 (fév. 1866).

1471*

SCHULZ (P.), à Vienne; compliment en vers sur l'avénement de l'empereur et sur son mariage (20 mai 1855).

1472*

SCHULZE, à Berlin; sollicite l'empereur de lui accorder un brevet d'invention (6 oct. 1858).

1473

SCHULZE (Rudolf), docteur en philosophie et maître au gymnase d'Altenburg (Saxe); offre à l'empereur sa brochure sur le comte de Bismarck, dans laquelle il établit un parallèle entre S. M. et le ministre de Prusse. Depuis environ deux ans, la meilleure part de son être s'est absorbée dans la méditation de la vie et actes de l'empereur, pleins des bénédictions de Dieu; et surtout depuis qu'il a lu la *Vie de César*, ces études sont devenues pour lui une vocation entraînante. En vérité les paroles de la Bible « Mille ans sont devant toi comme un jour ! » ne peuvent nous apparaître plus clairement dans leur sublime simplicité que quand nous considérons comment dix-neuf siècles doivent passer avant que l'historien du grand romain n'apparaisse. Dans cette plénitude de la plus pure joie intellectuelle, élevé encore par la lecture des « Idées napoléoniennes », il voulut écrire un compte rendu du livre de S. M., et alors se présenta involontairement devant lui l'image de la carrière analogue du comte Bismarck, qui aussitôt l'entraîna magnétiquement du côté de l'intérêt national allemand (27 avril 1867).

1474

Schumacher, marchand à Berlin ; ayant appris par les journaux que l'empereur est souffrant, il prend la liberté de lui envoyer deux flacons d'élixir (oct. 1866).

1475*

Schumann, à Nancy ; demande une subvention pour jouer l'opéra allemand dans cette ville (27 juill. 1856).

1476

Schünemann, employé dans les postes du grand-duché de Mecklenbourg-Schwerin ; offre à l'empereur comme souvenir du premier Empire, le cachet de la direction des postes du grand-duché de Berg. Père de sept enfants, et n'ayant qu'un modeste emploi, il se trouve dans une position pénible (1863). — *Refus* du cachet et renvoi de la lettre à la direction des dons et secours.

1477*

Schutz (J.), à Berlin ; propose un traitement nouveau du choléra (août 1854).

1478

Schütz (Jacq.), à Sennheim (Prusse); compliments et vœux de nouvelle année (30 déc. 1864).

1479

Schwabe (Simson Eugen), à Wildeshausen (grand-duché d'Oldenbourg); adresse à l'empereur sa propre photographie pour montrer sa ressemblance (1) avec S. M., dont il demande en échange le portrait. Depuis longtemps il avait un ardent désir de faire cette communication et cette prière; à Wildeshausen, sa ville natale, et dans tout le grand-duché, on ne l'appelle pas autrement que « Napoléon III » ; il est très-fier d'un tel honneur (oct. 1866). — *Classer.*

1480

Schwarting (Georg. W.), à Varel (grand-duché d'Oldenbourg); écrit à l'empereur que les victoires du Mexique ont soulevé l'enthousiasme dans le pays qu'il habite et qu'il offre ses services en cas que l'on désire des hommes pour l'œuvre de la colonisation ; il a voyagé aux Etats-Unis, il a fréquenté des Mexicains et il connaît un peu leur langue (12 juill. 1863). — *Classer.*

1481

Schwarze (Theodor), à Arensberg (grand-duché d'Oldenbourg) ; raconte à l'empereur les malheurs qu'il doit aux procédés iniques d'un employé prussien qui l'a dépouillé de son bien en l'appelant voleur, et demande en grâce que l'empereur lui fasse présent d'un orgue de barbarie afin qu'il

(1) Elle est très-réelle.

puisse gagner sa vie ; il a, dit-il, quatre-vingts ans (1863 et 1864). — *Secours*. — Renouvelle sa demande en février 1868.

1482

Schwarzmann (Eduard), archiviste royal prussien pour les pays de Hohenzollern-Sigmarigen, chevalier de l'ordre du lion de Zähringen du grand-duché de Baden, possesseur de la médaille d'or du roi de Prusse pour les sciences et de la médaille d'or *Bene merenti* de S. A. R. le prince Karl Anton de Hohenzollern-Sigmarigen ; ayant en sa possession un ouvrage très-rare, qui jusqu'à présent faisait le plus précieux ornement de son petit cabinet d'antiquités, savoir un paysage en papier découpé fait par les mains de la reine Hortense, il ne veut pas qu'après sa mort cet objet d'art passe à d'autres qu'à l'empereur qu'il prie de l'accepter (déc. 1866). — « *Renvoyer* l'ouvrage *en remerciant.* »

1483

Schwass (Gust.), à Berlin ; atteint depuis dix ans d'une maladie de la prostate et de calculs dans la vessie, il analyse d'après les journaux la maladie de l'empereur, indique la période où elle se trouve et donne des conseils (oct. 1869).

1484

Schwed (Joseph), instituteur à Malsch (Baden) ; ayant depuis longtemps son diplôme d'instituteur, il postule aujourd'hui la place de professeur et désirerait aller en France afin « de devenir fort dans la langue française et peut-être d'y trouver de quoi s'y suffire ; il est déjà assez avancé pour pouvoir traduire l'*Avare*, par Molière ». Son malheur est d'avoir perdu ses parents jeune ; il a trois petits frères et sœurs, et

comme instituteur il ne gagne que 172 florins par an. « Veuille
« donc le Tout-Puissant que la gracieuse bonté de V. M. I.
« soit bientôt comme la fondatrice de mon bonheur et que
« regardant l'avenir avec confiance je puisse dire : Nous avons
« trouvé à l'orphelin abandonné un Père qui est le Père de
« l'Europe » (avril 1864). —*Classer.*

1485

Schweiger (Fritz), élève artiste à Munich ; heureux d'apprendre la prochaine visite que l'empereur se dispose à faire en Allemagne, il a entrepris à cette occasion un ouvrage commémoratif de cet événement qu'il lui dédiera et qu'il le prie de daigner accepter. Il envoie dès aujourd'hui une pièce de vers ornée d'enluminures (5 août 1867). —*Classer.*

1486*

Schwerin (Six israélites de) ; adressent à l'empereur une pétition en faveur du jeune Mortara (14 janv. 1859).

1487

Sebastiani (Peter), sujet Prussien ; demande à révéler à l'empereur et au roi de Prusse une conspiration : il se plaint d'avoir été la victime des autorités de son pays et celle du préfet de la Seine (1864).

1488*

Sedelmeyer, à Ellwangen ; sollicite l'empereur d'être le parrain de son enfant né le 16 mars (22 mars 1856).

1489

Seebach (Le comte von), ministre de Saxe à Paris; au grand chambellan : « La société allemande de bienfaisance, à laquelle S. M. l'empereur n'a cessé de témoigner son intérêt gracieux, se propose de donner de nouveau au Grand-Hôtel un bal... Je prends la liberté de réclamer votre obligeante entremise pour déposer aux pieds de S. M. la respectueuse requête de venir comme les années passées en aide aux efforts incessants de la société de soulager la misère des allemands pauvres de Paris » (janv. 1867).—*Envoyé 1,000 fr.*

1490

Seefried von Buttenheim (Le baron Napoléon-Max), chambellan du roi de Bavière, major de chevaux légers à Bamberg, filleul de l'empereur Napoléon Ier et du roi Maximilien Joseph II; adresse ses félicitations à l'occasion de la naissance du prince impérial et sollicite la croix de la Légion d'honneur (26 mars 1856.)

1491*

Seefried (Sidonie Spraul, née baronne von), à Munich; veuve d'un officier né alsacien devenu colonel bavarois, qui fut maître d'escrime de l'empereur à Augsbourg de 1817 à 1820, et qui l'a laissée sans aucune fortune, elle sollicite un secours (1862).—*Accordé 500 francs, et précédemment à son mari 1,000 francs.* — Le fils de cette dame sollicite le grade d'officier dans la légion étrangère (1860), puis un emploi dans les douanes françaises (1863).

1492

Seeger (Louis), le plus fameux écuyer de la Prusse, au

dire du ministre de France à Berlin; fait hommage au prince Président de sa brochure (1) : « M. Baucher et ses artifices » (août 1852). — *Remerciement et compliments.*

1493*

Seeger (Ch.), à Offenbach; fait hommage de : « L'organiste pratique » (nov. 1855).

1494*

Seegmann, à Baarfelden (Hanovre); félicitations à l'empereur (28 janv. 1853).

1495*

Seeliger, à Breslau; fait hommage d'un objet ayant appartenu à Napoléon Ier (3 janv. 1853); — demande une réponse à son envoi (7 sept.).

1496

Seelmair (Le docteur Benno), de Munich; rappelle à l'empereur son envoi de recettes médicales pour lesquelles il demandait, dès 1863, une récompense en argent ou la croix d'honneur; aujourd'hui il sollicite une solution, n'ayant pas encore reçu de réponse de l'Académie de médecine appelée à se prononcer (1866).

1497*

Seethal (Von), à Ueberlingen; demande un secours (23 mars (1856).

(1) Herr Baucher und seine Künste. Ein ernstes Wort an Deutschlands Reiter. Berlin, F. A. Herbig, 1852, in-8°, avec cet épigraphe emprunté au duc de Nemours : « Je ne veux pas d'un système qui prend sur l'impulsion des chevaux. »

1498*

Sehmis (Joseph), greffier de justice à Muskau (Prusse); contraint par le besoin, il demande à l'empereur le remboursement d'un assignat de 1,000 fr. qu'il envoie (1866). — *Refus.*

1499*

Seitz, à Munich; fait hommage d'un tableau calligraphique (26 juill. 1856).

1500*

Séis, à Vienne; offre des lettres autographes de Napoléon Ier (28 août 1856).

1501*

Seiz (G.), à Constance (Baden); sollicite un secours (14 juin 1856).

1502

Semmelmaier (Seb.), à Augsbourg; fait l'offre d'un nouveau projectile à l'aide duquel on peut porter la destruction à volonté sur le point qu'on aura choisi. Il ne peut s'expliquer davantage, mais le fera entièrement aussitôt qu'il aura reçu la réponse et l'acquiescement de S. M.; il n'a pu expérimenter sa découverte en grand n'ayant pas l'argent nécessaire. S'il réussit, ses prétentions s'élèveraient à une récompense de 3 millions de florins (avril 1864). — *Classer.*

1503

Sesselberg (Julius), à Paris; félicitations à l'occasion de l'insuccès de l'attentat du 14 janvier 1858 (15 janv.).

1504*

SETTEGAST, à Proskau (Prusse); fait hommage d'un livre concernant le domaine agricole de Proskau (5 fév. 1857).

1505*

SEYLER (Maximilien), à Büdesheim; demande un secours (10 fév. 1853); — nouvelle demande (26 mars 1856).

1506

SEYLER (Gustav), commis de la librairie LÖHE, à Nüremberg: expose avec le plus profond respect à l'empereur et le plus brièvement possible pour épargner le temps précieux de S. M. que sa petite collection de cachets armoriés offre malheureusement une lacune, précisément dans la section *France*, et que les relations à l'étranger lui manquant pour y remédier, il choisit la voie directe, qui est de s'adresser à S. M. dans la persuasion que ce n'est rien pour elle. Il demande en conséquence les empreintes des cachets de l'empereur, de l'impératrice et du reste de la famille impériale, ceux de Henri IV et des autres Bourbons, ceux de la République, de Louis-Philippe, des Dauphins, de tous les princes du sang du royaume de Navarre, enfin du comte de Chambord (18 oct. 1867).

1567

SHELKES (Conrad), à Oedt, près Kempen; « Quoique fidèle sujet prussien », il félicite l'empereur d'avoir échappé à l'attentat et d'avoir réussi dans le plébiscite. N'ayant pas l'honneur d'être connu de S. M., il donne de longs détails sur sa famille et termine en disant que grand fumeur et priseur (*freund von Prisen und Rauchen, würde es mir die grösste*

Freude bereiten) sa plus grande joie serait d'avoir un petit souvenir, — le prix n'y fait rien, — orné de portraits ressemblants de la chère famille impériale (2 juin 1870).

1508

SICKINGEN-HOHENBURG (Crescencia, née comtesse VON), baronne de SPETH, à Würzbourg ; adresse une supplique à l'empereur, appuyée par la grande duchesse Stéphanie de Baden et par le souvenir de la reine Hortense, pour obtenir l'intervention de S. M. contre plusieurs arrêts de la justice française et du Conseil d'État qui, sous les gouvernements de la Restauration et de Louis-Philippe, « surtout sous le règne du roi Louis-Philippe où l'intérêt prévalait sur la justice », ont débouté la famille des comtes de Sickingen de ses réclamations contre une interprétation erronée du traité de Lunéville (20 pluv. an IX), par suite de laquelle une partie des forêts de Wingen et Climbach (arrondiss. de Wissembourg, Bas-Rhin), appartenant à cette famille et produisant un revenu annuel de 254,000 fr., lui auraient été injustement enlevées (14 avril 1857). — *Classer.*

1509

SIDOW (Le baron VON), président du comité central prussien de la Société de secours aux militaires des armées de terre et de mer; fait remettre par l'intermédiaire du général de Goyon deux exemplaires en français de la Conférence internationale de Berlin (1869) de la dite Société, exemplaires destinés à l'empereur et à l'impératrice, protecteurs de l'œuvre. Note du général : « LL. MM. le Roi et la Reine de Prusse ont honoré de leur présence la conférence de Berlin à laquelle le Comité français avait envoyé quatre de ses membres avec l'autorisation du gouvernement français. Le président était S. E. le baron de Sidow que S. M. l'Empereur a daigné nommer commandeur de l'ordre de la Légion d'Honneur et qui a parfaitement accueilli les envoyés français, dont deux furent membres du bureau de l'assemblée » (4 janv. 1870).

1510*

SIEBEL, à Bamberg; demande un secours (28 av. 1856).

1511

SIEBENKRAS (Wilhelm), chef de musique du 1ᵉʳ régiment d'infanterie bavaroise, recommandé par le baron de PERGLAS ministre de Bavière, frère de la duchesse de Tascher de la Pagerie; « Sire, l'accueil sympathique que nous avons
« trouvé en France et qui vivra longtemps dans nos souve-
« nirs, le succès que notre musique a obtenu dans le con-
« cours international de musique militaire que V. M. a fait
« appeler à Paris, me donne le courage de demander à V. M.
« la grâce de pouvoir dédier à V. M. « trois marches militaires »
« que j'ai composées dans cette intention. Daignez voir,
« Sire, dans ma demande une faible expression de ma pro-
« fonde gratitude pour la généreuse hospitalité que nous a
« offerte la France » (juill. 1867). — *Accepté et envoyé* une médaille d'or.

1512*

SIEBER (Véronique), à Leudenberg; demande un secours (12 fév. 1853).

1513

SIEBER (G.), ingénieur à Munich; inventeur d'une machine qui pourrait remplacer la vapeur, il a épuisé ses ressources dans ses recherches et manque de moyens pour exécuter sa machine en grand; 2,000 francs suffiraient si l'empereur consentait à lui venir en aide ; il solliciterait en outre de pouvoir construire sa première machine dans les communs du château d'Arenenberg, rappelant que quand l'empereur travaillait à son ouvrage sur l'artillerie il fut chargé d'en faire les épures (juin 1864). — *Refus.* — Insiste pour obtenir un secours (juill. 1864, mars 1865).

1514

SIEBERT (Emil), musicien de la chambre du prince Maximilien de Bavière et régisseur du théâtre de Nuremberg ; demande l'autorisation de dédier à l'empereur une composition musicale inspirée par les espérances pacifiques et intitulée « Les cloches de la paix » ; n'étant poussé d'ailleurs par aucun intérêt d'argent. Il joint son portrait photographié (38 av. 1867).
— *Refus.*

1515

SIERAZOWSKI (V.), major, chambellan, écuyer de la cour, à Pless (Haute-Silésie) ; indique à l'empereur un remède dont il a éprouvé les bons effets : camomille et savon blanc (sept. 1869).

1516

SIGERICK (Charles), serrurier à Berlin ; indique à l'empereur un remède contre les rhumatismes qu'il a expérimenté sur lui-même (août 1869).

1517

SIGLER, à Memmingen ; hommage de vers (27 mai 1855).

1518

SILBER (F.), lithographe de la cour à Berlin ; offre au

prince président un exemplaire du tableau allégorique par lui composé pour une fête de l'empereur de Russie. « Vos « relations amicales avec ce prince sublime, comme le vif « intérêt que V. A. prend à toutes les productions de l'art et « de l'industrie » lui font espérer un bienveillant accueil (janv. 1852).

1519

Simani (Jürg), à Carlsbad (Bohême); fait hommage à l'empereur de son ouvrage intitulé « Étude de la Création » (mai 1869). — *Accusé réception.* — Rappelle son précédent hommage et ajoute que l'impression de son livre l'ayant conduit à une grande gêne, il compte sur une faveur de la munificence impériale (nov. 1869). — *Classer.*

1520

Simon (Elie), agent d'affaires à Deux-Ponts (Bavière); propose à l'empereur de lui faire acquérir une riche tabatière ornée du portrait de Napoléon 1er par Isabey qui fut vendue 2,500 francs (1865). — *Refus.*

1521

Simon (Adolf), de Halle (Prusse); indique un remède qui a guéri son père âgé de 68 ans et lui a permis d'atteindre l'âge de 78 ans; il recommande ce remède à l'empereur (sept. 1869).

1522

Simon (Peter), professeur au gymnase de Klausenburg (Autriche); offre à l'empereur un roman de sa composition *Amour et Vengeance*, écrit en allemand (1867). — *Remerciement.*

1523

Sirbul (Georg), marchand à Sucrawa; indique à l'empereur un remède contre la pierre : des limaçons séchés dans un pot de terre et pulvérisés (sept. 1869).

1524*

Sittenthal, à Welsaad ; félicitations au sujet de l'attentat du 14 janvier (2 fév. 1858).

1525

Sittl, agent de la poste à Passau (Bavière); adresse à l'empereur un abrégé du règlement des postes et chemins de fer de l'Allemagne et le prie de lui accorder quelques mots de recommandation par l'ambassade française à Munich afin qu'il puisse obtenir de l'avancement (mai 1863). — *Remercier*, mais l'empereur ne saurait le recommander.

1526

Sittle, horloger-mécanicien à Munich; sollicite un secours comme récompense de l'envoi qu'il aurait fait d'un modèle de canon rayé (1862).

1527

Skutsh (Seligm. Lazarus), propriétaire d'un bureau de commissions et d'écritures à Munich; propose à l'empereur la fondation d'une société générale pour la construction de bâtiments dans l'intérêt des employés, des artisans et des personnes de toute classe qui pourraient y trouver des logements (1863). — *Classer*.

1528

Skeyde (Hugo baron von), à Neusohl (Autriche) ; envoie à l'empereur le prospectus imprimé d'un remède qu'il lui recommande (sept. 1869).

1529

Smeckenbecher (Amalie), à Munich ; expose à l'empereur que son beau-père Karl Smeckenbecher était officier dans les armées du premier Empire et demande à ce titre l'admission de l'aîné de ses fils comme officier dans l'armée française et pour une de ses filles un emploi quelconque pour lire, converser ou correspondre en allemand (1864). — *Impossibilité* à raison de la qualité d'étrangers.

1530

Sobotta (Louis) et Schlösser (Peter), photographes à Breslau (Prusse) ; offrent à l'empereur une photographie arrivée trop tard pour l'Exposition universelle. « Pénétrés de la plus « profonde admiration pour V. M., le protecteur déclaré des « arts et des sciences, et voulant donner une faible preuve « de cette admiration excitée en eux par les mille monuments « d'art qui célèbrent en tous lieux les hauts faits de V. M... » (janv. 1868). — *Remercier*.

1531

Söffler (Martin), aubergiste près Stuttgart ; adresse une lettre d'avis politiques à l'empereur et lui conseille notamment de faire mettre en liberté Pierre Bonaparte (27 janv. 1870).

1532*

Solbach (Wilh.), à Cologne; offre la « Conversion de saint Hubert » (oct. 1853).

1533

Soldan (Sigmund), éditeur à Nuremberg; une grande photographie ayant été faite, d'après le tableau du peintre Menzel, représentant le couronnement du roi Guillaume à Königsberg le 18 oct. 1861 et contenant le portrait d'un grand nombre de personnes illustres, il offre cette photographie au prix de 12 thalers (mars 1866).

1534*

Soltau, à Hambourg; propose une nouvelle machine de guerre de son invention (13 nov. 1854).

1535

Sorger (Veuve), à Berlin; sollicite l'appui de l'empereur pour réclamer la succession, ouverte depuis 1822, d'un certain général Jänische (1864).

1536*

Soya (Ed.), à Berlin; sollicite l'empereur d'être parrain de son enfant (30 janv. 1853).

1537

Spach (Albert), à Klagenfurt; sollicite l'appui de l'empereur des Français auprès de l'empereur d'Autriche, pour obtenir le payement d'une somme qui lui est dûe (1869). — *Classer.*

1538

Sparmann (Carl Christ.), peintre à Dresde, ancien professeur de dessin de l'empereur à Arenenberg ;—vœux et félicitations (29 mars 1856) ;—offre ses peintures (4 oct. 1856).— Les bienfaits de l'empereur l'engagent à recourir encore à lui dans sa détresse. Chaque jour s'accroissent les difficultés qu'il trouve à se défaire de ses ouvrages ; il partage en cela le sort de peintres plus distingués ; mais ce qui rend sa position particulièrement pénible, c'est l'impossibilité où il est de pourvoir à l'éducation de ses enfants. Il supplie S. M. de ne pas l'abandonner et de lui accorder un emploi à Paris (avril 1858).—*Accordé* un secours de 500 francs.—Il renouvelle sa plainte et ses demandes (7 nov. 1859). — *Accordé* une pension de 1,200 francs (16 déc.).

1539

Spengel (Le docteur), avocat à Munich ; recommande vivement à un de ses amis (?) pour la santé de l'empereur Napoléon « dont l'état est suivant les circonstances ou le bien ou le mal de l'Europe », l'usage d'eaux ferrugineuses situées en Bavière et dont les effets sont merveilleux ; il lui a suffi d'en boire deux bouteilles pour recouvrer la vue et lire sans lunettes ; nul doute que l'empereur ne guérisse de toutes ses maladies s'il les emploie. Il finit par dire qu'il est le propriétaire de ces eaux (janv. 1870).

1540

Sperling (Friede-wolt-er), conseiller royal intime de régence prussien, à Riesdorf, près Magdebourg ; soumet à l'empereur deux brochures politiques qu'il vient d'adresser à son gouvernement au sujet du Congrès Européen, avec un projet de programme du Congrès (28 déc. 1863).—*Accusé réception* (13 janv. 1864).—Sa Majesté ayant accueilli ses précédentes brochures, il en adresse une nouvelle avec d'autres indications pour le Congrès (6 fév. 1864). — *Classer*. — Soumet à l'empereur une requête (imprimée) adressée par lui au roi de Prusse et à l'assemblée des états pour l'amélioration de la constitution prussienne (31 janv. 1865). — *Classer*.

1541

Spiehr (Hermann); « inventeur d'un appareil qui s'adaptant au piano et à l'orgue, substitue l'électricité au jeu de l'instrumentiste, tout en permettant au clavier d'être joué dans les conditions ordinaires », il sollicite l'empereur « connaissant le haut intérêt qu'il porte aux progrès des sciences » et l'impératrice « qui appréciera son invention avec un goût exquis », de lui accorder une audition pour son piano électrique (1868). — *Refus*.

1542*

Spier, à Erfurt; se recommande comme ayant une fille née le 16 mars, ainsi que le prince impérial (30 mars 1856).

1543

Spilcker-Schaulenbourg (Le baron von); saisit l'occasion de la naissance du prince impérial « garant le plus sûr de
« la perpétuité de la dynastie napoléonne et du bonheur de
« la France qui lui tient fort à cœur quoiqu'il ne soit pas
« Français natif », pour remettre une requête à l'empereur entre les mains du chef du cabinet, avec cette « charmante
« complaisance qui est une vertu naturelle du Français, à
« l'aide de laquelle il fait aussi bien des conquêtes des cœurs,
« qu'il gagne des lauriers sur le champ de bataille... » —

Dans sa lettre à l'empereur il expose que né d'une des premières familles du Hanovre et entraîné par « la gloire immor-
« telle du plus grand homme de tous les siècles qu'il vit
« dans toute sa grandeur en 1808 », il servit dans les armées
françaises sous le premier Empire, qu'il dût s'expatrier par
suite de son attachement à la France et que la perte de sa
fortune compléta son malheur. « Ce fut dans un moment de dé-
« tresse, continue-t-il, que mon épouse, mère d'un fils âgé de
« onze ans, adressa un mémoire à S. M. l'impératrice. Mais il
« s'est passé bien des mois depuis et nous sommes encore
« dans la plus profonde ignorance du résultat. Tout à coup
« la nouvelle importante de Paris nous encourage de nouveau
« et en voilà, Sire, l'effet : ce mémoire très-respectueux qui
« réussit peut-être de tourner votre clémence sur une fa-
« mille de rang qui la sollicite dans un moment que toutes
« ses ressources sont taries et qu'il faut qu'elle périsse avec
« son fils. Ne dédaignez pas, Sire, de nous accorder un sou-
« lagement et veuillez nous donner ainsi les moyens d'ache-
« ter un petit ameublement à garnir une chambre et à nous
« donner un chez soi. Nous autres pauvres locataires sommes
« les esclaves des caprices d'une hôtesse qui tient des cham-
« bres garnies... » (mars 1856). — Le 1ᵉʳ septembre 1862, le
baron von Spilcker-Schaulenbourg, demeurant à Paris aux
Champs-Élysées, écrit à l'empereur pour lui offrir « sans aucun dessin mercenaire » un bijou dont il vient de faire l'acquisition, savoir : un médaillon fait des cheveux de la reine
Hortense et donné par elle à la princesse Borghèse.

1544*

Spingler, à Stuttgard ; offre une médaille en ivoire où l'empereur est représenté avec deux autres souverains (30 juin 1858) ; — rappelle la demande qu'il a faite (1ᵉʳ oct.).

1545

Spira (Peter), à Andernach (Prusse); ancien militaire du premier Empire et ébéniste par état, fait présent à l'empereur d'un ouvrage de son invention, consistant en une coiffure ou toque et un vêtement ou gilet, légers et solides, qu'il a confectionnés avec infiniment de goût en bois de marquetterie (*Diese Kunstarbeit besteht in einer Kappe und einer Weste von Holz, welche beide sehr leicht und solide gearbeitet sind, mit vielen Tausend der geschmackvollsten Einlagen verziert sind*). Il accepterait volontiers en échange un don de S. M., attendu qu'il a beaucoup d'enfants (1864). — *Refus*.

1546

Spitzmüller (Albert), instituteur en retraite à Riedern (Baden); félicite l'empereur sur le succès du plébiscite et ajoute que père de huit enfants, privé de fortune, n'ayant pour vivre qu'une minime pension et incapable de travail, il a le plus grand besoin d'un secours (19 mai 1870).

1547*

Spraul (Maximilien), capitaine en retraite, à Munich; demande de secours (6 fév. 1857); —même demande (1865).

1548

Springborn (A.), contre-maitre au chemin de fer de Stargard (Poméranie): recommande à l'empereur un remède contre la rétention d'urine (17 sept. 1869).

1549

Stache (Fried.), président du comité pour la construction

de la « maison des artistes », à Vienne; prie l'empereur d'accepter la description de cette maison qui aura pour résultat de permettre désormais à Vienne des expositions internationales, et insiste en même temps auprès du chef du cabinet pour obtenir « un accueil bienveillant » de S. M. (avril 1866).

1550*

Stadler (Ad.), à Vienne; fait hommage d'une marche funèbre composée pour le roi de Saxe (sept. 1854).

1551*

Stadler, à Dierdorf; félicitations sur la naissance du prince impérial (20 mars 1856).

1552

Stahl, Bavarois; obtient de l'empereur un don de 30 flor. pendant le voyage à Salzbourg (1867).

1553

Stahn, médecin à Graditz (Prusse); offre à l'empereur de le guérir de la goutte en trois semaines par un traitement des plus simples (août 1869).

1554

Stahnke, à Stettin; propose un remède pour la santé de l'empereur (sept. 1869).

1555

Stapelmann, à Cologne; offre à l'empereur une caisse de flacons de vinaigre contre le choléra (1865).

1556

Stark (Heinrich), à Berge, près Forst (Prusse); envoie au prince impérial une chaise qu'il a fabriquée pour lui en faire présent et que ses moyens ne lui ont pas permis d'apporter lui-même à Paris, pour l'anniversaire de la naissance du Prince comme il le désirait (janv. 1868).

1557*

Statsmann (Ph.), à Carlsruhe; sollicite un emploi dans la maison de l'empereur (2 déc. 1853).

1558*

Staub (Veuve), à Heyden (Lippe); écrit à l'empereur pour se réclamer de lui comme étant sa fille (29 août 1861).

1559

Stauer (Joh. Joseph), à Augsbourg; ancien soldat dans les armées de Bavière et de Grèce, ayant reçu en 1867, par l'entremise de la légation française de Munich, une somme de 179 fr. 10 cent., à titre d'ancien camarade d'enfance de S. M., il demande que S. M. daigne être le parrain d'un fils qu'il vient d'avoir (28 juill. 1869). — *Refus avec regrets.*

1560*

Steeg (Josephine), à Germersheim; demande un secours (22 janv. 1853).

1561*

Steg (J.), à Munich; demande un secours (12 sept. 1853).

1562*

Steg (veuve E.), à Munich; demande un secours (29 sept. 1853); — *idem* (18 nov.).

1563

Stegmaier, à Egesheim (Würtemberg); demande un secours (7 nov. 1856).

1564

Stehle (G. Ed.), à Kanzach (Würtemberg); offre à l'empereur un morceau de Grandes Variations de concert sur le thème : « Partant pour la Syrie » (juill. 1866). — *Classer*.

1565*

Stehling, à Dusseldorf; propose un moyen d'enclouer les canons (17 déc. 1854).

1566*

Steiger-Beler, à Altstätten; félicitations à l'occasion de l'attentat du 14 janvier (24 janv. 1858).

1567

Steiger von Amstein (Hermann), lieutenant de gendarmerie à Oldenburg (Hongrie); adresse à l'empereur un remède contre la pierre (1866).

1568*

Stein (J.), à Cologne; demande un secours (20 avril 1853).

1569*

Stein (J.), professeur à Lauterbach (Hesse); envoie une pièce de vers pour le nouvel an (2 janv. 1853). — Demande un secours (3 fév. 1853); — *idem* (28 mai); — vœux de nouvel an (1ᵉʳ janv. 1854); — vers pour le 15 août (1854).

1570

Stein (Ludwig), à Neuwied (Prusse); âgé de vingt-huit ans, ayant été pendant huit ans modeleur, dessinateur, ciseleur, technicien et en même temps instituteur, et avec une certaine habileté dans chacune de ces spécialités, parlant l'anglais, l'allemand, le hollandais, et s'engageant à savoir le français en six mois, il laisse à l'empereur de choisir à quoi, où et quand il pourrait lui être utile. « Il y a de l'étoffe en moi, « dit-il, dont on peut tirer bon parti, pourvu qu'elle tombe « en bonnes mains. » Il offre ses services à l'empereur pour être utilisés d'une façon quelconque et joint son portrait photographié (12 fév. 1865).

1571

Stein (Gust.), à .....? (Saxe); sollicite la faveur d'être instruit aux frais de l'empereur dans une école qui lui permette d'entrer et d'avancer dans la carrière militaire, en France, si cela est possible (fév. 1869).

1572

Steinbacher (Le docteur J.), à Munich; promoteur d'un système médical fondé sur l'emploi des moyens naturels, il offre à l'empereur plusieurs ouvrages : 1° Les bains de vapeur; 2° La médication naturelle; 3° La guérison de l'impuissance par les moyens naturels (1863).—*Remerciement.*

1573*

Steiner (von), à Seligenstadt; sollicite l'autorisation d'offrir ses ouvrages (5 sept. 1855);—même demande (17 mai 1858, 23 fév. et 31 déc. 1859).

1574

Steiner (Le docteur), conseiller aulique et historiographe du grand duc de Hesse; adresse dix exemplaires de son « *Codex inscriptionum romanarum Danubii et Rheni* », auxquels l'empereur a daigné souscrire sur sa demande (1860).

1575*

Steinert, à Hildesheim (Hanovre ou Prusse); demande un secours (28 avril 1854).

1576

Stengel (Mme de), née Parquin; sollicite la faveur d'être admise auprès de l'empereur avec son mari M. de Stengel, ministre d'état du grand duc de Bade, pour remercier S. M. de ses bontés (avril 1861).

1577

Stens (Le docteur), « conseiller de santé du roi de Prusse »; partisan de l'homœopathie, il envoie à l'empereur un livre sur ce sujet, espérant que S. M. voudra bien favoriser cette méthode (déc. 1863).

1578

STEPHAN (Julius), à Nippes, près Cologne ; se plaint de ce que l'empereur en faisant supprimer une réclamation qu'il adressait au prince Napoléon, lui a fait perdre plusieurs milliers de thalers et menace de porter l'affaire devant les tribunaux (26 oct. 1865).—*Classer.*

1579

STEPHANUS (Le professeur Wilh.), employé chez Anton. BACHMAIER, « l'un des plus grands industriels de l'Allemagne », à Passau (Bavière); se recommande à l'empereur comme étant un descendant des Estienne, et sollicite sa protection et ses secours pour son projet de *Pasigraphie*. langage universel pouvant servir à tous les peuples pour correspondre entre eux, au moyen de signes idéographiques pareils dans toutes les langues (7 avril 1863).— Il insiste en joignant une lettre à l'appui de son projet par Ant. BACHMAIER (28 avril).—Il répond à une objection du cabinet en soumettant des spécimens qui tendent à prouver que le projet est en voie d'exécution (avril et sept. 1864). — Le cabinet renvoie l'examen du système à l'administration des lignes télégraphiques qui ne le trouve pas susceptible d'application actuelle, mais le renvoie à son tour au ministère de l'instruction publique qui pourrait y trouver la matière d'une étude intéressante (nov. 1864).—Ruiné par la politique du comte de Bismark, dit-il, Ant. BACHMAIER sollicite une p'ace en France, se prévalant de la proposition qu'il fit en décembre 1861 pour une fondation en faveur du prince impérial (27 mai 1866). — *Refus.*—Envoie un article politique d'un journal viennois dans lequel il sollicite l'alliance de la France en faveur de l'Autriche (janv. 1869).—Voy. BACHMAIER.

1580*

Stevens, à Xanten (Prusse); demande un secours (17 juill. 1857).

1581*

Steynes (A.), à Süchteln (Prusse); hommage de vers sur la naissance du prince impérial (20 mars 1856); — exprime ses félicitations et ses vœux pour l'empereur (16 mars 1858).

1582

Stiegler (Alban), au château de Chemnitz (Saxe); envoie à l'empereur quatre bouteilles de son *Antirheuma*, remède contre les rhumatismes (sept. 1869).

1583

Stöder (Geo. Mart.), chirurgien; demande un secours; il a déjà écrit deux fois sans obtenir de solution et se trouve en attendant plongé dans la plus grande misère.

1584

Stoff (von), assesseur du collége à Mitau; guéri à l'âge de soixante-dix ans d'un catarrhe à la vessie par une infusion de chiendent, il écrit à l'empereur pour lui conseiller ce remède (15 mars 1870).

1585*

Stolpe, à Berlin; demande un secours (15 mars 1858).

1586

Stolte (Ferdin.), poëte prussien; ayant connu l'empereur

à Zurich en 1833, demande à lui présenter lui-même son poëme « Faust » (janv. 1863). — *Autorisé* à faire remettre son livre.

1587

Stolzenberg, à Putbus (Prusse); propose un remède contre la maladie des vers à soie (21 mars 1857).

1588

Storch (Wilh.), peintre décorateur à Balingen (Würtemberg); félicitations et vœux de nouvel an (6 janv. 1853).

1589

Stösger (Ludw.), ingénieur mécanicien à Breslau; adresse à l'empereur un appareil fumivore de son invention (1864). — *Renvoyé* au ministère des travaux publics.

1590

Strakosch (Ignatz), industriel à Gross-Seelowitz (Moravie); demande à l'empereur la permission de lui envoyer quelques flacons des eaux minérales de Franzensberg, souveraines contre la pierre (sept. 1869).

1591*

Strasser, à Auernhofen (Bavière); demande un secours (16 avril 1857).

1592*

Straub (F.), à Nuremberg; envoie une pièce de vers pour célébrer l'anniversaire du 2 décembre (8 déc. 1854).

1593*

Strauss, à Festenberg (Prusse); sollicite un secours pour son frère (21 janv. 1858).

1594

Strauss (Jos.), libraire à Francfort; rappelle l'envoi qu'il a fait d'un ouvrage que S. M. a daigné accepter et demande une réponse (1865). — *Accordé* une médaille d'or de 300 fr.

1595*

Streicher (Antoin.), à Kinzichen ou Hinzichen; demande un secours (2 mars 1853); — renouvelle sa demande (7 avril).

1596

Strelin, apothicaire à Sindolsheim (grand-duché de Baden); écrit à l'empereur : « Dieu tout-puissant bénisse et « protège V. M. I. ainsi que toute votre illustre famille, mainte- « nant et à toujours, et qu'il la fasse fleurir jusque dans ses « rameaux les plus lointains, pour sa propre gloire, puis pour « le bonheur et le bien-être du monde... » Il offre ses félicitations à l'occasion de la naissance du prince impérial : ayant une très-grande habitude de soigner la santé des petits enfants, il donne ses conseils sur ce sujet, résumés dans une ordonnance qu'il intitule : « Règles d'or pour le traitement « des enfants nouveau-nés » (23 mars 1856). — *Remercier.*

1597

Stroka (Anton.), à Dabrowa (Silésie); soumet à l'empereur un préservatif et un remède contre le choléra, la paralysie et la consomption (août 1865).

1598*

Strupler, à Kreuzling ; se recommande comme ayant un fils né le 17 mars, lendemain du jour de la naissance du prince impérial (21 mars 1856).

1599*

Stubenvoll. à Munich ; demande un secours (10 avril 1856) ; — autre demande semblable (8 oct. 1859).

1600

Stueckerads (Le capitaine von), de l'armée prussienne; fait demander par son ambassadeur d'être présenté à l'impératrice et admis aux réceptions des Tuileries (20 janv. 1870).

1601

Stuers (Jos.), ingénieur terrassier à Priesen (Bohême); sollicite un emprunt de 400 thalers (1866). — *Classer.*

1602

Sturm (M.), instituteur à Tettnang (Würtemberg); offre en présent à l'empereur : 1° la copie d'un vieux manuscrit de Roger Bacon, dont l'original est conservé dans un couvent, et qui traite de la prolongation de la vie; 2° un remède contre les affections de vessie (oct. 1866). — *Refus avec remerciement.*

1603*

Sturz, « consul brésilien de Prusse », à Dresde; offre les moyens de s'emparer de Cronstadt (14 juill. 1854).

1604

Sumper (Joseph), serrurier à Fribourg-en-Brisgau (Baden); ayant trouvé le moyen d'obtenir en tout lieu des sources d'eau minérale, il demande à venir à Paris faire devant l'empereur des expériences concluantes ; il est âgé de soixante-dix-huit ans (nov. 1864.)

1605*

Sutz (F.); se recommande comme ayant été connu de l'empereur chez le pharmacien Vicari à Constance chez lequel il servait (27 nov. 1853).

1606

Sybel (Henri de), professeur à l'Université de Bonn, membre du parlement de l'Allemagne du Nord; au grand chambellan : « M. le duc, Sa Majesté l'Empereur a daigné me recevoir « l'année dernière avec tant de bonté et je lui suis tellement « reconnaissant de m'avoir fait admettre à puiser aux diffé-« rentes archives de l'empire que je désire ardemment pro-« fiter de mon séjour à Paris pour présenter mes hommages à « Sa Majesté. Je serai donc infiniment obligé à Votre Excel-« lence, si Elle voulait avoir la gracieuseté de me faire obte-« nir une audience de l'Empereur » (19 mai 1867). — Le même au même : « M. le duc, j'ai trouvé aux archives de l'empire une lettre, inédite jusqu'à présent, du général Bonaparte; tout ce qui provient du grand empereur est important pour l'histoire de la France : j'ose donc prier Votre Excellence de bien vouloir présenter de ma part à Sa Majesté l'empereur la copie ci-incluse de cette lettre. Veuillez agréer, etc. » (Bonn, 18 juill. 1867). — Le même à l'empereur : « Sire, au cours « des recherches historiques que j'ai pu faire à Paris, grâce

« à la haute bienveillance de Votre Majesté j'ai eu le bon-
« heur de trouver une lettre du général Bonaparte, inconnue
« à ce je sais jusqu'à présent et certainement inédite. Je
« l'ai rencontrée aux archives de l'empire, parmi la cor-
« respondance diplomatique du général Clarke. Écrite quelques
« jours avant la signature des préliminaires de Léoben, elle
« est très-remarquable par plusieurs traits saillants et singu-
« lièrement caractéristiques. C'est Votre Majesté qui m'a mis
» à même de faire cette trouvaille intéressante : j'ose donc lui
« en présenter une copie en faible témoignage de la profonde
« reconnaissance avec laquelle je suis, etc. » (Bonn, 18 juill.
1867). — « *Remercier*, N. Me rendre cette lettre à laquelle
je répondrai moi-même. »

1607

S... (B.); lettre anonyme : « Sire, un pauvre homme, réduit
par les disconvenances de la vie à souffrir souvent la faim
avec sa famille, a l'occasion de se faire un avenir heureux et
de développer un talent accablé jusqu'à présent par les soucis du pain quotidien. Mais pour réaliser son espérance, il
lui faut 5,000 francs qu'il n'est pas possible à obtenir. Reconnaissant bien l'audace de son action, il ose pourtant recourir très-humblement et très-respectueusement à V. M.,
parce que le génie de V. M. a été aussi aux fers, un génie qui
depuis ce temps vous a élevé au comble de la puissance et de
la gloire et vous fait disposer aujourd'hui de millions dont
une si petite partie suffit de rendre heureuse toute une famille et de l'obliger à une reconnaissance éternelle. Sire!
vous êtes puissant et riche ; ayez pitié d'un pauvre qui se
trouve dans une triste situation et qui n'a besoin que de
5,000 francs pour cueillir des lauriers qu'il portera à vos
pieds. Je n'appartiens pas à la grande nation qui a l'honneur
d'être gouvernée par vous, mais la prière et les sentiments de
reconnaissance sont les mêmes dans tous les coins de la terre

Je prierai Dieu pour le règne de Votre Majesté. Sire ! je suis jusqu'à la mort et avec le plus profond respect votre très-humble et très-obéissant serviteur. B. S. (poste restante), à Fürth (Bavière), le 7 février 1864.» —*Classer.*

1608*

Tæcke, à Berlin ; sollicite le brevet de Tailleur de l'empereur (13 sept. 1857).

1609*

Tauerschmidt (B.), à Plauen (Saxe); écrit à l'empereur que faisant une collection de timbres-poste, il demande qu'on lui en envoie de beaux, et si on ne le peut pas, il demande qu'on lui réponde, mais franco, et en mettant le sceau à la lettre (janv. 1863). —*Classer.*

1610*

Tauscher (Coletha), à Lindau (Bavière); envoie ses félicitations pour le mariage de l'empereur (4 fév. 1853).

1611

Tellkampf (J. L.), professeur d'économie politique à l'Université de Breslau, délégué de la Prusse au congrès de statistique tenu à Paris en 1855; demande la permission d'offrir à l'empereur quelques-uns de ses écrits; s'excuse d'écrire en allemand, mais il a pu s'assurer au congrès de statistique que S. M. parle purement cette langue (Berlin, mars 1865).

1612*

Templin (A.), à Stettin (Prusse); offre une tabatière, souvenir de Napoléon Ier, et sollicite un secours (8 janv. 1855).

1613*

Thaeter (Gottlieb), à Æschach (Bavière); ancien condisciple de l'empereur, il lui offre ses félicitations et ses vœux (5 mai 1853) ; — remercie d'une médaille d'or que l'empereur lui a fait envoyer (1er août) ; — nouvelles félicitations (20 mai 1856).

1614

Thalmann (Louis), à Kleinlaufenburg (Baden) ; annonce avoir découvert un moyen de donner au fer ordinaire une dureté telle que les vaisseaux cuirassés sont avec ces plaques entièrement à l'épreuve des projectiles ; il demande à céder son invention au gouvernement français (1865).

1615

Thielmann (Le baron Fréderic von), à Bonn (Prusse); au chef du cabinet : ayant pris connaissance par la voie des organes publics des différends qui se sont élevés entre S. A. I. le prince Napoléon et la famille des Bourbons, surtout le duc d'Aumale, comme on le voit par sa brochure intitulée : *Lettre sur l'histoire de France*, et voyant cette brochure vanter fort la gloire du règne des Bourbons en France, il proteste contre cette gloire tant vantée. « Je rappelle à la mémoire de
« S. M. l'empereur et au gouvernement français l'affaire des
« dettes des Bourbons lors du temps du refuge en Allemagne,
« tenant cour à Coblence comme princes émigrés ; puis l'af-
« faire des assignats ; de la fausse monnaie fabriquée auprès
« du prince de Wied-Leu-Wied, comme aussi en Angleterre,
« pour aller solder l'armée des émigrants; les fournisseurs ;
« les seigneurs qui leur ont aidé pour aller payer leurs
« dettes contractées avec beaucoup de familles de distinction

« en Allemagne... Sous ce dernier point je veux bien rappe-
« ler au gouvernement de S. M. l'empereur de France la cé-
« lèbre cause du comte Pfaff de Pfaffenhofen, sa demande de
« créance de 1,125,000 fr., son procès envers les Bourbons,
« envers Louis XVIII, Charles X, Louis-Philippe père du duc
« d'Aumale, envers le duc de Bourbon, le duc d'Angoulème
« et d'autres membres de la famille royale. » Le comte de
Pfaffenhofen qui était un voisin et un ami de la famille du
baron de Thielmann avait fait imprimer des mémoires sur ses
démêlés avec la maison de Bourbon, mais à l'époque de sa
mort il fit brûler la masse de l'édition. Le baron de Thielmann
qui en possède un exemplaire, se propose d'entrer en négo-
ciation avec un libraire français pour en publier une nouvelle
édition en France, mais il ne croit pas devoir le faire sans demander « si peut-être S. M. aimerait acheter l'œuvre directement par moi », dit-il. Il prie le chef du cabinet « d'avoir la
« bonté à se charger de cette affaire et d'aller présenter cette
« lettre et l'offerte à S. M. l'empereur. Même je m'engage, par
« peur qu'on ne pourrait pas confier l'œuvre par la voie des
« postes ou des chemins de fer, pour la sûreté, à venir moi
« en personne à Paris, pour y apporter l'œuvre au lieu de sa
« destination ; cependant sous condition, qu'on veut bien
« m'avancer les frais du voyage... » (Bonn, 13 sept. 1861).—
Refus.

1616

Thomas (Theod.), directeur d'une école à Bonn ; « Sire,
« V. M. I. qui protège les sciences et les beaux-arts, pensant
« sur son trône auguste en grand homme, daignera peut-être
« écouter la faible voix d'un grammairien de la rive gauche
« du Rhin. Élève de notre A. W. de Schlegel, le linguiste le
« plus distingué que l'université de Bonn ait jamais eu, du-
« quel j'ai été le secrétaire pendant quatre ans, je me suis
« occupé (depuis l'an 1851) à ébaucher le manuscrit pour

« une nouvelle grammaire française à l'usage des allemands.
« Il est vrai que les habitants du Rhin ne manquent pas de
« grammaires françaises, mais il n'y en a pas une seule qui
« explique la prononciation du français d'une manière satis-
« faisante, tandis que ma grammaire enseignerait la pronon-
« ciation française (en 280 paragraphes) dans toute sa pu-
« reté, chose la plus essentielle pour l'étude de cette belle
« langue qui gouverne notre globe... Il me faudrait quelques
« cents francs, afin de pouvoir résider un mois ou deux à
« Paris dans le quartier latin, au centre des relations que je
« pourrais avoir avec quelques-uns de vos académiciens, qui
« me donneraient la marche pour obtenir une audience de
« l'empereur. Puissent les lumières, le génie et la gloire de
« V. M. la conduire à l'immortalité. Mais comme tous vos
« jours sont marqués de travaux ; vous dictez des lois, vous
« dirigez vos braves soldats ; V. M. qui par les mains des
« beaux-arts enrichit son empire, travaillant jour et nuit,
« daignera-t-elle encore me faire parvenir une réponse? »
(21 mai 1864). — *Réponse* : « La situation de la liste civile ne
permet pas à l'empereur d'accueillir favorablement la requête
par laquelle vous avez fait appel à sa munificence dans le
but d'entreprendre un voyage à Paris. Du reste S. M., trop
occupée, ne pourrait vous accorder l'audience que vous dé-
sireriez obtenir » (31 mai).

1616 *bis*.

THUFFENDSAMER, voy. TUFFENDSAMER.

1617

THUM (J. G.), curé à Inchenhofen (Bavière) ; annonce à l'empereur la mort du curé BROELL, compagnon d'études du prince à Augsbourg. « Tout le monde admire la sagesse, l'énergie et la politique que vous avez fait voir jusqu'ici. Sire! c'est vous qui avez protégé non-seulement la France, mais encore en même temps l'Europe de ruine, en réprimant les très-pernicieuses entreprises d'une infinité de gens perverses...» (1855).

1618*

Thumb (A.), à Carlsruhe; demande un secours (1er janv. 1854).

1619*

Thuringer, à Cologne; propose une machine à air comprimé (24 juill. 1855).

1620

Tiedemann (Hans II.), marchand à Meldorf (Holstein); ayant lu dans les journaux que Sa Majesté l'empereur est souffrante par suite d'une affection hémorrhoïdale, il lui transmet respectueusement une recette pour la guérison des hémorrhoïdes (avril 1865). — *Classer.*

1621*

Tiedge, à Hanover; propose une invention pour doubler les navires (6 août 1861).

1622

Tiedge (Karl), orfèvre à Hanovre; propose à l'empereur une nouvelle invention pour les blindages sur terre et sur mer; mais il désire ne communiquer son secret qu'à S. M. elle-même et demande qu'on lui paye ses frais de voyage, n'étant pas en état de les payer lui-même (1861). — *Refus.*

1623

Tillman (J.), à Differding (Luxembourg); rappelle ses requêtes pour un secours, restées sans résultat (1865).

1624

Toepfer (Eduard), de Dresde, jardinier (architecte), près Ekaterinoslaw; sollicite le prêt, pour une année, de la somme nécessaire pour son retour de Russie à Dresde; il s'appuie sur ce que la première femme de son grand-père était une de Lafont, proche parente de la première femme de Napoléon Ier et sur ce que l'aînée des sœurs de sa mère avait épousé un « secrétaire Otto » qui, à ce qu'on lui a dit, était allié à la mère de Napoléon Ier (mars 1868). — *Renvoyé* au ministère des affaires étrangères. — Le même rappelle avoir adressé, l'année précédente, deux projets, l'un pour la destruction des sauterelles, l'autre pour la construction d'un tunnel de communication entre la France et l'Angleterre (juin 1869). — *Avis* que ces projets ont été renvoyés au ministre de l'agriculture et des travaux publics.

1625*

Toeplitz (Simon), à Francfort-sur-Mein; communication sur les causes des disettes et les moyens d'y remédier (3 juill. 1854).

1626

Tonsern (Johann); sollicite une audience afin d'exposer à l'empereur un plan financier pour la réforme des impôts (fév. 1863). — *Refus.*

1627

Tourtual (Fl.), professeur à Gratz (Autriche); fait hommage à l'empereur de son livre sur la guerre de Frédéric II en Italie (*Darstellung des Krieges den unser groessler Kaiser, Friederich Barbarossa, gegen die Mailander geführt hat*); il désire un exemplaire de la Vie de César; il compte venir à Paris, obtenir l'honneur de voir S. M. et travailler dans les archives de Paris; mais les ressources pour entreprendre un voyage en France lui manquent... (juin 1868).

1628

Traitteur (Eugen A.), professeur particulier à Munich; sollicite la permission de dédier à l'empereur une nouvelle édition du traité (de 16 pages in-8°) qu'il a composé sur la manière d'écrire correctement l'allemand (juill. 1867). — *Refus avec regrets.*

1629

Trassler (Alf.), à Salzbourg; demande la permission d'offrir à l'empereur une croix de la Légion d'honneur qui avait été portée par Napoléon Ier et donnée de sa main à un vieux soldat qui, à son lit de mort, l'a léguée à Trassler père (1867). — *Refus et remerciement.*

1630

Traube (Henri), docteur en philosophie à Cologne; fait hommage à l'empereur d'une copie manuscrite d'un recueil de poésies françaises, odes et chansons, composées durant le premier Empire, par Esménard, Baour Lormian, Lebrun et autres, sous ce titre et avec cet avertissement : « *Napoléon Ier
« célébré par des poëtes contemporains;* publié par un Alle-

« mand prussien. — A l'impératrice Eugénie toute l'Allema-
« gne rend hommage ainsi que l'éditeur allemand. — Aver-
« tissement : J'ai publié cette collection pour amuser ceux qui
« veulent être amusés. J'ai omis un poëme sur la bataille
« d'Iéna touchant la personne de Frédéric-Guillaume III... »
(avril 1865). — *Accusé réception.*

1631*

Trautmann, à Behrigen (Saxe); félicitations à l'occasion de l'attentat du 14 janvier (19 janv. 1858).

1631 *bis*

Treskow, voy. Kleiht.

1632

Trochsel (Hugo), professeur de dessin à Berlin; désireux d'offrir à l'empereur un exemplaire de la livraison d'épreuve de son « École de dessin en tableau », il demande au chef du cabinet s'il peut compter sur un accueil favorable (1865).

1633*

Tromm, à Berlin; offre de faire connaître une plante guérissant toutes les maladies (8 août 1854).

1634*

Troske, à Paderborn; félicitations sur la naissance du prince impérial (24 mars 1856).

1635*

Tuffendsammer (G.), à Heidenheim; hommage en vers pour le 15 août (1854); — autre hommage en vers adressé par le même à l'empereur le 27 sept. 1857.

1636*

Tunner, à Gratz (Autriche); offre un portrait de « Madame mère » (18 fév. 1858).

1637*

Unger (von), à Ober-Armstadt (Hesse); envoie une pièce en un acte (16 juin 1853).

1638

Unger (Julius), fabricant de meubles en fer creux, à Erfurt (Prusse); offre à l'empereur le traîneau dans lequel Napoléon Ier revint de la campagne de Russie en 1812, « dans l'idée que cette relique ne soit due qu'au glorieux successeur de ce grand homme par lequel tout objet est sacré qui est en relation historique avec lui » (mai 1864). Il se contentera du prix qu'on lui fixera et désirerait surtout le titre de fournisseur de S. M. — L'ambassade française, consultée, écrit que Naléon Ier étant revenu de Russie en voiture fermée, ce traîneau ne peut avoir servi qu'à des gens de sa suite. — *Refus du présent.*

1639*

Unruh (Le comte E. d'), à Buchau (Bavière); sollicite la croix de la Légion d'honneur (août 1853); — renouvelle sa demande (26 fév. 1855).

1640*

Untermahlen, à Neustadt; sollicite le remboursement d'assignats qu'il possède (26 juill. 1858).

1641

Ursprung (Gaspard), officier de police (*Polizei-Offiziant*) à Augsbourg; ancien condisciple de l'empereur au gymnase de cette ville, lui adresse ses félicitations sur l'insuccès de l'attentat du 14 janvier (15 fév. 1858).

1642

Usedom (Le comte de), ministre de Prusse. M. de Malaret ministre de France en Italie au chef du cabinet : « Monsieur, M. le comte d'Usedom qui a été longtemps ministre de Prusse en Italie, possède un buste en marbre de la princesse Élisa Bacciocchi. Ce buste joint à une certaine valeur artistique (puisqu'il est attribué à Bartolini) le mérite de la ressemblance, et mon ancien collègue réclame mes bons offices pour faire savoir à l'empereur combien il s'estimerait heureux si S. M. daignait en agréer l'hommage. Je viens en conséquence vous prier de vouloir bien porter à la connaissance de S. M. I. le vœu qui m'a été exprimé par M. d'Usedom et dont je n'ai pas cru pouvoir refuser de me faire l'intermédiaire » (Florence, 11 juill. 1869). — *Refus et remerciement aimable.*

1643*

Valloede (G. von), à Augsbourg; demande un secours (20 mars 1856).

1644

Varchmin (Wilhelm von), lieutenant royal prussien, à Berlin; fait hommage à l'empereur de sa brochure « Le condominat dans les duchés de l'Elbe ». — « Votre Majesté Impériale
« puisera au moins dans cette brochure la conviction qu'il y a
« des adorateurs de la politique et de la sagesse de V. M. I.

« aussi hors de la France heureuse et bénie, aussi en Alle-
« magne et en Prusse. Mes efforts continuels pour l'ordre et
« la loi, la vénération pour le souverain, l'amour pour la pa-
« trie sont partout connus; mais il a dû augmenter la valeur
« de cet écrit, pénétré d'une vérité incontestable, si son au-
« teur pouvait être un autre que celui généralement connu ;
« voilà pourquoi je me suis résolu à rester anonyme. Heu-
« reux dans la conscience que nous autres Allemands jouis-
« sons de l'honneur d'entendre parler notre langue, de
« V. M. I., j'ai osé présenter l'écrit en langue allemande ; ce
« sera le plus grand honneur pour moi si V. M. I. voulait très-
« gracieusement daigner lui faire accueil. Sujet depuis quinze
« ans à des maladies continuellement violentes, qui m'ont
« forcé à prendre mon congé de l'armée, j'ai embrassé l'état
« d'homme de lettres, n'ayant pas de moyens pécuniaires.
« Mon père, infortuné, ne m'a laissé, après sa mort, que le
« même malheur qui le frappa si fort pendant sa vie en le
« privant de ses propriétés (*Trimmau* et *Cabotkheim*) qui,
« situées entre Friedland et Eylau avaient été dévastées to-
« talement pendant les batailles qui y eurent lieu en 1807...»
(Berlin, 15 oct. 1865). — *Remercié* (2 déc.).— Formule une
demande de secours à laquelle il est répondu le 14 décembre.
—Nouvelle demande de secours à laquelle il est répondu le
31 janvier 1866. — Adresse une nouvelle brochure (23 mai
1866).

1645*

VEIT (L.), à Donaueschingen ; demande un secours de 100
florins pour faire une publication. (janv. 1854).

1646

VEIT et Cⁱᵉ, éditeurs à Leipsick ; la haute impartialité et les
vues éclairées que l'empereur apporte dans l'appréciation de

toutes les époques historiques, les enhardissent à soumettre à S. M. les mémoires politiques du comte de SENFFT, ministre de Saxe près de Napoléon Ier de 1806 à 1813 qui viennent d'être publiés par la famille du feu comte (déc. 1863). — *Remerciés.*

1647*

VIEK (Lucia), à Eckerberg (Prusse) ; offre un ruban de cou pour le prince impérial (26 mars 1856).

1648*

VINCENS (Edw.), à Hof, ancien condisciple de l'empereur ; sollicite un secours (sept. 1853).

1649

VITTIG (Greg. C.) ou WITTIG, érudit (*Privat-gelehrter*), à Breslau ; offre à l'empereur sa traduction de l'ouvrage autobiographique de l'américain A. J. Davis « *la Baguette magique* », et désirerait une allocation pour continuer les études qu'il a faites sur cette matière (juill. 1869). — *Classer.*

1650

VOEGELER (Aug.), à Minden ; sollicite l'intervention de l'empereur auprès du roi de Prusse pour obtenir justice des autorités prussiennes (1857). — *Classer.*

1651

VOGEL, à Neuwied (Prusse) ; offre en présent à l'empereur une médaille d'or pour lui servir de talisman dans le voyage de Crimée (26 mai 1855). — La médaille lui ayant été renvoyée avec refus, il exprime le vif désir de recevoir seulement une ligne de la main de l'empereur (juin 1855).

1652

VOGEL (Daniel), à Kleinrückerswalt (Saxe); « prend la liberté d'informer Sa Majesté qu'il a été favorisé d'un rêve tel qu'il doit l'écrire à l'Empereur afin de mettre en repos sa conscience (*Veranlassung dazu giebt mein Gewissen zu beruhigen*). » Dans ce rêve on l'a conduit à travers des arcs de triomphe et des palais jusqu'à la chambre du monarque. Un ami auquel il en a fait confidence y a vu un avertissement du ciel et lui a dit : « Toi, l'homme de la magie et de la sympathie, c'est Dieu qui te désigne évidemment pour la guérison des maladies incurables, et comme les journaux viennent d'annoncer que l'empereur Napoléon est malade, c'est manifestement toi qui dois le guérir. » De là cette lettre. Elle contient les prescriptions suivantes : « 1° daigne V. M. écrire le nom de votre défunt père ; 2° celui qui vous est propre ; 3° envoyer une chemise sale mais portée par vous ; 4° faire une collection de rognures de cheveux, poils et ongles de toutes les parties du corps, envelopper le tout dans un linge blanc de trois pouces carrés et en faire une sorte de saucisse ; 5° appeler un chirurgien et faire extraire du pied quelques gouttes de sang, trois ou quatre, et en imbiber le linge ci-dessus ; 6° à partir de ce moment garder *sans faute* la première urine, précieusement l'introduire dans la vessie d'un porc récemment tué et la suspendre ainsi dans une cheminée pendant deux mois ; enfin enterrer le tout ensemble dans du fumier. Ce remède est souverain » (26 sept. 1869).

1653

VOGELMANN (A.), à Carlsruhe; adresse à l'empereur divers opuscules sur l'élève du cheval et les haras (1868). — *Accusé réception.*

1654*

Vogt, à Bergalingen (Baden); demande un secours (17 mai 1855).

1655*

Vogt, à Sulzbach (Baden); sollicite la décoration (1er nov. 1856).

1656

Vogt (Carl Wilh.), à Munich; fait hommage à l'empereur de plusieurs pièces de vers sur Napoléon 1er, sur l'impératrice Joséphine, etc. « Seulement le manque de moyens pé-
« cuniaires, quand il est à moitié aveugle et paralysé du bras
« droit, est cause qu'il ne peut pas envoyer à sa haute M. I.
« tous ses ouvrages imprimés. » Il demande un secours (1867)
— *Refus.*

1657*

Voigt (E.), à Lengefeld (Saxe); offre la dédicace d'un poème intitulé « *La vie de Napoléon Ier* » (12 sept. 1854).

1658*

Volckmar (Le docteur), directeur de la musique royale, professeur principal du séminaire, possesseur de la médaille royale de Wurtemberg et de la médaille grand-ducale de Saxe-Cobourg pour les arts et les sciences, etc., à Homberg (Hesse-Cassel); demande l'autorisation de dédier à l'empereur une œuvre musicale (2 janv. 1855). — Demande la permission d'offrir à l'empereur divers ouvrages composés par lui sur la musique d'orgue (1864 et 1868). — *Refus.*

1659

V....., à Oschersleben, près Magdebourg (Prusse) ; a découvert le secret de la composition des cartouches pour le fusil à aiguille et offre de le révéler (1864). — *Refus.*

1660

Völlner (J.), à Hambourg ; demande à faire le voyage de Paris pour appliquer aux rhumatismes de l'empereur un remède dont il a le secret et qui agit avec une incroyable rapidité (fév. 1870).

1661*

Vorster (L.), à Caesfeld (Prusse) ; offre un moyen de prévenir et de guérir la maladie des pommes de terre (10 déc. 1853).

1662

Voss (Mlle Hulda von), à Berlin, fille d'un capitaine d'artillerie directeur de l'hôpital général de Berlin ; écrit à l'empereur que son père avait inventé une conserve de légumes, qu'une commission royale prussienne avait favorablement accueillie, lorsque la mort de l'inventeur arrêta l'affaire. Elle vient en offrir le secret à l'Empereur (fév. 1855). — *Refus avec remerciement.*

1663

Vrancken, négociant à Cologne ; offre de céder « à un prix raisonnable » une invention relative à la fabrication de la glace brute ; il fait observer l'utilité de la glace pour l'expédition du Mexique (1863).

1664

Waagen (C.), conseiller royal de Prusse ; offre à l'empereur une brochure qu'il vient de publier sur le concile œcuménique (Munich, déc. 1867).

1665

Wacker (André), caporal pensionné, à Augsbourg ; pauvre et âgé de soixante-cinq ans, il écrit à l'empereur qu'il se sent encore touché quand il se rappelle qu'étant jeune garçon il le voyait, sa royale main dans la main de sa pieuse défunte royale mère, conduit par elle à l'église jusqu'au pied de la sainte croix ; toute sa sympathie était dès lors acquise à S. M. I. et il ne peut oublier que sa pieuse défunte royale mère (*Gottseligentschlaffene Kœnigliche Mutter*) était appelée la mère des pauvres. Il envoie la copie d'un article du journal d'Augsbourg sur la situation de l'Europe, et fait observer que cet article est entièrement favorable à la politique napoléonienne (5 juin 1863). — *Classer.*

1666

Wacker (Georg.), à Huchenfeld, près Pforzheim (Baden) ; « Votre Majesté Impériale... Déjà quand j'étais jeune garçon, j'avais été particulièrement saisi de respect pour une haute maison, une puissante famille princière apparentée avec celle de mon propre pays. Cette inclination intime et cette vénération n'ont cessé de prendre un nouvel aliment et de plus fortes racines quand j'ai vu la noble action du gouvernement de V. M. I., surtout son amour pour le peuple et pour le bien des ouvriers... » Il le prie en conséquence d'accepter pour le prince impérial un petit cadeau consistant en une épingle d'or et un anneau d'or qu'il a fabriqués de ses propres mains (*beide von mir selbst verfertigt*) en vue de cette haute destination (avril 1865).—*Refus.*

1667*

Wageler, à Minden (Prusse); se recommande à la protection de l'empereur (29 sept. 1857).

1668*

Wagner (Anna), à Wiesbaden; demande un secours (fév. 1853).

1669*

Wagner (J.), à Munich; s'informe du sort de l'envoi qu'il a fait d'une collection de costumes de Bavière (28 mars 1853).

1670*

Wagner (Christian), d'Esslingen (Baden), garçon de l'hôtel de l'Aigle à Constance; sollicite de l'empereur un emploi (28 avril 1853).

1671*

Wagner (Wolff), à Frauenstein; demande le remboursement de 12,000 liv. d'assignats (26 oct. 1853).

1672

Wagner (Julius), instituteur à Stavenhagen (Mecklenbourg-Schwerin); hommage de vers (14 juin 1854);—vers et félicitations à l'occasion du baptême du prince impérial (14 juin 1856).

1673*

Wagner, à Augsbourg; demande un secours (28 sept. 1857).

1674*

Wagner, à Frauenbiburg (Bavière); demande l'autorisation de dédier un ouvrage à l'empereur (29 mai 1858).

1675

Wagner (Rodolph), conseiller de cour de S. M. le roi de Hanovre, professeur à l'université de Göttingen; — « Ayant
« lu ce matin dans les feuilles que S. M. l'empereur a daigné
« de se rappeler de son ancienne relation au collége de
« Sainte-Anne à Augsbourg, en ordonnant d'y envoyer la
« grande carte de la Gaule, faisant partie de l'ouvrage de
« S. M., attendu avec tant d'impatience, sur les campagnes
« de César, j'ose enfin d'exécuter un vœu, que je gardais de-
« puis longtemps. Je suis le fils aîné du feu directeur du
« collége de Sainte-Anne à Augsbourg, lors du séjour de
« S. M. à cet endroit. Un de mes frères, Charles, était dans
« sa jeunesse le compagnon du prince Louis Napoléon, et il
« gardait longtemps un petit billet contenant les lignes sui-
« vantes :
Ich schwöre Dir ewige Freundschaft (1),
Louis Napoléon.

« Mon pauvre frère est mort déjà en 1831 aux suites d'un
« duel comme étudiant à Leipsic. En 1822 ou 23, si je ne
« me trompe pas, le prince Louis a présenté mes deux frères
« faisant un voyage en Suisse à son auguste mère, **la reine**

(1) Je te jure éternelle amitié.

« Hortense... Je suis depuis vingt-deux ans professeur à Göt-
« tingue ; je tiens la chaire de *Haller*, étant en même temps
« successeur immédiat de *Blumenbach* (1). Depuis quelque
« temps je travaille beaucoup dans l'anthropologie et spécia-
« lement sur les anciennes relations des Celtes et Gaulois et
« les peuples germaniques. La société d'anthropologie à Paris,
« dont je suis associé étranger, s'est beaucoup occupée de mes
« travaux sur le cerveau. Tout le second volume du Bulletin
« de cette société en parle. Il me serait un grand avantage,
« si je pouvais profiter de la carte de la Gaule de S. M. l'em-
« pereur et j'ose donc de prier pour un exemplaire. On pour-
« rait se procurer des renseignements de mon titre comme
« savant, chez M. Flourens et M. Milne Edwards de l'Institut,
« et chez M. Broca et M. Gratiolet. Moi j'appartiens à ceux
« de mes compatriotes qui désirent empressément que les
« deux grandes nations, la française et l'allemande, restent
« toujours dans des relations paisibles au bonheur de toutes
« les deux. L'un des moyens de l'estime réciproque seront
« toujours les sciences » (20 janv. 1863). — « *Lui envoyer*
« *la carte, en lui disant que l'empereur ne la trouve pas en-*
« *tièrement bonne.* »

1676

Wagner (Barba-Caroline), à Baden-Baden; envoie à l'empereur l'adresse d'une femme qui a guéri beaucoup de malades, entre autres un docteur qui l'avait fait mettre en prison pour exercice illégal de la médecine (oct. 1869).

1677

Waehnert (Ernst), peintre à Nuremberg ; fait hommage au prince impérial d'un album de sujets de chasse, exécutés en

(1) Johann Friederich, grand naturaliste né à Gotha en 1752, mort à Goettingen en 1840.

découpures de papier (1ᵉʳ déc. 1868). — Son album ne lui ayant pas été renvoyé, il prie qu'on veuille bien le garder en lui payant 24 francs d'honoraires (1ᵉʳ janv. 1869).

1678*

Waidmann, à Constance; se fait connaître à l'empereur comme gendre de l'ébéniste Kressibuch d'Emishofen (Thurgovie), et demande un secours (28 nov. 1853); — renouvelle sa demande (8 mars 1854).

1679*

Walburger, à Munich; demande un secours (30 déc. 1852).

1680*

Walchner (Anton), à Dürmentingen (Würtemberg) ; demande un secours (13 janv. 1853).

1681*

Walchner (Hermann), à Biehl, près Baden ; demande la permission de dédier un ouvrage sur les insectes (3 fév. 1853).

1682

Waldau (La baronne Caroline von), à Berlin ; se rappelle au souvenir du « Prince », comme ancienne voisine d'Arenenberg. «... Tout ce que vous êtes et tout ce que vous faites, Monseigneur, me pénètre d'une espèce d'adulation que mon cœur me force de vous prononcer. Permettez donc de vous demander comme une grâce inouïe un petit mot, car à vous tout est possible, que je conserverai comme la relique la plus précieuse... » (12 mai 1852).

1683

Waldek et Pyrmont (Erich prince de), à Clèves (Prusse-Rhénane); « Sire! C'est plein de confiance que je prends la li-
« berté d'adresser à V. M. I. la prière de vouloir bien m'ac-
« corder la grâce d'oser lui communiquer le vif désir qui
« m'occupe dans ce moment et qui pourrait se réaliser d'a-
« près mes souhaits, si V. M. I. daignerait approuver mes
« vœux. Je viens de faire la connaissance de la jeune baronne
« Constance de Falkener, fille aînée du prince François de
« Hesse-Philippstahl, mort l'année 1861 à Nancy, sous le nom
« de baron de Falkener, et la jeune dame m'a fait une im-
« pression si agréable, que je le regarderais comme un bon-
« heur pour moi et d'une grande importance si V. M. I. dai-
« gnerait en grâce d'ordonner, comme feu le prince a vécu si
« longtemps en France, que le nom de baron et de baronne
« de Falkener fut assuré authentiquement, afin que mon cou-
« sin le prince régnant de Waldek et Pyrmont puisse donner
« son consentement à mon mariage » (15 avril 1869). — « Il faut qu'il procède par voie de requête au Conseil d'État. L'empereur ne peut se départir des règles. »

1684

Wallhaus (G. Ludw.), libraire à Imosfeld (Hesse-Électorale); attiré par la sympathie pour la gloire des hautes armées alliées, il soumet à l'empereur un plan de campagne pour continuer la guerre de Crimée (mai 1855).

1685

Wallmann (August), à Gr. Lafferde (Hanovre); envoie à l'empereur une pièce de vers à l'occasion de la naissance du prince impérial, en lui disant qu'il a non-seulement « conquis les sympathies de la France, mais celle de presque toutes les nations de l'Europe qui le regardent comme le représentant de la civilisation » (18 mars 1856). — Le même écrit de nouveau pour rappeler les félicitations qu'il adressait onze ans auparavant et les confirmer (16 mars 1867). — *Classer.*

1686

WALTENBERGER (Georg), musicien, ancien tambour au 11e régiment bavarois; lettre de vœux et félicitations; il a été désolé d'être malade quand l'empereur est venu dans le pays en 1867 et de ne pouvoir pas le voir; il a un beau portrait de lui dans sa demeure et aussi les couleurs nationales de la France (8 août 1869).

1687

WALTER, Bavarois; obtient de l'empereur un don de 30 florins, pendant le voyage à Salzbourg (1867).

1688

WALTER, à Berlin, voy. MOMMSEN.

1689

WALTHER, premier conseiller et juge d'instruction au tribunal de Sondershausen (Saxe-Weimar); s'adresse au garde des sceaux de France pour faire mettre sous les yeux de l'empereur un « *Dictionnaire de jurisprudence* » qu'il vient de publier et qui ne manquera pas de trouver un accueil bienveillant en France vu l'espace étendu qu'il y consacre aux livres de droit qui ont paru pendant le temps de la domination de l'empereur Napoléon le Grand sur l'Allemagne (déc. 1853). — *Remerciement.*

1690

Walther (W.), à Trèves (Prusse); offre à l'empereur un système de chaudière fumivore dont il est l'inventeur (1864).

1691

Wamich (J. Mich.), secrétaire d'arrondissement à Erkelenz (Prusse); à l'occasion de la naissance du prince impérial écrit à l'empereur pour demander la permission de déposer « aux pieds de Sa Majesté le Roi d'Algérie », diverses pièces de vers dédiées à Napoléon III qu'il a fait insérer dans le journal d'Aix-la-Chapelle. Il joint un numéro de ce journal (*Aachener Zeitung*, 19 mars 1856) à sa lettre (20 mars).

1692

Wardenburg (Gustav von), lieutenant de cavalerie, à Oldenburg; présente ses vœux et félicitations à l'occasion de la naissance du prince impérial; il rappelle que lui et sa femme ont eu l'honneur d'être présentés à LL. MM. l'hiver précédent (mars 1856).

1693

Wartensleben (Le comte von), conseiller à la cour royale de Berlin; ayant obtenu au mois de février 1862 une réponse favorable de l'empereur relativement à la « Fondation Savigny » (institution destinée à faire décerner chaque année par l'une des trois académies de Berlin, Vienne et Munich, un prix au meilleur travail concernant le droit romain, le droit germanique ou le droit international), le secrétaire du comité de France, H. Becker avocat à Paris, sollicite l'empereur de vouloir bien s'inscrire en tête des souscripteurs français (av. 1863). — *Refus*.

1694

Waschner (Alf.), à Carlsruhe; connu personnellement de l'empereur il lui offre un volume de poésies, en ajoutant que devenu aveugle et tombé dans une position embarrassée il aurait grand besoin de secours (1865).

1695

Wassermann (Em.), à Bamberg (Bavière); sollicite le don de la « Correspondance de Napoléon Ier » (1865).

1696*

Weber (Henriette), à Mülhausen en Prusse; adresse une pièce de poésie (29 mai 1853).

1697*

Weber (Le comité du monument à la mémoire de), à Oldenbourg; réclame la souscription de l'empereur (15 juill. 1853).

1698

Weber (Otto), avocat à Bautzen (Saxe); sollicite l'autorisation de dédier à l'empereur un recueil de poésies en l'honneur de Napoléon Ier; il envoie trois pièces du recueil à titre de spécimen, accompagnées d'une lettre de recommandation signée R. de Sendorf, portant : « Si vous les jugez (ces trois pièces) dignes d'être transmises à l'empereur, la parfaite connaissance que S. M. possède de la langue et de la littérature allemandes, lui feront distinguer d'abord par ces échantillons qu'il ne s'agit ici, non pas d'une basse adulation, mais bien d'une inspiration dérivant de la grandeur du sujet et secondée par un talent véritable... » (fév. 1856).

1699

Weber (Franz) et Bader (Johann), instituteurs à Unterrieden; adressent leurs félicitations et leurs vœux à l'occasion de la naissance du prince impérial (30 mars 1856); — Weber sollicite un secours (31 juin 1857).

1700

Weber (G.), Buchholz (R.) et autres anciens soldats de l'empire retirés en Prusse; ayant appris par les journaux que l'empereur désirait voir réunis à Paris, le 15 août, les vétérans de l'empire, demandent à ce titre les moyens de faire le voyage pour prendre part à cette solennité (19 juin 1863). — *Réponse*: « Vous avez été mal informés; l'empereur n'a pas cette intention et votre requête ne saurait donc être susceptible d'aucune suite. S. M. me charge d'avoir l'honneur de vous en informer. »

1701

Weber (Le baron Max Marie de). conseiller du roi de Saxe, fils du baron de Weber compositeur, fait hommage de son ouvrage sur la vie et les travaux de son père, etc... « J'im-
« plore pour mon livre les bonnes grâces de V. M. en vous
« suppliant, Sire, d'en accepter l'hommage comme un faible
« témoignage de ma profonde admiration pour Votre Auguste
« Personne et pour Votre glorieux règne » (26 fév. 1865). — *Remercié*.

1702

Weber (Franz), curé d'Unterrieden (Hesse ou Bavière); adresse (2 avril 1856) ses vœux pour la naissance du prince impérial résumés dans le quatrain suivant :

Omnia, quæ magnam possunt afferre salutem
In festum magnum, sint Tibi vota mea.
Tu semper felix vivas, valeasque perenne.
Gratia Te cum sit saepe benigna Dei.

1703

Wedderkop (Th. von), chambellan et conseiller du tribunal suprême à Oldenbourg ; expose à l'empereur sa profonde reconnaissance comme président du comité qui s'est chargé d'élever un monument à la mémoire du maëstro Weber pour la souscription de 1,000 francs envoyée par l'empereur, « la première qui soit venue au comité de la part d'un souverain » (17 nov. 1853).

1704*

Wegmann (A.), à Mühlingen, cocher dans la famille de Rüpplin ; demande un secours (8 mai 1853).

1705*

Wegmann, à Tubingue ; sollicite un secours (10 juill. 1856).

1706

Wehrlé (Jos.), architecte à Constance, recommandé par l'empereur au Ministre des travaux publics, mais n'ayant obtenu aucun emploi malgré cette protection, et Max Wehrlé son frère, engagé dans l'armée pontificale pour étudier la peinture à Rome, tous deux dans le besoin ; sollicitent par l'intermédiaire du curé Wehrlé leur oncle, la munificence de S. M. (janv. 1856). — Réitèrent leur demande le 18 août. — Joseph Wehrlé adresse à l'empereur une nouvelle demande de secours pour son frère peintre à Rome (29 nov. 1859).

1707*

Wehrle (J.), à Allensbach ; demande un secours (20 avril 1856).

1708

Wehrmann (Le docteur), à Leipzig ; propose à l'empereur un remède contre les rhumatismes (sept. 1869).

1709*

Weigel (Clara), à Lauterbourg ; demande un secours (1ᵉʳ mai 1853).

1710

Weil (Moriz), à Munich ; recommande à l'empereur, contre les rhumatismes, l'emploi du raifort (sept. 1869).

1711

Weiland (Otto), à Stettin (Prusse) ; propose une invention consistant à faire sauter les places fortes au moyen du gaz (avril 1864). — *Renvoyé* au min. de la guerre.

1712

Weiler (Le baron Adolf von), commandant de Kehl, lieutenant-colonel badois ; au grand chambellan : «... M. le général commandant la 6ᵉ division à Strasbourg, d'Autemarre d'Ervillé, m'a communiqué que sur sa demande au camp de Châlons, S. M. a eu l'extrême grâce de m'accorder la croix de commandeur de la Légion d'Honneur. Hier je suis allé à Strasbourg remercier de tout mon cœur à M. le général d'Autemarre pour sa bonté qu'il m'a prouvé de vouloir bien me recommander pour cette haute distinction, etc. » ; il s'enquiert avec instance des moyens de se procurer promptement le diplôme (2 oct. 1864).

1713

Weimar (Monument de Goëthe, Schiller et Wieland à); circulaire d'un comité formé à Weimar, sous le patronage du grand-duc de Saxe et du roi de Bavière pour élever un monument à trois des hommes dont s'enorgueillissent le plus l'Allemagne et l'humanité (1853). — L'empereur fait envoyer 2,000 francs.

1714

Weimar (A. Hohman curé de l'église catholique de); A LL. MM. l'Empereur et l'Impératrice des Français : « Sire, Ma-
« dame, daignez permettre au pasteur d'une pauvre et inté-
« ressante communauté catholique dépourvue d'un local
« décent pour la célébration du culte d'invoquer la haute
« bienfaisance de VV. MM. II. en sollicitant une subvention
« pour la construction projetée d'une église à Weimar. Le
« pétitionnaire qui a reçu à cet effet des dons de SS. le Pape
« et de S. M. l'Empereur d'Autriche, ose espérer que les Sou-
« verains de la France, fille aînée de l'Église, voudront bien
« accorder leur puissant concours à la réédification d'un tem-
« ple catholique au cœur même du pays où est née l'hérésie
« de Luther et dont le prince actuel, bien que protestant, a
« la générosité de donner dans le même but un terrain ainsi
« qu'un secours en argent. Des vœux pour VV. MM. seront
« mêlés aux premières prières que le Curé et les Fidèles of-
« friront dans la future église de Weimar... » (avril 1867). Note en marge : « Le Ministre de S. M. près la cour grand-ducale de Saxe est en mesure de certifier que l'entretien du

culte dans la pauvre communauté des catholiques de Weimar est dû encore en partie à un bienfait de l'empereur Napoléon I*er*, accordé après la bataille d'Iéna. » — *Refus poli.*

1715

Weinbach (Caroline von), née baronne de Syrgenstein, à Wurzbourg ; écrit au Président de la République française (14 mai 1852) : « Monseigneur, Encouragée par le souvenir
« de l'accueil gracieux dont je fus honorée à Augsbourg chez
« S. A. R. madame votre mère et guidée par ce doux senti-
« ment, j'ose me présenter aujourd'hui à son auguste fils,
« implorant sa justice et sa clémence... » Sa tante la baronne de Reding, née baronne d'Eptingen, étant morte à Paris le 1er mars 1851 chez la princesse Mathilde Demidoff, on trouva entre autres valeurs dans sa succession une obligation en date du 31 mars 1827, par laquelle le prince Jérôme Bonaparte, duc de Montfort, se reconnaissait débiteur envers la baronne de Reding d'une somme de 15,000 francs productive d'intérêts à 5 pour 100, et restant d'une somme de 26,000 francs qui avait été convenue et promise à M*me* de Reding par le prince pour l'éducation de ses deux enfants. Les intérêts ont été payés du 31 mars 1827 au 1er avril 1828, et sont dûs depuis cette époque. Le notaire des dames de Weinbach et de Reding (M*e* Beaufeu) ayant agi officieusement en leur faveur auprès du prince de Montfort et le prince auprès du duc, celui-ci daigna faire répondre par son aide-de-camp, le colonel Dumas, qu'il était grandement surpris que cette somme, dont il se reconnaissait débiteur, n'eût pas été acquittée, et que si elle ne l'était pas selon la promesse de sa fille la princesse Mathilde Demidoff, faite en 1848, en sorte que la princesse refusât de payer, il se chargerait de désintéresser les héritiers de M*me* de Reding. Mais madame la princesse n'ayant aucune obligation de prendre à sa charge les affaires de son

père, les hommes de loi intervinrent de nouveau, et cette fois M. le duc répondit que M. le prince ayant offert une pension viagère à Mme de Reding, il ne se croyait plus débiteur envers la défunte. Mme de WEINBACH implore la protection de Son Altesse dans l'intérêt de ses trois enfants qui sont sans fortune.

1716*

WEINLAND (VON), à Mergentheim (Würtemberg); fait hommage d'une brochure sur la culture du maïs (**14** août **1858**).

1717

WEISGERBER (Franç.), « conseiller de la cour du grand duc de Baden, professeur de philologie en retraite ». — « Sire ! Après avoir gracieusement accepté mon poëme latin : *Uterque Cæsar et Novi Cæsaris Hæres*, fait en l'honneur de Napoléon III empereur, alors vainqueur des Russes, V. M. daigna me faire remercier « de mon hommage littéraire et de mon attachement à *sa personne* ». Cet « attachement » basé sur la connaissance de vos grandes qualités d'homme et de prince, et encore sur la gratitude la plus vive par rapport à tant de marques de bonté et de protection honorable dont j'ai été l'objet à l'Arèneberg, séjour idyllique de la meilleure, la plus noble et la plus hospitalière famille princière, est sincère (mes compatriotes Badois le savent très-bien) et inébranlable à jamais ! Cet attachement, qui me semble donner le droit de partager quasi tous les événements qui regardent V. M. et sa maison impériale, m'a aussi inspiré ce petit poëme que j'ai fait tout de suite après : *la Naissance de Votre Prince Impérial*, mais que je n'ai osé faire partir pour Paris, parce qu'alors un de mes amis littéraires m'a dit franchement qu'il le croyait trop peu digne d'être présenté à un *Empereur !* Cet ami (Français de nation) m'indique les parties les plus faibles que je tâchais depuis de corriger. Aujourd'hui, à la veille de la fête du jour de naissance de S. A. le Prince Impérial, j'ose l'adresser à V. M., mais point du tout comme une poésie digne d'être offerte à un Empereur qui, outre sa splendeur monarchique, est aussi si haut placé dans le rayon des sciences et arts, mais seulement comme une preuve de mon respectueux attachement qui s'étend aussi sur votre fils chéri, héritier à venir de votre brillante et glorieuse couronne... » (mars 1865).

« LE XV ET LE XVI MARS.

Le xv *mars* ravit à *un César* la Vie,
Et puis au monde entier *la paix était ravie* :
Le xvi *mars* fit voir à *un César* le jour,
Puis le monde fêtait *de la paix le retour.*
La fleur des descendants de la race sacrée
De Vénus (1) par un crime affreux fut massacrée.
Mais le dieu des destins remplit son saint devoir
Pour réparer le mal. Car le mois (depuis noir !)
Qui *à la Mère* ôta *des neveux de sa race*
L'orgueil, donna *un fils*, à la *Fille* une *Grâce* (2).
Dieu, bénissez ce prince et laissez-le servir
D'ange-gardien de paix aussi pour l'avenir ;
Vérifiant pour lui ce grand mot que vous, Sire,
Avez dit, que « *la paix a pour garant l'Empire !* »
Monarque heureux, ayant *l'héritier désiré*
Et à la fois le front *de lauriers couronné,*
L'astre du *grand Neveu* ternit la boréale
Aurore. — Ah ! de *Moscou* au grand Oncle fatale :
L'aigle français plus haut que jamais prit son vol,
Planant sur les débris du fort Sébastopol ! »

— *Réponse :* « *Remercier simplement.* Lui envoyer la petite édition de la *Vie de César.* »

1718

Weiss (Anna), à Augsbourg, tante du curé Joseph Bröll (3);

(1) Vénus fut regardée comme aïeule de Jules César.
(*Note de l'Auteur.*)
(2) Vénus fut la mère des Grâces. — (*Note de l'Auteur.*)
(3) Voyez Broell.

annonce la mort de son neveu, dont elle prenait soin depuis trente-cinq ans au prix de grands sacrifices et qui la laisse dans une position cruelle (fév. 1853).

1719*

Weiss (Benedict), à Baden; envoie une cantate et demande un secours (30 mars 1853).

1720

Weiss (E.), Allemand engagé dans l'armée de l'Amérique du Nord; persuadé que le résultat de ses études et de ses observations pourrait être utile à l'empereur, il lui offre ses services; mais dans le cas où S. M. accepterait, il faudrait faire résilier son engagement avec le gouvernement américain, auprès duquel il fut obligé de se retirer après la saisie d'un écrit où il démontrait la nécessité d'une monarchie universelle (1er nov. 1863). — *Classer.*

1721

Weiss (Siegfried), de Dantzick, docteur en droit, chevalier de Saint-Lazare, écrivain politique et démocrate allemand; persécuté dans son pays à cause de ses sympathies pour la France (voy. *Biogr.* Didot, Vapereau, etc.). « Pour vingt années de travail et de grands services rendus », il sollicite (8 août 1867) la croix d'honneur et produit à l'appui la lettre suivante de E. Acker, pensionnaire de l'empereur, ancien président de la Société napoléonienne : « Cher M. Weiss, je suis étonné que le gouvernement de l'empereur vous laisse dans une position si précaire, vous qui depuis 1848 avez montré pour l'empereur tant de dévouement, même dans les réunions que je présidais, vous qui étiez enfin avec moi en 1851 dans les journées de décembre pour la défense de la cause impériale.

Je ne comprends rien à tout cela, mais ne perdez pas courage, marchez toujours résolument dans votre foi, espérons de meilleurs jours. Votre vieil ami, E. ACKER (25 juill. 1867).

1722

WEISSERT (J.), Würtembergeois; écrit à l'empereur que comme messager de la sagesse divine, il vient révéler à l'empereur les desseins providentiels (nov. 1869).

1723

WEISSGERBER (J.), aubergiste à Kehl (Bade); ayant fait connaître à l'empereur et à son ministre de la guerre un procédé de son invention pour obtenir l'uniformité dans le coulage des balles, et son procédé n'ayant pas été agréé, il demande une modique indemnité pour ses déboursés et ports de lettres (déc. 1862). — *Classer.*

1724*

WEITZMANN, à Stuttgard; hommage en vers pour la fête de l'empereur (27 sept. 1857).

1725

WELDEN (La baronne Elise VON), née DE RÜPPLIN à Wettingen (Suisse); les secours que l'empereur lui a déjà accordés (1) l'ont mise à l'abri du besoin, elle et sa fille; elle en est profondément reconnaissante; mais son fils, sergent dans la légion allemande au service de l'Angleterre, est malade, dirigé sur Hambourg et sans argent pour revenir; elle supplie S. M. de lui venir encore en aide (juill. 1856). — *Accordé* 500 fr. — Nouvelles demandes les 7 septembre et 16 décembre 1856, 28 dé-

(1) Il y a en effet des demandes d'elle des 12 fév., 10 avril, 19 déc. 1853.

cembre 1857. — Elle a perdu son mari depuis six mois; elle est dans le besoin et ne peut payer un à-compte de 3,000 fr. sur un petit bien qu'elle a acheté et dont le produit doit assurer son existence ; elle n'ose faire encore un appel à la munificence de l'empereur (janv. 1858). — *Accordé* 1,000 fr. — Elle remercie des 1,000 fr. ; mais elle a acheté un petit bien de 11,000 fr., dont le propriétaire exige un dixième comptant ; elle joint une lettre de son fils C. M. von Welden, officier au 8e régiment Wurtembergeois, qui lui écrit qu'il ne peut lui donner aucune aide ; elle sollicite de l'empereur un dernier secours de 1,000 fr. qui assurerait l'avenir de sa petite famille et le sien (avril 1858). —L'empereur a daigné lui accorder en quatre fois une somme de 2,000 fr. pour son achat du petit bien de 11,000 fr., mais faute d'avoir connu l'importance des sommes qu'elle aurait à payer pour l'entrée en jouissance, elle va être obligée d'abandonner cette propriété dans le délai de quatre semaines si elle n'obtient pas encore un faible secours de S. M. (6 oct. 1858). — *Accordé* 1,000 fr. — Déduction faite des divers paiements qu'elle a dû faire pour prendre possession de sa propriété, et en comptant les derniers 1,000 fr. dont elle remercie l'empereur, elle reste devoir encore 500 fr. et supplie l'empereur de lui accorder encore cette dernière somme qu'elle est dans l'impossibilité absolue de payer. Son fils est tombé en enfance (janv. 1859). — *Accordé* 500 fr. — Lettre à Son Altesse (?) suppliant l'empereur de lui accorder « encore une fois une petite gratification dans sa misérable et très-triste situation ; sa fille a eu un mal de main ; son fils est mort et lui a fait perdre 1,000 fr. ; elle n'a plus personne au monde qui la puisse aider que le bon Empereur » (juin 1860). —Autre demande (20 mars 1861).—Lettre d'instance auprès de Son Excellence (?) pour savoir si l'empereur a daigné lui accorder encore une fois « un petit support » (2 nov. 1865).— Lettre à Son Altesse (?) pour supplier l'empereur de lui accorder encore « une petite somme » (30 juill. 1866).

1726

Welters, à Neuverk (Prusse); écrit à l'empereur pour lui offrir des communications relatives au fusil à aiguille (1864).

1727*

Wendel, à Arstein (Arsten (?), près Brême); félicitations à l'occasion de l'attentat du 14 janvier (17 fév. 1858).

1728*

Wennberg et Weber, à Berlin; offrent à l'empereur une pierre curieuse (?) (24 avril 1858).

1729

Wentz (Léop.), médecin-vétérinaire à Mühlburg (Baden); fait hommage à l'empereur de son livre sur « Le cheval » (1866). — *Remercié.*

1730

Wenzel (Le docteur Adalbert), médecin en retraite près Bude; offre à l'empereur une pièce de vers allemands intitulée : « l'Heure la plus heureuse de Napoléon », et le supplie de vouloir bien en prendre connaissance (août 1867).

1731

Wenzel-Hebenstein, secrétaire de la police à Salzbourg ; prie l'ambassadeur de France de le recommander à la bienveillance de l'empereur. Il a expédié les trois lances antiques choisies par S. M. dans le musée de Salzburg ; il a pu éviter tout trouble public dans la ville à l'arrivée et au départ de

LL. MM. ; il a accompagné l'empereur et l'impératrice dans toutes leurs excursions (25 août 1867). — Il reçoit en cadeau une tabatière ornée d'un chiffre en diamants.

1732

Wenzel-Uhl (P), instituteur à Kaaden (Bohême); recommande à l'empereur, pour sa santé, les eaux de Marienbad (sept. 1869).

1733

Wenzel (Ludw.), maître de chapelle dans un régiment autrichien ; demande la permission d'offrir à l'empereur six marches militaires de sa composition (nov. 1869).—*Refus* par mesure générale.

1734

Werder (B. von), chevalier de l'ordre de Saint-Jean, à Sagisdorf (Prusse) ; fait hommage à l'empereur de son livre : « Les aventures d'un chevalier de Saint-Jean pendant la guerre de Bohême » (mars 1867).—*Accusé réception.*

1735

Wernau (Aug.), fournisseur d'équipements militaires à Vienne; demande un témoignage de la satisfaction de l'empereur pour avoir envoyé à S. M. en 1860 un tableau de l'équipement complet de l'armée autrichienne.—*Accordé* une médaille d'or (1865).

1736*

Werner, à Wittenberg (Saxe); demande un secours (20 fév. 1859).

1737

WESSENBERG (La baronne Olga von); se trouvant à Paris dans la détresse, sollicite un secours de l'empereur (juin 1858). — *Accordé* 1,000 fr. — Nouvelle demande (16 août 1861). — Nouvelle demande : «..... Ma famille a longtemps
« connu le prince Louis-Napoléon au château d'Arénaberg.
« Mon grand-père, ancien ministre d'État d'Autriche, et mon
« grand-oncle, vicaire général de Constance, l'aimait beau-
« coup ; c'est sous leurs auspices et encouragée par ses sou-
« venirs religieux qu'en 1860 j'ai sollicité et obtenu une au-
« dience de S. M. dans laquelle elle m'a dit : je ne vous ou-
« blierai pas. La lettre que vous m'avez écrite par son ordre
« le 7 septembre 1862 m'en donne l'assurance, mais le temps
« qui s'écoule, avec les grandes occupations de l'empereur,
« font que je me permets de rappeler à S. M. ma position
« qu'elle connaît et qu'elle m'a promis d'améliorer... » (mars 1863).—*Classer.*—Offre ses vœux pour le bonheur de S. M. et la prospérité de sa dynastie à l'occasion du 15 août et espère que S. M. « daignera assurer son avenir et celui de son enfant » (7 août 1863). — *Classer.* — Son état actuel ne lui permettant pas d'acquitter une dette de 7,500 fr., elle prie le chef du cabinet d'exposer sa triste position à l'empereur (avril 1864). — Réitère sa demande de 7,500 fr. (15 août). — Craignant que sa demande de 7,500 fr. ne paraisse exagérée elle abaisse ses prétentions à un secours immédiat de 3 ou 4,000 fr. (27 août). .

1738

WESSINGER (Joseph), ancien *Patrimonialrichter* à Passau (Bavière); demande à présenter et à dédier à l'empereur un mémoire contenant des idées nouvelles sur les miroirs ardents d'Archimède, capables, suivant lui, d'amener le changement complet de notre système de fortifications (1865).

1739*

Westphaelinger, à Sanct-Gugbert; demande le remboursement d'assignats (13 mai 1860).

1740*

Weynand, à Bertrich (Prusse); demande un secours (19 fév. 1860).

1241*

Wicht, à Löwenberg (Prusse) ; demande la permission d'offrir une dédicace à l'empereur (18 sept. 1858).

1242

Wickede (Le baron Jules von), officier de cavalerie au service de Mecklembourg-Schwerin, chevalier de l'ordre du mérite de Saxe; offre à l'empereur un ouvrage intitulé ; « Études comparées des armées française, autrichienne, prussienne et anglaise », que le ministre de France (à Munich) recommande en ces termes : « Cet ouvrage renferme les appréciations les
« plus honorables pour l'armée française dont il proclame
« hautement la supériorité » (1856). — *Envoyé* en souvenir une riche tabatière.

1743*

Widemann (Adolph), à Marbourg, ancien condisciple de l'empereur ; adresse une demande d'emploi (8 juin 1853);— remerciement des secours accordés (16 fév. 1854); — nouvelle demande (23 juill. 1854); — vœux et félicitations (17 avril 1856).

1744*

Wiemann, à Hamm; demande un secours (20 fév. 1858).

1745

Wiesmann (F. G.), marchand à Schwerin; inventeur d'un procédé destiné à remplacer avec plus d'élégance, d'économie et de solidité tous les ornements actuellement employés pour les uniformes militaires, tels que broderies, passementeries, ceinturons, chiffres, etc., procédé adopté déjà pour les troupes grand-ducales de Mecklembourg et plusieurs États de la confédération germanique, il en propose l'acquisition au gouvernement français (mai 1858).

1746

Wiesner (Joséphine), à Fribourg (Baden), femme d'un professeur de télégraphie; désire présenter une supplique à l'empereur, mais retenue par le manque des ressources nécessaires pour entreprendre le voyage, elle sollicite à la fois une audience de S. M. et les moyens de parvenir jusqu'à Paris (1865). — *Refus.*

1747

Wildberger (Le docteur), à Bamberg (Bavière); demande l'autorisation de faire un hommage à l'empereur (6 août 1856); —demande l'autorisation d'offrir un ouvrage dans lequel il a exposé les principes d'un nouveau traitement orthopédique dont il est l'inventeur (1863);—renouvelle sa demande (1865). — **Refus.**

1748

Wilken (Veuve), à Greifswald (Prusse); adresse à l'empereur une lettre dont le contenu dépourvu de sens annonce une aliénée, mais termine en suppliant S. M. de lui accorder un secours (1863). — *Classer.*

1749*

Willhalm (Louis), à Nuremberg; sollicite une place pour son neveu (fév. 1853).

1750*

Willhalm, à Würtzbourg; demande un secours (17 fév. 1857).

1751*

Wilhelmy, à Dusseldorf; propose un nouveau système pour les navires de guerre (15 mai 1856).

1752*

Willig (E. E.), à Elberfeld; propose un remède contre le choléra (6 déc. 1853).

1753

Willinger (Le major Carl von), directeur de l'arsenal de Gemersheim (Bavière); âgé et chargé de famille, invoque la bienveillance dont l'empereur daignait l'honorer à Arenenberg et sollicite un secours pour acheter une petite terre (21 mai 1858). — « Sire! daignez accepter ce qu'un cœur tout à fait
« voué à la personne de V. M. ose vous présenter à ce jour
« si heureux pour un père » (15 mars 1860) :

« Ode à S. A. le prince héréditaire de France Eugène Napoléon IV,
A son quatrième jour de naissance le 15 mars 1860. »
Enfant chéri ! — Prince
Unique et sans égale,
Ange précieux d'une liaison tendre et sublime,
Espérance de vos parents et gloire d'une grande nation, —
Nature de ses dons les plus précieux vous a douée.., etc.

Le 15 avril suivant lettre du même à Philipp Vollmer, son ami, caissier central du trésor de la couronne à Paris, dans laquelle il témoigne le plus vif regret de s'être trompé en célébrant le 15 mars dans son ode, tandis qu'il aurait dû dire le 16; il rappelle qu'il était journellement dans la société du prince (*des geliebten Prinzen*) à Augsbourg et dépeint la situation nécessiteuse dans laquelle il se trouve. — *Accordé* 500 francs, puis annulé l'allocation de 500 francs, laquelle est remplacée le 2 mai par une allocation de 2,000 francs envoyée le 8 mai 1860. — Ses faibles ressources ne lui permettant pas de faire donner à ses jeunes filles l'instruction qui a permis à l'aînée de se créer une carrière honorable, il prie l'empereur de lui fournir les moyens de les mettre dans un pensionnat (mai 1863). — Serait heureux que l'empereur voulut bien en lui accordant un secours lui fournir les moyens de retourner à Augsbourg; en outre il sollicite le portrait du prince impérial afin de pouvoir entourer à la fois de sa vénération l'empereur et son fils (mai 1864). — *Accordé* un secours (juin). — Nouvelle demande de secours (3 nov. 1866). — *Accordé*.

1754

Willmann (Ed.), « graveur de la cour grand-ducale de Baden, chevalier de l'aigle rouge de Prusse »; prie l'empereur de daigner agréer l'hommage d'un exemplaire de sa gravure représentant la ville de Heidelberg. A cette gravure il joint la traduction en français d'une lettre de Alex. de Humboldt qui lui annonce, après beaucoup d'éloges, que le roi de Prusse vient, en récompense d'une production d'art aussi brillante, de le nommer chevalier de l'ordre de l'aigle rouge (1858). — *Remerciement*.

1755

Winckler (Le capitaine), à Leinzell (Wurtemberg) ; réclame la réponse à une requête précédemment adressée par lui pour solliciter la récompense de services rendus (24 janv. 1868).

1756*

Winkler, à Tagenwielen ; sollicite un emploi de jardinier (sept. 1853).

1757*

Winter (A.), à Dresde ; demande un secours comme indemnité de la valeur de 3,000 assignats qu'il possède (juill. 1854). — Renouvelle sa demande (6 janv. 1855).

1758*

Winter, à Darmstadt ; hommage de tableaux calligraphiques (28 av. 1856).

1759

Winter (Emil), à Buchholz (Mecklembourg) ; sollicite un emploi et un secours (déc. 1869). — *Renvoyé* à la direction des dons et secours.

1760

Wintersperger (Aug. Carl), écrivain à Ratisbonne ; renouvelle une demande faite l'année précédente pour obtenir un secours : « daignez donc, Sire, je vous en conjure vous laisser « toucher par un sentiment de pitié en ma faveur... » (janv. 1867).

1761*

Wipfler, à Schwetzingen (Baden); sollicite la décoration (20 fév. 1861).

1762

Wirz (Johann), candidat de philosophie à Bonn; offre à l'empereur une brochure dont il est l'auteur intitulée : « Compétition de Catilina et de Cicéron pour le Consulat » (déc. 1864). — *Remercié.* — Le même, à Paris (juillet 1865), s'adresse à l'empereur pour obtenir la permission d'emprunter et d'emporter chez lui les livres des bibliothèques publiques. « ... C'est vrai qu'ici tous les musées, toutes les bibliothèques « sont accessibles au public d'une libéralité inconnue et inouï « en Allemagne. Mais pourtant préoccupé de mon sujet spé- « cial » etc.

1763*

Wiss, à Spire; hommage d'une messe en musique (12 oct. 1854).

1764

Wisthling (C. Wilh.), homme de lettres à Leipzig; expose à l'empereur qu'il prépare un ouvrage sur les antiquités romaines et confiant dans sa bienveillance envers les littérateurs, il le prie de lui faire chercher dans les sources et documents qui ont servi à l'histoire de César : 1° si les Romains avaient un service de postes et de courriers militaires; 2° quels étaient les soins donnés sur le champ de bataille aux blessés (10 mars 1865). — *Classer.*

1765

Wistmann (C. A.), employé dans la police royale à Berlin; a l'honneur d'offrir au prince Président une tête de pipe sur laquelle se trouve le portrait de l'empereur. Cette pipe fabriquée à Paris en 1804 fut donnée en 1812 par un officier français mourant au père de Wistmann, officier de houssards prussiens, qui la garda pendant tout le temps des guerres. C. A. Wistmann en hérita de son père en 1827 et l'a religieusement conservée depuis (janv. 1852).

1766*

Witrich, à Berlin; sollicite le remboursement d'assignats (31 août 1859).

1767

Witt (De), secrétaire supérieur des postes à Dusseldorf; offre à l'empereur d'acheter un fusil à deux coups « provenant de la collection des fusils du Louvre » et donné par Napoléon Ier à un prince allemand; cette arme porte gravés en or sur le canon, au milieu de couronnes et d'autres ornements, ces mots : « Les Laroche, aux galeries du Louvre à Paris. » Il laissera S. M. en fixer le prix (1861). — *Refus.*

1768

Witzleben (Le baron Arnied von), « gentilhomme de la chambre de S. A. le grand-duc de Nassau, commandeur de l'ordre royal de la couronne de Chêne de Luxembourg; » remercie le chef du cabinet pour l'acceptation par l'empereur d'un ouvrage qu'il a précédemment offert et sollicite la croix

de la Légion d'honneur. « ... Vu l'auguste magnanimité de
« S. M. et la haute protection qu'elle daigne accorder même
« aux plus faibles branches des sciences, j'ose espérer, mon-
« sieur, que si vous aviez la bienveillante grâce de faire à S. M.
« un rapport en ma faveur, alors l'empereur daignerait peut-
« être me trouver digne d'être honoré d'une distinction par-
« ticulière de sa part, ce qui serait pour moi et pour ma fa-
« mille un souvenir précieux et éternellement sacré des
« bonnes grâces de S. M... » Son père et son grand-père l'ont
eu, et lui est né en France (oct. 1855).

1769

Witzleben (Mme von); ayant trouvé en 1867 dans la succession de feu son mari un exemplaire du *Manuel de l'artillerie*,
donné par l'empereur en 1835 à son beau-père le général von
Witzleben, ministre de la guerre et aide-de-camp de Frédéric-
Guillaume III roi de Prusse, « ouvrage qui a toujours été con-
« servé comme une relique précieuse dans la famille, elle sol-
« licite l'insigne faveur que S. M. veuille bien avoir la grâce
« d'ajouter sa signature comme empereur sur la dédicace que
« S. M. a faite jadis » (mars 1869). — *Accordé.*

1770

Wocher-Schæffer (Carolina von), veuve d'un conseiller
d'État de Stuttgardt et mère de deux filles artistes; envoie à
Monseigneur (le grand chambellan) des billets de concert e
expose sa situation gênée. « ... Cette maladie nous a privées
de tous nos moyens pour l'instant; ma famille étant sans la
moindre fortune... » (1853). — *Audience accordée.* — La même
à S. M. I. : « Je prends la grande liberté de prier la haute
« grâce de S. M. I. de vouloir bien daigner de m'accorder un
« secours de 200 fr., dont je serais profondément reconnais-

« sante et heureuse, pour pouvoir faire mon possible de mettre
« en valeur et circulation mes œuvres écrites depuis plusieurs
« années déjà. Je prends la liberté de présenter à V. M., ici,
« quelques-unes de mes poésies ; j'ai aussi écrit quatre pièces
« de théâtres » dont l'une a été représentée en Allemagne.....
(mars 1867). — *Refus avec regrets.*

1771

Woike (Angélique), à Danzig ; se trouvant dans une position nécessiteuse, elle supplie l'empereur de lui faire rembourser huit assignats qu'elle lui envoie (1864).

1772

Wolf (A.), procureur du roi près le tribunal de Munich, ancien condisciple du prince Président au collége d'Augsbourg ; lui exprime sa vive sympathie et son ardent désir de le voir achever l'œuvre de salut qu'il a commencée avec tant d'énergie et monter au rang suprême dont ses hautes qualités le rendent digne. Il est heureux en sa qualité de magistrat de pouvoir contribuer dans son pays à la protection légale de l'autorité de S. A. I. en ce qui concerne les conventions arrêtées entre la France et la Bavière à l'égard de la presse (oct. 1852).

1773*

Wolff (Regina), à Schmerheim ; demande un secours (28 nov. 1853).

1774*

Wolff, à Berlin ; demande un secours (25 janv. 1855).

1775*

Wolff, à Schweidnitz (Prusse); vœux et félicitations pour la naissance du prince impérial (29 mars 1856).

1776

Wolff (Gustav), à Posen (Prusse); félicitations à l'occasion de l'insuccès de l'attentat du 14 janvier 1858 (24 janv.).

1777*

Wolff (Crescentia), voy. Friederich.

1778

Wolterstorff (A.), docteur en philosophie, à Halberstadt (Saxe); offre à l'empereur son opuscule intitulé : « Tableaux de l'antiquité romaine » (1864). — *Classer.*

1779

Wory (Joseph), à Treising (Bavière); sollicite un secours pour aller prendre des bains (1867).

1780

Wright, à Nuremberg; sollicite un secours (11 sept. 1869). — Le même (à Linz, en Autriche, 11 oct. 1869) réclame une somme de 20 francs qu'il aurait prêtée à S. M. à Londres.

1781

Wucherer (Maxim.), à Allensbach (Baden); grâce aux bienfaits de l'empereur pour son vieux père Magnus WUCHERER, ayant pu apprendre la photographie et se procurer des instruments, il prie S. M. d'accepter un album photographique qu'il dit envoyer comme une preuve de sa reconnaissance (4 déc. 1864). — Lettre de WUCHERER père appuyant celle de son fils et disant qu'à défaut d'autre mérite les photographies de celui-ci auront toujours celui de rappeler « à V. M. des lieux connus d'elle. » — Max. WUCHERER envoie quelques nouvelles photographies en ajoutant avoir reçu de l'empereur, lors de son passage à Arenenberg, une promesse de commandes restée sans résultat (déc. 1866). — *Rép.* : « Qu'il envoie ses « vues d'Arenenberg et qu'il en dise le prix. »

1782

WÜLFINGHOFF (Aug.), à Soest (Prusse); lettre de félicitations à l'occasion de l'insuccès de l'attentat du 14 janv. 1858 (20 janv.).

1783*

WUNDRAMM (L.), à Brunswick ; offre un remède contre le choléra (3 oct. 1854).

1784

WUNSCH (La colonelle Cecilie VON), à Neisse (Prusse) ; félicite l'empereur de la naissance du prince impérial et lui rappelle que deux ans auparavant (le 9 mars 1853) elle lui fit l'envoi de son « extrêmement triste biographie » en lui demandant un don de 3,000 francs, demande qu'elle renouvelle. Sa grande tante était au service chez madame Joséphine Napoléon (15 avril 1856).

1785*

WÜRTEMBERG ; trente-sept anciens soldats wurtembergeois au service du premier empire envoient leurs félicitations sur la naissance du prince impérial (25 mars 1856).

1786

WÜRTEMBERG (Le comte DE). Lettre à M. Conti secrétaire particulier de l'empereur : « Monsieur, je viens avec plaisir vous fournir les explications que vous me demandez relativement à l'affaire de M. Wall contre M. le comte de Würtemberg dans laquelle S. M. est intervenue. Voici en deux mots ce qui s'est passé. M. le comte de Wurtemberg arrêté pour une somme de 1,675 francs (1) eut la bonne pensée de s'adresser à l'empereur en le priant de lui avancer cette somme. S. M. daigna accéder à la demande qui lui était faite et honora M. le comte de Würtemberg de la lettre que j'ai l'honneur de vous soumettre de nouveau. Une fois en possession de cette précieuse lettre et comprenant tout le parti qu'il en pouvait tirer, M. le comte de Würtemberg se fit conduire chez son créancier et le pria de l'élargir afin qu'il pût aller lui-même remercier S. M. et surtout toucher l'emprunt sollicité et si généreusement accordé. M. Wall y consentit et n'eut plus jamais de nouvelles de son débiteur peu honnête qu'il attendit toujours depuis. Enfin n'ayant plus d'espoir d'être payé de M. le comte de Würtemberg, M. Wall a l'honneur de s'adresser à S. M. et de lui exposer : Que s'il eut été moins généreux et n'eût pas consenti à la mise en liberté de M. le comte de Würtemberg, celui-ci se serait empressé de prier S. M. d'exécuter sa bienveillante promesse et certes S. M. n'y aurait pas manqué et M. Wall eut été désintéressé. Dans cette situation

---

(1) A la requête de Wall, son tailleur.

M. Wall fait appel aux sentiments de loyauté qui animent l'empereur et le prie de faire ce que S. M. aurait fait si M. Wall n'eut pas consenti à l'élargissement de son débiteur » (23 mars 1866). — *Rép.* « La dette ne regarde pas l'empereur qui refuse de la payer. » — A M. Conti (12 avril) : « Monsieur, M. Wall désire en terminer avec son affaire contre M. le comte DE Würtemberg et si S. M. croit devoir rester étrangère à cette affaire, je vous prie de nouveau de me renvoyer la lettre que j'ai eu l'honneur de vous confier. M. Wall s'adressera en Prusse (1). » — *Rép.* « Rendre l'autographe. »

1787

Wüssenberg (L.), directeur du télégraphe, près Danzig ; offre ses félicitations et ses vœux à l'empereur à l'occasion de sa fête (16 août 1867).

1788

Wüstemberg (Louis), à Terespol (Prusse orientale), ancien député de l'ordre des chevaliers du cercle de Bromberg ; il possède une terre noble et patrimoniale sur les bords de la Vistule, près de la ville de Bromberg. Le 6 juin 1812, l'empereur Napoléon se rendant de Thorn à Dantzick s'arrêta sur sa propriété dans une maison isolée de la forêt pour y prendre quelques rafraîchissements. Lui, Wüstemberg, voulant perpétuer le souvenir de ce fait, éleva en 1835 à l'endroit même où Napoléon s'était arrêté, un obélisque qu'il entoura de plantations et bien souvent le cri de : Vive l'empereur ! a retenti autour de ce monument. L'an dernier, au 15 août, il l'entoura de fleurs mêlées de couronnes de laurier et le soir une fête champêtre réunit, à ses frais, les habitants des villages voisins. Placé au milieu d'arbres magnifiques, cet obélisque a souvent

---

(1) La signature de ces deux lettres à M. Conti est illisible.

attiré l'attention des voyageurs; mais d'urgentes réparations sont indispensables; elles s'élèveraient à la somme de 100 thalers (372 fr.) qu'il prie l'empereur de lui accorder. Partisan dévoué de Napoléon depuis son enfance, il a caché et sauvé, en 1813, un Français que les Cosaques poursuivaient (28 juill. 1854). — *Accordé* 500 fr. — Le même remercie : il avait fait commencer par un peintre une vue du monument, pour l'offrir à l'empereur; mais la police prussienne n'a pas permis d'achever cet ouvrage (2 nov.). — Il adresse à l'empereur ses vœux de nouvelle année et un dessin de l'obélisque (21 déc.). — Des revers de fortune le forcent à vendre la propriété sur laquelle se trouve le monument; réduit presque à l'indigence, en but à la malveillance par suite de son dévouement à la famille impériale, il désirerait pouvoir venir habiter la France et sollicite un emploi (1ᵉʳ mars 1855). — Afin de pouvoir célébrer encore dignement cette année au pied de son obélisque, la fête du 15 août, il sollicite une nouvelle souscription de l'empereur (7 juill. 1855). — *Refus.* — Renouvelle ses sollicitations pour un emploi; il écrit cette fois en français, ayant mis à profit un séjour à Dantzick pour se perfectionner dans « la « belle langue française. Cette étude me fait déjà goûter, « dit-il, le bonheur que j'éprouverai le moment où je poserai « mon pied sur l'heureux sol de la belle France! » (22 nov. 1855). — Obligé de vendre la propriété où est l'obélisque, il craint la destruction de ce monument et propose à l'empereur d'acquérir le domaine, placé dans une position romantique, et qui va être adjugé aux enchères sur la mise à prix de 7,187 thalers. Il signe : Directeur des postes à Zoppot, près Danzick (5 août 1862). — *Refus.* — Il a reçu l'avis du refus et serait bien désireux que S. M. daignât récompenser par quelque marque de distinction son long attachement à la famille impériale (16 sept. 1862). — La propriété a été vendue et l'obélisque a besoin de réparations; il supplie l'empereur de l'aider à les faire (8 août 1865). — Le consul de

France à Dantzick, consulté, donne des renseignements favorables sur l'honorabilité du pétitionnaire et la sincérité de son attachement à la dynastie impériale (12 sept.). — *Accordé* 500 fr. — Les frais de la réparation s'étant élevés à 1,100 fr., il a dépensé les 500 fr. et payé lui-même ou emprunté pour le reste; il supplie S. M. de l'indemniser de ce surplus de dépense (12 fév. 1866). — *Envoyé* 600 fr. — Demande un secours de 500 thalers (août 1866). — Renouvelle sa demande (oct. 1866). — Lettres de félicitations et de vœux pour l'anniversaire de la naissance de l'empereur (16 avril 1867). — *Idem*, le 17 avril 1868. — Demande de nouveau 600 fr. pour l'entretien du monument (janv. 1867). — Même demande (fév., juin, 10 oct. et 2 déc. 1868).

1789

Wüstendörfer (Georg. et Ernst) frères, à Brême (Prusse); sollicitent de l'empereur une indemnité (*erbitten wir uns ein kleines Andenken von Eu. Maj.*), à raison de ce fait qui leur a été conté par leur père : L'empereur passant une fois la nuit à Cologne, dans un hôtel, partit par le bateau à vapeur à cinq heures du matin; il était déjà sur le bateau quand il s'aperçut qu'il avait oublié sa montre; le garçon de l'hôtel (qui était le père des deux pétitionnaires), courut la chercher et reçut de l'empereur 25 fr., qu'il laissa tomber par mégarde dans le trou du mécanicien, et pendant qu'il descendait les reprendre, le bateau partit, en sorte qu'il dut perdre deux heures, ayant été conduit malgré lui à la station suivante (20 mai 1868). — *Classer*.

1790*

Wynk (A. J.), à Hombourg; demande un secours (21 janv. 1853).

1791*

Wyss, à Tremlingen ; demande un secours (15 oct. 1859).

1792

Zadora (Boniface de), à Dresde ; issu d'une puissante famille, française à l'origine, et ruiné par la séquestration de ses biens à la suite de l'insurrection de Pologne, il sollicite la naturalisation française et un emploi en Algérie (1865).

1793

Zaillner (Innoc. Louis), docteur en droit, membre référendaire de la procuration des finances d'Autriche à Linz ; rappelle deux lettres précédentes dans lesquelles il remerciait de l'envoi qui lui avait été fait d'une médaille d'or en retour de cahiers écrits de la main du duc de Reichstadt qu'il avait offerts en présent à l'empereur. Il demande s'il ne pourrait pas obtenir la croix de la Légion d'honneur, ou du moins le droit de porter sa médaille d'or « avec une devise prescrite par l'empereur lui-même », et en l'attachant avec le ruban rouge. « ... J'ose espérer que S. M. m'accordera l'une de ces
« hautes distinctions, vu que je n'ai manqué de prouver au
« public le plus grand et sincère dévouement dans une épo-
« que où l'heureux évènement de l'alliance entre la France et
« l'Autriche, accueillie par les applaudissements de l'Europe
« entière, n'avait pas encore fait fraterniser les aigles avec
« les drapeaux de l'Autriche, et où il était presque dangereux
« de sympathiser avec les adversaires de la politique aggres-
« sive et destructive de la Russie. Enfin, j'ose prier que vous
« veuillez avoir la grâce de me faire parvenir un autographe
« de S. M. l'empereur Napoléon III, pour me mettre en état

« de transmettre à ma postérité comme un trésor de famille
« quelques traits de la main puissante dirigeante les destins
« du monde civilisé... » (4 avril 1855). — Il rappelle sa demande le 16 mars 1858 et en septembre 1863.

1794*

Zapf, à Bayreuth; fait hommage d'un nécessaire en mosaïque de paille (10 avril 1856).

1795*

Zech (Anselme), à Neukirchen; remerciements et vers (30 déc. 1852).

1796

Zeh (Gustave), ancien maître d'école à Birnbaum (duché de Posen); offre de soigner l'empereur par un procédé qu'il a inventé pour les maladies de vessie (sept. 1869).

1797*

Zeintz, à Carlsruhe; demande un secours (27 sept. 1857).

1798*

Zeller (Andreas), tailleur de pierre à Horn, près Grentzenh (Baden); a envoyé une médaille et demande la réponse (8 fév. 1853).

1799*

Zeller, à Nördlingen (Bavière); propose un appareil pour lancer les fusées (2 fév. 1858).

1800

Zernin (Edw.), éditeur de « l'Allgemeine Militärzeitung » à Darmstadt; adresse trois numéros de son journal contenant un article sur la Vie de César (avril 1865).

1801

Zeuss (Joseph), curé de Geiselhöring (Bavière); demande à l'empereur trois des canons de bronze pris à Sébastopol, afin de les employer à fondre une cloche pour son église (sept. 1855).

1802*

Ziegler, à Lindau (Bavière); adresse à l'empereur l'expression de son hommage (23 sept. 1857).

1803

Ziegler (Fried.), propriétaire à Auras, près Drebkau (Prusse); connaît un moyen infaillible pour guérir en quatorze jours les maladies de la vessie et l'indiquera si l'empereur le lui demande (sept. 1869).

1804

Ziegler (Le baron von), à Wurzbourg (Bavière); écrit à l'empereur pour lui communiquer un remède contre la pierre (1868).

1805

Zillmer (Wilh.), agriculteur à Minden (Prusse); sollicite le remboursement d'une somme de 200 francs montant d'un coupon de l'emprunt de Westphalie en date de 1809, avec les intérêts (1863). — ***Refus.***

1806*

Zimmer, à Munich; demande de décoration (25 mars 1856).

1807*

Zimmermann (Auguste), à Augsbourg; demande un secours 30 janv. 1853).

1808

Zimmermann (Gustav), « secrétaire de l'archive royal de Hanovre » ; « Mon prince ! c'est au mois de juin de cette an-
« née-ci que j'ai publié une brochure ayant pour titre : « Les
« avantages de la monarchie constitutionnelle pour l'Angle-
« terre ; — Son incompatibilité avec les institutions des pays
« du continent européen ». J'ai été assez heureux de voir cette
« brochure bien accueillie par les hommes d'État de l'Alle-
« magne et d'autres pays, au point qu'elle a subi une seconde
« édition. Elle a pour but de prouver que la forme de gouver-
« nement constitutionnel ou parlementaire avec un ministère
« responsable, est à la longue impossible et nuisible pour les
« pays du continent, qu'elle anéantit le pouvoir exécutif et
« mène à l'anarchie. Quoique la brochure ne s'occupe au fond
« que de monarchies, elle contient néanmoins indirectement
« une justification des sages mesures du deux décembre. Je
« prends la liberté, Monseigneur, de soumettre à V. A. un
« exemplaire de cet ouvrage comme preuve de ma profonde
« vénération et de ma haute admiration pour ce qui a eu lieu
« en France » (27 déc. 1851).

1809*

Zirndorfer (Sigmund), à Francfort-s.-Mein; envoie une pièce de vers sur l'enfance de Napoléon (10 fév. 1853). — Fait hommage d'un petit poëme célébrant le débarquement du prince Napoléon Jérôme à Gallipoli pour la guerre de Crimée (22 mai 1854).

1810*

Zoller (Conrad), à Neuweiler; écrit qu'il a des révélations à faire à l'empereur (21 août 1853).

1811

Zollner von Brand (La baronne), à Culm (Prusse); restée veuve avec trois enfants et sur le point de voir vendre ce qu'elle possède pour subvenir aux dettes que la maladie lui a imposées, elle sollicite de S. M. l'empereur un emprunt qui la sauverait (1869).

1812

Zrenner (Balthasar), maître d'école à Rohr (Bavière); offre à l'empereur et au prince impérial deux morceaux de musique dont il est l'auteur et dont l'un est destiné à célébrer la naissance du prince. A la lettre est joint un certificat du maire attestant que c'est bien le maître d'école de la commune qui a écrit et composé lui-même ces deux morceaux de musique (12 mars 1863). — *Refus.*

1813

Zumpt (A. W.), professeur à Berlin; offre à l'empereur son ouvrage sur le droit criminel des Romains (janv. 1860); —

remercie l'empereur d'abord en latin (1865), puis en français (1866), du premier puis du deuxième volume de l'histoire de César qui lui ont été envoyés. Il déclare que l'auteur de cette histoire surpasse par le talent, par l'ampleur de son génie tous ceux dont le métier est de s'adonner à la science et qu'un tel monument ne pouvait être élevé au plus grand des Romains que par un esprit aussi élevé que le sien. — En 1869 il fait hommage d'un ouvrage de lui-même sur l'histoire romaine et qui aura, dit-il, quelque intérêt pour S. M. « savant connaisseur de la décadence de la République romaine » (1).

1814

Zwerger (Max), à Tramsen (Bavière) ; envoie une pièce de vers et demande un secours (1868).

1815

Andermatt (Albert), à Paris ; adresse à l'empereur sa brochure intitulée : *Mission de l'Empire français en Allemagne*, et lui offre ses services comme écrivain (fév. 1869). — *Accusé réception.* — En considération de la brochure ci-dessus, il sollicite une gratification qui l'aidera à faire une publication du même genre (sept. 1869). — *Refus.*

1816

Barth (Le docteur Karl), à Augsbourg ; demande la permission d'offrir un exemplaire de la traduction qu'il a faite d'une Histoire de César, dictée par Napoléon Ier à Sainte-

---

(1) Ces dernières lettres ont été publiées en entier ou en partie dans les *Papiers* des Tuileries, t. II, n° xxxiv.

Hélène (mars 1865). — *Accepté* et remercié par l'envoi de l'Histoire de César par Napoléon III. — Le même remercie de l'envoi qui lui a été fait du deuxième volume de la Vie de César, présent d'autant plus inappréciable pour lui qu'il s'honore d'avoir été le condisciple de S. M. à l'institution de Sainte-Anne d'Augsbourg (juill. 1866).

1817

Curtis, à Paris ; annonce à l'empereur qu'il vient de conclure, par ses ordres, divers marchés par lesquels plusieurs journaux allemands se tiendraient à la disposition de S. M., savoir : le « Journal de Mayence » et le « Journal de Spire », rédigés par le docteur Sausen, moyennant 8 à 9,000 francs par an ; le « Journal de Coblenz » pour 4,000 francs par an ; « l'Echo der Gegenwart » d'Aix-la-Chapelle pour 5,000 ; et la « Rheinische Zeitung » de Cologne, feuille plus importante rédigée par H. Burgers, moyennant 22 à 23,000 francs par an ; 21 mai 1868 (1).

1818

Gies (Joseph), ancien militaire de l'empire français à Ahrweiler (Prusse-Rhénane), et vingt-sept de ses compagnons d'armes, membres de la société militaire de la même ville ; envoient à l'empereur leurs félicitations au sujet de la naissance du prince impérial (juin 1856).

1819

Goltz (von), ambassadeur de Prusse ; ayant reçu les deux volumes de l'histoire de J. César, transmet ses sentiments de vive et respectueuse reconnaissance pour ce gracieux sou-

(1) Cette pièce est publiée intégralement dans *les papiers sauvés des Tuileries* par Rob. Halt, p. 18.

venir (12 mai 1866). — Le 3 juin suivant il remercie pour les deux exemplaires du T. II de l'histoire de J. César offert par l'empereur au roi et à la reine de Prusse.

1820

Graser (Bernhardt), docteur en philosophie à Berlin; adresse à l'empereur trois opuscules concernant l'archéologie navale (1868).

1821

Lippe-Weissenfeld (Le comte de); au grand chambellan : « M. le Duc, mon épouse vient de faire un héritage de sa tante, la veuve du prince Rasumoffsky, ambassadeur de Russie à Vienne. Il s'est trouvé dans cet héritage le livre en deux volumes : « Commentaires de César par le C. Turpin, 1785 » (Bibliot. de la Malmaison). Sur la première page de ce livre est de la main de la sœur de la princesse l'inscription suivante : « Ce livre a été emporté à Sainte-Hélène par l'Empe-
« reur Napoléon, qui y avait laissé un chiffon de papier avec
« quelque lignes de son écriture. Il fut envoyé par M. de Las-
« Case au duc de Reichstadt, mais ne parvint en Autriche qu'a-
« près la mort de ce prince. » Il n'y a aucune raison pour douter de la véracité de cette assertion. L'autographe dont il y est question a été donné il est vrai en d'autres mains, mais il pourrait peut-être se trouver. Quoique j'attache une grande importance à cette relique, je pense cependant que l'illustre auteur de la Vie de César pourrait la réclamer à plus juste titre; et dans le cas que j'y serai autorisé, je suis prêt à la déposer aux pieds de Sa Majesté. Veuillez agréer, etc. » (Gratz, 16 juill. 1868). — *Remerciement;* l'empereur regretterait de le priver de ce souvenir.

Tandis que s'achevait l'impression du présent volume, une revue berlinoise (1) publiait par la main de son directeur (Heinrich von Treitschke) un article intitulé : *Le style des chancelleries allemandes au temps de Napoléon I*er*. C'est une étude sur un groupe de lettres adressées à Napoléon en 1804 et 1805, par divers souverains allemands, pour le féliciter de s'être mis une couronne impériale sur la tête et pour se recommander humblement à sa très-haute protection. Ces lettres faisaient partie d'une correspondance qui remplissait jadis une caisse des archives de l'Empire et furent depuis, l'ornement d'un cabinet d'autographes à Cologne; elles sont maintenant à Berlin. Avec un mélange d'étonnement et de regret, l'éditeur prussien fait passer sous les yeux des curieux ce petit choix de modèles en matière d'adulation. Nous avons cru devoir les lui emprunter et les insérer ici, où ils se trouvent fort bien à leur place, car si par leur date, ils semblent échapper à notre cadre, ils lui appartiennent essentiellement par leur esprit. Ils s'y rattachent aussi naturellement et aussi étroitement qu'à une opération d'arithmétique se rattache *la preuve*, comme le lecteur en va juger.

Baden (Karl Friedrich, Électeur de) ; « Sire, Votre Majesté
« Impériale connoit trop les sentiments d'admiration et de dé-
« vouement, par lesquels je Lui suis attaché, et la profonde
« reconnoissance, que les témoignages d'intérêt et de bien-
« veillance, dont Elle n'a cessé de me combler, ont gravés
« ineffaçablement dans mon cœur, pour pouvoir douter de

(1) *Preussische Jahrbücher*, janvier 1872, p. 103.

« la vive joye qui m'a pénétré en apprenant l'accomplisse-
« ment de l'organisation du gouvernement Français ; par
« la quelle Votre Majesté Impériale vient d'être investie du
« pouvoir souverain et héréditaire, d'une manière conforme
« aux vœux et à la dignité d'une si grande Nation, analogue
« à l'urgence des circonstances et proportionnée au génie, à
« la gloire et aux éminentes qualités de Votre Majesté Impé-
« riale. Les heureux effets d'une si importante disposition en
« augmentant encore davantage la force et la consistance de
« Votre Empire, rendront par là même ses rapports politiques
« plus assurés et plus invariables et affermiront d'autant la
« tranquillité de l'Europe et la sûreté particulière de l'Alle-
« magne. Agréez à cette époque, Sire, un nouvel hommage
« de mes sincères félicitations, ainsi que des vœux les plus
« vrais pour Votre précieuse conservation ; et permettez-moi
« de compter toujours, avec une entière confiance, sur l'af-
« fectueuse bienveillance de Votre Majesté Impériale et sur
« son puissant appuy en faveur de tout ce qui peut concerner
« ma maison. Je suis avec les sentimens de respect et de
« vénération, Sire, que je vous ai voués, de Votre Majesté
« Impériale, le très-humble et très-dévoué... (Schwetzingen,
« le 4 juin 1804). »

—

Brême (Le Sénat de la ville libre de) ; « Sire, plus les grands
« événements en rapport avec la grande nation se suivent
« d'un pas rapide, plus croît aussi l'admiration et d'elle et de
« l'auteur et de l'héros de ceux-là. C'étoit réservé à Votre Ma-
« jesté Impériale de ramener le calme et l'ordre dans les
« provinces d'une vaste étendue, en proye aux secousses ter-
« ribles de la discorde et de l'anarchie ; il étoit réservé encore
« à Elle de rétablir le throne renversé, en cédant comme Elle
« a fait aux vœux du peuple Français d'accepter la dignité
« Impériale qui lui fut offerte et qui va montrer au monde dans
« son plus grand lustre, la splendeur de la France. Les voix

« des millions s'estimants heureux sous Son sceptre glorieux
« fendent les nues de cris d'allégresse, autant des vœux mon-
« tent à l'Être suprême pour que ce grand événement tourne
« au bonheur de leur pays natal ou d'habitation, à mesure
« qu'il en augmente la gloire. Liés étroitement aux intérêts
« de ce pays depuis un nombre de Siècles, y attachés plus
« fortement encore par les événements les plus récents,
« nous nous sommes faits à regarder Son bonheur comme un
« accroit du notre; chaque augmentation de celui-là n'a donc
« pu laisser de nous remplir de la joye la plus vive et Votre
« Majesté Impériale jugera sans peine, quelle doive être la
« notre de la voir assurée en voyant briller le diadême à cet
« auguste front cint de tant de lauriers. Qu'il plaise au Tout-
« Puissant de combler Votre Majesté Impériale de Ses béné-
« dictions au même degré qu'Elle a travaillé à en faire réjail-
« lir sur les Français et sur les Etats qui ont réclamé Sa pro-
« tection, de faire croitre la félicité du Peuple français éga-
« lement au moyen solide qu'il a choisi de l'affermir, en
« déposant son autorité, sa force et sa gloire dans la main qui
« ne sera pas moins ferme à faire respecter le sceptre du gou-
« vernement qu'elle ne se l'est montré à tenir la balance de
« la politique et de la justice, qu'il lui plaise de méner Ses
« jours à ce faix que Lui demandent ceux auxquels les bon-
« heur des peuples, le contentement de ses contemporains et
« la prospérité d'une génération future tient vraiment à cœur;
« qu'il fasse éprouver enfin à celui de Votre Majesté Impé-
« riale un repos égal à celui que sa persuasion intrinsèque
« Lui assure de la pureté des intentions qui ont dirigé Ses
« pas, dicté Ses volontés et La faire souscrire aux instances
« du peuple Français. — Suppliants Votre Majesté Impériale
« de vouloir accorder à nous et à cette Ville Sa haute clé-
« mence, nous Lui demandons en même temps la permission
« de nous dire avec le plus profond respect, Sire, de Votre
« Majesté les plus soumis Serviteurs : Les Bourgemaitres Sé-

« nateurs de la Ville libre et Anséatique de Breme. Henry
« Lampe, Bourgemaitre président. » — Breme 1er juin 1804.

Fürstemberg (Le Landgrave Joachim de), tuteur du prince
Charles; exprime la joie qu'il ressent de l'heureux événement « qui assure de plus en plus la paix du continent et la conservation de la constitution germanique » et demande la haute protection de l'Empereur pour son pupille.

Hesse (Le Landgrave Emmanuel de) ; « Sire! La Nation
« françoise vient d'ériger un des plus beaux monuments de
« l'amour et de la réconnaissance nationale, en conférant à
« Votre Majesté Impériale le titre et la dignité Impériale, dé-
« clarés héréditaires dans Sa maison — dignité, qui semble
« faite pour celui qui ressemble tant au premier de nos Cé-
« sars, par la supériorité de Son génie, et par Ses actions.
« L'Europe, accoutumée depuis long temps à admirer les
« grandes qualités de son Pacificateur, qui Lui ont donné
« une des premières places au temple de la gloire, y applau-
« dira, et c'est en y mêlant ma voix, que je m'empresse de
« présenter à Votre Majesté Impériale mes hommages et mes
« félicitations. Permettez-moi, Sire! d'y joindre l'expression
« des vœux les plus sincères pour la conservation des jours
« précieux de Votre Majesté Impériale, ainsi que pour la con-
« tinuation de gloire et prospérité de son règne. Je La prie
« de vouloir bien les accueillir, comme ceux d'une maison,
« attachée avec respect et fidélité à la France, qui lui a gé-
« néreusement accordé Protection et garantie. J'ose encore
« réclamer l'une et l'autre de la grandeur d'âme de Votre
« Majesté Impériale. Ma reconnaissance ressemblera à Sa
« gloire ; elle sera sans égale, et passera à ma Postérité. Je
« suis avec le plus profond respect, Sire, De Votre Majesté
« Impériale, Le Très Humble et Très Obéissant Serviteur »
(Rotembourg, sur le Fulde en Hesse, ce 10 juin 1804).

Hohenzollern-Hechingen (Le prince de); écrit de sa main qu'il prie le ciel « de prolonger à Sa Majesté Impériale des « jours aussi brillants de gloire que précieux pour l'Empire « Français, pour les gouvernements voisins et particulière- « ment pour les États germaniques ».

Isenburg (Le prince d'); écrit : « Daignez, Sire, m'accor- « der la continuation de vos bontés; je me flatte de les mé- « riter par le respectueux attachement et l'entier dévouement « que j'ai consacré à jamais à Votre Majesté Impériale et « Royale, dont je la supplie très-respectueusement d'agréer « l'assurance réitérée ».

Lübeck (Le Sénat de la ville libre de); félicite les Français d'avoir « élevé la gloire immortelle à la cime d'un pouvoir « bienfaiteur ».

Mecklenburg (Le duc Friedrich Franz de); adresse ses vœux pour l'Empereur au Tout-Puissant, afin « qu'il daigne « combler Son Règne de ses plus précieuses bénédictions et « le faire prospérer, au bonheur de l'univers, jusqu'au terme « le plus reculé ».

Oettingen-Spielberg (La princesse régente de) : «...L'Allema- « gne en particulier bénit dans ce grand événement la source « d'où découle la conservation et le perfectionnement de « l'état que la main puissante de Sa Majesté Impériale a fait « succéder pour elle aux horreurs de la guerre. Allemande et « appelée par mes devoirs à soigner les intérêts de mes fils « mineurs, membres nés de cette constitution germanique « qui révère dans Sa Majesté Impériale son protecteur et son « appui : j'hazarde de porter aux pieds du trône de S. M. I. « les sentiments de joie et de contentement dont je me sens « pénétrée voyant le héros du siècle revêtu d'une puissance

« qui assure Son influence sur le bien-être de mes fils. » Elle termine ainsi cette lettre : « Le seul souhait qui me reste
« pour Elle et auquel Son génie ne saurait suffire : c'est que
« la carrière de Ses années égale celle de Sa gloire. C'est
« alors que mes arrière-neveux jouiront encore avec transport
« de Sa très-haute et gracieuse protection. »

—

OETTINGEN-WALLERSTEIN (La princesse Régente DE); envoie par une lettre autographe, les vœux fervents de sa maison pour l'empereur. « Heureux si en révange, dit-elle, nous obte-
« nons une protection que nous croyons déjà mériter par no-
« tre dévouement et les sentiments les plus respectueux. »

—

AUGSBOURG (Le Sénat de la ville libre impériale d'); s'était empressé déjà d'envoyer ses félicitations à Paris lors de la découverte du complot de George Cadoudal ; il ne manqua pas de joindre ses vœux à ceux des autres membres du corps germanique lorsque Napoléon se fit empereur, et il écrivit la lettre suivante, dix mois après, lors de la création du royaume d'Italie : « Sire ! Parmi le nombre des grands événements qui
« sous le glorieux régne de Votre Majesté ont couvert la
« France de splendeur et de puissance, celui de la formation
« du Royaume d'Italie, et de Son avénement au trône de ce
« Royaume soutiendra un des premiers rangs dans les an-
« nales de l'histoire. L'Europe n'a qu'une seule voix sur les
« vues magnanimes et prevoyantes qui brillent dans les ac-
« tions de Votre Majesté, depuis le tems, où de Sa main sûre
« et forte Elle avoit pris les rènes du gouvernement, jusqu'à
« ce moment, où la providence orna Son auguste tête de deux
« couronnes. Partout on ne voit que des preuves éclatantes
« d'un génie sublime et bienfaisant ; — Objets d'une admira-
« tion muette. Telle est l'époque présente, à laquelle tous les
« Etats de l'Europe s'empressent de témoigner à Votre Ma-
« jesté Impériale et Royale la part, qu'ils prennent à un si

« memorable événement. La ville libre d'Empire d'Augsbourg,
« comblée dans une espace de peu d'années des marques les
« plus distinguées de la plus haute et gracieuse bienveil-
« lance,—comment pourroit-elle ici retenir ses respectueuses
« félicitations, et négliger une occasion, qui lui permet de
« réitérer à Votre Majesté Impériale et Royale l'hommage de
« la plus profonde et parfaite vénération? C'est avec ces senti-
« ments, que les soussignés au nom des Magistrats de la ville
« d'Augsbourg, osent supplier Votre Majesté, qu'Elle veuille
« bien daigner les présentes lignes, n'ayant pour leur justi-
« fication que le dévouement des cœurs qui les dicta, — de
« l'accueil clément, dont se réjouissent tous ceux qui ont le
« bonheur de s'approcher à Sa haute personne, et dont nous
« gardons des preuves suffisantes dans les assurances de pro-
« tection et de bienveillance, avec laquelle Votre Majesté en
« plusieurs occasions avoit gracieusement répondu à nos
« humbles demandes. La conservation de cette haute et puis-
« sante protection dans toutes les circonstances qui concer-
« nent le salut d'Augsbourg ; voilà le bien inappréciable,
« dans lequel s'unissent nos désirs les plus ardents. Nous
« avons l'honneur d'être avec les sentiments de la plus pro-
« fonde soumission, Sire, de Votre Majesté Impériale et
« Royale, les très humbles et très obéissants Pflegers, Bour-
« gemaitres et Sénateurs de la ville libre d'Empire d'Aug-
« sbourg : Paul DE STETTEN, Jaques Ulric DE HOLZAPFEL » (le
4 May 1805).

Nous terminerons en transcrivant la conclusion de
M. Heinrich VON TREITSCHKE :

« Et maintenant qu'on se figure cette caisse remplie
« de centaines de lettres semblables à celles qu'on vient
« de voir ou pires encore, n'est-il pas certain que toute

« l'Europe a contribué à créer cette fameuse « Vanité »
« du peuple Français. Inutile d'insister. La vieille honte
« est désormais lavée et expiée. Le temps où de braves
« hommes allemands, comme Karl Friedrich de Baden et
« le vieux Lampe de Brême, pouvaient mettre leurs noms
« au bas de pareilles lettres, nous apparaît aujourd'hui
« comme un mauvais rêve. »

Trop douce illusion dont se berce l'auteur. Comment serait-il possible de regarder l'esprit allemand de 1804 et 1805 comme un rêve envolé, lorsqu'on songe aux sentiments qui ont dicté la volumineuse correspondance de l'Allemagne avec Napoléon III? Sans doute le style des chancelleries allemandes n'est plus le même depuis une victoire étonnante, sans doute le chancelier actuel de l'Allemagne du Nord a complétement délaissé la politesse outrée du vieux Lampe pour affecter le langage opposé, mais le cœur humain change-t-il d'une année à l'autre? change-t-il jamais?

TABLE

DES DEMANDEURS ET COMPLIMENTEURS.

Abenheimer, 1.
Abry, 2.
Ackmann, 1174.
Adam, 3.
Adams, 4.
Adler, 5.
Adler (Maximil.), 6.
Ahn (D'), 7.
Ahrens, 8.
Akasseger, 9.
Alberti, 10.
Allgeier, 11.
Alten (Comtesse von), 12.
Altfahrt, 13.
Altmann, 14.
Amman, 15.
Amstein (von), 1567.
Amthor (F.), 17.
Amthor (Ed.), 18.
Andermatt, 1815.
Anders, 19.
Andree, 20.
Anstatt, 22.
Apitzsch, 23.
Appel, 24.
Appelt, 25.
Apprechs, 26.
Armbruster, 27.
Arnim (Comtesse d'), 134.
Arnold, 28.
Arnold (Johann), 29.
Arrenberg, 30.
Aruz, 230.
Arzte, 31.
Asmus, 32.
Astein, 33.
Audeilzschky, 34.
Auer (Von), 35.

Auernheimer, 36.
Augustein, 41.
Augustine (Sœur), 42.
Baader, 43.
Bachmaier, 44, 1579.
Bachmann, 45, 46.
Backe, 47.
Backhaus, 48.
Baden (Michel), 49.
Baden (Prince de), 50, 51.
Baden (Grande-duchesse Sté-
  phanie de), 900, 1078, 1246,
  1434, 1508.
Bader, 52, 1699.
Baehl, 54.
Baer, 56.
Baermann, 57.
Balckow, 58.
Balde, 59.
Balden, 60.
Ballestrem (Von), 61.
Ballien, 62.
Banius, 63.
Bans, 64.
Barbaran, 65.
Bart, 66.
Bartels, 67, 68.
Barth, 1816.
Barthelme, 69.
Baückener, voy. Brückener.
Bauduin, 70.
Bauer, 71.
Baumann, 72.
Baumgart, 73.
Baumgarten, 74, 298.
Baumwarth, 75.
Baurath, 76.
Bautemer, 77.

Bayer, 79.
Becher, 80.
Bechhof, 882.
Beck (Ulr.), 81.
Beck, 82, 83.
Beck (J.), 84.
Beck-Weixelbaum, 86.
Becker, 87, 1693.
Beckers, 88.
Beckmann, 89.
Behrens, 90.
Behrens, 90 *bis*.
Behrnauer, 91.
Beine, 92.
Beler, 1566.
Belgard, 93.
Bentz, 94.
Beran, 95.
Berg (J.), 96.
Berg, 97.
Berge (Von), 99.
Bergemann, 100.
Berger (Max), 569.
Berger, 101.
Berghe, 98.
Bergk, 102.
Bergmann, 103.
Berlyn, 104.
Berndt, 105.
Bernhardt, 106.
Bernstorf, 48.
Berr, 588.
Berth. 108,
Berthold, 109.
Bertsche, 110.
Beth, 111.
Beust (Baronne de), 113.
Biallablotzki, 114.
Bicking, 115.
Bicleck, 116.
Bielefeld, 117.
Bieler, 118.
Bier, 119.
Biermann, 120.
Billerbeck, 121.
Birckenstadt, 122.
Bischof, 123.
Bisle, 124.
Bismarck (Von), 125.
Bittmann, 126.
Blau, 16.
Blanck, 127.
Blanckenburg, 128.
Block, 130.
Bluhm, 131.

Blume, 133.
Blumberg, 48.
Blumenthal (Comtesse von), 134.
Bodmann (Baronne von), 1019.
Boeck, 136.
Boeckel, 137.
Boeckh, 138.
Boehm (Von), 139.
Boehmer, 140.
Boehner (L.), 141.
Boehner (F.), 142.
Boehringer, 144.
Boelsche, 145.
Boessl, 158.
Bottcher, 159.
Boettcher, 160.
Boetticher, 146.
Bohr, 143.
Boll, 147.
Bolzau, 148.
Bonnell, 149.
Borch (Baron Von), 150.
Borchardt (F. A.), 151.
Borchardt (W.), 152.
Borcke (Von), 154.
Borkhardt, 153.
Bornfeld, 155.
Boschau, 156.
Bossany, 157.
Bosse (De), 212.
Bracklon, 161.
Bralmann, 162.
Brand, 163.
Brander, 164.
Brand (Baronne von), 1811.
Brandt, 166.
Brannegger, 167.
Braumuller, 168.
Braun, 169.
Braun, 171.
Braunecker (Baron Von), 170.
Brauns, 171.
Breit, 173.
Brenner, 174.
Brenner, 175.
Brillich, 176.
Brkitz, 177.
Brocke, 178.
Brockhusen (Von), 179.
Broell, 180, 1617, 1718.
Brück, 181.
Brückener, 182.
Brüggemann, 183.
Brunck, 184.
Brunckow, 185.

Bruning, 186.
Bruno (A. et F.), 187.
Brunswick (Duc de), 189.
Bucheler, 190.
Buchholz, 1700.
Buchler, 191.
Burckhardt (Von), 204.
Bucklers, 192.
Budœus, 193.
Bugler, 194.
Buegler, 195.
Buehler, 196.
Buhse, 197.
Bulach, 198.
Bulow (Von), 199.
Bunger, 201.
Burger, 202.
Bürgers, 1817.
Burgheim, 203.
Burkhardt, 205.
Burkle, 206.
Busch (G.), 207.
Busch (J.), 208.
Busch (G. A.), 209.
Buschmann, 210.
Buttenheim (Baron Von), 1490.
Buttlar (Baron von), 211, 212, 358.
Bux, 213.
Byerle, 214.
B... (Edw.), 112.
Carl, 215.
Carle, 216.
Carlowitz (Von), 218.
Carus, 219.
Caspar, 220.
Cederholm, 221.
Christian, 222.
Christiani, 223.
Cihlaer, 224.
Clar (A.), 225.
Clar (W.), 226.
Clarus, 227.
Clauer, 228.
Clemens, 229.
Clodius, 230.
Cohausen (Von), 231.
Cohn (M.), 232.
Cohn (D.), 233.
Collen, 234.
Colln (Von), 235.
Confeld, 237.
Coremanz, 238.
Cornelius, 239.
Costa, 240.

Cotta, 241.
Cranz, 242.
Crust, 243.
Curtis, 1817.
Custer, 244.
Cybulz, 245.
Cyrus, 246.
Czihall, 247.
Dacher, 249.
Dahr, 250.
Dallmann, 251.
Damian, 252.
Dannenberg, 253.
Dannhorn, 254.
Darapsky, 255.
Daubrowa, 256.
Daumling, 257.
Debring, 258.
Deegen, 259.
Deichmann, 260.
Delius, 261.
Demharter, 262.
Dempf, 263.
Demuth, 264.
Denecke, 265.
Dengler, 266.
Dennstedt, 267.
Derichsweiler, 268.
Dethleff, 269.
Detteln, 270.
Deutgen, 271.
Deutsch, 272.
Deutsch (Mor.), 273.
Develey, 274.
Dewald, 275.
Dibelins, 276.
Dibinger, 277.
Diehl, 278.
Dienheim (Comte Von), 279.
Diergard (Baron Von), 280.
Dietfurt (Baronne Von), 281.
Dietlein, 282.
Dietrich (G.), 283.
Dietrich (Ch. A.), 284.
Diez, 285.
Diczelsky, 286.
Dingler, 287.
Dippel, 288.
Diringer, 289.
Dittman, 542.
Dittmann, 290.
Dodelbauer, 292.
Doebbel, 293.
Doederlein, 294.
Doering, 295.

Doering (Ferd.), 296.
Doersch, 297.
Doersch-Baumgarten, 298.
Dolberg, 299.
Dommerque, 300.
Dorner, 301.
Dott, 302.
Dregen, 303.
Dreher (G.), 304.
Dreher (M.), 305.
Dreifus, 306.
Drentwett, 307.
Dresel, 308.
Dressel, 309.
Drinnenberg, 310.
Drouet, 311.
Drouven, 312.
Dub, 313.
Dübner, 314.
Dudek, 315.
Dummel, 316.
Dummler, 317.
Dussel, 318.
Ebeling, 253.
Eberle, 319.
Ebers, 320.
Eckelmann, 321.
Eckey, 322.
Eckhardt, 323, 324, 325.
Eckhart, 326.
Edelmann, 327.
Eger, 328.
Egeria, 329.
Eggmann, 330.
Ehatt, 332.
Ehrle, 333.
Ehrlich, 334.
Eichholz, 335.
Eicke, 336.
Eiffe, 337.
Eisenberg (Baron Von), 338.
Eisendecher (Baron Von), 339.
Eissbrückner, 340.
Eissenhardt, 341.
Elis, 342.
Elmpt (Baronne Von), 343.
Elsner, 344.
Elssner, 345.
Elze, 346.
Engel (F. G.), 347.
Engel (L.), 348.
Engelhardt, 349.
Enger, 350.
Epp, 351.
Erdin, 352.

Erdmann, 353.
Erfurth (Von), 354.
Ertel, 355.
Esmach, 356.
Essellen, 357.
Essen (Baron Von), 358.
Essenwein, 359.
Esser, 360.
Eugl, 361.
Ewich, 362.
Eyffenhardt, 363.
Eyffert, 364.
Eysell, 365.
Faber, 366.
Fabro, 367.
Faege, 368.
Faenkel, 369.
Fahne, 370.
Fais, 1029.
Falkenberg, 371.
Falkener (Baronne de), 1683.
Farina, 372.
Fasbender, 373.
Fatler, 374.
Faust, 375.
Feddersen, 376.
Felgentreu, 1139.
Felwinger, 285.
Fery, 377.
Fetter, 378.
Feuerlein, 379.
Fiedler, 380.
Filser, 381.
Finck, 382.
Fink, 383.
Firmenich, 384.
Fischer, 253.
Fischer, 385.
Fischer (A. C.), 386.
Fischer (C.), 387.
Fischer W.), 388.
Fixher, 389.
Flammhorst, 1308.
Flan, 391.
Flath, 1319.
Flecken, 392.
Flecken (A. J.), 393.
Fleischbauer, 394.
Fliess, 395.
Fluhr, 396.
Foblee, 397.
Fœrch, 502.
Folch, 399.
Formstecher, 400.
Forneiss, 401.

Forster (A.), 402.
Forster, 404.
Forster (R. Von), 403.
Förster, 405.
Farnese, 406.
Franck (H.), 407.
Franck (J. I.), 408.
Fredere, 409.
Freser, 410.
Frick (J.), 411.
Frick (Jak), 412.
Fricker, 413.
Friedeberg, 414.
Friedel, 415.
Friederich, 416.
Friedlaender, 417.
Friedland, 418.
Friedland (Chevalier Von), 419.
Friedmann, 420.
Friedrich, 421.
Friedrich (Von), 422.
Fridrich (W.), 423.
Friedrichs, 424.
Frielinghaus, 425.
Fritsche, 426.
Fritschy, 427.
Fritzsche, 428.
Fröreich (Von), 430.
Fronune, 466.
Fuchs (P.), 431.
Fuchs (J.), 432.
Fugger (Comtesse), 433.
Fürst, 434.
Fürstenberg (Von), 331.
Gablentz (Baron Von), 435.
Gaddum, 436.
Gahn, 438.
Gallenkamp, 439.
Gauthe, 440.
Gartner, 441.
Gantier, 442.
Gebbard, 443.
Geeger, 444.
Geiger, 445, 446.
Geiger (M.), 447.
Geis, 448.
Gensch, 449.
Genth, 450, 457.
Geran, 451.
Gerhardt (Von), 452.
Gerichtswige, 453.
Germerstein (Von), 454.
Gerstel, 455.
Gerstens, 456.
Gerstner, 457.

Gesler, 458.
Gestewitz, 459.
Getler, 460.
Geussen-Fusch (Von), 461.
Geyer, 461.
Gicholz, 1327.
Gieg, 463.
Gies, 1818.
Gilbert, 464.
Gillitzer, 465.
Gisel, 467.
Gistel, 468.
Glasser (N.), 469.
Glasser (Von), 470.
Gluck, 471.
Gœbel (Von), 472.
Goeddaens, 473.
Göhring, 504.
Gœler (A. Von), 474.
Gœler-Ravensburg (Von), 475.
Gœler (Baron Von), 476, 477.
Goepfert, 478.
Goerenfeld, 479.
Goet, 480.
Goetz, 481.
Goldschmidt, 482.
Goldstein, 483.
Goltz (von), 1819.
Goluch, 484.
Gontz, 485.
Goos, 486.
Grafenstein (Von), 487.
Graef (J.), 488.
Graef (K.), 652.
Graefenstein (Comte Von), 489.
Graesse, 490.
Grahl (Von), 491.
Grallert, 492.
Graser, 1820.
Grashoff, 493.
Grass, 494.
Gravenrenth (Baronne Von), 495.
Grell, 496.
Greve, 497.
Greveling, 498.
Greyers (Von), 499.
Griebenow, 500.
Griefs, 501.
Griessmayer, 502.
Grimm, 503.
Grimmer, 504.
Griscelwitz (Von), 96.
Griss, 506.
Grope, 507.
Gross, 508.

Grossberger, 509.
Grosse, 510.
Grosse (Carl), 511.
Grosshauser, 512.
Grote (Comtesse von), 12.
Grube, 514.
Grumber, 515.
Grümberger, 517.
Gruner (A.), 518.
Grüner, 519.
Grünewald, 520.
Grünfeld, 521.
Grünholz, 522.
Grunnwald, 523.
Grüterin, 524.
Gschwend, 525.
Gudera, 526.
Guibe, 527.
Guidon, 528.
Gulich, 529.
Gundelfinger, 530.
Gunlack, 531.
Gung, 532.
Gunther (Von), 534.
Günther (Baron von), 533.
Guschka, 535.
Gustedt (Baron von), 536.
Gusten, 537.
Gutensohn, 538.
Haas (B. P.), 539.
Haas (H.), 540.
Haas (H.), 541.
Haas (Ern.), 542.
Haber (Von).
Hachten (Von), 544.
Hacklaender (Chevalier von), 545.
Hadra, 546.
Haeberle, 547.
Hænel, 548.
Hagens, 549.
Hahn, 550, 551, 552.
Haill, 553.
Halette, 554.
Hall, 555.
Hallberger, 556.
Haller, 557.
Hamburger, 558.
Hamel (Von), 559.
Hamel, 560.
Hamm, 561.
Hammerer (Von), 562.
Hammerschmitt, 563.
Hampel, 564.
Hanak, 565.

Hanfstaengel, 566.
Hanss, 567.
Harder, 568.
Hæring, 569.
Harnish, 570.
Harnstein, 571.
Harras, 572.
Hartig, 573.
Hartmann, 574.
Hartmann, 575.
Hartmann (Ros.), 576.
Hartmann (Rob.), 577.
Hartogs, 578.
Hartung, 579.
Haspel, 580.
Hasselhodt (Baron von), 581.
Hauch, 582.
Hauner (Von), 583.
Hauner, 584.
Hauser, 585.
Hauser (R.), 586.
Haushalter, 587.
Hausrath, 588.
Havard, 589.
Hawraneck, 590.
Haxthausen (Baron von), 591.
Hayman, 592.
Heber, 594.
Hebbel, 169.
Heck, 595.
Hefl, 596.
Hefner (Von), 597.
Hegewald, 598.
Hehz, 599.
Heidenschneider, 600.
Heiligenstein (M.), 601.
Heiligenstein (A.), 602.
Heimburger, 603.
Heimerle, 604.
Heimers, 605.
Heindl, 606.
Heinold, 607.
Heins, 608.
Heintz, 609.
Heinzelmann, 610.
Heinzen, 1187.
Heissingen, 612.
Held, 613.
Helff, 614.
Helfferich, 615.
Heller, 616.
Heller (N. J.), 617.
Heller (Jos.), 618.
Helmentag, 619.
Hempel, 620.

Henckel (Comtesse), 621.
Henneberg (Baron Von), 622.
Hennings, 623.
Hensel (A.), 624.
Hensel (C.), 625.
Hepperger (J.), 626.
Hepperger, 627.
Herhager, 628.
Hermann, 39.
Hermann (L.), 629.
Hermann, 630.
Hermam, 631.
Hermens, 632.
Hermsdorf (Baron Von), 633.
Herx, 634.
Herzer, 635.
Herzog, 636.
Hess, 637.
Hessel, 638.
Hesselbein, 639.
Hessele, 640.
Hessenthal (Von), 641.
Hettiger, 643.
Heufelder, 644.
Heusel, 645.
Heydenaber (Von), 646.
Hildebrand, 647.
Hildebrand (Th.), 648.
Hilgard, 649.
Hillebrand (Von), 650.
Hinsberg, 652.
Hinschius, 653.
Hintz, 651.
Hintz, 654.
Hirsch (A.), 655.
Hirsch, 656.
Hirchberg, 657.
Hirschfeld, 354. 658.
Hirschhorn, 659.
Hirschmann, 660.
Hisserich, 661.
Hochgrafe, 622.
Hochmuth (F.), 663.
Hochmuth (F. A.), 664.
Hochreiter, 665.
Hochstedt (Comtesse d'), 667.
Hœfer, 667.
Hoeffner, 668.
Höllerer, 669.
Hoepner, 670, 709.
Hoerhammer, 710.
Hofbauer, 671.
Hof, 672.
Hoffmann, 673, 674, 675, 676.
Hoffmann (M.), 677.

Hoffmann (C. F.), 678.
Hoffmann (G.), 679.
Hoffmann (Ch. F.), 680.
Hofman (G.), 681.
Hofmann (Von), 683.
Hofstetten (Von), 684.
Hohenburg (Comtesse Von), 1508.
Hohendorf, 685.
Hohenegger, 686.
Hohenhausen (Baron Von), 687.
Hohenhausen (Autre baron Von), 688.
Hohenlohe, 689.
Hohenzollern, 690, 691.
Hohman, 694, 1714.
Hollaender, 695.
Holnstein (Comtesse Von), 696.
Holtze, 697.
Holz, 698.
Holz, 699.
Holzapfel, 700.
Hombourg, 701.
Honer, 702.
Honigsberg (Von), 703.
Höninger, 704.
Hopf, 705.
Hopffer, 706.
Hopp, 707.
Hoppenfels (Von), 708.
Horn, 711.
Horn, 712.
Hotz, 713.
Houben, 714.
Hougerbaum, 715.
Hougo, 716.
Hubenthal, 717.
Hubert, 718.
Hubner, 719.
Hübsch, 720.
Hüffer, 721.
Hügel (Baron Von) 722.
Huhn, 723.
Hulfpap, 724.
Humbert, 725.
Hundle, 726.
Hundt, 727.
Hunter, 728.
Hurt, 729.
Huschberg, 730.
Huth, 731.
Ibeck, 734.
Isler, 735.
Issleib, 18.
Itzig, 736.
Jacob, 737.

31

Jacobi, 738.
Jacobson, 739.
Jahn, 740.
Jansen, 741.
Jaspis, 742.
Jockens, 743.
Johns, 216.
Jonas, 744.
Jonsern, 745.
Josten, 746.
Jung, 747.
Jüngling, 748.
Jütting (W.), 749.
Jütting (F.), 750.
Kadgien, 751.
Kage, 752.
Kaestner, 753.
Kahlhommer, 416.
Kage, 752.
Kahn, 754.
Kaiser (F. A.), 755.
Kaiser (H.), 756.
Kalckreuth (Le comte), 757.
Kalker, 759.
Kalkofer, 758.
Kaltschmidt, 760.
Kamitz, 761.
Kamke (Von), 762.
Kammerer, 763.
Kampe, 764.
Kaempf, 765.
Kanemann, 766.
Kanemann, 767.
Kapp, 768.
Kappler (Von), 812.
Kappler (Von), 812.
Karg (J.), 769.
Karg, 770.
Karle, 771.
Kaseler, 772.
Kasztan, 773.
Katterbe, 774.
Kauffmann, 775.
Kaula, 776.
Kayser, 777.
Keber (Ch. M.), 778.
Keber, 779.
Keiling, 780.
Keitz, 1287.
Keller, 781.
Kellner, 782.
Kempf, 783.
Kerner, 784.
Kertell, 64.
Kiderle, 785.

Kiefel, 786.
Kielmansegge (Comte Von), 787.
Kiesau (Von), 788.
Kiefer, 789.
Kind, 790.
Kinsky (Baron Von), 791.
Kirberg, 792.
Kirchner, 793.
Kirchweger, 794.
Kirsh, 795.
Kirsch (K. W.), 796.
Kirschner, 797.
Kischner, 798.
Kiss, 799.
Klas, 800.
Klatt, 801.
Klebke, 802.
Kleefeld, 1413.
Kleess, 803.
Kleiht (Von), 806.
Klein, 804.
Klein (D.), 805.
Klein (D.), 807.
Klein (F.), 808.
Klein, 809.
Kleinart, 810.
Klemert, 811.
Klier, 812.
Klingsohr, 813.
Klippel, 814.
Klopp, 815.
Knispel, 816.
Knoblauch, 817.
Knoll, 818.
Knop, 819.
Knop, 820.
Kolbe (Von), 821.
Koch, 253.
Koch (J. G.), 822.
Koch (H.), 823.
Koch (J.), 824.
Kock, 825.
Koeberle, 826.
Koehler (P.), 827.
Koehler (C.), 828.
Koempf, 829.
Koenemann, 830.
Kœnig, 831.
Kœniger, 832.
Kœnneritz (Baron Von), 833.
Koepcke, 834.
Kohler, 835.
Kolb (A.), 836.
Kolb, 837.
Kolditz, 838.

Koltz, 839.
Kopp, 840.
Koppauner, 841.
Koppel, 842.
Korn (F.), 843.
Korn (W.), 844.
Korte, 845.
Kra, 846.
Kramer, 847.
Kraniek, 848.
Kranzfelder, 849.
Krappe, 850.
Kraus, 851.
Kraute, 852.
Kraüter, 853.
Krebs, 854.
Kreibich, 855.
Kreis, 856.
Kreit, 857.
Krener, 858.
Kressibach, 1678.
Kretschmer, 859.
Kretschner (Von), 860.
Kreutzer, 861.
Krickler, 862.
Krieg, 863.
Krieg, 864.
Krieger, 865.
Kriesler, 866.
Kritzinger, 867.
Kroell, 868.
Krofygh, 869.
Krokau (Baronne Von), 870.
Kroner, 871.
Kruger, 4.
Krüger, 872.
Krum, 874.
Krupp, 875.
Krusemark, 876.
Kubert, 877.
Kuby, 878.
Kuchenkreuter, 879.
Kuehlen, 880.
Küfer, 881.
Kugelmann, 882.
Kühle (Von der), 944.
Kuhlmann, 882.
Kuhn (E.), 883.
Kuhnau, 885.
Kuhno, 886.
Kummer, 887.
Kunke, 888.
Kunkel, 889.
Kuns, 890.
Künssberg (Baron Von), 891.

Kunze, 892.
Kunzel, 893.
Kuplin (Baron Von), 894.
Kurtz, 895.
Kuster, 896.
Laaf, 897.
Lacher (P.), 898.
Lacher, 899.
Laer (Von), 900.
Lagarde (Von), 146.
Lampe, 901 et pages 469, 473.
Lang, 903.
Lang, 905.
Lang, 906.
Lang (Max), 907.
Lang (J. A.), 908.
Lang (Von), 904.
Langenburg (Von), 689.
Langfelder, 907.
Lank, 910.
Lasberg (Comtesse von), 911.
Lauger (A.), 913.
Lauger, 914.
Lauber, 912.
Lauter, 915.
Lechner, 1172.
Lehfeldt, 917.
Lehmann, 918.
Lehmann (A.), 919.
Lehmann (M.), 920.
Lehwenfehlt (Von), 921.
Leidert, 922.
Leinberger, 923.
Leiningen (Princesse von), 924.
Lembcke, 925.
Lemmingen (Von), 1077.
Lerchgessner, 929.
Lessing, 896.
Lestocq (Baronne de), 927.
Lestocq (Baron de), 928.
Leuburg (Baron von), 929.
Leuchert, 930.
Leutsch (Von), 931.
Lewandowski, 932.
Lewenstein, 933.
Lichler, 934.
Lichtenstein, 935.
Lieb, 936.
Liebhaber, 937.
Liebman, 938.
Liebmann, 939.
Liepe, 940.
Liepold, 941.
Liesch, 942.
Lievre, 943.

Lindner, 944.
Lingens, 945.
Linzbauer, 13.
Lippe, 947.
Lippe-Wessenfeld (Comte Von) 1821.
Lippold, 948.
Lob (Von), 949.
Lobeck, 950.
Lobedank, 951.
Loe, 952.
Loeb, 953.
Loecke, 954.
Loeffelholx-Colberg (Baron von), 955.
Lœffler, 956.
Lœffler (A.), 957.
Lohe, 1506.
Loehn, 958.
Lohrengel, 962.
Lohse, 963.
Lorck, 964.
Lowe, 959.
Lœwenstein, 960.
Lœwenstein, 961.
Lüdde, 965.
Ludwig, 966.
Lurssen, 967.
Lütgen, 968.
Lüttwitz (Baron von), 969.
Lutz, 970.
Lutze, 971.
Lützen, 973.
Lützow, 974.
Lynar (Prince von), 218.
Maas, 975.
Machtner, 976.
Mack, 977.
Mader, 978.
Madroux (Von), 979, 980, 981.
Maeggerath, 982.
Maeder, 983.
Maerkt, 984.
Mahnert, 985.
Maier (J.), 986.
Maier (C.), 987.
Maier, 988.
Maier, 989.
Maier, 991.
Mair, 990.
Maisch, 992, 993.
Mallhaus, 994.
Maltzan (Baron von), 996.
Mangold (Von), 997.
Mangold, 998.

Mannheimer, 999.
Mansfeld, 1000.
Manteuffel (Mme Von), 806.
Manteuffel (Baron Von), 1001.
Marchner, 1002.
Marie, 1003.
Mark, 1004.
Markt, 1005.
Marouschnig, 1006.
Martin, 1007.
Marwitz (Von der), 1008.
Masche, 1009.
Maucher, 1010.
Mauk, 1011.
Maurer, 1012.
Mauritz, 1013.
Mauscherning, 1014.
Mauss, 1015.
Mayer (K.), 1016.
Mayer, 1017.
Mayer (M.), 1018.
Mayer (F.), 1019.
Mayer (B. et K.), 1020.
Mayer (J.), 1021.
Mayr (T.), 1022.
Mayr (P.), 1023.
Mayrhofer, 1024.
Mederich, 1025.
Mees, 537.
Meisner, 1026.
Meldegg (Von), 1271, 1272.
Mencke, 1027.
Menkes, 1028.
Menz, 1029.
Mentzingen (Baron Von), 1030.
Merche, 1031.
Merkl, 1032.
Mertzenfeld (Baron Mertz von), 1033.
Merz (Von), 1034.
Merz (J. Von), 1035.
Messang, 1036.
Metze, 1037.
Metzeroth, 1038.
Metzger, 1039, 1040.
Metzler, 1041.
Meyer (C.), 1042, 1048.
Meyer (A.), 1043.
Meyer (L.), 1044.
Meyer (M.), 1046, 1052.
Meyer (J.), 1053.
Meyer, 1045, 1047, 1049, 1050, 1051.
Michaelis, 1054.
Michalsky, 1055.

— 485 —

Michel, 1056.
Michel (J.), 1057.
Michelstadt, 1058.
Michelup, 1059.
Milde, 1060.
Miller (M.), 1061.
Miller (J.), 1062.
Mireur (C.), 1063, 1065.
Mireur (N.), 1064, 1065.
Missler, 1066.
Moedingen, 1068.
Moeller, 1069.
Mohl, 1070.
Mohr, 546.
Mohr (M.), 1071.
Mohr, 1072.
Mohs, 1074.
Mojean, 1075.
Mommsen (Théodore), 1076.
Moralt, 1077.
Moriell, 1078.
Moritz (A.), 417.
Mosbrugger, 1080.
Moser, 1081.
Moser, 1082.
Mueder, 1083.
Muhlbach (Von), 1084.
Muhling, 4.
Mühling (L.), 1085.
Mühling (J. K.), 1086.
Müller, 483.
Müller (Adam), 892.
Müller (P.), 1088.
Müller (C.), 1089.
Müller (N.), 1090.
Müller (J.), 1091.
Müller (H.), 1092.
Müller (F.), 1093.
Müller (W.), 1094.
Müller (A.), 1095.
Müller (L.), 1096.
Müller (C. F.), 1097.
Müller, 1098, 1120.
Münch - Bellinghausen (Baron Von), 1121.
Mundler, 1278.
Mundt, 1122.
Mundt Von Mühlbach, 1123.
Münich, 1124.
Münster (Von), 1125.
Müntz (Von), 1126.
Mürer, 1127.
Muster, 1128.
Muthen, 1129.
Mylius, 1130.

Nagel, 1131.
Nast, 1132.
Naundorf, 1133.
N ecke (Von), 1134.
N egges, 1135.
N ehse, 1136.
N eihs, 1137.
N elcken, 1138.
N ettelbeck, 1139.
N euland, 1140.
Niedermayer, 1141.
Nier, 1142.
Nikolaus, 1203.
Noell, 1143.
Nolté, 1144.
Nonne, 1145.
Noper, 1146.
Nordendorff (Comtesse Von), 433.
Nulandt, 1147.
Numann, 1148.
Nuoffer, 1149.
Obenhaus (Baron Von), 1150.
Oberlander (Baronne Von), 1151.
Obermaier, 1152.
Obermayer (K.), 1153.
Ochwesinger, 1154.
Oehl, 1155.
Oelschig, 1156.
Ohlert, 1157.
Ohlitzsch, 1158.
Oken, 789.
Olberg, 1159.
Orlenb (D'), 1386.
Ortlieb, 1160.
Ostermann, 1161.
Oswald, 1162.
Ott, 1163.
Otto (P.), 1164.
Otto (E.), 1165.
Overdyck, 466.
Overlack, 1166.
Pachler, 1167.
Padewett, 1168.
Païta, 1169.
Palm, 1172.
Palm (Baron Von), 1173.
Paleske (Baron Von), 1171.
Panizza, 1175.
Pannewitz (J. Von), 1176.
Pantell, 1177.
Parjé, 1178.
Pauli, 1179.
Paulus, 1180.
Payr, 1181.
Pelchrzine, 1174.

Penhert, 1183.
Perger, 1184.
Perglas (Baron Von), 1511.
Pertz, 1185.
Peters, 1187.
Peters (H.), 1188.
Petsch (F. C. G.), 1134.
Petsch, 1189.
Petzold, 1190.
Peucer, 1191.
Pfahl, 1192.
Pfandt, 1193.
Pfeiffer (C.), 1194.
Pfeiffer, 1195.
Pfeil, 1196.
Pfeilsticker, 1197.
Pfister, 1198.
Pflanz, 1199.
Pflicke, 1200.
Pflugk (Von). 1201.
Pflummern (Baron Von), 686.
Pfundheller, 1202.
Philipona, 1203.
Philippi, 1204.
Philipson, 1205.
Phill, 1206.
Pietraczewski, 1207.
Piefke, 1208.
Piclke, 1209.
Pierson, 1210.
Pietzold, 1319.
Pigenot (De), 1211.
Pistorius, 1212.
Pitschner, 1213.
Platt, 1214.
Plessen (Baron), 1215.
Pœnicke (G.), 1216.
Pœnicke (J. C.), 1217.
Poggenpohl (Von), 1218.
Pohl, 1218.
Pohlmann, 1220.
Polko, 1221.
Pollwein, 1222.
Porzelt, 1223.
Praetel, 1224.
Prange, 1225.
Prazer, 1226.
Preisle, 1227.
Pressler, 1228.
Prokesch-Osten (Baron Von), 1229.
Proskau, 1504.
Prusse (Le Prince Charles de) 633.
Pseyer, 1230

Puchtler, 1231.
Puttmaker (Von), 1233.
Pusch, 1232.
Pütz, 1234.
Pyl, 1235.
Pyrmont (Prince de), 1683.
Rack (U.), 1236.
Rack (J.), 1237.
Raehse, 1238.
Raff, 1239.
Rahr, 1240.
Randhartinger, 1241.
Rang, 1242.
Rapedius, 1243.
Rast, 1244.
Rath, 1245.
Rathen (Baron Von), 1246.
Rattensperg, 1247.
Ratzebourg, 1248.
Rau, 1249.
Rauch, 1250.
Rauchienegger (Von), 1251.
Rauh, 1252.
Rauscher, 1253.
Rawicz, 1254.
Reatz, 1255.
Rebb, 1256.
Reber, 1257.
Recke (Comte Von der), 1258.
Recker, 1259.
Redeke, 1260.
Regensburger, 1261.
Regher, 1262.
Regler, 1263.
Rehtanz, 1264.
Reich, 1265.
Reichard, 1266.
Reichardt, 1267.
Reichel, 1268.
Reichenbach, 1269.
Reiching, 1270.
Reichlin (Von), 1271, 1272.
Reischuch (Comte Von), 1271.
Reiffen, 1273.
Reinbold, 1274.
Reiner, 1275.
Reinke, 1276.
Reinkens, 1277.
Reiser, 1278.
Reiss, 1279.
Reppert, 1280.
Ress, 1281.
Rettich (A.), 1282.
Rettich (C.), 1284.
Rettich, 1283.

Reumont (De), 1285.
Reyher, 1286.
Rhensius, 1287.
Ribeaud, 1288.
Richard, 1289.
Richen, 1290.
Richter, 425.
Richter (K.), 1291, 1292.
Richter (F. A.), 1293.
Richter (D.), 1294.
Rickel, 1295.
Rickenbach, 1296.
Rickert, 1297.
Rickenberger, 1300.
Riedel, 1298.
Rietzchell, 18.
Ritter, 1303.
Rings, 1299.
Riss, 1301.
Ritschl, 1302.
Rittler, 1114.
Rixinger, 1305.
Robertz, 1306.
Roch, 1307.
Rochholtz, 1308.
Rock, 1309.
Rœder, 1310.
Roeke, 1311.
Roemer, 1312.
Roerig, 1313.
Roesch, 1314.
Roessler, 1315.
Rogge, 1316.
Rohde, 1317.
Rohner, 1318.
Rohrer, 1319.
Rokteschel, 1320.
Rolfs, 1321.
Roland, 1322.
Rose, 1323.
Rosenthal (J. G.), 1324.
Rosenthal, 1325.
Roser, 1326.
Röschler, 1327.
Rosien, 1328.
Roth, 1329, 1330.
Rother, 1331.
Rothschild, 1332.
Rothstein (Comtesse Von), 1333.
Rothschönberg (Von), 1449.
Röttger, 1334.
Röttmund, 1135.
Rouville de Beauclair (Seuchert de), 930.
Rudinger, 1336.

Rudolph (C.), 1337.
Rudolph (H.), 1338.
Rudolph (W.), 1339.
Rudtorfer (Chevalier Von), 1340.
Rugendas, 1341.
Rueff, 1342.
Ruhatschek, 1343.
Rühl, 1344.
Rühle, 1345.
Rumpf, 1346.
Runge, 1347.
Rüppert, 1348.
Rüpplin (Baronne Von), 1349, 1704, 1725.
Rüpprecht, 1350.
Rutter, 1351.
Ruttinger, 1352.
Sachenbacher, 1353.
Saegerdt, 1354.
Salissig, 1355.
Salomon, 1356.
Sander, 1357.
Sandizell (Comtesse Von), 1358.
Sasser, 1359.
Sattler, 1360.
Sauder, 1361.
Saudken (Von), 1362.
Sausen, 1817.
Sauter, 1363.
Sayn (Comtesse Von), 924.
Sayn-Wittgenstein (Princesse Von), 1364.
Schach, 1365.
Schachtmeyer (Von), 1366.
Schaefer (Baronne Von), 1367.
Schaffthuber, 1368.
Schaltz, 1369.
Schalz, 1370.
Scharlau, 1371.
Scharpf, 1372.
Schartmann, 1373.
Schaulenburg (Baron Von), 1543.
Schaus, 1374.
Schehl, 1375.
Scheerer, 1376.
Scheerer (T.), 1377.
Scheidegger, 1378.
Schelhass (Von), 1379.
Schellard (Comtesse Von), 1380.
Scheller, 1381.
Schenk (Von), 1382.
Schenk, 1383.
Scherer, 1384.
Schermeyer, 1385.
Scheuba, 1386.

Scheuble, 643.
Scheufele, 1387.
Schewinge, 1388.
Schiesl, 1389.
Schiess, 1390.
Schilling, 1391.
Schiltz, 1392.
Schindler, 1394.
Schlafer, 1395.
Schleg, 181.
Schlegel, 253.
Schlegel (F.), 1396.
Schlegel (L.), 1397.
Schleidt, 1398.
Schleinitz (Baron Von), 1399.
Schlesinger, 1400.
Schlick (Von), 1401.
Schlippe, 1402.
Schlösser (P.), 1530.
Schlosser, 1403.
Schmager, 1405.
Schmelzer, 1406.
Schmid (M.), 1408.
Schmid (C.), 1412.
Schmid, 1407, 1409, 1410, 1411.
Schmidt, 39.
Schmidt, 1413.
Schmidt (M.), 1414.
Schmidt (Th.), 1415.
Schmidt (W.), 1416.
Schmidt (R. E.), 1420.
Schmidt (N.), 1421.
Schmidt (C.), 1422.
Schmidt (M.), 1423.
Schmidt (M. T.), 1424.
Schmidt (H.), 1425.
Schmidt (L.), 1426.
Schmidt (M.), 1427.
Schmidt (J. W.), 1428.
Schmidt, 1417, 1418, 1419.
Schmitt, 1429.
Schmiedeknecht, 1430.
Schmiel, 1431.
Schmitkrombach, 1432.
Schneider (F.), 1433.
Schneider (G.), 1436.
Schneider (T.), 1437.
Schneider (O.), 1438.
Schneider (Ph.), 1439.
Schneider, 1434, 1435.
Schneidewind, 1440.
Schnorpf, 1110.
Schoch, 321.
Schoch, 1441.
Schöchen, 1442.

Schoen (Von), 1443.
Schönfelder, 1450.
Schönpflug, 1451.
Schoerken, 870.
Schoetter, 1444.
Scholtz (F.), 1445.
Scholtz, 1446.
Scholtz, 30.
Scholz, 1448.
Schönberg (Von), 1449.
Schott, 1452.
Schrader, 1453.
Schraeder, 1454.
Schramly, 1455.
Schratz, 1456.
Schredler, 1457.
Schreiber, 1458.
Schreiner, 1459.
Schroen, 1460.
Schubert, 1461.
Schuebler, 1462.
Schuh, 1463.
Schullermann, 1464.
Schulmeister, 1465.
Schultheiss, 1466.
Schultz (G.), 1467.
Schultz (L.), 1468.
Schultz (E.), 1469.
Schultze, 1471.
Schulz, 1471.
Schulze, 1472.
Schulze (R.), 1473.
Schumacher, 1474.
Schumann, 1475.
Schünemann, 1476.
Schutz, 1477.
Schütz, 1478.
Schwabe, 1479.
Schwarting, 1480.
Schwarze, 1481.
Schwarzmann, 1482.
Schwass, 1483.
Schwed, 1484.
Schweiger, 1485.
Sebastiani, 1487.
Sedelmayer, 1488.
Seebach (Baron von), 1489.
Seefried (Baron), 1490.
Seefried (Baronne Von), 1491.
Seeger (L.), 1492.
Seeger (C.), 1493.
Seegmann, 1494.
Seehofer, 1343.
Seeliger, 1495.
Seelmair, 1496.

Seethal (Von), 1497.
Sehmis, 1498.
Seiler, 1321.
Seitz, 1499.
Seis, 1500.
Seiz, 1501.
Semmelmaier, 1502.
Sendorf (Von), 1698.
Sesselberg, 1503.
Settegast, 1504.
Seyler (M.), 1505.
Seyler (G.), 1506.
Shelkes, 1507.
Sickingen (Comtesse Von), 1508.
Sidow (Baron Von), 1509.
Siebel, 1510.
Siebenkas, 1511.
Sieber (V.), 1512.
Sieber (G.), 1513.
Siebert, 1514.
Sierazowski, 1515.
Sigerik, 1516.
Sigler, 1517.
Silber, 1518.
Simani, 1519.
Simon (E.), 1520.
Simon (A.), 1521.
Simon (P.), 1522.
Sirbul, 1523.
Sittenthal, 1524.
Sittl, 1525.
Sittle, 1526.
Skeyde (Baron Von), 1528.
Skutsh, 1527.
Smeckenbecher, 1529.
Sobotta, 1530.
Söffler, 1531.
Söhne, 171.
Solbach, 1532.
Soldan, 1533.
Soltau, 1534.
Sorger, 1535.
Soya, 1536.
Spach, 1537.
Sparman, 1538.
Speger, 546.
Spengel, 1539.
Sperling, 1540.
Speth (Von), 1251.
Speth (Baronne Von), 1508.
Spiehr, 1541.
Spier, 1542.
Spilcker (Baron Von), 1543.
Spingler, 1544.
Spira, 1545.
Spitzmüller, 1546.
Spraul, 1491.
Spraul (M.), 1547.
Springborn, 1548.
Stache, 1549.
Stadler (A.), 1550.
Stadler, 1551.
Stahl, 1552.
Stahn, 1553.
Stahnke, 1554.
Stapelmann, 1555.
Stark, 1556.
Statsmann, 1557.
Staub, 1558.
Stauer, 1559.
Steeg, 1560.
Steg, 1561.
Steg (E.), 1562.
Stegmaier, 1563.
Stehle, 1564.
Stehling, 1565.
Steiger, 1566, 1567.
Stein (J.), 1568, 1569.
Stein (L.), 1570.
Stein (G.), 1571.
Steinbacher, 1572.
Steiner, 1574.
Steiner (Von), 1573.
Steinert, 1575.
Stengel (Von), 1576.
Stens, 1577.
Stephan, 1578.
Stephanus, 1579.
Stevens, 1580.
Steynes, 1581.
Stiegler, 1582.
Stilling, 120.
Stockheim (Baron Von), 581.
Stöder, 1583.
Stoff (Von), 1584.
Stolpe, 1585.
Stolle, 1586.
Strassner, 1264.
Stolzenberg, 1587.
Storch, 1588.
Stösger, 1589.
Strakosch, 1590.
Strasser, 1591.
Straub, 1592.
Strauss, 1593.
Strauss (J.), 1594.
Streicher, 1595.
Strelin, 1596.
Stroka, 1597.
Strupler, 1598.

Stubenvoll, 1599.
Stueckerads (Von), 1600.
Stuers, 1601.
Sturm, 1602.
Sturz, 1603.
Sumper, 1604.
Sutz, 1605.
Sybel (Von), 1606.
Syrgenstein (Baronne Von), 1715.
Taecke, 1608.
Tahne, 691.
Tauerschmidt, 1609.
Tauscher, 1610.
Tellkampf, 1611.
Templin, 1612.
Tettau, 791.
Thaeter, 1613.
Thalmann, 1614.
Thielmann (Baron Von), 1615.
Thomas, 1616.
Thum, 1617.
Thumb, 1618.
Thuringer, 1619.
Tiedemann, 1620.
Tiedge, 1621.
Tiedge (K.), 1622.
Tiefenhausen (Baron Von), 1215.
Tillmann, 1623.
Toepfer, 1624.
Toeplitz, 1625.
Tonsern, 1626.
Tourtual, 1627.
Traitteur, 1628.
Trassler, 1629.
Traube, 1630.
Trautmann, 321.
Trautmann, 1631.
Trebsdorf, 321.
Treskow (Von), 806.
Trochsel, 1632.
Tromm, 1633.
Troske, 1634.
Tuffendsamer, 1635.
Tunner, 1636.
Unger (Von), 1637.
Unger, 1638.
Unruh (Von), 1639.
Untermahlen, 1640.
Ursprung, 1641.
Usedom (Comte Von), 1642.
Valloede (Von), 1643.
Varchmin (Von), 1644.
Veit, 1645, 1646.
Viek, 1647.

Vincens, 1648.
Vittig, 1649.
Voegeler, 1650.
Vogel, 1651.
Vogel (D.), 1652.
Vogelmann, 1653.
Vogt, 1654, 1655.
Vogt (C. W.), 1656.
Voigt, 1036.
Voigt, 1657.
Volckmar, 1658.
Vollner, 1660.
Volmerstein (Comte Von der Recke), 1258.
Vorster, 1661.
Voss (Von), 1662.
Vrancken, 1663.
Waagen, 1664.
Wacker (A.), 1665.
Wacker (G.), 1666.
Waeggerath, 982.
Waehnert, 1677.
Wageler, 1667.
Wagner (A.), 1668.
Wagner (J.), 1669.
Wagner (C.), 1670.
Wagner (W.), 1671.
Wagner (Ju.), 1672.
Wagner (R.), 1675.
Wagner (B. C.), 1676.
Wagner, 1673, 1674.
Waidmann, 1678.
Walburger, 1679.
Walchner (A), 1680.
Walchner (H.), 1681.
Waldau (Baronne Von), 1682.
Waldek (Prince de), 1683.
Waldmann, 368.
Waldmann, 1029.
Wallhaus, 1684.
Wallmann, 1685.
Waltenberger, 1686.
Walter, 1076.
Walter, 1687.
Walther, 1689.
Walther (W.), 1690.
Walz, 1029.
Wamich, 1691.
Wardenburg (Von), 1692.
Wartensleben (Comte Von), 1693.
Waschner, 1694.
Wassermann, 1695.
Weber (Comité), 1697.
Weber (Le baron Von), 1701.
Weber (H.), 1696.

Weber (O.), 1798.
Weber (F.), 1699, 1702.
Weber (G.), 1700.
Weber, 1728.
Wedderkop (Von), 1703.
Wegmann (A.), 1704.
Wegmann, 1705.
Wehrle oncle et frères, 1706.
Wehrle (G.), 1707.
Wehrmann, 1708.
Weigel, 1709.
Weil, 1710.
Weiland, 1711.
Weiler (Baron von), 1712.
Weinbach (Von), 1715.
Weinland (Von), 1716.
Weisgerber, 1717.
Weiss (A.), 1718.
Weiss (B.), 1719.
Weiss (E.), 1720.
Weiss (S.), 1721.
Weissert, 1722.
Weissgerber, 1723.
Weitzmann, 1724.
Welden (Baronne von), 1725.
Welters, 1726.
Wendel, 1727.
Wennberg, 1728.
Wentz, 1729.
Wenzel, 1730.
Wenzel-Hebenstein, 1731.
Wenzel-Uhl, 1732.
Wenzel (L.), 1733.
Werder (Von), 1734.
Wernau, 1735.
Werner, 1736.
Wessenberg (Baronne von), 1737.
Wessinger, 1738.
Westphaelinger, 1739.
Weynand, 1740.
Wicht, 1741.
Wickede (Baron von), 1742.
Widemann, 1743.
Wieler, 1428.
Wiemann, 1744.
Wiesmann, 1745.
Wiesner, 1746.
Wildberger, 1747.
Wilken, 1748.
Willhalm (L.), 1749.
Willhalm, 1750.
Wilhelmy, 1751.
Willig, 1752.
Willinger (Von), 1753.

Willmann, 1754.
Winckler, 1755.
Winckler, 1756.
Winter (A.), 1757.
Winter (E.), 1759.
Winter, 1758.
Wintersperger, 1760.
Wipfler, 1761.
Wirz, 1762.
Wiss, 1763.
Wisthling, 1764.
Wistmann, 1765.
Witrich, 1766.
Witt (Von), 1767.
Wittig, 1649.
Wittmann, 1264.
Witzleben (Baron von), 1768, 1769.
Wocher-Schœffer (Von), 1770.
Woelckers, 320.
Woike, 1771.
Wolf, 1772.
Wolff, 416.
Wolff (R.), 1773.
Wolff (G.), 1776.
Wolff (C.), 416.
Wolff, 1774, 1775.
Wolterstorff, 1778.
Wory, 1779.
Wright, 1780.
Wucherer, 1781.
Wülfinghoff, 1782.
Wundramm, 1783.
Wunsch (Von), 1784.
Würtemberg (Comte von), 1786.
Wüssemberg, 1787.
Wüstemberg, 1788.
Wüstendorffer, 1789.
Wynk, 1790.
Wyss, 1791.
Zadora (B. de), 1792.
Zaillner, 1793.
Zapf, 1794.
Zdebinski (Von), 1254.
Zech, 1795.
Zeh, 1796.
Zeintz, 1797.
Zeller (A.), 1798.
Zeller, 1799.
Zernin, 1800.
Zeuss, 1801.
Ziegler, 1802.
Ziegler (L.), 1803.
Ziegler (Baron von), 1804.
Zillmer, 1805.

Zimmer, 1806.
Zimmermann (A.), 1807.
Zimmermann (G.), 1808.
Zirndorfer, 1809.
Zoller, 1810.

Zollner (La baronne), 1811.
Zrenner, 1812.
Zumpt, 1813.
Zwerger, 1814.

FIN DE LA TABLE DES DEMANDEURS.

TABLE

ANALYTIQUE DES MATIÈRES.

Académies de Berlin, Vienne et Munich, n° 1693.
Acker, pensionnaire de Nap. III en 1852 et président de la « Société Napoléonienne », 1721.
Acquisitions proposées de maisons et domaines à Berlin ou autres lieux d'Allemagne, 40, 122, 383, 748, 776, 1407; —id. de mines, 2, 369, 425, 466; — de tableaux, dessins, sculptures, 493, 597, 739, 768, 828, 1017; —d'une collection d'antiquités, 714; — d'une collection héraldique, 947; — d'un bois d'élan 738; — d'un bois de chevreuil 977; — de papiers contre les Bonaparte, 419; — d'un livre contre les Bourbons, 1615; — d'un piano, 110; — d'un bijou célèbre, 686; — d'un autre bijou, morceau royal, 1197.
Adorateur fidèle, 981.
Adjudant de Nap. II, 1074.
Adulation (Femme pénétrée d'), 1682.
« Ægypti expugnatio », 771.
Afrique (Explorateurs de l'), 346, 577, 1221.
Aganippe ou recueil de méditations, 1099.
Agent d'affaires, 167, 484, 702, 1520, 1527.
Agriculture, 71, 561, 1504.
Alençon, 48.
Algérie, 11, 37, 72, 350, 473, 536, 633, 668, 778, 822, 1052, 1159, 1287, 1437, 1466, 1792.
— Napoléon IV, roi d'Algérie, 381.
Aliénés, 1258, 1391.

Ambulances (Les), 1133.
Amérique, 278, 732, 1054, 1138, 1178, 1293, 1720.
Amirauté de Prusse (secrétaire de l'), 697.
Amour et Vengeance, roman allemand, 1522.
Amours de Napoléon (Les), 21.
Angleterre, 146, 592.
Angoulême (Le duc d'), 1615.
Anhalt (Le duc d'), 21.
Anoblissement (Demandes d'), 150, 354, 1449, 1683.
Anthropologie, 1675.
Anti-bonapartistes (Gravures), 225.
Antirheuma, remède, 1582.
Apothicaire, 291, 367, 917, 1209, 1596.
Appareil (Le premier), 356.
Arabisants, 350.
Arbres de l'Allemagne, 345.
Arc (Jeanne d'), 365.
Arcanes médicaux au prix de 500 louis d'or, 258.
Architecte, 13, 736, 1706; — Architecture, 720.
Archiviste, 1482, 1808.
Arenenberg (Le château d'), 180, 281, 339, 853, 997, 1078, 1221, 1230, 1395, 1466, 1513, 1538, 1682, 1717, 1737, 1781.
Aretin (Baronne d'), 1230.
Aristote, 169.
Arlincourt (Le baron d'), 968.
Armée française (Etudes sur l'), 1742; — autrichienne, 1735; saxonne, 708; bavaroise, 326, 1124.—Etudes sur les armées, 556. — Voyez 59, 533.
Armée allemande : tambour,

1686 ; — Chefs de musique des grenadiers de la garde royale de Prusse, 1208 ; et du 1ᵉʳ régiment d'infanterie bavaroise, 1511 ; — Colonels wurtembergeois, 559, 722, 1030 ; bavarois, 204, 1153 ; hanovrien, 1030 ; oldenbourgeois, 1142 ; autre colonel, 1321 ; — Lieutenant-colonel badois, 1712; prussien, 128 ;—Commandant prussien, 1366 ; saxon, 423 ; — Majors bavarois, 1141, 1490, 1753 ; prussiens, 231, 880, 1515 ; — Capitaines bavarois, 581, 1124, 1547 ; prussiens, 229, 267, 1008, 1014, 1393, 1470, 1600 ; hessois, 235 ; wurtembergeois, 1755 ; badois, 942 ; — Chirurgien-major bavarois, 292 ; — Lieutenants prussiens, 20, 142, 184, 221, 235, 570, 670, 736, 872, 900, 1644; hanovrien, 136 ; hessois, 154 ; bavarois, 769 ; oldenbourgeois, 1692 ; mecklenbourgeois, 354 ; — Sous-lieutenant bavarois, 1415; —Officiers divers, 245, 339, 388, 413, 491, 536, 604, 708, 833, 921, 930, 1150, 1334, 1567, 1725, 1742;—Adjudant bavarois, 278 ; caporal bavarois, 1665; sous-officier badois, 1387; prussien, 1420 ;— Dragon prussien, 61 ; — Vétérans prussiens, 90 bis ; —Cadets prussiens, 432 ; —Capitaine de garde civique, 522 ; —Capitaine de pompiers prussiens, 743 ; — Soldat du pape, 1706.

Armurier, 297, 1354.
Artillerie, 568 ; voy. Canons.
Artiste, 1402, 1485, 1549, etc. Voyez Musicien, Peintre, etc.
Artiste universel, 1570.
Assesseur de régence, 619 ; — de justice 1389 ; — de collége, 1584.
Assignats (Porteurs d') qui écrivent à l'empereur pour en réclamer le remboursement : 7, 58, 74, 182, 192, 223, 291, 360, 380, 418, 488, 520, 535, 550, 620, 662, 678, 752, 798, 801, 883, 903, 906, 917, 959, 973, 975, 1009, 1068, 1307, 1325, 1336, 1375, 1409, 1421, 1460, 1498, 1640, 1671, 1739, 1757, 1766, 1771. — Voyez la note page 3 et le n° 291.
Astorg (D'), 693.
Athènes, 616.
« Atlas populaire », 18.
Attentat commis par Orsini; félicitations sur son insuccès : 17, 35, 90 bis, 119, 142, 321, 347, 448, 556, 560, 567, 595, 670, 709, 734, 747, 868, 905, 918, 956, 961, 979, 1047, 1055, 1067, 1081, 1129, 1145, 1226, 1270, 1283, 1324, 1363, 1430, 1448, 1503, 1507, 1524, 1631, 1641, 1727, 1782 ; — (poëmes allemands sur l'), 1047, 1051, 1389, 1398, 1566 ; — réclamation d'un témoin, 576.
Aubergiste, 937, 1531, 1723.
Augsbourg (Souvenirs d'), 180, 629, 769, 1358, 1715, 1753 ; — (Gazette d'), 38 ; — Société de secours à), 39 ; — (Théâtre à), 40 ; — (Suppliques adressées d'), 8, 37, 86, 135, 262, 278, 307, 383, 448, 499, 502, 606, 626, 630, 674, 682, 688, 705, 952, 984, 985, 1005, 1022, 1023, 1032, 1043, 1063, 1064, 1065, 1093, 1102, 1108, 1114, 1115, 1119, 1135, 1163, 1173, 1252, 1261, 1303, 1326, 1335, 1403, 1415, 1437, 1491, 1502, 1559, 1641, 1643, 1665, 1673, 1807, 1816. Voyez Condisciples, Professeurs, Sénat.
Aumale (Le duc d'), 1615.
Austerlitz, Iéna, Wagram (Offre à l'empereur d'un carnet avec les noms de), 209.
Autemarre (Le général d'), 1712.
Autographes (Demandes d') de l'empereur ou de sa famille, 222, 621, 756, 836, 882, 1114, 1651, 1682, 1769, 1793.
Autographes (Présent à l'empereur d') de Napoléon Iᵉʳ, 224, 280. — Présent de l'indication d'une lettre de Napoléon Iᵉʳ, existant aux archives de l'Empire, 1606.
Autographes (Offre d'une publi-

cation d') des Napoléons, 285.
Autriche (Carte d'), 222; — (Agriculture d'), 561; — (Alliance d'), 1579.
Autriche (Empereur d'), 273, 384, 672, 1403. — (Demande d'appui auprès de l'empereur d'), 855, 1537.
Auxerre (Discours d'), 598.
Avocat, 794, 835, 862, 940, 945, 1255. Voyez Docteurs, Jurisconsultes.
Bacciochi (Princesse), 1642.
Baden (Légendes de), 1268.
Baden (Grand duc de), 1236.
Baguette (La) magique, 1649.
Bailli (Grand-), 1198, 1352.
Bains romains, 237.
Bains (Demande à prendre des), 1779.
Balnéologie rationnelle, 362.
Ballons (Invention pour diriger les), 1314.
Baour Lormian, 1630.
Barim (Le baron de), 577.
Barthez (Le d^r), 584.
Bartolini, sculpteur, 1642.
Bas (Paire de) de Napoléon Ier, donnée pour le musée du Louvre, 483.
Bassano (Le duc de), 545, 589, 652, 872.
Baucher, écuyer français, 1492.
Bautzen (Bataille de), 218.
Bavière (Roi de), 384, 1391; Sa chapelle, 199. —Voyez armée.
Bavière (costumes de), 1669.
Bayonnette (Professeurs de), de l'empereur, 481, 647.
Beau (De la connaissance du), 169.
Beaufeu (Maître), 1715.
Belgiojoso (La princesse), 419.
Belmontet, 889, 1000, 1246, 1466.
Benedetti, 235.
« Bénédiction de la France, » 393.
Berceuse pour le prince impérial, 170.
Berg (Grand duché de), 1476.
Berlin (Chambre des seigneurs à), 1171; — (Maisons de santé à), 542; — (Suppliques adressées de), 44, 30, 90, 90 bis, 93, 100, 115, 119, 122, 131, 149,
151, 172, 185, 210, 221, 225, 232, 233, 234, 235, 239, 267, 313, 315, 327, 334, 346, 363, 384, 385, 403, 414, 432, 449, 458, 471, 500, 521, 549, 560, 577, 610, 615, 617, 623, 644, 670, 672, 702, 706, 709, 724, 732, 736, 737, 740, 748, 766, 778, 816, 829, 830, 834, 838, 844, 920, 932, 940, 954, 965, 1009, 1024, 1054, 1068, 1076, 1084, 1097, 1104, 1122, 1127, 1134, 1165, 1179, 1182, 1189, 1207, 1209, 1213, 1238, 1243, 1262, 1286, 1291, 1366, 1369, 1429, 1452, 1472, 1474, 1477, 1483, 1492, 1516, 1518, 1535, 1536, 1585, 1604, 1632, 1633, 1662, 1682, 1693, 1728, 1765, 1774, 1813, 1820.
Berthier (Le maréchal), 125.
Bible et Talmud, 558; — Bible polyglotte, 1028; — Encyclopédie de la Bible, 558.
Bibliothèques et bibliothécaires, 146, 149, 490, 655, 760, 1076, 1144, 1150, 1265, 1762.
Bienfaisance, 90 bis, 190, 227, 261, 587, 1209, 1489. Voyez Loterie.
Bismarck (Biographie du lieutenant de), 125.
Bismarck (Le Comte de), 90 bis, 610, 1579.
Bismarck (Offre d'un portrait gravé du comte de), 1286.
Bismarck (Hommage d'une brochure comparant Napoléon III avec le comte de), 1473.
Bismarck, village, 10. Voyez la table précédente.
Blessés français en 1807 et 1813: 770, 1195.
Blindages (Invention pour les), 1622.
Blumenbach, 1675.
Bois (Présent à l'empereur d'une toque et d'un gilet en), 1545.
Bois de lit chinois (Hommage de vers et d'un), 1140.
Bombes (Effet des), 1182. — Présent à Napoléon III de bombes tirées contre le Danemark, 4.
Bonaparte (Lætitia), 930, 1088,

1636; — Son portrait par David, 1406.
Bonaparte (Louis), roi de Hollande, 1191, 1422. — son portrait, 537. — Voyez Hortense.
Bonaparte (Jérôme), 125, 134, 212, 1715.
Bonaparte (Jérôme-Napoléon), 204, 749, 697, 1578; — Poëme sur son débarquement à Gallipoli, 1809.
Bonaparte (Pierre), 1531.
Bonaparti (Franz), héritier du duc de Reichstadt, 939.
Bonapartisme, 1319, 1321.—Voy. Napoléon, Napoléonisme.
Bonbons et chocolat (Présent de), 1425.
Bon Samaritain (Le), 1258.
Bonn (suppliques adressées de), 234, 355, 721, 772, 982, 1140, 1302, 1428, 1606, 1615, 1616, 1762.
Bonne année (vœux et compliments de), 56, 69, 73, 90 bis, 249, 377, 448, 674, 924, 935, 949, 997, 1072, 1155, 1238, 1352, 1373, 1425, 1432, 1478, 1569, 1588.
Bordeaux, 408.
Borghesi, 1076.
Bottier du prince Eugène (Se recommande comme ancien), 612.
Bottier de Louis-Napoléon (Se recommande comme ancien), 1252.
Bottes (Hommage d'une paire de), pour le prince impérial, 1419.
Bourbons (Documents offerts contre les), 1615.
Bourguemestre, 940, 1029, 1067. 1398. Voyez page 469.
Bourguignons (Histoire des), 268.
Breslau (Suppliques adressées de), 57, 74, 109, 226, 417, 483, 508, 624, 645, 675, 685, 695, 752, 761, 872, 1116, 1176, 1339, 1448, 1530, 1589, 1649.
Broca (Le docteur), 1675.
Broderie (Présent de), 1019, 1290, 1349, 1469.
Brunswick (Duc de), 145.
Brutus (Lucius et Marcus), 733.

Bundschuh (La société du), 200.
Cabotkheim et Trimmau dévastés en 1807, 1644.
Cachet de la Poste (Présent d'un), 1476.
Cachets armoriés (Demandant à l'empereur des empreintes de), 1506.
Cadastre, 264.
Cadore (Duc de), 309.
Caisses d'épargne, 227.
Calligraphie, 111, 420, 1262, 1467, 1499, 1758.
Camarades d'enfance de l'empereur, 1115, 1119, 1559. Voy. Condisciples.
Canons (Fonderie de), 875, 944; — Canons Krupp, 541, 875; — doubles, 1091; — ovales, 891; — (Demandes de) pour fondre des cloches, 665, 1801.
Cardinal, 1253.
Carion (Henri), 1245.
Carnot (Tombeau de), à Magdebourg, 962.
Carlsruhe (Suppliques adressées de), 411, 477, 481, 726, 915, 936, 997, 1078, 1131, 1168, 1193, 1329, 1367, 1372, 1434, 1557, 1618, 1653, 1694, 1797.
Carrolltown, 1010.
Carte de la Gaule, 1675.
Carthographe, 1214.
Cassette impériale (Lettre adressée à la très-louable), 456.
Catherine de Médicis; histoire de sa jeunesse, 1285.
Catilina et Cicéron, 1762.
Caton et César, drame, 115.
Cent jours (Les), poëme, 649.
Cercle dynamique (Le), 143.
Cérémonial de Cour, 51, 78, 642; —Voy. Salon, etc.
César (La vie de Jules) par Napoléon III. Collaborateurs, traducteurs et critiques allemands, 240, 309, 357, 363, 760, 964, 1216, 1302, 1473; — Demandes de l'ouvrage, envois ou refus, remercîments : 50, 61, 84, 106, 136, 365, 387, 692, 736, 1224, 1269, 1627, 1717, 1813, 1816, 1819; — Autres ouvrages sur César, 615, 821, 996, 1800; César en drame, 115;

— César en musique, 160, 199;
— Savant priant l'empereur de lui faire des recherches sur César, 1764.
« Césarisme (Le) et sa signification dans l'histoire »; Savant allemand demandant protection pour se consacrer à cette spécialité littéraire, 1274.
Chalons (Notice sur le camp de), 1330.
Chambellans, 696, 996, 1490, 1515, 1703.
Chansons dédiées à l'empereur, 1402; — (Hommage de) 619. — Chansons religieuses, 76.
Chanteur ou cantatrice, 3, 983, 1083; — Concert, 1136.
Chapelet (Présent d'un) à l'empereur, 885.
Charles roi de Wurtemberg, 1011.
Chemins de fer de Prusse (Carte des) 865; — (Employés de) 304, 620, 1548.
« Cheval de cavalerie (Le) » journal, 23; — Etudes sur le cheval et les haras, 1653, 1729; — Le manège moderne, 338; —Le marché aux chevaux, 388. — Ferrement des chevaux, 1342. — Invention pour les nourrir, 963.
Chevalier de Saint-Jean (Les aventures d'un), 1734.
Chevalier (Michel), 419.
Chicago, 1173.
Chiens savants, 116.
Chimistes, 178, 1116.
Chinois (Éléments) de la langue française, 760.
Chirurgie, 85. Voy. Médecins et chirurgiens.
Choléra (Propositions de remèdes contre le) 16, 103, 424, 523, 553, 557, 575, 717, 883, 901, 1179, 1189, 1491, 1477, 1555, 1752, 1783. Voyez la note page 183.
Cigares fameux (Sollicite quelques-uns des) que l'empereur daigne fumer, 1269.
Cigarettes de l'empereur, 1055.
Cimetière (Gardien de), 962.
Cirque (Directeur de), 480.
Civilisation catholique, 1277.

Civilisation française florissante en Orient, 1276.
Claparède, 821.
Clarke (Le général), 1606.
Clèves (Duché de), 1126.
Clotilde (S. A. R. Mme la princesse) 911, 968.
Coblence (La Cour des émigrés français à), 1613.
Coiffeur, condisciple de l'empereur, 1437.
Cologne (journal de), 393.
Cologne (Suppliques adressées de) 27, 70, 88, 111, 140, 178, 236, 248, 336, 350, 357, 362, 372, 393, 436, 440, 459, 493, 529, 583, 619, 634, 749, 897, 1037, 1129, 1146, 1166, 1234, 1306, 1355, 1392, 1420, 1555, 1568, 1619, 1630, 1663, 1817.
Commerce (Ecole de), 705; — (Code international de), 1255.
Communion (Demande d'un habillement pour la), 30.
« Comptabilité (De la) », 1344.
Concile (Le), 1664.
Condisciples (Allemands se recommandant aux faveurs de l'empereur comme ayant été ses) au collège Sainte-Anne d'Augsbourg, 180, 292, 381, 407, 626, 630, 634, 705, 729, 785, 836, 960, 1135, 1153, 1154, 1226, 1269, 1437, 1456, 1613, 1614, 1648, 1675, 1743, 1772, 1816; — *Idem* comme neveu d'un condisciple, 509; — *idem* comme sœur, 682; — *idem*, comme tante, 1718. — *Voy.* Camarades.
« Condominat (Le) dans les duchés de l'Elbe », 1644.
Confiseur, 728, 1425.
Congrès européen, 1540. — (L'impérialisme et le), 169.
Congrès démocratique, 732.
Congrès scientifique universel (Proposition d'un), 114.
Conneau (D^r), 89, 870, 1198.
Conserve de légumes, 1662.
Conseillers auliques ou de gouvernement, 357, 566, 1012, 1204, 1248, 1379, 1540, 1574, 1664, 1675, 1701, 1717; — de justice, 1411, 1689, 1693, 1703;

32

— des finances, 821, 1180, 1793; — des mines, 1377; — d'agriculture, 561 ; — de ville, 421 ; — de la santé du roi de Prusse, 1577.
Conseils politiques (Allemands ou allemandes adressant à l'empereur leurs), 3, 64, 183, 197, 220, 238, 329, 585, 636, 710, 750, 754, 969, 1015, 1331, 1531, 1540 ; — Conseils pour l'amélioration de l'humanité, 1427.
Constance (ville de), 694, 1198, 1737.
Constance (Lac de), 1156.
Constance (Concile de), 713.
Consul et consulat, 633, 1166, 1332, 1603.
Conti, 162, 760, 1246, 1786.
Contrôleur des comptes ou contributions, 1068; 1078, 1344.
Conversion religieuse, 760.
Copernic (maison de) à Thorn, 639.
Cordonnier, 355, 1413. Voy. Bottier.
Corse (Roi de la), 146.
Coup du 2 décembre 1851 (Apologies du), 265, 344, 433, 850, 913, 960, 1015, 1134, 1198, 1317, 1471, 1617, 1772, 1808. — (Vers sur le), 1592 ; — (Allemands acteurs dans le), 1721.
Couronnement de Napoléon III, poëme, 1149.
Couteaux de prix, 179, 1012, 1237, 1311.
Couvents à Constantinople, 784.
Créancier des Bonaparte, 1578.
Crimée (Guerre de), 1684, 1809 ; Voy. Cronstadt, Russie, Sébastopol.
Crispin (Saint), 789.
Croix de la légion d'honneur (Sollicitations ou remercîments pour la), 13, 21, 100, 145, 169, 219, 229, 231, 235, 285, 311, 358, 403, 450, 500, 522, 534, 545, 722, 736, 910, 962, 965, 982, 1099, 1121, 1125, 1143, 1179, 1278, 1327, 1490, 1496, 1509, 1639, 1655, 1712, 1721, 1761, 1768, 1793, 1806.
Cronstadt (Plans pour prendre), 1416, 1603.

Cruziger (Caspar), 62.
Cuirassiers de la garde impériale, en plomb, offerts au prince impérial pour sa fête, 817.
Cuirs à rasoir (Présent de), 36.
Curés, vicaires, abbés : 52, 84, 180, 381, 425, 438, 569, 785, 1029, 1256, 1368, 1617, 1714, 1801.
Danemark, 4, 59, 385, 835, 1235.
Dantzick (Suppliques adressées de), 265, 882, 966, 1183, 1320, 1721, 1771.
Darmstadt (Suppliques adressées de), 56, 108, 332, 437, 1344, 1758, 1800.
Darnika Cawilowa (Princesse), 177.
Dédicaces offertes, acceptées, refusées : 109, 160, 251, 285, 310, 343, 455, 468, 591, 793, 795, 824, 861, 968, 1016, 1060, 1084, 1167, 1223, 1239, 1323, 1435, 1511, 1628, 1657, 1674, 1681, 1698, 1741, 1760.
Décrétales (Les), 653.
Delille, remplacé comme traducteur de l'Enéide, 821.
Demidoff (Princesse Mathilde), 1715.
Dénonciations, 21, 225, 437. Voy. Révélations.
Dent de cheval, remède proposé pour l'empereur, 95.
Dentiste, 554, 680.
Député (Prussien), 435, 1788.
Deroy (Le comte), 826.
Dictionnaire fondamental de la langue française, 760.
Dieux (Napoléon III égal aux), 907.
Dilingen, village, 180, p. 47.
Diplomates, p. V, nos 339, 1819.
Divorce (Triple), 940.
Docteur en médecine. Voy. Médecins.
Docteurs de sciences diverses : 71, 80, 91, 106, 112, 115, 122, 144, 146, 149, 201, 237, 268, 295, 350, 363, 384, 490, 502, 507, 521, 552, 558, 561, 597, 598, 615, 634, 653, 663, 705, 725, 732, 755, 760, 789, 796, 805, 820, 882, 940, 965, 982, 1029, 1099, 1134, 1200, 1204,

1205, 1207, 1213, 1248, 1255, 1291, 1308, 1342, 1454, 1473, 1539, 1574, 1630, 1658, 1721, 1762, 1778, 1793, 1816, 1820.
Domestiques, 1040, 1338, 1434, 319.
— Bonne, 1155. — Garçon d'hôtel, 1670. — Cocher, 1704.
— Sommelier médecin, 406.
Donaueschingen (Bibliothèque de), 331.
Douanes, 361, 486, 1348.
Douglas (Comte de), 319.
Drainage (Le), 1049.
Drapeau (Présent d'un) alsacien, 743.
Dresde (Suppliques adressées de), 80, 91, 143, 201, 208, 209, 276, 406, 490, 592, 640, 859, 860, 861, 887, 1007, 1338, 1390, 1426, 1438, 1449, 1538, 1603, 1624, 1757, 1792. —(Galerie de), 566.
Droit (Etudes de), 1693.
Dumas (le colonel), 1715.
Düppel (Souvenir prussien du bombardement de), 4.
Dusseldorf (Antiquités de), 370.
Dusseldorf (Suppliques adressées de), 160, 190, 343, 459, 511, 632, 690, 691, 777, 845, 900, 1277, 1406, 1565, 1751, 1767.
Eau potable (Invention pour l'), 393.
Eaux minérales recommandées à l'empereur : eaux de Kœnigsdorf, 96, de Burtscheid, 399, de Schwalbach, 450, de Senkeiltich, 514, de Wildbad-Gastein 703, de Wildungen, 1118, de Franzensberg, 1590 ; — (Fabricant d'), 746 ; — (Moyen de faire jaillir partout des), 1604.
Ebéniste, 761, 1745.
Ecole française (Demandes d'admission dans une), 489, 544.
« Ecole de dessin (L') », 1632.
Ecole de la vie, 1468.
Economie (Inspecteur ou commissaire, d'), 1075, 1452, 1463.
— Economie rurale, 892.
Ecrevisses (Cadeau d') fait à l'empereur, 528.
Ecriture universelle. Voy. Inventeurs.

Ecrivains allemands (Société de secours pour les), 39.
Ecuyer prussien, 1174, 1492.
Edda, 349.
Education, 1117.
Eglise (Des biens de l'), 301.
Eglises catholiques ou couvents (Demandes pour construire ou entretenir des), 42, 555, 569, 945, 1714.
Egypte (Demande d'un voyage en), 1002.
Eichsstardt, séjour de L.-N. Bonaparte, 1230.
Electeur de Baden (Karl F.), page 466, 471.
Elan (Bois d'), 738.
Electricité, 102, 313, 889.
Elixir pour les armées, 1306.
Emplâtre indien pour le prince impérial, 1453.
Emplois (Demandes d') 9, 72, 180, 191, 202, 230, 281, 285, 285, 339, 350, 376, 402, 475, 513, 619, 633, 760, 804, 853, 894, 902, 907, 911, 965, 983, 990, 997, 1027, 1046, 1074, 1166, 1169, 1243, 1254, 1263, 1265, 1351, 1362, 1369, 1384, 1433, 1437, 1467, 1480, 1491, 1529, 1557, 1579, 1670, 1706, 1743, 1749, 1756, 1759, 1788, 1792.
Employé municipal, 612.
Emprunteurs et emprunteuses : 2, 8, 56, 76, 101, 113, 151, 389, 408, 512, 685, 697, 715, 743, 755, 762, 792, 797, 813, 853, 857, 879, 919, 938, 939, 967, 974, 983, 1037, 1056, 1100, 1161, 1164, 1169, 1172, 1187, 1188, 1209, 1221, 1243, 1317, 1357, 1106, 1364, 1468, 1607, 1814.
Enéide, 821.
Enfants (Allemand sollicitant un secours comme auteur de quarante-six), 818.
Enfants pauvres (Etablissement d'), 190. —(Maladies d'), 584.
Engelhardt (Le baron d'), 1078.
Enigme proposée à l'empereur pour le distraire, 1288.
Epées (Présent d'), 328.
« Epitre d'un prussien », 940.
Epos Napoléonien, 1217, 1466.
Eptingen, (Baronne d'), 1715.

Equipement militaire, 508, 546, 1735, 1745.
Ermattingen, village thurgovien d'où dépend le chateau d'Arenenberg, 1078, 1198.
Esménard, 1630.
Essence de vie, médicament, 788.
Estienne (Descendant des), 1579.
Eylau et Friedland (Batailles d'), 1644.
« Etoile (L') de la France », 169.
Eugène (Le prince), 38. — Voy. Bottier.
Expérimentation (Offre d') sur un autre de remèdes proposés pour l'empereur, 92.
Explorateurs audacieux (Société de secours pour les), 1221.
Exposition universelle de 1867 : 145, 738. 1530.
Fabricants, industriels, 27, 148, 171, 385, 896, 967, 1164, 1172, 1590, 1638.
Fajac (Le général), 1008.
Faim (Se plaignant de la), 872, 1607.
Farine de bouillon, 803.
Faust, poëme, 169. 1586.
Femmes exprimant leur enthousiasme pour Napoléon III : 3, 64, 75. 86, 176, 212, 213, 239, 329, 371, 410, 426, 510, 560, 621, 629, 635, 641, 677, 696, 733, 944, 1054, 1238, 1382, 1647, 1676, 1682.
Femmes solliciteuses en même temps qu'enthousiastes : 12, 14, 22, 45, 230, 319, 368, 379, 382, 401, 422, 425, 430, 433, 434, 441, 470. 475, 495, 499, 501, 512, 513, 524, 537, 588, 589, 590, 601, 606, 609, 656, 666, 669, 682, 690, 720, 723, 724, 730, 753, 801, 810, 811, 845, 847, 858, 870, 888, 904, 927, 930, 952, 959, 973, 974, 999, 1035, 1040, 1077, 1088, 1102, 1108, 1119, 1122, 1155,, 1160, 1163, 1169, 1172, 1187, 1221, 1222, 1247, 1271, 1280, 1298, 1303, 1308, 1309, 1333, 1367, 1380, 1451, 1469, 1491, 1512, 1535, 1558, 1560, 1562, 1662,
1668, 1709, 1718, 1748, 1770, 1771, 1773.
« Femmes galantes des Napoléons », 1263.
Ferblantier, 520, 624.
Fête de l'empereur (Compliments en prose ou en vers, vœux, cadeaux envoyés pour la), 48, 641, 966, 1131, 1175, 1266, 1297, 1320, 1372, 1415, 1423, 1569, 1635, 1724, 1737, 1787, 1788.
Fêtes de la Cour en France, p. X, n° 78.
Fiancés priant l'empereur d'aider à leur mariage, 351, 428, 1083, 1169, 1274, 1683.
Filleul de l'empereur, 82, 83.
Fils et filles naturels de Napoléon Ier, 371, 643, 1423.
Fils et filles naturels de Napoléon III réclamant leur état, 1098, 1558.
Fleurs (Bouquet de) offert à l'impératrice, 1032.
« Fleur de France (La plus belle) », 318.
« Fleurs élyséennes » poésie, 908.
Fleury (Le général), 307.
Flourens, 1675.
Fonctionnaires divers, 19, 32, 166, 595, 629, 705, 853, 942, 1082, 1197, 1219, 1277, 1295, 1606, 1694, 1772 ; Voy. 197.
Fondeur, 944.
Fonte émaillée (Art de la), 1466.
Forestiers (Maîtres et gardes), 457, 839, 955, 1001, 1154, 1176.
Forêts et sylviculture, 1228, 1248.
Forth-Rouen (Le baron de), 1216, 1377.
Foucault, 440.
Fournisseur de l'empereur (Demandes du titre de), 31, 312, 372, 954, 1425, 1608.
France (Allemands demandant à être appelés à Paris ou en) 169, 888, 923, 997, 1161, 1484, 1788.—Voy. Paris.
France (La belle), 789, 796, 920, 1364, 1469, 1788, etc.
Francfort (Grand duc de), 1012,
Franc-maconnerie, 3.
Frédéric II (L'empereur) en Italie, 1627.

Frédéric (Présent de vêtements du grand), 740.
Frédéric-Guill.-Victoria, Société de bienfaisance, 90 *bis*.
Frédéric de Prusse (Le prince), 1467.
Froschweiler, 743.
Fugger-Kirchberg (Le comte), 383.
Fumeur et priseur (Se recommandant comme grand), 1507.
Fürstemberg (Le landgrave de), page 469.
Fusil provenant du Louvre, 1767.
Fusion (La), poëme, 1466.
Galilée, 1246.
Garde impériale (Photographie de la jeune), 780.
Garde-malade condisciple de l'empereur, 1115.
Gardes nationales, 1153.
Genève, 1077 ; — capitalistes genevois, 633.
Gentilhomme de la chambre, 1768.
Géographie, 844, 892, 942.
Géomètre, 444.
Géostéréoplastie, 201.
Génito-urinaires (Médecin recommandé à l'empereur pour les maladies), 120.
Gerlach, capitaine Hessois, 437.
Goethe en Italie , Comédie, 239 ; — (Monument de) à Weimar, 1713.
Goltz (Le comte de), mort pour n'avoir pas payé son médecin, 542 ; — merveilleux remède expérimenté sur lui trop tard, 781 ; voy. encore 1819.
Corée, 907.
Grammaire française sans paroles, 1200 ; — grammaire française, 1616 ; —allemande, 1628.
Gramont (Le duc de), 13, 419.
Gratiolet, 1675.
Gravenreuth (Le comte Von), 180, p. 47.
Graveur, 8. 307, 504, 843, 1089, 1286, 1403, 1754.
Gravures (Offre de), 838.
Gravures religieuses (Présent de), 1139 ;—antibonapartistes, 225.
Grèce, 1559.

Greffier. 465, 479, 1498.
Guelfes (Hist. des), 330.
Guizot, 419.
Gymnastique (Artiste en), 116.
Haller (Le professeur), 1675.
Hanovre, 48, 995, 1144.
Hardenberg (Comtesse Von), 680.
Hase, 1191.
Heidelberg (Vue de), 1754.
Heine (Papiers de Henri), 419.
Hermann (Baronne), 629.
Hesse (Landgrave Emm. de), page 469.
Hesse-Philippstahl (Prince de), 1683.
Hesse-Darmstadt (Rang de la maison de) à la cour, 642.
Hesse (Mémoires d'un fonctionnaire de la), 197 ; — (Historiographe de la), 1574.
Heuristique (Méthode), 1200.
Hieron, tyran de Syracuse, 1425.
Hodan (Remède), 773.
Hohenlohe (Bailliage de), 1212.
Hohenzollern (Maison de), 642, 690-692.
Hohenzollern-Hechingen (Prince de), page 470.
Hohenzollern-Sigmarigen, 693, 1482.
Holzappel (Ulrich de), page 472.
Homœopathie, 102, 752, 972, 1577.
Horloger, 715, 925, 1381, 1526.
Hortense (La reine). Son hôtel à Augsbourg, 688 ;—son théâtre, 40 ; — ses soirées, 433 ; — sa dame d'honneur, 1191 ;— peintures, vases, harnais, lui ayant appartenu, 274, 674, 1410 ; — sa harpe, 1168 ; — son porte-bouquet, 1085 ;— son ridicule, 1114 ; — son voyage en Italie, 979 ; — paysage en papier découpé par ses mains, 1482 ; — collaborateur à l'air « Partant pour la Syrie », 311 ; — la reine s'étrangle en mangeant une croûte, 1230 ; — ses funérailles à Ermattingen, 1198 ; — *requiem* pour son service funèbre, 1040 ; — marche en musique de la reine Hortense, 45 ; — « Hortense, mère de Napoléon III » et autres biographies

— 502 —

de cette princesse, 373, 664, 1084, 1130, 1221 ; — cheveux de la reine Hortense offerts en présent à son fils, 499, 1259, 1543 ;— papiers et autographes d'elle, 499, 927 ; — invocations à son souvenir, 769, 787, 936, 1032, 1078, 1108, 1153, 1412, 1466, 1508, 1665, 1675, 1715.
« Humanité (Le génie de l') », 169.
Humboldt (Alex. et Guill. de), 210, 579, 872, 1754.
Huningue, 542.
Hymnes catholiques, 146.
Hypothèques (Employé aux), 905.
Ibn Abdolhakami, 771.
« Idées napoléoniennes » en allemand, 655.
Imbécile criant vive l'empereur ! 589.
Imitation de J.-C., 236.
Impératrice, 168, 176, 472, 584, 824, 1368, 1630 ;— appelée « Sa Majesté-catholique-très-chrétienne, 484 ; — supplique de la comtesse de G... pour devenir sa femme de chambre, 513 ; — voy. Invitations, etc.
Imprimeur, 548, 694 ; — imprimerie de l'Etat à Paris, 1028.
« Impuissance (La guérison de l') », 1572.
Indemnités sollicitées pour un moulin brûlé en 1806 dans la guerre, 254 ; — pour une commune récemment incendiée, 840 ; — pour deux fils dont le père avait jadis manqué le bateau, 1789.
Ingénieur, 201, 887, 889, 1178, 1513, 1589, 1601. — Ingénieur agricole, 712.
Inkermann (Blessé à), 836.
Inondations (Invention pour annoncer les), 393. — (E udes sur les), 915, 1310.
Institut de France, 760.
Institut héraldique de Munich, 597.
Instituteurs et institutrices, 87, 110, 527, 747, 895, 943, 1055, 1095, 1128, 1169, 1374, 1484, 1546, 1570, 1602, 1616, 1672, 1699, 1732, 1796, 1812.
Interprète, 1009.
Inventions militaires proposées à l'empereur : miroir ou autre instrument propre à mesurer les distances (principalement pour l'artillerie), 154, 161, 327, 685, 727, 827 ;— procédés nouveaux applicables aux canons, 171, 181, 228, 235, 476, 491, 498, 604, 769, 1212, 1526, 1565 ; canons et fusils à âme ovale, 891 ;— perfectionnements pour le fusil à aiguille, 26, 47, 216, 248, 297, 298, 340, 361, 385, 413, 421, 516, 652, 758, 816, 887, 925, 1036, 1225, 1725 ; — nouveaux projectiles, 156, 1033, 1147, 1340 ; — nouveau projectile pour le secret duquel l'inventeur demande 3 millions de florins, 1502 ; — procédé pour le coulage des balles, 1723 ; — nouveaux fulminates, 1354, 1425, 1446, 1470 ; — invention pour enfoncer l'infanterie, 1318 ; — invention pour incendier à distance, 1322 ; — pour utiliser les miroirs d'Archimède, 1738 ; — pour faire sauter les villes par le gaz, 1711 ; — lance à feu pour la cavalerie, 388 ; — procédé pour les fusées, 1779 ; — diverses autres nouvelles machines de guerre, 279, 504, 552, 583, 794, 1534 ; — préservatif pour les soldats, 553, 1452, 1458, ; — pour les forteresses, 1138 ; — inventions de cuisine militaire, 5, 772 ; — d'équipement et d'armement militaires, 449, 722.
Inventions pour la marine, 27, 90, 137, 496, 315, 872, 889, 1614, 1621, 1622, 1751.
Inventions industrielles : nouveau procédé pour ferrer ou arrêter les chevaux, 67, 159 ; — pour l'agriculture, 346, 417 ; pour le tannage, 290 ; — pour le chauffage, 393, 755 ;— pour clarifier l'eau, 746 ; — pour conserver la viande, 553 ; —

— 503 —

pour la farine, 803 ; — pour les vernis, 922 ; — pour préserver les vers à soie, 1104 ; — pour fabriquer la glace, 1663 ; — pour guérir les membres gelés, 578 ; — pour diriger les ballons, 375, 699 ; — pour l'électricité, 1359 ; — pour le mouvement perpétuel, 186.

Inventions de machines diverses, à air comprimé ou à la vapeur, 651, 702, 923, 1246, 1334, 1513, 1619 ; -- d'appareils fumivores, 1589, 1690 ; –d'un ventilateur pour les mines, 1273 ; — demandes de brevets d'invention, 1069, 1472. — Un inventeur de procédés pour la télégraphie, pour les inondations, pour l'eau potable, le chauffage et les accidents de machines, 393.

Inventions d'une écriture secrète, 538, 912 ; — universelle, 1 ; — d'un papier inaltérable, 1337 ; — d'un nouveau style d'architecture, 275 ; — d'un piano électrique, 1541 ; — d'un procédé de peinture sur porcelaine, 1431 ; — d'un préservatif des blessures de guerre, d'une langue universelle et d'un élixir, 1452.

Invitation à la noce pour l'empereur et l'impératrice, 29, 49 ; — à un baptême, 764.

Isabey, 1520.

Israélites, 953, 1028, 1081, 1205, 1486.

Issenburg (Prince d'), 125, 358 ; page 470.

Jänische (Général), 1535.

Jardinier, 1624, 1756 ; — de la reine Hortense, 1032 ; — (fils d'un) du roi de Bavière, 907.

Jean de Luxembourg, roi de Bohème, 1444.

Jeanne d'Arc (Poëme sur), 1048.

Jérusalem (Demande à l'empereur de bâtir une église à), 275.

Jeu (Propositions pour gagner au), 1171, 1317.

Jordan et Timeus (Fabrique), 209.

Joséphine de Beauharnais (L'impératrice), 422, 945, 1123, 1221, 1656, 1784.

Journalistes, la plupart offrant leurs services, 112, 128, 133, 169, 273, 344, 403, 650, 658, 694, 701, 835, 886, 1002, 1134, 1362, 1721.

Journaux allemands, 133, 1209, 1691 ; — (Achat de), 1321, 1817. — Voy. Journalistes.

Juges, 301, 521, 549, 1212, 1738. Voy. Bailli. — Injustice des juges de Paris, 189.

Jurisconsultes, 587, 909, 1249, 1689.

Kellermann (Armée de), 620.

Kepler, astronome, 519.

Kiosques de liquoristes à Paris, 435.

Kladeradatsch (Le), 21.

Klopp (Le conseiller), 813.

Kolb, valet du duc de Reichstadt, 252.

Königgrätz (Bataille de), 1182.

Lafont (De), parents de Napoléon Ier, 1624.

La Guiche de Saint-Géran (Maison de), 451.

Laity, 1198.

La Marlière (Le général), 1126.

La Haye, 189.

Landsberger, prédicateur, 90 bis

Langue universelle (Proposition d'), 400.

Laque noire, 508.

Laroche (les) armuriers parisiens, 1767.

Larrey (le baron), 85.

Las-Cases, 1821.

Latin (lettres et compositions en), 52, 80, 84, 350 771, 1701, 1717, 1813.

La Tour et Taxis, 1012.

Lauenbourg (le), 200.

Lavater (manuscrit de), 36.

Lebœuf (le maréchal), 47.

Lebrun, poëte, 1630.

Lefèvre (neveu du maréchal), 470.

Leibnitz, 995 ; — « L. consilium ægyptiacum. » 813.

Leipsick (bataille de), 219, 1013, 1143.

Leipsick (suppliques adressées de),

— 504 —

23, 24, 45, 130, 386, 453, 526, 914, 959, 964, 1204, 1216, 1217, 1402, 1418, 1419, 1424, 1460, 1461, 1646, 1708, 1764.
Lepas. 180, p. 47.
Leplay, 145.
Lettres (hommes et femmes de), 455, 716, 997. 1135, 1175, 1221, 1363, 1760, 1764.
Leuchtenberg (duc et duch. de), 180, p. 47. 730, 1230.
Libération (l'ordre de la), chevalerie corse, 146.
Libraires, 18. 23, 226, 320, 892, 1045, 1057, 1172, 1216, 1332, 1506, 1533, 1594, 1646, 1684, 1800.
Lieb. 1078.
Liebig (conserves de). 439.
Lierre (feuille de), symbole, 962, voy. Trèfle.
Ligny (bataille de), 806.
Limonadier, 522.
Listz (l'abbé), 199.
Lithographe, 196, 1518 ; — Lithographies (présent de), 763, 1106.
Littré, 760.
Livres et gravures anti-bonapartistes (Dénonciation de), 21, 225.
Londres, 201. 571, 1321.
Loterie, 44, 89, 108, 459, 993.
Louis XVI, 1449.
Louis-Philippe, 1088.
Louis I, roi de Bavière, 683.
Louis III, grand duc de Hesse,
Lübeck (Le sénat de), page 470.
Ludwisbourg (Plan de), 196. 108.
Luther, 1714.
MacKau (Amiral), 210.
Magnétisme, 102, 313.
« Maïs (La culture du) », 1716.
Maître de chapelle, 99, 594, 1097, 1733. Voy. Musiciens.
Malmaison (Demande de venir en France pour visiter la), 86, 1221.
Malorte (Von), 995.
Malt (Extrait de), 183, 672.
Mancini (Portrait de Marie), 1286.
Mandat daté de 1806 (Réclamant le paiement d'un), 765.

Mansfeld, 1256.
Marchand, négociant : 44, 56, 101, 151, 294, 328, 423, 458, 509, 623, 639, 741, 792, 797, 933, 947, 1142, 1220, 1240, 1259, 1357, 1448, 1474, 1523, 1620, 1663, 1745; — membre du commerce français, 408.
Mariage (Félicitations adressées à Napoléon III au sujet de son), 24, 221, 263, 316, 354, 391, 445, 454, 467, 510, 517, 774, 852, 1031, 1039, 1127, 1244, 1301, 1382, 1390, 1471, 1494, 1610.
Marienbourg (Château de), 349.
Maris fugitifs demandés à l'empereur par leurs femmes, 999, 1052.
Martingale infaillible, 1171.
Matérialisme et christianisme, 87.
Mausolée napoléonien, 1466.
Mawerdi, auteur arabe, 350.
Maximilien, électeur de Bavière, 597.
Maximilien, empereur du Mexique, 210.
Maximilien (Le prince) de Bavière, 1514.
Mecklenbourg (Duc de), page 470.
Médaille à l'effigie de l'empereur, 307, 843.
Médailles (Règlement pour les) accordées par Napoléon III, 13.
Médecins et chirurgiens, 102, 190, 450, 457, 538, 542, 554, 577, 670, 703, 826, 836, 841, 850, 972, 997, 1010, 1021, 1134, 1174, 1182, 1186, 1188, 1265, 1313, 1330, 1371, 1391, 1392, 1428, 1496, 1553, 1572, 1583, 1676, 1708, 1729, 1730, 1747.— Médecin naturel, 937. — Médecin militaire, 1330. — La médecine en Prusse, 711.
Menaces (Suppliqne mêlée de), 335.
Menzel, 169.
Metternich (Le prince de), 152.
Métiers divers : Bouquiniste, 531 ; barbier, 1370 ; brocanteur, 1038 ; chapelier, 449 ;

— 505 —

commissionnaire, 1423 ; distillateur, 1280 ; forgeron, 159 ; mécanicien, 394, 948 ; menuisier, 628 ; maçon, 1439 ; ouvrier, 208, 586, 737, 1041 ; poêlier, 700 ; potier d'étain, 817 ; patissier, 1165 ; remouleur, 564 ; relieur, 816 ; sellier, 1395 ; teneur de livres, 695 ; tailleur de pierre, 1798 ; tourneur, 678 ; tapissier, 966 ; tisserand, 282, 428 ; tonnelier, 1131, 1132 ; vétérinaire, 158.

Mexique, 210, 504, 671, 1066, 1173, 1306, 1480, 1663.

Meyerbeer, 93, 152.

Michelet, 419.

Mignet, 419.

Milne Edwards, 1675.

Mines, 2, 369, 425, 466, 982.

Ministre d'Etat, 1576.

Mirecourt (Jacquot de), 1263.

« Miroir (le) des princes », 1321.

Missel romain, 1279.

« Mission de l'Empire français en Allemagne », 1815.

Mocquard, 4, 750.

Molière (livre sur, 725.

Molitor (le maréchal), 430.

Moller (von), 226.

Moltcke (von), 610.

Mommsen (Théod.), 1302.

Monarchie constitutionnelle (de la), 1808.

Moniteur de 1815 (présent d'un extrait du), 1352.

Monnaies, 1059, 1230.

Mont-Blanc (Ascension au), 1213.

Montebello (Duc de), 1198.

Montfort (duc de), 1715.

Montre, 30, 984.

Moritzbourg (histoire de), 80.

Mort (la peine de), 1353.

Mortara (pétition en faveur du jeune), 1486.

Mouchoir, 992.

Mozart (société de), 587.

Münich (suppliques adressées de), 33, 124, 133, 167, 274, 283, 406, 413, 416, 420, 455, 502, 509, 525, 580, 584, 597, 609, 612, 626, 671, 704, 755, 787, 879, 902, 907, 1016, 1034, 1085, 1090, 1152, 1222, 1223, 1230, 1257, 1261, 1297, 1341, 1353, 1358, 1391, 1485, 1491, 1496, 1513, 1526, 1527, 1529, 1539, 1547, 1561, 1562, 1572, 1599, 1628, 1656, 1664, 1669, 1679, 1710, 1772, 1806.

Musœus, 1216.

Musée germanique, 359.

Musique (directeurs ou maîtres de), 861, 990, 1223 ; — de la musique royale de Prusse, 932 ; — de Würtemberg, 1658 ; — de musique municipale, 824 ; — juré de musique, 634.

Musique (œuvres et compositeurs de), 13, 45, 141, 172, 310, 332, 412, 503, 511, 516, 525, 594, 634, 706, 731, 780, 859, 978, 1016, 1024, 1040, 1066, 1072, 1088, 1097, 1192, 1239, 1383, 1435, 1450, 1514, 1550, 1564, 1697, 1701, 1702, 1719, 1763, 1770, 1812.

Mystères de Paris (les nouveaux), 1130.

Nabis, tyran lacédémonien, 1425.

Nancy, 250, 1475.

Naples, 650.

Napoléon Ier ; immémorable oncle, 1153 ; — compliments sur l'anniversaire de sa naissance, 209, 599, 796, 1184 ; — se recommandant comme l'ayant vu, 796 ; — comme fils d'un facteur de la poste qui, en 1812, lui porta une dépêche, 947 ; — comme lui ayant repassé un rasoir, 985 ; — venu à Thorn en Prusse, 639 ; — à l'auberge du Bonnet bleu, à Leipsick, 1424 ; — à Ratisbonne, 1002, 1144 ; — à Bromberg, 1788 ; — révélation d'un attentat contre lui qui était resté inconnu, 130 ; — héros des temps modernes plus grand que Philoctète, 579 ; — beaux traits de son génie et de son cœur, 649 ; — livres de droit pendant sa domination sur l'Allemagne, 1689 ; — bienfaiteur de l'église catholique de Weimar, 1714 ; — fait fusiller Palm, 1172 ; — objets qui lui ont appartenu, proposés à son neveu : divers livres, 34, 158, 534, 1443,

1821 ; — sa montre, 14 ; — son couvert, 1092, 1457 ; — une tasse, 232 ; — une bague, 422 ; — son épingle, 1341 ; — sa cocarde, 1013 ; — ses bas, 483; — sa tabatière, 1520, 1612 ; — une tabatière qu'il eut envie d'acheter, 686 ; — son essuie-mains et son portefeuille, 367 ; — ses bijoux, son nécessaire de toilette et autres objets pris à Ligny et à Waterloo, 806, 1014, 1443 ; — son traîneau dans la retraite de Russie, 1038, 1638 ; voy. encore, 1111, 1495, 1629 ; — une lampe ayant appartenu à sa mère, 744 ; — hommages de son portrait, 91, 589, 989 ; — sur un verre, 1153 ; — sur une pipe, 1765 ; — histoire de César dictée par lui, 1816 ; — sa correspondance, 721, 1191, 1695 ; — autographes de lui, 280, 1012, 1232, 1500 ; — allemand tombé par terre au moment même où Napoléon mourait, 750 ; — ses funérailles, 465 ; — demandant à venir visiter son tombeau, 1423 ; — et à y jeter des fleurs, 86 ; — offre du navire qui transporta ses cendres, 1379 ; — poèmes et autres ouvrages allemands en son honneur, 348, 497, 570, 649, 1045, 1215, 1630, 1656, 1657, 1698, 1730, 1809 ; — son histoire en hébreu, 1071. — Voy. 1308.

Napoléon Ier (filleul de), 1490 ; — (fils naturel de), 1086, 1423 ; — (parents de), voy. Lafont, Otto, Wundt.

Napoléon Ier (Lettres adressées à), par l'Allemagne en 1804 et 1805), page 466.

Napoléon II, roman historique, 169 ; voyez Reichstadt.

Napoléon III (Vers et félicitations sur son jour de naissance), 393, 950, 1075, 1788 ; — compliments sur sa santé, 463, 439 ; — trait de charité de son enfance, 1209 ; — sauvé quand il se noyait, 1078 ; — récits de sa jeunesse, 180, 1130 ; — Allemands se réclamant de lui comme ayant été ses professeurs de belles lettres, 502, de mathématiques, 1080, de dessin, 1538, de musique, 262, d'escrime, 1491, de bayonnette, 481, 647 ; — se recommandant comme enfant de ses professeurs, 8, 606, 660, 669 ; — demandant la permission de conserver une boucle de cheveux de S. M. qu'il possède, 509 ; — créancier lui réclamant 20 fr. prêtés à Londres, 1780 ; — son voyage à Stuttgard, 35 ; voyez Salzbourg ; — annonce de sa mort, 396 ; — Son nom donné à un vaisseau hambourgeois, 1201 ; — quelques-uns des titres qui lui sont décernés : bienveillant pour l'humanité, 50 ; invictissimus, 80 ; monarque sublime, 128, 176 ; le plus grand prince de son temps, 155 ; arbitre du monde connu, 189 ; homme le plus célèbre de l'Europe, 197 ; le puissant bras élevé pour la protection de l'empire Franco-Atlantique, 210 ; chef de l'illustre maison des Napoléonides, 212, 422 ; écrivain illustre et plein de génie, 234 ; le plus magnanime protecteur de la science et des arts, 237 ; le héros de la civilisation, 239 ; créateur d'institutions pouvant servir de modèle à tout le monde civilisé, 267 ; plein d'une sagesse magnanime et créatrice, 268 ; auteur de hauts faits incomparablement féconds pour le genre humain et sans exemple dans l'histoire, 272 ; étoile de bonheur et lumière plus brillante que le diamant, 318 ; bouclier de l'ordre, 344 ; régénérateur de la société européenne, 350 ; essentiel au monde civilisé, 370 ; la puissante main vers qui toutes les nations tournent leurs regards d'espérance, 386 ; le plus grand des monarques, 410 ; puissant propagateur de la pure vérité, 416 ; bienfaiteur de la France et de l'Europe, 438 ; chef donné à la France par la main de Dieu, 785 ; braver Mann, 872 ; d'une vigueur qui a répandu les bienfaits d'une manière presque surhumaine, 960 ; père des veuves et des orphelins, 1041 ; sauveur puissant de la société européenne, 1134 ; le plus profond connaisseur des affaires militaires des anciens Romains, 1180 ; le grand empereur du grand peuple qui parle la langue la plus élégante du monde, 1200 ; brillant non-seulement par une politique grandiose et divinatoire, mais par une intelligence scientifique empreinte de génie, 1235 ; homme de jugement, d'esprit cultivé, de génie comme aucun prince du monde et savant profond, intelligent, éloquent pour lequel on éprouve autant de sympathie que d'admiration, 1302 ; l'humanité personnifiée tenant le trône et le sceptre, 1317 ; aussi noble que chevalereux, 1364 ; génie fait pour assurer le bonheur du peuple le plus noble et le plus glorieux de la terre, 1454 ; le plus éclairé, le plus magnanime, le plus noble des monarques, 1469 ; plein des bénédictions de Dieu, 1473 ; père de l'Europe, 1484 ; grand homme... que ses lumières, son génie et sa gloire puissent conduire à l'immortalité, 1616 ; représentant de la civilisation, 1685 ; vainqueur des Russes et si haut placé dans le rayon des sciences et des arts, 1717 ; main puissante dirigeant les destins du monde civilisé, 1793 ; histoires et poëmes allemands sur sa personne, 28, 419, 438, 657, 676, 760, 913, 1000, 1071, 1089, 1216, 1256, 1466 ; parents de lui, inconnus ou méconnus, 212, 730, 930, 1423, voyez Fils, Remèdes.

Napoléon Ier et Napoléon III, 760.

Napoléon I, II, III et IV (Publication de souvenirs de), 285.

Napoléon (Demande d'autorisation de donner à un enfant le nom de), 1402.

Napoléonides, 212, 1423.

Napoléonisme (La puissance terrestre du) et la force des sciences naturelles s'avançant simultanément dans l'histoire, 1377. — Napoléonisme incessant, 1466.

Nassau (maison de), 642.

Nassau (duchesse de), 457.

Navale (archéologie), 1820.

Né le même jour que Napoléon III (Se recommandant comme), 1390 ; — le même jour que le prince impérial, 429, 1260, 1328 1542 ; — presque le même jour, 1598.

Nemours (duc de), 1492.

Neuhof (Le roi Théodor de), 146.

Neufchastel (princesse de), 1358.

Ney (le maréchal), 1424 ; — (ode sur le), 1466 ; — (vers pour sa statue), 641.

Nice (sites du territoire de), 828.

Nil (sources du), 603.

Noël (demande d'un présent de), 1460.

Noir (Victor), 733.

Notaire, 592, 618, 664.

Nourriture (offre de se charger de la) de l'Empereur, 1267.

Nouveau-Testament, 146.

Numismatique, 490.

Nüremberg, 191, 359, 616, 1172, 1402.

Oettlingen (Princesses d'), page 470.

Officier (L') d'ordonnance de Bonaparte, drame allemand, 1240.

Offres de services pour quoi que ce soit, 521.

Onguent vulnéraire, secret de ses aïeux, 1134.

Or (L'influence de), 1462.

Oracle, 197.

Oraison dominicale (Don de l'), 1262.

— 508 —

Orgue et organiste, 262, 447, 638, 859, 1347, 1493. — Sollicitant de Napoléon III le don d'un orgue de barbarie, 1481.
Orfèvre, 713, 1234, 1622.
Orient (L'), 507, 1276.
Orientales (Langues), 1207.
Orthopédie, 1747.
Otto, parent de Napoléon Ier, 1624.
Ouvrier panglottiste de l'empereur, 760.
Paix universelle (Propagateur de la), 1157.
Paix, 13, 1152. — (Supplication pour la), 1003. — L'empire c'est la paix, 115, 969. — (Les cloches de la), 1514. — (Marche de la), 172.
Palatinat (Habitants du), 1170.
Panama, 201.
Pandectes (Manuscrits des), 1076.
Panglotte-Napoléon, 766 — Voy. Polyglotte.
« Panorama du monde », 667.
Papauté, 945, 1251.
« Paradoxies de la volonté », 820.
Paris (Proposition d'organiser en paroisse les 80 à 100,000 allemands pauvres vivant à), 787. — (Plan de) en 1875, 201. — (Demande d'un congrès musical à), 1436.
Paris (Allemands sollicitant de l'empereur les moyens de venir à), 19, 86, 339, 577, 613, 701, 730, 749, 831, 1265, 1305, 1354, 1369, 1424, 1556, 1604, 1615, 1616, 1660, 1700, 1746.
Parrain et marraine (Demande à l'empereur et à l'impératrice d'être), 32, 464, 484, 586, 681, 735, 782, 800, 814, 829, 1154, 1231, 1295, 1397, 1420, 1488, 1536, 1559.
« Partant pour la Syrie » (Un des auteurs de), 311 ; — (variations, sur) 1564.
Pasteurs protestants, 10, 30, 35, 451, 909, 1118, 1157, 1191, 1347.
« Parole du Verbe » (La), 208.
Parquin, 1198.
Paroisses (Société du crédit des), 1245.

Pasigraphie, 441, 1579.
Patkul, poëme allemand, 1215.
Pauvreté (Le cachot de la), 507.
Pêche (Etudes littéraires sur la), 608.
Peintre et peintures, 4, 105, 108, 493, 739, 757, 784, 828, 879, 1247, 1434, 1538, 1588, 1677, 1706.
« Pélerinage de la Mecque, » 996.
Pelet Von Witzleben (Baronne Von), 1182.
Penn (Sir William), drame, 749, 750.
Pentateuque, 146.
Pergler (Baron Von), 78.
Persigny, le sage, 329.
Pfaff de Pfaffenhofen (Le Comte), 1615.
Pharmacopea Germaniæ, 256.
Philoctète, statue, 579.
Philologue, 309 ; — « Philologus, » 931.
Photographie, 91, 269, 566, 713, 780, 1061, 1184, 1530, 1533, 1781.
Pierre curieuse, 1728.
Pierres-Météores portées dans la poche du gilet et guérissant les rhumatismes, 162.
Pillés (Objets) à Saint-Cloud en 1815 et offerts en vente à Napoléon III, 436.
Pingler (Le d^r), 457.
Pipe, 148, 1765.
Pisciculture, 839.
Planat (Le chevalier de), 180 pag. 47.
Plantes (Propriétés des), 247.
Plébiscite du 8 mai 1870 (Félicitations sur le), 20, 663, 1507, 1546.
Plon, 964.
Poésie française (La) disparue, 821. — Poésies populaires de la France, 384.
Poëte (Le) allemand sollicitant les faveurs de Napoléon III, 35, 43, 104, 115, 121, 140, 144, 155, 168, 169, 170, 207, 208, 221, 234, 265, 287, 299, 318, 342, 343, 347, 348, 350, 381, 391, 393, 397, 420, 432, 453, 455, 472, 497, 570, 573,

— 509 —

610, 624, 625, 641, 645, 649, 657, 667, 676, 683, 684, 719, 736, 766, 791, 795, 796, 821, 830, 842, 852, 854, 855, 876, 880, 886, 897, 908, 909, 940, 950, 966, 997, 1026, 1047, 1048, 1051, 1099, 1140, 1145, 1149, 1152, 1175, 1194, 1224, 1227, 1242, 1249, 1266, 1283, 1308, 1320, 1346, 1363, 1372, 1373, 1374, 1389, 1448, 1465, 1466, 1471, 1485, 1517, 1569, 1584, 1586, 1592, 1635, 1656, 1657, 1672, 1685, 1691, 1694, 1696, 1701, 1717, 1724, 1730, 1753, 1770, 1795, 1809, 1814.

Poliez (Mme B.), 872.

Police allemande, 267, 900, 1327, 1641, 1731, 1765.

Polka dédiée à l'armée française, 332. — Chant en son honneur, 1175.

Pologne, 380, 605, 1366, 1792.

Polyglotte impériale napoléonienne, 1028.

Portrait de l'empereur en ivoire, 1544.

Portrait (Solliciteurs envoyant leur) à l'empereur, 225, 428, 1164, 1338, 1402, 1514, 1570; — même envoi fait par un mourant, 1080; — demandant à l'empereur le sien en échange, 1219, 1479. — Portrait d'un mari en fuite, envoyé par sa femme, 1052.

Portrait de l'empereur (Solliciteurs demandant le), 75, 207, 621, 710, 807, 1335, 1395, 1412; — de la chère famille impériale, 1507; — du prince Napoléon Jérôme, 204.

Poste (Agents de la), 43, 660, 930, 1263, 1369, 1476, 1525, 1767, 1788.

Postillon (Se recommandant à l'empereur comme l'ayant conduit en qualité de), 986.

Pouvenel (Le général), 328.

Présidence (Félicitations sur l'élection de Louis-Napoléon à la), 895.

ressée (Demande), 1139.

rière (Présent d'une), pour l'empereur, 1464.

Prières (Présent d'un livre de), 741.

Primkenau (Le prince), 1321.

Prince impérial. Félicitations, en prose ou en vers, sur sa naissance ou son baptême, 43, 52, 170, 221, 253, 305, 393, 394, 453, 529, 559, 612, 624, 635, 640, 645, 660, 728, 737, 860, 867, 876, 878, 909, 933, 940, 943, 958, 1249, 1346, 1363, 1387, 1436, 1490, 1551, 1581, 1613, 1634, 1672, 1685, 1691, 1692, 1699, 1701, 1717, 1753, 1775, 1784, 1785, 1818. — Présents qui lui sont offerts : une broderie, 959, 1196; un ruban de cou, 1647; une grammaire, 197; des bonbons, 1425; du pain d'épice, 294; une boîte de cuirassiers, 817; une chaise, 1556; une paire de bottes, 1419; une Bible du poids de 100 kilos, 1028; un poëme pour sa première communion, 1227; et autres objets, 14, 44, 468, 672, 898, 1450, 1467, 1579, 1666, 1677; — hommages et dédicaces, 343, 388, 598, 1060; — aspirants à être son professeur, 169, 230, 968, 1066, 1200; — suppliques à lui adressées, 30, 116, 222, 285, 776, 780, etc; — Napoléonide demandant à le voir, 1423. — L'enfant de France, le fils de France, le prince de la Paix, le roi d'Algérie, Napoléon IV, 221, 959, 1249, 1363, 1691. — Conseils et remèdes pour sa santé, 57, 486, 1132, 1453, 1596; Voy. emplâtre, scrofules.

Pris (Jean de), 180, page 47.

Prisonnier de guerre en Autriche, 184. — Voy. 910.

Professeur (Le) allemand : 106, 114, 143, 160, 202, 210, 245, 365, 392, 410, 437, 497, 516, 557, 598, 615, 617, 653, 721, 760, 771, 789, 882, 922, 968, 1040, 1076, 1135, 1199, 1228, 1235, 1248, 1251, 1257, 1272, 1276, 1302, 1359, 1377, 1397, 1444, 1468, 1473, 1522, 1579, 1606, 1611, 1627, 1628, 1632, 1649, 1658, 1675, 1717, 1813.

Projets financiers proposés à l'empereur, 44, 68, 341, 395, 574, 613, 673, 695, 745, 846, 1070, 1400, 1466, 1626; — projet d'une banque nationale de France, 1015; — projets d'assurances, 88, 1094; — pour l'extinction du paupérisme, 227, 890, 1527, 1625; — pour la destruction des sauterelles et pour un tunnel entre la France et l'Angleterre, 1624; — projet littéraire, 114.
Prolétariat, 675.
Prolongation de la vie (Présent offert à l'empereur d'un vieux traité sur la), 1602.
Prophéties, 396.
Provençale (Linguistique), 1272.
Prusse, 200, 226, 1233. — (Roi et reine de), 280, 384, 432, 437, 449, 610, 672, 739, 1237, 1487, 1509, 1533, 1579, 1650, 1819. — (Poëmes contre le roi de), 419.
—La Prusse véritable ennemie de l'Allemagne, 89.
Psychiatriques (Lettres), 1391.
Rajahs en Turquie, 1205.
Rantzau (Comtesse de), 821.
Rapetti, 1191.
Raphaël archange, 416.
Rasumoffsky (Prince), 1821.
Reboisement, 839, 891, 1001.
Reding (Baronne von), 1715.
Règles d'or pour les nouveau-nés, 1596.
Regnier (Le général), 100.
Reichstadt (Duc de), 1150, 1821. Son portrait, 1006; mèche de ses cheveux, 812; ses cahiers de leçons, 1793; autres autographes, 308, 1229; cheval dessiné par lui, 1229; sa robe de chambre, précieuse pour l'histoire de France, 252; son masque moulé, 809.
Religiosité, 42, 64, 76, 208, 261, 386, 396, 409, 416, 585, 1464, 1722.
Reliques (Offre de) de la vraie croix et d'une paire de rasoirs, 564; — croix sympathique, 338.
Remèdes universels et souverains proposés à l'empereur, 19, 81, 296, 724, 1155, 1633; pour les braves troupes françaises de Crimée, 1134; pour celles de Mexique, 1306; contre le croup, 1105; contre le mal de mer, 819, 1282; contre le choléra, la paralysie et la consomption, 1597; contre la gale, 215; contre la maladie des vers à soie, 1587; contre celle des pommes de terre, 1661.
Remèdes généraux offerts à Napoléon III pour le guérir de tous ses maux, 19, 70, 92, 95, 117, 178, 263, 322, 325, 405, 406, 423, 452, 460, 518, 572, 781, 896, 932, 1165, 1174, 1190, 1381, 1394, 1399, 1451, 1471, 1521, 1528, 1554, 1676; — par les bains, 565; les bains aromatiques, 176; les bains de feuilles de pin, 1315; les bains de pieds froids avant de se coucher, 157; les herbages, 167, 1305; les feuilles de ronce, 139; la camomille et le savon blanc, 1515; la fleur de soufre, 680; la morphine, 1186; la privation de farineux, 1459; les bains de pied aux œufs de fourmi, 1062; le vin d'Ahr, 300; par un régime de grog et d'eau-de-vie, 948; par des moyens magiques, 162, 388, 1652.
Remèdes spéciaux offerts à Napoléon III pour le guérir du rhume, 1425; — des maux d'estomac, 1343; — des douleurs de jambe, 1054; — des rhumatismes, 92, 97, 123, 162, 233, 334, 444 (friction de pétrole), 458, 514, 623, 773, 848, 937, 1116, 1233, 1293, 1393, 1428, 1516, 1582, 1660, 1708, 1710 (le raifort); — de la goutte, 92, 213, 258, 825, 1053, 1347, 1425, 1553; — de la pierre, 41, 57, 166, 764 (baies de genièvre), 817 (radis noir), 1010, 1523 (limaçons en poudre), 1567, 1590, 1804; — du catharre à la vessie, 10 et 197 (le raifort), 355 (gouttes

de Harlem), 426, 457, 492, 780, 1233, 1234, 1339, 1584, 1602, 1796, 1803 ; — de l'engorgement de la prostate, 991, 1483 ; — de la rétention d'urine, 123, 1392, 1548 ; — du diabète, 243 ; — des maladies de cœur, 527, 1118, 1183 ; — de la sciatique, 893 ; — des hémorrhoïdes, 957, 1294, 1620 ; — du morbus-brighti, 618 ; — des affections génito-urinaires, 120 ; — de l'impuissance, 1359 ; — conseil du remède Le Roi, 1177 ; — offre d'une recette propre à donner à l'empereur « des forces extraordinaires, » 718.

Romaines (antiquités), 106, 237, 336, 370, 617, 691, 1057, 1076, 1302, 1574, 1778, 1813. — Voyez César.

Renan (Ernest), 361, 1076.

Ressemblance (Allemands se vantant de leur) avec Napoléon III, 1219, 1402, 1479.

Rêve, 1652.

Rêves napoléoniens, 944.

Révélations, 130, 220, 266, 659, 1142, 1281, 1487, 1659, 1810.

Révolution française, 721, 1291.

« Revue (La) nocturne », 706.

Rhaban Maur, 1216.

Rhin (Panorama du), 768.

Rochefort (Henri), 733.

Roger Bacon (Manuscrit de), 1602.

Rohan (Princesse de), 274.

Rome (Occupation française à). Voy. 787, 1257.

Ron (Von), 640.

Roumanie, 690.

Russie (Affaires de) et plans contre elle, 112, 196, 504, 591, 1518, 1684, 1793. — Voy. Cronstadt, Sébastopol, Saint-Arnaud.

Rustow (Le colonel), 1216.

Saint-Arnaud (Vers en l'honneur du maréchal), 347, 766, 830.

Saint Hubert, 1532.

« Sainte-Hélène (Le testament de) », 1130. — (Médaille de) 118, 1030, 1158, 1264.

Salis (Le baron de), 387.

Salon de famille (Le), 642.

Salzbourg (Musée de), 1731. — (Voyage de Napoléon III à), 22, 79, 127, 198, 214, 257, 324, 382, 412, 446, 494, 530, 551, 627, 631, 656, 679, 742, 874, 899, 908, 1020, 1162, 1211, 1247, 1250, 1552.

Savary (Mlle), 274.

Savigny (Fondation), 1693.

Saxe (Appel en faveur de la), 1112. — Voy. 1550.

Saxe-Cobourg (Duc de), 587.

Schiller (Traducteur en français des poésies de), 821 ; — (monument de), 1713.

Schindler (Le docteur), 457.

Schlegel (W. de), 1646.

Schleswig, 200, 570, 1235.

Schleswig-Augustenburg (Le duc de), 1321.

Schluss (Von), 38.

Schuster (Le docteur), 760.

Schweizer (Le Baron Von), 1078.

Scrofules (Eau contre les), proposée à l'empereur pour le prince impérial, 96.

Sculpteur, 152, 349, 579.

Sébastopol (Vers et félicitations sur la prise de), 332, 854, 871, 1129, 1332 ; — (plans pour prendre), 1416 ; — (demande de canons pris à), 1801.

Secours (Sociétés de), 630, 1509.

Secret (Offre d'un), 167, 730, 1355, 1633. Voyez Révélations.

Seebach (Baron von).

Seldeneck (Baron von), 1078.

Sénats (Les) d'Augsbourg et de Brême, pages 467, 471.

« Selim III, drame, » 1135.

Senft (Le Comte de), 1646.

Serfs, 591.

Serment (Un) de Louis-Napoléon, 1675.

Serrurier, 92, 1027, 1516, 1604.

Services (Offre de) quelconques, 1284, 1570.

Sèvres (Présent de vases de), 1012, 1213.

Silberhorn, 629.

Socialisme, 732.

Soprano, 1080.

Sorcellerie, 1652. Voyez Pierre, Météores, Talismans.

Soudan (Le), 603.
Souscriptions, 39, 89, 90 bis, 190, 208, 244, 264, 269, 558, 630, 791, 866, 931, 1066, 1214, 1216, 1574, 1697, 1702.
Sparrmann, 965.
Spielberg (La princesse d'Oettlingen), page 470.
Stahl (F. C. A.), 408.
Statistique, 1611.
Stetten (P. de), bourguemestre d'Augsbourg, page 472.
Stichania (Association), 40.
Strasbourg, 1052, 1076.
Stroeder (André), 900.
Stuttgardt (Suppliques adressées de), 35, 47, 98, 101, 344, 545, 556, 669, 842, 1070, 1106, 1130, 1180, 1215, 1345, 1453, 1462, 1531, 1724, 1770.
Sympathies françaises (40 fr.de), 407.
Tabatière en topaze (La), 686 ; — à secret, 1131. — Autre, 1445.
Tailleur, 954, 1422, 1608, 1786 ; — tailleur et magnétiseur, 205.
Talismans offerts à l'empereur, 162, 203, 1651. Voy. Trèfle.
Talleyrand, 4.
Tascher de la Pagerie (Le duc), 468, 826, 1511.
Télégraphie, 392, 393, 640, 737, 991, 1178, 1331, 1746.
Télescope pour canon, 255.
Théâtre, 40, 750, 1083, 1135, 1475, 1637, 1770.
Thelin, 594.
Thiers, 449.
Timbres-poste (Demande à l'empereur de) rares, 526, 1609 ; — demande d'un bureau de timbres, 589.
Titien, 767.
Toilette de l'impératrice, 428.
Traducteur et popularisateur de Napoléon III en Allemagne, 1204.
Trèfle à quatre feuilles (Présent fait à l'empereur d'un), 677.
Treitschke (H. Von) p. 466, 472.

Tuileries, 549, 690.
Tunis et Tripoli, 996.
Turquie, 148, 1205.
Tyrol, 977.
Uniforme prussien, 471 ; autrichien, 1735.
Université d'Iéna, 789.
« Uterque Cæsar », poëme, 1717.
Venningen (Baronne de), 1222.
Vierge (Présent d'une médaille de la), 741.
Vitry (Reymond de) roman, 1240.
Vienne (Archevêque de), 1253.
Vie militaire (La) en Prusse, 545.
Villa-Franca (Paix de), 13.
Visions d'un prophète, 272.
Vitraux, 993.
Vogel voyageur, 1221.
Voix (méthode pour développer la), 1299.
Voix populaires de la Germanie, 384.
Vollmer (Philipp), 1753.
Wall, 1786.
Wallerstein (La princesse d'Oettlingen), page 471.
Waterloo, 232, 367, 684.
Wedel (De), 297.
Weimar (Académie de), 757.
Welden (C. M. Von), 1725.
Westphalie (Royaume de), 62, 125, 211, 697, 869, 1148, 1805. — Les Dynasties Westphaliennes, 691.
Wied (Le prince de), 1615.
Wieland (Monument de) à Weimar, 1713.
Willeika (Combat de), 235.
Willhalm (Le docteur), 509.
Winter, ministre badois, 1198.
Wittelsbach et de Brandebourg (Maisons de), 584.
Wundt (Louis), beau-frère de Lætitia Bonaparte, 930.
Würtemberg (Le roi de), 344.
Ypres (Capitulation d'), 387.
Zlabings, 222.
Zedlitz (Baron Von), 706.
Zoroastre, 1207.
Zürich, 938.

Reproduction interdite et traduction permise.

www.ingramcontent.com/pod-product-compliance
Lightning Source LLC
Chambersburg PA
CBHW051400230426
43669CB00011B/1708